[개정판]

영유아 발달

김이영 오성숙 이시진 이우언
김정은 한현지 홍성희 공저

INFANT AND TODDLER DEVELOPMENT

양 성 원

머리말

우리나라 속담에 "세살 버릇 여든까지 간다"라는 말이 있다. 이 속담은 영유아기의 습관이나 버릇은 어른이 되어서도 수정하기 힘들다는 뜻으로 영유아기의 발달이 매우 중요하다는 의미를 내포하고 있다. 또한 고어의 "맹모삼천지교(孟母三遷之敎)"라는 말은 자녀들의 양육에 환경이 중요하다는 것을 강조하는 말이다. 이처럼 우리나라는 예로부터 자녀들의 발달과 교육에 많은 관심을 가지고 있었으며, 최근에 이르러서도 마찬가지이다. 좋은 학군을 찾아 이사를 하거나, 조기 교육의 열풍, 과외열풍 등이 그 예이다.

인간의 발달은 수정이 이루어지는 순간부터 죽는날까지 이루어지게 된다. 즉, 한 생명체로 태어나 미성숙한 단계에서 하나의 독립적인 인간으로 성숙해지기까지는 20년 정도의 세월이 필요하고, 그 이후에도 지속적이고 순차적인 과정을 통해 발달이 이루어진다. 인간의 발달과정 중 태내발달과 영아기 및 유아기인 출생 후 6세까지는 매우 급격히 성장하는 시기이며, 생의 전반에 영향을 주는 매우 중요한 시기이다. 따라서 영유아를 성인의 축소판으로 생각해서는 안되며 양육자들의 보호와 주의가 매우 필요한 시기이다. 이 시기에 자녀들에게 조기 교육을 시키고, 다양한 환경을 마련해 주는 것도 중요하지만 무엇보다 가장 중요한 것은 영유아기의 발달에 대해 정확히 이해하는 것이다. 왜냐하면 영유아기의 발달에 대한 정확한 지식을 가져야만 발달단계에 따른 올바른 개입을 할 수 있으며, 궁극적으로 자녀들이 정상적인 성장을 할 수 있기 때문이다. 즉, 영유아에 대한 정확한 지식이 없는 상태에서의 개입은 아이에게 맞지 않는 옷을 입혀주는 것과 같은 이치이다.

그러므로 본 책은 영유아의 발달에 대해 종합적으로 이해하고 그들의 신체 및 심리적 발달과정과 발달에 영향을 미치는 생태학적 맥락에 관심을 가지면서 이들을 전문적으로 돕고자하는 유아교사와 보육교사 및 관련 전문가들을 위해 준비되었다. 즉, 영유아발달을 설명하는 주요 이론 및 연구방법에 대해 고찰하고, 태내발달, 출산 및 신생아에 대한 정보를 제공하고 영유아기의 신체 · 인지 · 언어 · 정서 및 사회성 발달 등 각 발달영역에서의 특징을 소개하고, 영유아발달에 영향을 미치는 생태학적 맥락으로 총 4부 13장으로 구성하였다.

구체적으로 1부 영유아발달의 기초에서는 총 3장으로 구성하였으며, 1장 발달의 개념에서는 발달의 개념, 단계, 원리 및 발달에 대한 쟁점을 소개하였으며, 2장 발달이론에서는 성숙이론, 정신분석 이론, 학습 이론, 인지발달 이론, 생태체계 이론 및 동물행동학 이론을 기술하였으며, 3장 발달 연구방법에서는 발달 연구의 필요성 및 목적, 발달 연구의 역사, 접근방식에 따른 발달 연구방법, 연구설계에 따른 연구방법 및 연구윤리에 대해 자세하게 제시하였다.

2부 생의 시작에서는 총 2장으로 구성하였으며, 4장 태내발달에서는 임신, 태아의 발달 및 태아발달에 영향을 미치는 요인에 대해 소개하였으며, 5장 출산과 신생아에서는 출산, 신생아의 특징 및 신생아 검진에 대해 소개하여 영유아기에 발생할 수 있는 발달문제를 이해하도록 하였다.

3부 영유아기 발달에서는 총 6장으로 구성하였으며, 6장 신체 및 운동발달에서는 신체발달, 생리적 기능의 발달 및 운동기능의 발달에 대해 소개하였고, 7장 감각 및 지각발달에서는 감각 및 지각발달에 대한 논쟁, 감각 및 지각 측정, 감각발달 및 지각발달에 대해 기술하였고, 8장 뇌와 인지발달에서는 인간 두뇌 성장의 특징, 신경망의 발달, 뇌의 발달 및 인지발달에 대해 소개하였고, 9장 언어발달에서는 언어발달의 이해, 언어발달의 이론, 언어발달의 과정, 의사소통능력의 발달, 이중언어 발달 및 언어발달의 영향요인을 제시하였으며, 10장 정서발달에서는 정서의 정의 및 기능, 정서의 발달 및 정서지능의 발달을 기술하였으며, 11장 사회성발달에서는 기질, 애착, 자기이해의 발달, 놀이의 발달 및 도덕성 발달에 대해 자세하게 소개하였다.

4부 생태학적 맥락과 영유아발달에서는 총 2장으로 구성하였으며, 12장 가족과 대중매체 및 영유아발달에서는 성별, 부모, 형제자매, 또래, 가족유형 및 대중매체에 대해 자세하게 기술하였으며, 13장 보육과 영유아발달에서는 보육의 필요성, 보육경험과 영유아발달 및 영유아발달을 돕는 교사의 역할에 대해 소개하였다.

이 책을 통해 유아교사를 준비하는 예비 교사들이 영유아발달에 대한 주요 이론과 과학적 연구방법을 익히고, 영유아기의 주요 발달 영역별 특징을 이해하고, 영유아발달에 대한 이해와 기초를 바탕으로 유아교육현장에서 영유아의 전인적 발달을 지원할 수 있는 능력을 갖춘 교사가 되기를 간절히 희망해 본다.

끝으로 이 책의 발행을 위해 적극적으로 성원해 주신 도서출판 양성원의 강철원 사장님과 직원 여러분께 감사의 말씀을 전한다.

2023년 1월

저자일동

차례

PART 01 영유아발달의 기초

PART 02 생의 시작

PART 03 영유아기 발달

PART 04 생태학적 맥락과 영유아발달

01 Part

영유아발달의 기초

01

Chapter

발달의 개념

· 학습목표 ·

1. 발달에 대한 정의와 발달과 관계되는 개념들을 이해한다.
2. 인간의 발달단계를 이해하고 각 발달단계의 특징들을 이해한다.
3. 발달에 있어 보편적으로 적용되는 원리들을 이해한다.
4. 인간발달에 제기되고 있는 다양한 논쟁점들을 이해한다.

인간의 전 생애에서 영유아기는 첫걸음을 내딛는 시기이다. 그 이후 발달과정은 시간이 경과함에 따라 양적 혹은 질적 변화를 거듭하면서 발달을 하게 된다. 영유아발달은 생물학적 과정, 인지적 과정, 사회 · 정서적 과정의 영향을 받고, 이러한 과정들은 서로 복잡하게 얽혀 있다. 이와 같이 영유아발달에 대한 기초 지식을 습득하는 것은 보육교사를 준비하는 학습자들에게는 필수적이라고 할 수 있다. 따라서 본 장에서는 발달의 개념, 발달의 단계, 발달의 원리 그리고 발달에 대한 쟁점에 대하여 살펴보고자 한다.

1. 발달의 개념

인간발달은 인간의 정자와 난자가 결합하여 수정되는 순간부터 일생을 마칠 때까지 개인차에 따라 서서히 혹은 빠르게 진행되는 모든 시기에서의 변화 양상과 과정을 의미한다. 그리고 발달에는 근본적으로 서로 다른 두 가지 과정인 양적인 변화과정과 질적인 변화과정이 있다. 대체로 양적인 변화과정은 크기에 있어서 작은 것에서부터 보다 큰 것으로 나아가는 것이고, 질적인 변화과정은 기능과 구조에 있어서 미성숙한 낮은 수준에서 성숙한 높은 수준으로 나아가는 변화과정이다. 예를 들어, 양적인 변화는 일정 기간 동안 연령이 증가할수록 신장과 체중이 증가하는 것이고, 질적인 변화는 신체 전체를 움직이는 대근육 운동에서부터 점차적으로 섬세하고 미세한 근육만을 사용하는 소근육 운동으로 변화하는 과정을 의미한다(김미영, 2013).

더욱이 영유아발달은 수정에서부터 유아기까지의 인간의 성장과 발달의 모든 측면을 다루는 발달심리학의 한 분야이다. 즉, 일반적으로 영유아발달은 태내기에서부터 출생 후 6세까지 일어나는 성장과 발달에 따른 변화의 양상과 과정을 의미한다. 발달적 변화의 과정에는 신체 · 운동 기능, 인지, 정서, 사회성 등 인간의 모든 특성들이 포함된다. 발달과 관계가 있는 개념으로 성장, 성숙, 학습이라는 것이 있다(그림 1-1).

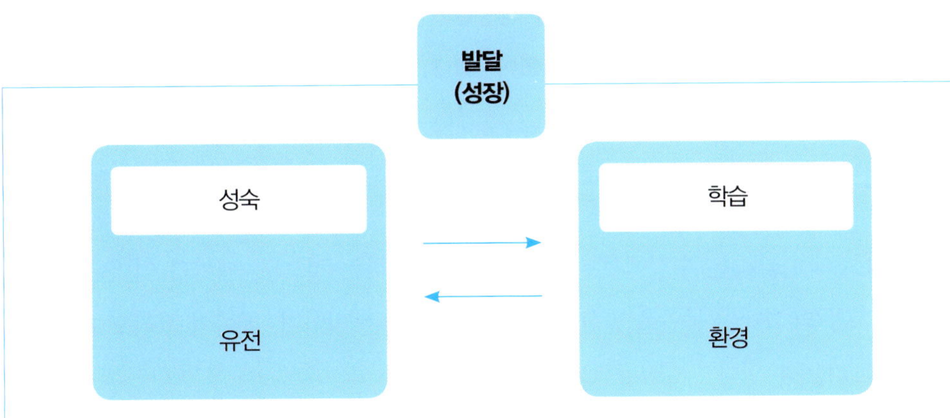

| 그림 1-1 | **발달과 관련된 개념들**

성장growth은 신장, 체중, 골격 등과 같이 신체적 크기나 기능의 양적인 변화과정을 의미한다. 이에 비하여 성숙maturation은 연습이나 훈련과 같은 환경적 영향이라기보다는 선천적으로 타고나는 유전적 영향에 의해 발달적 변화들이 통제되는 생물학적 변화과정을 의미한다. 대표적으로 사춘기의 2차 성징과 같은 변화는 성숙에 의한 것이다. 그리고 학습learning은 연습이나 훈련과 같은 직접적 또는 간접적 경험에 의해 나타나는 발달적 변화과정을 의미한다. 예를 들어, 인간은 인간과의 상호작용을 통하여 개개인의 가치, 신념, 사고방식 등의 학습을 통하여 발달이 이루어진다. 결국 인간의 발달은 어느 특정한 개념인 성장, 성숙, 학습의 하나로만 설명하기는 곤란하고 그것들이 서로 공존의 과정을 거칠 때 비로소 이루어지는 것이다.

2. 발달의 단계

인간의 발달단계를 어떻게 나누느냐는 학자에 따라 차이가 있다. 그럼에도 불구하고 대체로 발달단계를 구분할 때 사용되는 기준은 시간적 흐름이다. 그런데 연령에 의하여 인간의 발달특징을 분류하는 것은 단순하지 않다. 왜냐하면 개인의 발달과정이 동일하지 않기 때문이다. 그러나 여기에서는 생물학적 연령을 기준으로 인간의 발달단계를 살펴보고자 한다(김경화, 2013; 김이영 외, 2019; 박영아, 2013; 정옥분, 2005).

1) 태내기

태내기prenatal period는 수정에서부터 출산까지를 말하는 것으로, 태아가 어머니 뱃속에 있는 약 38주(약 280일) 동안을 말한다. 태내 발달단계는 발아기, 배아기 그리고 태아기의 세 단계로 나눌 수 있다.

발아기(germinal period : 수정~2주)는 정자와 난자가 결합한 수정란인 접합체가 세포 분열을 계속해 가며 자궁벽에 착상하는 시기이다. 이 시기는 인간의 생애에서 사망률이 가장 높은 기간이지만 신체는 이것에 대하여 거의 지각하지 못한다. 배아기(embryonic period : 2~8주)는 수정란이 자궁벽에 착상한 후부터 8주까지의 시기이다. 이 시기는 세포 분열이 매우 빠르게 진행되면서 대다수의 신체기관이 형성되는 기간이다. 그리고 배아기는 빠른 성장과 발달로 인하여 태내기 중에서 환경의 영향을 가장 많이 받는 시기이다. 태아기(fetal period : 8주~출생)는 8주 이후 출생까지의 시기이다. 이 시기는 새로운 기관의 형성보다는 신체기관들이 다듬어지는 기간이다. 즉, 배아기에서 기본적으로 형성된 신체기관이 급격하게 발달하고 기능하기 시작하는 시기이다.

2) 영아기

영아기infancy는 출생 이후 24개월까지를 말한다. 그중에서도 특히 출생 후 2~4주 사이를 신생아기라고 한다. 이 시기에 영아는 하나의 독립된 개체로 성장할 준비를 하는 기간이기도 하다. 영아기는 인간발달의 여러 영역에서 가장 급속한 성장이 이루어진다. 신체발달은 매우 급격하고 범위가 넓게 이루어진다. 즉, 영아가 성장함에 따라 신체 형태가 빠르게 변화한다. 또한 영아기는 몸통이나 팔다리를 움직이는 대근육 활동과 주로 손가락을 민첩하게 움직이는 소근육 활동과 같은 운동발달이 빠르게 진행된다. 특히 영아기 동안 두뇌는 뇌성장 급등기라고 할 만큼 급격하게 발달하므로 이 시기의 뇌발달이 이후의 뇌성장과 기능을 결정한다.

또한 이 시기에 인지적 발달이 매우 빠르게 진행된다. 영아기에는 자신을 둘러싼 외부환경과 상호작용하는 방법이 주로 감각기관을 통하여 이루어진다. 즉, 감각기관을 통하여 들어온 정보를 지각하고 환경에 반응하는 도식을 형성함으로써 인지발달이 이루어진다. 특히 영아는 이미 태내에서부터 청각 기능이 발달되어 있어서 언어적 · 비언어적인 것에 노출되어 있는데 출생 후에도 주 양육자와 상호작용을 통하여 인지능력이 발달한다.

영아기는 주 양육자와 사회적 관계를 통하여 사회 · 정서의 발달이 서서히 이루어진다. 그리고 영아기 동안 발생하는 가장 중요한 형태의 사회 · 정서적 발달은 애착이다. 이러한 애착은 영아와 주 양육자가 서로에게 밀접한 사회 · 정서적 유대감을 형성하면서 생겨난다. 따라서 영아의 사회 · 정서적 발달을 위해서는 영아에 대한 주 양육자의 지속적인 관심과 절대적인 사랑이 필요하다.

3) 유아기

유아기early childhood는 대개 만 2세부터 6세까지의 기간을 말한다. 이 시기의 유아는 자기 주장과 지배에 대한 욕구가 매우 강하다. 이는 개인으로서의 자신을 의식하기 시작하는 데서 비롯된 것으로 반항과 고집, 자기 주장이 나타나기 시작한다는 것을 의미한다. 이 시기의 유아가 경험하는 긴장은 유아의 행동을 제한하고 규제하려는 환경의 요구에서 비롯된다. 따라서 유아는 자신의 행동에서 타인의 요구를 고려해야 한다는 것을 배우게 된다. 유아는 이러한 과정을 통해 초기에는 타인과의 상호관계를 고려하지 않는 자기 중심적 존재로부터 타인과의 상호관계를 고려하는 존재로 성장해 간다. 이 시기에 유아는 자신의 고유성을 인식하기 시작하여 유아기 후반에 가면 '내 마음대로' 하는 것보다는 '내 스스로' 하는 것에 더 관심을 갖게 된다.

4) 아동기

아동기middle & late childhood는 일반적으로 유아교육기관에 들어가는 6세부터 초등학교를 졸업하는 12세 정도까지의 시기이다. 실제로 유아교육기관과 초등학교의 경험은 매우 다르다. 유아교육기관은 사실상 학교교육을 받는 시기라고 보기 어려우나 가족 이외의 사회적 영향력이 새롭게 등장한다는 점에서 이전의 시기와 구별된다. 그러므로 아동기를 유아교육기관에 해당하는 아동기 전기와 초등학교 시기에 해당하는 아동기 후기로 구분하기도 한다.

아동기는 학교 경험이 시작됨으로써 유아기보다 복잡한 사회적 영향을 받게 되는 시기이다. 아동기 이전의 시기인 전기 아동은 가족의 영향을 가장 많이 받게 된다. 후기 아동은 학교에서 가족 이외의 외부로부터의 평가, 또래집단과의 관계 등을 경험한다.

5) 청소년기

청소년기adolescence는 아동기에서 성인기로 전환하는 시기이다. 연령적으로 대략 만 12~24세이며, 12~18세의 청소년 전기와 19~24세의 청소년 후기로 구분할 수 있다. 청소년 전기에는 급속한 신체적 변화와 인지적 발달을 경험하며, 청소년 후기는 자아정체감 확립과 더불어 성인생활을 준비하기 위한 여러 가지 과제에 집중하는 시기이다. 청소년기의 가장 중요한 과업은 자아정체감을 형성하는 것이다. 자아정체감이란 자신의 독특성에 대한 비교적 안정된 느낌을 말한다. 자아정체감은 개별성, 통합성, 연속성(또는 계속성)의 차원의 특성을 갖는다. 개별성이란 나는 다른 사람과 구별되는 고유한 존재라는 인식을 말하며, 통합성이란 자신의 행동이나 태도 등이 전체적으로 일관성이 있으며 통합되어 있다는 인식을 말하고, 연속성이란 시간의 경과에도 불구하고 나는 동일한 사람이라는 인식을 말한다. 자아정체감 형성은 아동기 때부터 시작되는 것으로 볼 수 있으나 청소년 후기에 가장 중요한 인생과업으로 등장한다. 자아정체감 형성을 위해서 청소년은 자신의 신념, 가치관 등에 대한 고통스러운 의문제시가 선행되어야 하며 따라서 일종의 위기를 경험하게 된다. 청소년은 자신이 경험한 많은 요소들을 모아 통합된 명확한 자기 정의를 내리는 것은 어려운 일이므로 자아정체감을 형성하는 과정에서 누구나 혼란과 우울증을 경험할 수 있다.

6) 성인기

성인기early adulthood는 일생에서 매우 중요한 전환점이라고 할 수 있는 시기이다. 이전의 모든 발달은 성인기를 준비하는 시기라고 볼 수 있으며, 성인기 이후는 이제까지 준비해 온 것을 실현하고 구체화시키는 시기이다. 성인기는 대략 24세에서 40세까지이다. 성인기는 신체적 · 지적 측면에서 가장 정점에 있는 시기라고 할 수 있다. 사회적 측면에서는 성인기는 다른 사람을 사랑하고 보살피는 능력이 심화되는 시기이다. 즉, 이전의 시기에 자아정체감을 형성한 사람은 이제 타인과의 상호관계에 집중할 수 있게 된다. 이러한 맥락에서 성인기에 경험하는 가장 큰 변화는 직업을 갖고 결혼을 하는 것이다. 발달에 대한 잠재력은 전 생애에 걸쳐 존재하지만 성인기 이후의 발달은 아동기나 청소년기와는 그 성격이 다르다. 다시 말해 성인기 이후의 발달은 새로운 신체적 기능이나 인지적 능력의 획득에 의해 일어나기보다는 주로 사회적 · 문화적 요소에 의해 주도되는 시기이다.

7) 중년기

중년기middle adulthood는 경제적 · 직업적으로 비교적 안정되는 기간이기도 하지만, 새로운 위기가 시작되는 시기이기도 하다. 인간은 중년기에 들어서면서 지혜를 통하여 문제를 해결하려고 시도하고, 대인관계에 있어서 이성보다는 사회적인 관계를 받아들이며, 감정의 대상을 다양화하고, 새로운 사고에 대하여 수용적이어야 건강하다고 할 수 있다.

8) 노년기

노년기late adulthood는 자녀 양육 책임으로부터 벗어나 부부관계에 보다 초점을 둘 수 있다. 또한 자녀들은 성인이 되는 시기이기도 하다. 그리고 노년기는 중년기까지의 자신의 삶이 결혼생활과 자녀 양육뿐만 아니라 직업 등에서 성공했는지 실패했는지를 평가할 수 있는 시기이기도 하다. 따라서 노년기에는 지나온 삶에 대한 평가를 하게 되는데, 이 과정에서 자신의 성취 한계를 깨닫고 어느정도의 실망을 하는 것이 불가피하다. 문제는 이것을 어떻게 받아들이는가인데, 어떤 경우에는 지나온 삶을 돌아보면서 극도의 우울감에 빠져 현재의 어떤 경험도 그 우울감을 보상하지 못하는 경우가 있는가 하면, 어떤 경우에는 지나온 삶에 대한 평가를 지나치게 긍정적으로 합리화하여 극도의 자신감을 표현하는 경우도 있다.

3. 발달의 원리

일반적으로 발달은 수정에서부터 시작되는 보편적인 순서와 방향에 따라 지속적으로 진행된다. 따라서 영유아의 발달은 다음과 같은 발달의 원리에 의하여 이루어진다(강문희 외, 2006; 김미영, 2013; 박영아, 2013; 정옥분, 2005).

1) 일정한 순서

발달은 생물학적으로 결정된 기제에 따라 순서대로 이루어진다. 예를 들어, 인지발달의 경우 처음에는 반사적인 행동을 나타내지만 순차적으로 감각과 동작이 협응되는 능력을 발달시킨다. 인지발달의 경우 언어나 놀이를 통하여 상징적 사고가 이루어진 후 구체적 대상에 대해 논리적으로 사고할 수 있다. 그런 다음 추상적인 문제와 가설적인 상황에 대하여 사고할 수 있다. 또한 언어발달의 경우 처음에는 영아의 의사소통은 울음을 통하여 이루어진다. 그러다가 6주 정도 되면 '우우, 아아' 등과 같은 모음의 소리내기를 한 다음 4~5개월경이 되면 옹알이를 한다. 이때 주로 하게 되는 옹알이는 즐거울 때 나타난다. 8~12개월경이 되면 비언어적인 표현인 몸짓을 사용하게 된다. 그리고 첫 돌 경에는 한 단어 문장을 사용하고 두 돌 정도 되면 두 단어 문장으로 의사소통을 하게 된다.

2) 일정한 방향

발달은 일정한 방향에 의하여 이루어진다. 첫째, 발달은 신체의 위에서 아래로 이루어지는 두미발달의 원칙에 의해 이루어진다. 예를 들어, 먼저 신체의 머리 부분이 발달하고 난 이후 몸통이나 팔다리가 발달한다. 둘째, 발달은 신체의 중심에서 말초 부분으로 이루어지는 근원발달의 원칙에 의해 이루어진다. 예를 들어, 신체의 중심부에 가까운 어깨로부터 팔, 손목, 손 그리고 손가락의 말초신경 쪽으로 이루어진다. 셋째, 발달은 신체의 일반적인 것에서 세밀한 것으로 이루어지는 세분화 발달의 원칙에 의해 이루어진다. 예를 들어, 영아는 자신이 잡으려는 물체가 있으면 처음에는 몸 전체를 사용하여 잡으려고 한다. 그러다가 물체를 잡기 위해 점차 손바닥을 사용하고 나중에는 주로 엄지손가락과 집게손가락을 사용하게 된다.

3) 개인차

일반적으로 발달은 발달 순서에 따라 이루어지지만 발달의 속도와 양상은 개인에 따라 각각 다르게 나타난다. 예를 들어, 10개월 정도 되어 걷기 시작하는 영아가 있는가 하면 14개월이 되어도 걷지 못하는 영아가 있다. 영아는 신장, 몸무게, 언어능력, 정서적 반응 그리고 에너지 수준 등에 있어서도 각각 차이가 나타날 수 있다. 심지어 일란성 쌍생아인 경우에도 개인차가 드러난다. 이러한 차이는 태어날 때부터 나타나기도 하지만 각각의 개인을 둘러싼 환경이 전부 다르기 때문에 나타난다고 볼 수 있다.

한편 한 개인 안에서조차도 발달 영역에 따라 차이가 나타난다. 즉, 모든 발달 영역이 동일한 속도로 발달이 이루어지지 않기 때문에 어떤 영유아는 동일한 연령의 영유아와 비교했을 때 키와 몸무게 같은 신체발달은 앞서 있지만 의사소통과 같은 인지능력에 있어서는 발달이 늦어질 수 있다.

4) 연속성

발달은 연속적인 과정으로써 이전 단계의 변화에 근거하여 다음 단계의 변화가 이루어진다. 그리고 발달이 이루어지는 시기는 발달 영역에 따라 다르게 나타나지만 발달은 끊임없이 이루어진다. 예를 들어, 신장 및 체중과 같은 신체적 성장은 영아기와 사춘기에 급속도로 이루어지지만 생식기관의 발달은 아동기에는 매우 느리게 이루어진다. 특히 유아기에는 어휘력이 폭발적으로 증가하는 것과 같은 언어능력이 발달한다. 또한 영아의 대근육 발달에서 5개월경 목을 조절하는 것은 앉기의 기초가 되며, 8개월경 기어 다니는 것은 걷기의 기초가 되는 것이 연속적인 변화과정의 예이다. 이처럼 발달은 지속적으로 이루어지지만 발달의 영역, 부위 등에 따라 그 속도는 일정하지 않다.

5) 상호연관성

신체운동과 같은 생물학적 발달, 감각운동 및 의사소통과 같은 인지적 발달 그리고 사회 · 정서적 발달은 독립적인 것이 아니며 서로 연관되어 있어서 영향을 주고받는다. 다시 말해 신체 크기, 신체 비율, 감각 및 지각의 운동능력 등과 같은 생물학적 발달은 주의집중, 기억, 문제해결, 창의성, 언어발달 등의 지적 능력 변화인 인지적 발달에 영향을 미친다. 그리고 인지적 발달은 자기 이해, 대인관계 기술, 또래관계, 도덕적 추론 등과 같은 사회 · 정서적 발달에 영향을 미친다. 즉, 각각의 발달 영역은 서로 간의 발달을 촉진시키거나 지체시키면서 영향을 주고받는다.

4. 발달에 대한 쟁점

학자들은 영유아기에 나타나는 발달뿐만 아니라 인간발달에서 제기되는 이론적 문제들에 대하여 논쟁을 해왔다. 그러나 학자들은 인간의 본질에 대하여 서로 다른 가정을 하고 있기 때문에 서로 다른 입장을 나타낼 수 있다. 인간발달에서 논의되는 몇 가지 쟁점들을 제시하면 다음과 같다(우수경, 2013; 전남련, 2012; 정옥분, 2005).

1) 유전과 환경

인간발달에 미치는 영향이 유전에 의한 것이냐 아니면 환경에 의한 것이냐를 두고 학자들은 수많은 논쟁을 해왔다. 유전론자들에 의하면 대부분의 인간행동은 발달의 본질에 있어서 유전적 요소, 생물학적 성숙, 신경학적 기능에 의하여 좌우된다고 보았다. 반면에 환경론자들에 의하면 인간발달은 물리적 · 사회적 환경에 의하여 결정된다고 보았다.

일반적으로 인간발달은 유전과 환경의 상호작용의 결과라고 볼 수 있다. 각각의 유전형에 대하여 일정 범위의 표현형이 나타날 수 있는데, 이것은 유전형이 표현되어 나타나는 데에는 인간을 둘러싼 환경의 역할이 중요하다는 의미이다. 그리고 이러한 환경은 개인마다 다를 수밖에 없다. 예를 들어, 신장이 평균 정도의 유전자를 가진 아동이 좋은 환경에서 자란다면 평균보다 신장이 클 것이고, 그렇지 못한 환경에서 자란다면 평균보다 신장이 작을 것이다.

2) 성숙과 학습

학자들은 인간발달의 주 원인이 되는 중요한 과정이 성숙에 의한 것이냐 아니면 학습에 의한 것이냐를 두고도 앞의 유전 및 환경과 마찬가지로 논쟁을 해왔다. 여기에서 언급할 성숙과 학습에 대한 논쟁은 인간발달을 유도하는 과정을 통해서 어떤 변화가 일어나는가에 초점을 두고 있다.

성숙은 유전적 요인에 의해 발달적 변화들이 통제되는 생물학적 과정이다. 예를 들어, 영유아기의 신체적 성장이 빠르게 진행된다든지 사춘기에 이차 성징이 나타나는 것 등이다. 또한 영아기의 언어발달에서 한 단어 문장을 말하고 난 뒤 두 단어 문장을 말할 수 있다는 것과 같은 발달과정은 성숙에 의하여 일어난 사건이며, 인간이 특별한 훈련이나 연습과 같은 학습을 통하여 이루어 낸 결과물이 아닌 것이다. 다시 말해 이러한 것들은 학습의 결과가 아니고 예정된 변화의 과정에 지나지 않는다.

학습은 직접적 또는 간접적 경험의 산물로써 연습이나 훈련에서 기인하는 발달적 변화과정을 말한다. 그리고 학습의 결과는 매우 개별적이고 특수적이다. 예를 들어, 특정한 스포츠의 훈련이나 운전기술 습득은 특정 훈련이나 연습에 의존하는 학습된 행동의 결과라고 할 수 있다.

3) 연속성과 불연속성

발달의 형태 면에서 발달의 연속성을 주장한 학자들은 인간발달을 수정에서 죽음까지 연속적이고 점진적이며, 축적된 변화의 형태로 본다. 즉, 학습을 중요시하는 행동주의자들이 보는 시각인 발달의 형태와 유사하다. 예를 들어, 영아가 처음 말을 시작할 때 어느 순간 갑작스럽게 말을 하는 것처럼 보이는 것은 연속적이 아닌 것으로 간주할 수 있다. 그러나 연속성을 주장한 학자의 입장에서 보면 몇 주 혹은 몇 달에 걸친 연습의 결과라고 볼 수 있다.

반면에 발달의 형태 면에서 불연속성을 주장한 학자들은 발달이 양적인 것이 아니고 질적인 것으로서 서로 다른 단계를 거쳐서 진행된다고 본다. 즉, 발달의 형태인 변화가 갑작스럽게 일어나면서 앞의 변화들과는 질적으로 다르게 나타난다는 의미이다. 그리고 이러한 발달적 변화들에서 각각 서로 다른 일반법칙이 적용된다면 그것은 불연속적인 것으로 보여진다. 예를 들어, 문제해결능력이 없던 아이가 어느 날 문제해결능력을 갖게 되는 것이다. 이것은 발달이 질적으로 서로 다른 단계를 거쳐서 진행된다고 본다.

4) 초기경험과 후기경험

인간발달에 있어서 초기 경험이 중요한가 아니면 후기 경험이 중요한가 하는 것을 두고 학자들 사이에서 논쟁이 벌어졌다. 초기 경험이 중요하다고 주장한 학자들에 의하면, 인생은 지속적으로 이어지는 것이기 때문에 한 개인의 심리적 · 사회 · 정서적 특성은 그 근원을 거슬러 올라가서 조사해 봄으로써 알 수 있다는 것에 착안하였다.

반면에 후기 경험이 중요하다고 주장한 학자들에 의하면, 인간발달은 인간을 둘러싼 환경에 의하여 영향을 받는데 인생 초기보다 인생 후기의 경험이 더 영향을 받아서 이루어진다고 본다. 주로 인간발달이 인생의 전 생애에 걸쳐서 이루어진다는 학자들은 초기 경험이 인간발달에 중요하지만 후기 경험도 그것에 못지않게 중요하다고 본다.

02

Chapter

발달이론

· 학습목표 ·

1. 여러 학자들에 의해 성립되어 온 발달이론들을 설명한다.
2. 각 학자들이 발달을 이해하는 관점을 살펴보고, 학자들 간의 차이점을 파악한다.

발달은 한 인간이 태어나 성장하고 성숙해져 가는 삶의 생생한 기록이다. 발달을 탐구함으로써 우리는 사람의 성장과정과 변화 모습을 이해할 수 있다. 인간을 이해하고자 하는 노력은 긴 역사를 지니고 있다. 그러나 한 아이의 성장과 발달을 체계적으로 살펴보고자 한 노력은 19세기에 들어와서 시작되었다고 할 수 있다. 그 이후 이루어진 많은 연구와 학문적 업적들을 통해 태아기부터 인간발달을 보다 정확하게 알 수 있게 되었다. 즉, 영유아를 돌보는 사람들이 알아야 할 지식으로 여러 학자들에 의해 성립되어 온 이론들이 있다. 여러 이론들은 인간발달에 대해 각기 다른 관점들을 주장하고 있다. 따라서 본 장에서는 여러 학파들에 의해 주장되어 온 발달이론인 성숙 이론, 정신분석 이론, 학습 이론, 인지발달 이론, 생태체계 이론, 동물행동학 이론에 대해 살펴보고, 각 이론들이 가지는 발달의 관점에 대해 이해하고자 한다.

1. 성숙 이론

성숙 이론은 1800년대 다윈의 진화론적 사고를 토대로 시작된 발달이론이다(김미영, 2013). 이 이론은 인간의 성장과 발달은 태어날 때 생물학적 특성에 의해서 이미 정해진 순서에 의해 이루어진다고 보았다. 따라서 성숙 이론은 영유아가 자신의 성장과 발달 속도에 맞추어 발달할 수 있도록 영유아 중심의 양육환경을 제공해야 한다는 점을 강조한다(우수경 외, 2013). 그리고 이 이론은 영유아발달에 있어서 결정론을 주장한 루소Rousseau에 의하여 제시되고, 그 뒤를 이어 게젤Gesell에 의하여 체계화되었다. 여기서는 성숙 이론의 대표적 학자인 게젤의 성숙 이론에 관하여 살펴보기로 한다(김경화 외, 2013; 김미영, 2013; 우수경 외, 2013).

성숙 이론의 대표적 학자인 게젤(1880~1961)은 인간의 모든 성장은 사전에 정해진 유전적 요소에 의하여 기본적 방향이 결정되는 성장 모형growth matrix에 따라 이루어진다고 보았다. 즉, 인간을 둘러싸고 있는 환경적 요인은 성장 모형을 지지하거나 수정할 정도에 불과하고 인간발달에 결정적 역할은 하지 못한다고 주장한다. 또한 게젤은 발달과정의 방향을 결정짓는 내적인 힘의 기제는 바로 성숙maturation이라고 불렀다.

게젤에 의하면 영유아의 성장과 발달 속도는 개인차가 존재하지만 동일한 순서에 따라 발달하게 된다. 그래서 게젤은 영유아의 성장에 있어서 패턴화 과정patterning process을 중요하게 생각하고 이 과정에 따라 행위가 체계화된다고 주장하였다. 게젤은 다섯 가지의 패턴 원리인 발달방향과 순서의 원리, 상호적 교류의 원리, 기능적 비대칭의 원리, 개별적 성숙의 원리 그리고 자기 규제의 원리에 의해서 인간의 행위가 어떻게 체계화되는지를 제시하였다.

Arnold Gesell

첫째, 발달방향과 순서의 원리에 의하면 인간의 행동발달은 신체적 측면의 신경학적 또는 생리해부학적 성숙에 평행한다는 것이다. 이러한 과정에서 발달의 방향은 성숙에 의해서 정해진 순서로 진행되도록 이루어지고 발달 순서도 바뀌지 않는다.

둘째, 상호적 교류의 원리에 의하면 인간 신체의 대칭되는 두 부분인 좌뇌와 우뇌, 두 눈, 두 손 그리고 두 다리 등은 점차적으로 한 부분씩 발달하고 난 뒤 함께 통합되어 균형을 이루면서 발달한다는 것이다.

셋째, 기능적 비대칭의 원리에 의하면 인간의 행동은 정면이 아닌 약간 비스듬한 자세를 취할 때 가장 효과적으로 기능한다는 것이다. 그래서 개인에 따라 한 쪽 뇌, 한 눈, 한 손 그리고 한 발이 우세한 것도 이러한 원리에 기인한 것이다.

넷째, 개별적 성숙의 원리에 의하면 인간이 성장하고 발달하는 속도는 각각의 인간이 지니고 있는 내적인 유전기제에 의하여 개인차가 존재한다. 인간의 행동은 인간을 둘러싸고 있는 외적인 환경적 요인과는 별개라는 의미이다.

다섯째, 자기 규제의 원리에 의하면 인간은 자신의 능력 이상으로 새로운 것에 대하여 시도하지 않도록 자신의 행동을 통제한다. 특히 이러한 것이 토대가 되어 영유아는 자신의 수유와 수면 패턴을 조절하기도 한다.

2. 정신분석 이론

정신분석 이론은 인간의 정신세계에서 대부분을 차지하는 무의식에 초점을 둔다. 인간의 행동은 무의식의 충동에 의해 발생하므로 인간의 마음속에서 어떤 일이 발생하는지를 이해하여야 한다. 또한 정신분석 이론은 어린 시절 부모와의 관계가 발달에 지대한 영향을 미친다고 하였다. 여기서는 프로이드Freud의 심리성적 이론psychosexual theory과 에릭슨Erikson의 심리사회적 이론psychosocial theory에 대하여 살펴보기로 한다(김미영, 2013; 이근홍, 2011; 정옥분, 2005).

1) 프로이드Freud의 심리성적 이론

Sigmund Freud

정신분석 이론에 절대적인 영향을 끼친 프로이드(1856~1939)는 인간의 성격발달에 기본적인 가설을 제공한 심리학자이다. 그에 의하면 인간이 믿고 있는 것처럼 인간은 지적이고 논리적이며 이성적인 존재라기보다는 비이성적이며 때로는 자기 자신도 모르는 사이에 무의식적인 충동에 의해 영향을 받는 존재로 보았다.

(1) 의식 구조

프로이드는 정신분석 이론을 정립하는 과정에서 지형학적 모형을 도입하여 인간의 정신세계를 설명하려고 하였다. 그에 의하면 이 모형에서 인간의 정신세계를 의식consciousness, 전의식preconsciousness, 무의식unconsciousness으로 나누었으며 이것들을 물위에 떠 있는 빙산으로 비유하였다(그림 2-1). 즉, 그는 물의 표면에 떠 있는 작은 부분을 의식, 물속에 잠겨 있는 거대한 부분을 무의식, 그리고 파도에 의하여 물 표면으로 나타나기도 하고 사라지기도 하는 부분을 전의식이라고 하였다.

먼저 의식은 우리가 어떤 순간에 알거나 느낄 수 있는 모든 감각과 경험을 말하는 부분이다. 즉, 의식은 자기 자신이 주의를 기울이는 순간에 알 수 있거나 느낄 수 있는 정신작용이다. 그에 의하면 의식은 정신활동의 중심이 아니며 정신세계의 극히 일부분에 지나지 않는다.

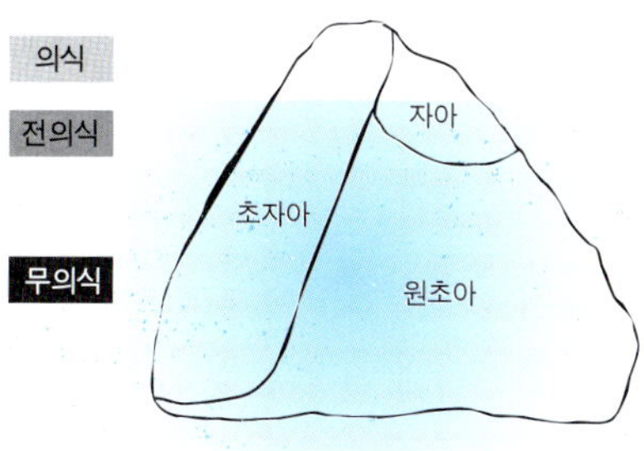

| 그림 2-1 | 성격의 구조와 의식 수준

전의식은 의식과 무의식의 중간 부분으로서 조금만 주의를 기울이면 의식으로 나타나는 부분이며 한편으로는 조금만 주의를 기울이지 않으면 의식에서 사라지는 부분이다. 그에 의하면 전의식은 의식 속에는 존재하지 않

지만 기억, 회상 등을 통하여 의식으로 나타날 수 있는 정신세계의 일부분이다.

무의식은 인간의 정신세계에 감추어져 있어서 우리가 지각하지 못하는 기억과 경험으로 이루어진 부분으로 프로이드가 가장 중요하게 여기는 정신세계이다. 그에 의하면 무의식은 인간의 정신세계의 대부분을 차지하고 있으며 전혀 인식되고 있지는 않지만 우리 인간의 사고와 행동을 통제한다. 또한 무의식은 의식의 존재 아래에 있는 정신세계로서 본능, 충동 등이 잠재되어 있는 곳이다.

(2) 성격 구조

프로이드는 성격 구조의 중심이 되는 무의식이 인간의 감각기관을 통하여 알아차릴 수 없는 마음 깊은 곳에 감추어져 있어서 기억하지 못한다고 하였다. 이것은 본능, 충동, 억압된 감정 등이 잠재되어 있는 곳이다. 이와 같은 인간의 정신세계를 살펴보기 위하여 프로이드는 인간의 성격 구조를 제시하였는데 그것은 원초아id, 자아ego 그리고 초자아superego로 구성되어 있다고 제시하였다. 인간의 행동은 세 가지 성격 구조의 요소가 상호작용함으로써 발생하게 된다.

원초아(id)는 성욕이나 공격성과 같은 본능과 충동의 원천으로서 정신적 에너지의 저장소이다. 즉, 원초아는 인간이 태어날 때부터 얻는 정신적 에너지의 근원이다. 원초아는 인내심이 없이 즉각적으로 긴장을 감소하려는 쾌락원칙pleasure principle에 따른다. 따라서 원초아는 타인보다는 자기 자신의 욕구를 만족시키는 것에 관심을 가진다. 또한 원초아는 주변 상황을 고려하지 않고 즉각적인 만족을 얻는 것에 관심을 집중하는 일차적 원칙primary principle을 따른다.

자아(ego)는 성격의 실제적이며 이성적인 부분이다. 즉, 자아는 성격의 집행자로서 외부현실과 초자아의 요구를 고려하여 원초아의 욕구를 만족시키는 정신기제의 일부분이다. 자아는 원초아의 본능이나 충동을 현실적인 상황을 고려하여 사회적으로 수용 가능한 것을 고려하는 현실원칙reality principle을 따른다. 또한 자아는 원초아가 원하는 본능적 욕구를 충족시키기 위해 긴장을 해소시키려고 노력하는데, 그러한 행동이 초래할 결과까지도 고려하는 이차적 원칙secondary principle을 따른다.

초자아(superego)는 성격 구조의 구성요소 중에서 마지막으로 발달하는 부분이다. 초자아는 도덕적 판단을 하는 요소로서, 이것은 부모가 가지고 있는 옳고 그름의 기준을 내면화하면서 나타나기 시작한다. 초자아는 양심conscience과 자아 이상ego ideal으로 구성된다. 양심은 자기 자신의 잘못된 행동에 대하여 부모가 처벌을 함으로써 죄책감이 발생하면서 나타난다. 그리고 자아 이상은 자기 자신의 잘한 행동에 대하여 부모가 보상을 함으로써 자부심이 발생하여 생긴다.

(3) 심리성적 발달 단계

프로이드는 리비도libido가 어느 부위에 집중되어 있느냐에 따라 인간의 심리성적 발달 단계를 구강기oral stage, 항문기anal stage, 남근기phallic stage, 잠복기latency stage 그리고 생식기genital stage로 구분하였다.

① 구강기

구강기는 출생 후 약 18개월까지가 해당된다. 이 시기에는 리비도가 입 주위에 집중되어 있기 때문에 빨고, 씹고, 삼키는 등의 행동을 통하여 쾌감을 얻는 기간이다. 즉, 배고픔과는 관계없이 입에 닿는 것은 무엇이든지 빠는 것과 같은 입의 만족을 통하여 쾌감을 느낀다. 이 시기의 입에 대한 쾌감의 경험은 후기 성격발달에 중요한 역할을 한다.

② 항문기

항문기는 18개월에서 36개월까지가 해당된다. 이 시기에는 리비도가 항문 주위에 집중되어 있기 때문에 배설물을 보유하거나 방출함으로써 쾌감을 느끼는 기간이다. 즉, 대변의 보유와 방출에서 상당한 쾌락을 얻고 대장운동을 지연시켜 만족을 얻는 방법을 알게 된다. 항문기에 영유아는 배변훈련을 통하여 만족을 증대시키는 방법을 배운다. 이 과정에서 영유아가 지나치게 엄격한 배변훈련을 받게 되면 영유아는 청결이나 질서에 대한 강박적 욕구를 보이거나 인색한 성격을 지니게 된다. 반면에 부모가 배변훈련을 도와주게 되면 영유아는 배변에 대한 쾌감을 느끼게 되고 창조성과 생산성의 밑바탕이 된다.

③ 남근기

남근기는 3세에서 6세까지가 해당된다. 이 시기에는 리비도가 성기 주위에 집중되며 심리성적 발달 단계에서 가장 중요한 기간이라고 할 수 있다. 남근기의 중요한 특징은 남아의 오이디푸스 콤플렉스Oedipus complex와 여아의 엘렉트라 콤플렉스Electra complex를 경험한다는 사실을 들 수 있다. 전자는 남자아이가 어머니에 대하여 강한 애정을 느끼고 아버지에 대하여 적대감을 가지는 것을 말한다. 여기에서 남자아이는 아버지가 자신의 생각을 알아차리고 자신의 성기를 없앨 것이라는 거세불안castration anxiety을 경험하게 된다. 그래서 남자아이는 거세불안을 해소하기 위해 어머니에 대한 애정을 포기하고 아버지에게 가졌던 적대감도 포기하여 자기 자신과 아버지를 동일시하면서 아버지의 가치와 기준을 받아들인다. 후자는 여자아이가 아버지에 대하여 애정을 느끼고 어머니에 대하여 적대감을 가지는 것을 말한다. 여기에서 여자아이는 자신에게 남근이 없다는 것을 알게 되면서 실망을 느끼게 되고 남근을 부러워하고 갖고 싶어 하는 남근선망penis envy을 경험하게 된다. 그래서 여자아이는 남근선망을 해소하기 위하여 아버지에 대한 애정을 포기하고 자기 자신과 어머니를 동일시하면서 어머니의 가치와 기준을 받아들인다. 이러한 부모에 대한 동일시 과정에서 초자아가 형성된다.

④ 잠복기

잠복기는 6세에서 사춘기까지가 해당된다. 이 시기에는 리비도가 무의식 속에 잠재되어 있기 때문에 밖으로 표출되지 않는다. 즉, 잠복기는 성적 관심이 약해지는 시기이기 때문에 심리성적 에너지가 그 전까지 경험하지 못했던 지적 활동과 또래와의 관계 속에서 사회성에 관심을 집중하게 된다. 또한 잠복기는 주위 환경인 성인과 또래로부터 인정받을 수 있는 인지적 · 사회적 기술을 향상시키기 위해 노력하는 시기이다.

⑤ 생식기

생식기는 사춘기 이후에서 성인기 이전까지가 해당된다. 생식기는 사춘기에 접어들면서 잠재되어 있던 리비도가 강하게 나타나는 시기이다. 이 시기에는 생식기에 대한 관심이 고조되어 이성에 대한 사랑을 느끼게 된다. 즉, 이성에 대한 관심과 인식이 증가하여 성적 그리고 공격성이 다시 나타나기 시작하는 시기이다. 그리고 이 시기의 발달이 순조로운 청소년은 이상적인 성격을 형성하게 된다.

2) 에릭슨Erikson의 심리사회적 이론

Erik Homburger Erikson

프로이드가 강조한 생물학적 · 신체적 측면보다 심리적 · 사회적 측면이 더 중요하다고 믿는 에릭슨(1902~1994)은 심리사회 이론을 체계화한 자아심리학자이다. 그는 심리사회적 성격발달은 전 생애에 걸쳐서 이루어진다고 주장하였다. 그리고 에릭슨에게 있어서 주요 개념은 청소년기의 자아정체감 발달이다. 즉, 에릭슨은 확고한 자아정체감 확립을 위하여 전 생애를 통하여 여덟 가지 심리사회적 위기를 잘 극복해야 한다고 주장하였다.

에릭슨은 자신이 제시한 심리사회적 발달 단계의 각각에서 성취해야 할 발달과업과 극복해야 할 위기를 제시하였다. 즉, 개인은 각각의 심리사회적 발달 단계마다 사회적 환경에 적응하려는 개인의 욕구와 욕구충족 과정에서 나타나는 갈등을 경험한다. 따라서 개인은 각각의 심리사회적 발달 단계마다 나타나는 위기를 극복할 때 건전한 발달을 이룰 수 있다.

(1) 신뢰감 대 불신감

신뢰감 대 불신감Trust vs Mistrust의 시기는 출생에서 약 18개월까지이다. 이 시기에 영아는 자신과 처음으로 사회적 관계를 맺는 양육자(주로 어머니)가 자신의 심리사회적 욕구를 적절하게 충족시켜 주면 신뢰감을 얻게 된다. 이때 양육자는 민감하고 일관성 있는 양육방식이나 태도를 보여야 한다. 만약 양육자가 부적절하거나 일관성 없는 양육태도를 보이면 영아는 불신감을 가지게 된다.

그에 의하면 양육자와 영아와의 관계에서 영아가 신뢰감만 경험하고 어느 정도의 불신감조차 경험하지 못한다면 바람직하지 않다고 주장한다. 물론 영아는 불신감보다 신뢰감을 훨씬 더 경험해야 한다. 즉, 영아가 건전하게 성장하기 위해서는 전적으로 신뢰감에서만 기인하는 것이 아니라 신뢰감과 불신감 사이의 적당한 비율이 이루어져야 한다.

이 시기에 심리사회적 위기를 잘 극복하게 되면 영아는 희망이라는 자아특질이 생기며 위기를 극복하지 못하면 정신병리인 자기비하감, 우울증 등이 생긴다.

(2) 자율성 대 수치심과 회의감

자율성 대 수치심과 회의감Autonomy vs Shame and Doubt의 시기는 약 18개월에서 36개월까지이다. 이 시기의 유아는 여전히 양육자에게 의존하고 있지만 자신의 행동을 통하여 자율성을 가지게 된다. 이 시기의 중요한 과업은 배변훈련인데, 유아는 이것을 통하여 자신의 행동에 대하여 독립심을 고취하게 되고 그것이 자율성의 기초가 된다. 배변훈련 과정에서 양육자가 유아에게 칭찬해 주고 적절하게 도와주면 스스로에게 자신감이 생겨 그것이 자율성으로 발전하게 된다. 만약 배변훈련 과정에서 양육자가 너무 엄격하고 잘못을 비난하게 되면 유아는 자기 자신에 대하여 수치심을 느끼게 된다.

이 시기에 심리사회적 위기를 잘 극복하게 되면 유아는 의지라는 자아특질이 생기며 위기를 극복하지 못하면 정신병리인 강박적 행동, 피해의식 등이 생긴다.

(3) 주도성 대 죄책감

주도성 대 죄책감Initiative vs Guilt의 시기는 약 3세에서 6세까지이다. 이 시기의 유아는 신체적 · 인지적 능력이 발달하기 시작하며 자발적이고 책임의식이 강화된다. 그리고 자신의 행동에 대하여 계획을 세우고 목표를 설정하여 그것을 달성하려고 노력한다. 그래서 이러한 과정 속에서 유아는 주도성이 싹트게 된다. 또한 유아는 신체적 · 인지적 능력이 성숙되어 경쟁적이며 호기심이 많은 행동을 보이게 된다.

유아가 자신의 목표를 원만하게 달성했을 때 부모가 칭찬하고 격려해 주면 주도성이 발달하게 된다. 반면에 유아는 자신의 계획이나 목표를 달성하지 못하였거나 유아의 활동을 간섭하고, 질문에 대해 억압적 태도를 취하게 되면 좌절감을 느껴서 죄의식을 가지게 된다.

이 시기에 심리사회적 위기를 잘 극복하게 되면 유아는 목적이라는 자아특질이 생기며 위기를 극복하지 못하면 정신병리인 억제의 감정, 소극성 등이 생긴다.

(4) 근면성 대 열등감

근면성 대 열등감Industry vs Inferiority의 시기는 약 6세부터 12세까지이다. 이 시기의 아동에게는 정상적인 학교교육을 받기 시작하는 학령기이기도 하다. 그래서 아동은 학습의 가장 기초적인 쓰기, 말하기, 듣기, 읽기, 셈하기와 같은 인지적 기능을 습득하게 된다. 또한 아동은 또래와의 상호작용을 통하여 사회적 기능을 익히게 된다.

이 시기에 아동은 인지적 · 사회적 기술을 원만하게 습득하게 되면 자신의 또래보다 더 잘 할 수 있다고 느끼는 우월감을 갖게 된다. 이것이 아동에게 중요한 힘의 원천이 되어 또 다시 다른 것들을 시도하게 되는 도전적 생각을 바탕으로 근면성을 갖게 된다. 만약 아동은 자신의 인지적 · 사회적 기술이 자신의 또래보다 뒤처진다고 느끼게 되면 열등감에 빠지게 된다. 이러한 점 때문에 이 시기에는 가정에서의 부모의 역할과 학교에서의 교사의 태도가 무엇보다 중요하다.

이 시기에 심리사회적 위기를 잘 극복하게 되면 아동은 능력이라는 자아특질이 생기며 위기를 극복하지 못하면 정신병리인 사고의 마비, 무력감 등이 생긴다.

(5) 자아정체감 대 자아정체감 혼란

자아정체감 대 자아정체감 혼란Identity vs Identity Confusion의 시기는 약 13세부터 20세까지이다. 에릭슨은 청소년기의 자아정체감 확립이 전 생애에서 가장 중요하다고 보았다. 또한 이 시기는 급격한 신체적 변화와 성적 성숙이 이루어짐과 동시에 부모로부터 정서적으로 독립하는 기간이기도 하다. 그래서 청소년은 이러한 새로운 상황에 대하여 어떻게 대처할 것인지를 고민하게 된다.

그리고 청소년은 자신의 존재에 대하여 끊임없이 '나는 누구인가'와 같은 의문을 갖는 갈등을 경험하게 되는데 이것이 정체감을 형성해 가는 과정이다. 정체감은 청소년기에 저절로 나타나는 2차 성징과 같은 것이 아니고 청소년 스스로의 역할을 정확히 인식하고 자신감을 가지고 다가오는 미래에 대한 준비를 할 때 형성되는 것이다. 반면에 정체감 형성에 실패한 청소년은 정체감 혼란을 초래하게 된다. 그런 청소년은 직업 선택에서 안정성을 얻지 못하거나 성역할의 정체성도 확보하지 못한다. 이것으로 인해 혼란감, 소외감, 무력감과 같은 병리적 성격장애가 초래될 수도 있다.

이 시기에 심리사회적 위기를 잘 극복하게 되면 청소년은 성실이라는 자아특질이 생기며 위기를 극복하지 못하면 정신병리인 거부감, 낯설음 등이 생긴다.

(6) 친밀감 대 고립감

친밀감 대 고립감Intimacy vs Isolation의 시기는 성인 초기(약 20~40세)까지이다. 이 시기에서 성인은 배우자를 선택하여 결혼을 하며 직업을 선택하여 일을 하면서 친밀감을 형성한다. 즉, 이 시기에 성인은 다른 사람과의 관계 속에서 성적 친밀감뿐만 아니라 사회적 친밀감을 형성한다.

이 시기에 친밀한 관계를 형성한 성인은 다른 사람을 사랑할 수 있는 능력이나 다른 사람과 함께 일할 수 있는 능력이 있다. 그리고 진정한 의미의 친밀감은 자신의 정체감과 다른 사람의 감정이나 가치를 인정하는 성숙된 인간관계 속에서 나타난다. 반면에 성인이 이 시기에 친밀감을 형성하지 못하면 고립감을 느끼게 되고 자기 자신에게 몰두하게 된다. 이러한 성인은 사회적 관계를 회피하게 되고 다른 사람을 받아들이지 못한다. 그리고 성인은 다른 사람을 받아들이는 것이 자신의 자아정체감을 혼란에 빠뜨린다고 생각하기 때문에 혼자 있기를 좋아한다.

이 시기에 심리사회적 위기를 잘 극복하게 되면 성인은 사랑이라는 자아특질이 생기며 위기를 극복하지 못하면 정신병리인 배척감이 생긴다.

(7) 생산성 대 침체성

생산성 대 침체성Generativity vs Stagnation의 시기는 성인기(약 40~65세)까지이다. 이 시기에 성인은 가정에서는 자녀를 양육하고 사회적 전통 및 가치관을 전달하는 부모로서의 생산성을 획득한다. 그리고 성인은 직장에서는 다음 세대를 지도하고 양성하는 데 관심과 노력을 기울이면서 직업적 생산성을 획득한다. 여기에서 생산성이란 성인이 다음 세대를 위하여 관심과 노력을 기울이는 것을 말한다.

반면 이 시기에 생산성을 획득하지 못한 성인은 다음 세대를 위하여 자신이 해야 할 일이 없다고 깨닫는 침체성에 빠지게 된다. 이러한 침체성에 빠진 성인은 모든 일에 대하여 비판적인 경향을 나타내며 다른 사람을 배려하지 않고 자기 자신의 신체적 · 물질적 측면에만 치중하게 된다. 즉, 생산성을 획득하지 못한 성인은 자기 자신의 이익에만 몰두하고 다른 사람의 이익에는 기능하지 못한다.

이 시기에 심리사회적 위기를 잘 극복하게 되면 성인은 배려라는 자아특질이 생기며 위기를 극복하지 못하면 정신병리인 거절, 무관심 등이 생긴다.

(8) 통합감 대 절망감

통합감 대 절망감Integrity vs Despair의 시기는 노년기(65세 이후)라고 말할 수 있다. 이 시기의 노인은 신체적으로 쇠약해지고 직장에서도 은퇴한 상실의 시간에 직면한다. 노년기에는 죽음이 다가오는 시기이기 때문에 자신이 지금까지 살아온 삶을 되돌아보게 된다. 노인은 자신의 생애를 돌아보면서 기쁘고 즐거웠던 삶뿐만 아니라 슬프고 즐겁지 못한 삶까지도 수용하면서 통합감이라는 것을 경험하게 된다. 즉, 노인은 지금까지의 삶을 되돌아보면서 모든 것들을 겸허하게 받아들일 때 통합감이 생기게 되는 것을 안다.

반면 이 시기에 통합감을 경험하지 못한 노인은 지금까지 자신이 살아온 삶이 무의미하다고 생각하며 후회와 무력감에 빠지는 부정적인 감정이 생긴다. 그래서 결국 이러한 노인은 절망감에 빠지게 된다. 즉, 이 시기의 노인은 지금까지 쓸모없는 시간을 너무 허비해서 인생을 새로이 바꾸기에는 너무 늦다는 것을 알아차리고 절망감을 경험하게 된다.

이 시기에 심리사회적 위기를 잘 극복하게 되면 노인은 지혜라는 자아특질이 생기며 위기를 극복하지 못하면 정신병리인 나약함, 경멸감 등이 생긴다.

3. 학습 이론

학습 이론은 발달에서 생물학적 요인보다는 환경적 요인을 더 강조한다. 학습 이론가는 개인의 인생에서 얻게 되는 학습 경험이 인간발달에서 변화의 근원이라고 생각한다. 또한 학습 이론가는 발달을 이해하는 데 있어서 인간이 직접 관찰하고 측정할 수 있는 행동을 연구하는 것이 중요하다고 생각한다.

학습 이론의 기본 원리는 자극에 대한 반응의 관계를 파악하는 데 있다. 즉, 외부 세계에 대하여 어떻게 행동하는가를 알아보는 것이다. 여기서는 파블로프Pavlov의 고전적 조건형성이론, 스키너Skinner의 조작적 조건형성 이론 그리고 반두라Bandura의 사회학습 이론에 관하여 살펴보기로 한다(이근홍, 2011; 정옥분, 2005).

1) 파블로프Pavlov의 고전적 조건형성 이론

Ivan Petrovich Pavlov

처음으로 자극에 대한 반응의 관계를 연구한 파블로프(1849~1936)는 행동주의 학습 이론을 확고한 과학적 기반 위에 올려놓은 학자이다. 그는 개의 타액 분비의 본질에 관한 우연한 발견으로 조건 반응에 대한 연구를 시작하였다(그림 2-2).

파블로프에 의하면 개의 타액 분비에 대한 연구에서 배고픈 개에게 음식물을 주면 개는 타액을 분비한다. 만약 음식물을 종소리가 울리는 것과 함께 주게 되면 나중에는 종소리만 들어도 타액을 분비하게 된다. 이러한 것들을 여러 번 반복하게 되면 나중에는 종소리에 대하여 반응하도록 되어 있다. 즉, 개로 하여금 타액을 분비하게 할 수 없었던 중립적 자극에 대해 이러한 학습된 타액 분비의 반응을 조건반사라고 한다. 그리고 이러한 일련의 과정을 고전적 조건형성이라고 한다.

여기에서 음식물은 무조건 자극이다. 무조건 자극은 사전에 어떤 학습이나 경험이 없이

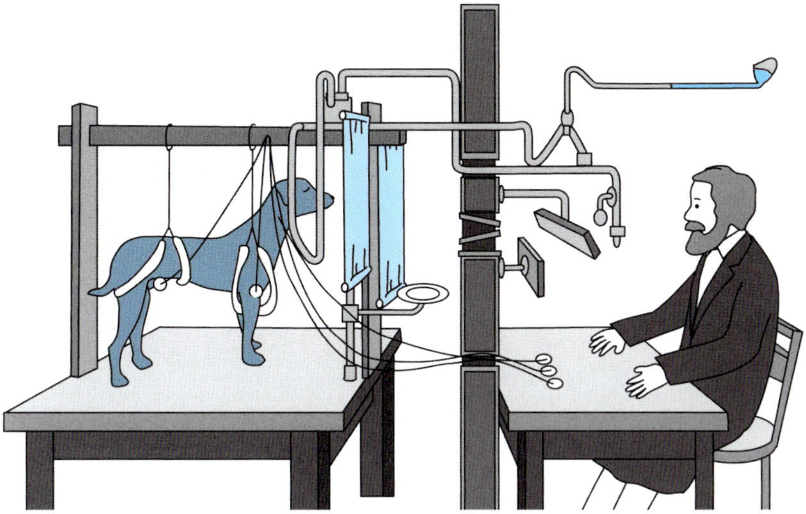

| 그림 2-2 | **고전적 조건형성의 실험**

자연발생적으로 일어나는 것이다. 개가 음식물에 대하여 타액을 분비하는 것은 무조건 자극에 대한 무조건 반응이다. 그리고 무조건 반응이 나타난 다음에 음식물을 주면서 종소리를 울리게 되면 나중에는 종소리만 울려도 타액을 분비하게 된다. 이 경우에 종소리는 조건 자극이라고 부르며, 종소리에 의하여 타액을 분비하는 것은 조건 반응이다. 이러한 조건 반응은 조건 자극과 무조건 자극이 계속해서 이루어지면 더욱더 강화된다.

2) 스키너Skinner의 조작적 조건형성 이론

고전적 조건형성 이론을 수용하여 더욱 발전시킨 이론가인 스키너(1904~1990)는 행동주의 학습 이론의 뛰어난 선구자이다. 그에 의하면 자극과 반응이 연결되는 또 다른 방법은 조작적 조건형성이라는 것이다. 즉, 인간의 행동은 자극과 반응의 결과에 의해서 결정된다는 것이다.

Burrhus Frederic Skinner

스키너 상자는 지렛대, 먹이, 불빛이 있고 바닥에는 전기

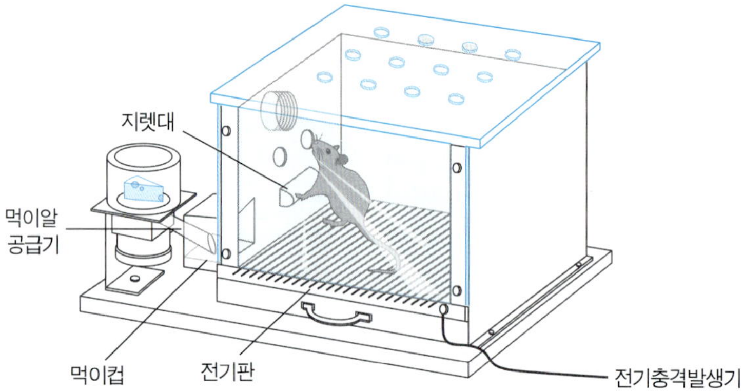

| 그림 2-3 | **스키너 상자(Skinner box)**

회로가 설치 되어 있다(그림 2-3). 상자 안에 배고픈 쥐를 넣었을 경우 쥐가 우연히 지렛대를 누르면 먹이가 나온다. 이렇게 시행을 반복하고 나면 쥐는 지렛대를 누르면 먹이(강화물)가 나온다는 것을 학습한다(먹이는 지렛대를 누르는 행동을 강화한다).

(1) 반응행동과 조작행동

스키너는 인간의 행동을 반응행동과 조작행동으로 분류하였다. 먼저 반응행동은 이미 알려진 자극에 의해 자동적으로 유발되는 반사적 반응으로서 생물학적이고 선천적인 것이다. 이때 자극이 반응보다 먼저 일어나게 된다. 그는 모든 유기체가 나타내는 단순한 반사에 대한 반응을 반응행동이라고 하였다. 또한 파블로프Pavlov의 고전적 조건형성인 조건 자극이 조건 반응을 유발한다는 것을 인정했다. 반응행동의 특징은 반응을 유발하는 자극에 전적으로 통제된다는 사실이다. 다시 말해 자극이 있으면 반응하고, 자극이 없으면 반응하지 않는다는 것이다. 예를 들어, 개가 음식물을 보고서 침을 자동으로 흘리는 반응이다. 그리고 영아에게 입에 젖을 물리면 빨기 반응을 보이는 것이다.

다음으로 조작행동은 환경을 조작해서 어떤 결과를 가져오도록 하는 것이다. 다시 말해 조작행동은 하나의 행동에 뒤따르는 결과가 생기고, 그 결과에 의해서 유기체가 행동을 한다. 예를 들어, 아동이 자기 방을 청소할 때 관심을 보이고 칭찬을 하면 아동은 지속적으로 자기 방을 청소하게 될 것이다. 이때 아동은 방 청소를 계속하게 되는 조작행동을 나타내게 된다.

(2) 조작적 조건형성

조작적 조건형성은 반응의 결과에 따라 나타나는 변화가 반응이 발생하는 빈도에 영향을 미치는 하나의 과정이다. 즉, 조작적 조건형성은 인간의 행동이 그 행동의 결과에 의해 변화된다는 의미이다. 그림 2-3에서 먹이는 쥐의 지렛대를 누르는 행동을 강화하는 것이다. 따라서 인간이 행하는 행동의 결과가 긍정적이면 인간은 조작행동을 나타낼 가능성이 높다. 인간의 그러한 행동의 반응에 긍정적인 영향을 미칠 수 있도록 임의로 조건을 제시하는 과정이 바로 조작적 조건형성이다. 우리가 일상생활에서 경험하고 있는 대부분의 행동은 조작에 의해서 나타나는 것이다.

(3) 강화와 소거

스키너 이론에서 강화는 가장 중요한 개념이다. 강화는 보상을 제공하여 어떤 행동이 다시 발생할 수 있도록 만드는 과정인 것이다. 다시 말해 강화는 행동에 대한 반응의 가능성을 증진시키기 위한 하나의 활동과정인 것이다.

강화에는 정적 강화positive reinforcement와 부적 강화negative reinforcement의 두 종류가 있다. 두 종류의 강화는 반응의 가능성을 증대시키기 위하여 사용된다. 정적 강화는 반응의 빈도를 높이기 위하여 자극을 제공하는 것을 말한다. 예를 들어, 자기 방을 청소한 아동에게 칭찬을 하거나 용돈을 주는 것은 그 행동을 유지하거나 촉진시키는 경우이다. 그리고 부적 강화는 반응의 가능성을 높이기 위하여 불쾌하거나 혐오스러운 자극을 제거하는 것을 말한다. 예를 들어, 초등학교 3학년 반에서 발표를 하지 않는 아동에게 발표를 하면 청소하는 행위를 철회시켜 줌으로써 발표의 빈도를 높이는 경우이다. 부적 강화는 처벌과는 다르다. 처벌은 어떤 행동의 발생 빈도를 감소시키는 것인 반면에 부적 강화는 정적 강화와 마찬가지로 반응의 빈도를 높이는 것이다.

(4) 처벌

처벌punishment은 혐오스럽거나 불쾌한 자극을 제공함으로써 반응의 빈도를 줄이거나 없애는 것이다. 예를 들어, 백화점에서 장난감을 사 달라고 조르는 아동에게 처벌을 가함으로써 그러한 행동이 감소되거나 하지 않게 하는 경우이다. 이러한 처벌은 일상생활에서 아동의 행동을 통제하기 위한 보편적인 방법이 되기도 하면서 행동을 통제하는 데 빠른 효과를 나타내기도 한다. 그러나 처벌은 행동의 통제에 항상 긍정적으로 작용하는 것만은 아니며 오히려 원하지 않는 부작용을 초래할 수도 있다. 따라서 처벌은 가능한 한 최소화하는 것이 바람직하다.

3) 반두라Bandura의 사회학습 이론

사회적 상황 속에서 행동의 학습에 관심을 가진 반두라(1925~1997)는 잘 알려진 사회학습 이론가이며 환경론자이다. 그에 의하면 다른 사람들이 하는 행동이 주위 환경에 대한 중요한 정보가 되기 때문에 관찰학습의 중요성을 강조하였다. 또한 사회학습은 인간의 행동이 사회적 상황 속에서 개인의 내적 과정과 환경적 영향 사이의 상호작용을 통하여 결정된다는 성격 이론이다.

Albert Bandura

(1) 자기 규제

자기 규제self-regulation는 인간이 자신의 행동에 영향력을 행사할 수 있는 개인의 독특한 능력이다. 인간은 자신의 인지적 능력을 발휘하며 자신에게 직면한 환경을 조정한다. 그리고 인간은 그것을 통하여 자신의 행동에 대한 결과를 산출해 냄으로써 그들의 행동에 어느 정도 영향력을 행사할 수 있다. 그에 의하면 뛰어난 지적 능력이 있는 인간은 상징적 사고를 통하여 그들의 환경을 통제하는 하나의 수단을 갖고 있다고 한다. 즉, 인간은 상징화할 수 있는 능력을 지니고 있으므로 환경 속에서 일어나는 시행착오를 범하지 않고서도 문제를 해결할 수 있다. 따라서 인간은 행동에 대한 가능한 결과를 예측할 수 있기 때문에 미리 행동을 수정할 수 있다.

(2) 자기 효능감

자기 효능감self-efficacy은 자신이 바라는 목적을 달성하기 위하여 자신의 특정한 행동을 성공적으로 수행할 수 있다는 개인의 효과적인 인식이다. 자기 효능감이 높은 사람은 자신이 직면한 사건이나 상황에 대하여 효과적으로 대처할 것이라고 믿는다. 또한 그들은 스스로 어떤 어려운 상황에 처하더라도 그것을 성공적으로 극복할 수 있다고 기대하기 때문에 과업을 잘 수행하게 된다. 그래서 그들은 도전정신이 강하며 과업에 대하여 능동적으로 헤쳐나갈 힘을 가지고 있다. 반면에 자기 효능감이 낮은 사람은 자신이 직면한 사건이나 상황에 대하여 자신이 행하는 노력이 성공하지 못할 것이라고 믿는다. 그래서 그들은 무기력하게 되고 점점 의기소침하고 어떤 사건이나 상황에 처하면 회피하려고 한다. 특히 그들은 어떤 상황에 직면한 문제를 해결하기 위하여 처음 시도에서 실패하게 되면 쉽게 포기하는 경향이 있다.

(3) 상호결정론

상호결정론reciprocal determinism은 인간 행동이 개인person, 환경environment, 행동behavior의 요소들 사이의 지속적인 상호작용에 의하여 결정된다고 보는 것이다. 즉, 인간의 신체적 반응인 행동은 개인의 인지적 능력, 성격, 신념, 태도 등과 같은 요인들과 사회적 환경, 물리적 환경 등의 상호작용의 영향으로 미친 결과이다.

인간의 행동은 환경에 의해 영향을 받기도 하지만 인간은 어느 정도 자신의 신체적 반응에 영향을 미칠 수 있다. 그리고 인간은 환경적 자극에 단순히 반응만 하는 존재는 아니며 상징을 사용할 수 있는 비범한 능력을 가지고 있으므로 행동으로 나타나는 인지과정인 사고, 창조, 계획 등의 일을 할 수 있다.

(4) 관찰학습의 과정

사회학습 이론은 강화에 초점을 두고 있는데 인간 행동은 직접적인 외적 강화가 주어지지 않더라도 모델의 관찰을 통하여 학습됨으로써 이루어진다. 즉, 아동은 보상이나 벌을 받는 것을 모델로부터 관찰함으로써 간접적으로 강화를 받는다. 따라서 보상받은 행동은 학습하게 되고 벌 받은 행동은 학습하지 않게 된다. 이러한 것을 관찰학습이라고 한다. 관찰학습은 네 가지 구성요소인 주의집중과정, 보존과정, 운동재생과정 그리고 동기과정으로 구성되어 있다.

첫째, 주의집중과정attentional process은 모델의 행동을 주의 깊게 집중하여 관찰하는 과정이다. 이 과정에서 모델의 두드러진 특징이나 뚜렷한 단서를 주시해야만 관찰에 의해서 여러 가지 정보를 획득할 수 있다. 이와 같이 주의집중과정은 모델의 행동에 주의를 기울여서 보고 어느 것을 선택하여 습득할 것인지를 결정하는 것이다.

둘째, 보존과정retention process은 모델의 행동을 주의 깊게 관찰하여 그것을 기억하여 장기간 보존하는 과정이다. 이 과정에서 모델의 행동을 보고 즉각적으로 반응을 보이는 것이 아니다. 이 과정은 나중에 모델의 두드러진 특징이나 뚜렷한 단서에 대하여 기억한 것을 어떤 방법으로 유용하게 이용할 수 있다. 여기에서 모델의 행동을 장기간 기억하기 위해서 모델의 행동을 어떤 상징적인 형태로 부호화해야 하는 것이 필요하다.

셋째, 운동재생과정motor reproduction process은 모델을 모방하기 위하여 모델의 상징적 표상을 리허설하는 과정이다. 이 과정에서 모델의 상징적 표상을 잘 기억하여 그 행동을 계속적으로 연습하는 것이 필요하다. 한편 모델의 행동을 주의 깊게 관찰하여 연습한다고 하더라도 모델이 한 행동을 올바르게 수행하지 못할 수도 있음을 인지해야 한다.

넷째, 동기과정motivational process은 모델의 행동을 모방한 것이 가치 있는 것인지를 결정하는 과정이다. 이 과정에서 동기가 주어지지 않는다면 모델의 행동을 모방하려 하지 않을 것이다. 모델의 행동을 모방하여 강화가 주어지면 행동을 수행할 가능성이 높아진다. 만약 모델의 행동이 긍정적인 보상을 받는 강화로 이어진다면 모델의 행동에 대하여 좀 더 집중하여 기억하였다가 나중에 그 행동을 수행하는 데 강력한 촉진제가 될 것이다.

4. 인지발달 이론

인지발달 이론은 인간을 둘러싸고 있는 환경과의 관계로 설명할 수 있다. 인간 대부분의 심리적 특성들이 환경에 의해 수동적으로 얻어지는 것으로 보는 학습 이론과는 다르게 인지발달 이론은 인간이 환경에 능동적으로 적응하고 스스로 사고하는 적극적이고 주도적인 존재로 다룬다. 여기서는 아동과 관련된 인지발달적 관점의 대표적 이론인 피아제Piaget의 인지발달 이론과 비고츠키Vygotsky의 사회문화적 인지발달 이론에 관하여 살펴보기로 한다(박영아, 2013; 이근홍, 2011; 정옥분, 2005)

1) 피아제Piaget의 인지발달 이론

Jean Piaget

인지발달 이론의 대표적 학자인 피아제(1896~1980)는 그의 세 자녀가 성장하는 과정을 지켜보면서 아동의 사고는 성인의 사고와 차이가 난다는 사실을 알았다. 피아제는 아동의 인지발달을 이해하는 데 절대적인 공헌을 한 학자이다. 피아제는 인지란 기억, 생각하는 정신적 활동으로 환경과 지속적인 상호작용으로 구성된다고 하였다. 그리고 인지는 여러 단계를 거치면서 보다 정교한 인지 특성을 나타낸다. 피아제는 인지발달 단계를 네 단계로 구분하였는데 그것은 다음과 같다.

(1) 감각운동기

감각운동기sensory motor period는 신생아의 단순한 반사들이 나타나는 출생의 순간부터 초기의 영아적 언어가 나타나는 상징적 사고가 시작되는 2세까지이다. 이 시기의 영아는 대부분 감각적인 자극에 대한 운동 반응으로서 행동한다. 즉, 영아는 과거에 대한 기억이나 미래에 대한 계획에 의하여 행동하는 것이 아니라 단순히 감각적인 것에 기초하여 행동한다. 그래서 이 시기를 감각운동기라고 한다.

(2) 전조작기

전조작기pre-operational period는 언어를 사용하게 되는 2세부터 사물이나 사건을 기억하고 표현하는 능력이 가능한 7세까지이다. 그러나 이 시기에는 조작할 수 있는 능력에는 한계가 있다. 조작이란 과거에 일어났던 사건들을 내면화시켜서 서로 연관성이 있는 논리적인 관계를 지을 수 있는 것을 의미한다. 전조작기는 변형된 경험을 논리적으로 환원시키지 못하는 시기를 말한다. 전조작기의 사고는 사물이나 사건을 내면화할 수 있는 능력이 생김에도 불구하고 이 시기의 유아는 상징놀이, 자아중심성, 물활론, 직관적 사고, 타율적 도덕성 등의 특징을 나타낸다.

(3) 구체적 조작기

구체적 조작기concrete operational period는 구체적인 대상에 대하여 논리적으로 사고할 수 있는 시기인 7세에서 11~12세경까지이다. 이 시기의 아동은 사고가 급격하게 발달하여 어느 한 측면에 집중된 제한적인 사고에서 벗어나 사건이나 상황의 여러 가지 측면을 고려해야 할 필요성을 이해하게 된다. 즉, 아동의 사고는 그 자체가 거의 현실에 집중하며 가능한 하나의 구체적 사건이나 상황에 제한되어 있는 것이다. 그러나 이 시기의 아동은 가상적인 상황을 만들어서 추론할 수 없기 때문에 추상적인 사고를 하기에는 미숙한 면이 많다. 한편 이 시기의 아동은 보존개념, 분류화, 탈중심성, 자율적 도덕성 등의 특징을 나타낸다.

(4) 형식적 조작기

형식적 조작기formal operational period는 인지발달 단계의 마지막 단계로서 대체로 청소년기 이후가 여기에 해당한다. 이 시기에는 인간은 새로운 사건이나 상황에 직면했을 때 현재의 경험뿐만 아니라 과거 경험, 미래의 예측까지도 고려하여 사고한다. 즉, 이 시기의 인간은 시간과 공간을 초월하여 사건이나 상황을 논리적으로 다룬다. 이런 형식적 조작기의 특징은 다음과 같다(이근홍, 2011).

첫째, 인간은 실질적이고 주체적으로 경험할 수 없는 사건이나 상황에 대해서도 논리적이고 과학적으로 그것들을 머릿속으로 사고할 수 있게 된다. 둘째, 인간은 어떤 하나의 문제를 해결하기 위해 여러 가지 가능한 해결책을 논리적으로 구성하여 문제해결에 도달할 수 있는 사고를 할 수 있게 된다. 셋째, 인간은 어떤 문제에 내포된 정보로부터 하나의 가설을 설정하여 일반적인 원리를 바탕으로 특수한 원리를 논리적으로 이끌어 낼 수 있는 사고를 할 수 있게 된다.

2) 비고츠키Vygotsky의 사회문화적 인지 이론

Lev Semenovich Vygotsky

사회문화적 인지 이론가인 비고츠키(1896~1934)는 아동발달에서 문화나 사회적 관계를 강조하였다. 그는 성인이 그들 문화의 가치, 신념, 관습과 기술을 아동에게 전달하는 방법에 관심을 가졌다. 그리고 아동발달의 모든 측면은 문화와 사회적 관계를 배경으로 고려되어야 하는데, 그 이유는 모든 사회의 기본적인 목적이 그 사회에서 없어서는 안 될 문화적 가치와 기술을 아동이 획득하도록 하는 것이기 때문이다.

비고츠키는 아동을 사회적 · 문화적 · 역사적인 복합체의 한 부분으로 다루면서 부모, 교사, 또래와의 사회적 관계 및 문화적 경험을 중요하게 고려하였는데, 이것을 통하여 아동은 사회가 가지고 있는 방식으로 사고와 행동을 내면화하게 된다고 하였다(박영아, 2013).

비고츠키에 의하면 사회적 상호작용에 있어서 성인이나 보다 높은 지적 수준을 지닌 또래와의 협력학습이 아동의 사고와 행동을 발달시키는 데 필수적이라고 하였다. 그래서 비고츠키는 아동의 지적 능력을 크게 두 가지 개념으로 설명하고 있다. 그것을 정리하면 다음과 같다(박영아, 2013; 정옥분, 2005).

(1) 근접발달영역

근접발달영역Zone of Proximal Development : ZPD은 아동이 독립적으로 수행함으로써 도달할 수 있는 문제해결 수준인 실제적 발달 수준과 성인이나 유능한 또래로부터 도움을 받아서 문제를 해결할 수 있는 수준인 잠재적 발달 수준 사이의 영역을 말한다. 예를 들어, 수학 문제가 열 개 있는데 아동이 스스로 힘으로 일곱 개를 해결할 수 있는 경우 교사 혹은 보다 높은 지적 수준을 지닌 또래가 옆에서 조언을 해주거나 힌트를 줌으로써 열 개를 좀 더 효율적으로 수행할 수 있게 된다는 것이다.

(2) 비계

비계Scaffolding는 근접발달영역과 매우 밀접한 연관이 있는 개념으로써 건축학에서 빌어온 용어이다. 원래 건축 용어에서 비계는 건물을 지을 때 발판으로 사용하다가 건물이 완성되면 제거해 버리는 물건이다. 비고츠키에 의하면 비계는 아동이 스스로의 힘으로 문제를 해결할 수 있도록 교사 혹은 보다 높은 지적 수준을 지닌 또래가 도움을 제공하는 것을 말한다. 그에 의하면 아동의 인지발달은 자기 자신이 속한 문화에서 보다 유능한 구성원과의 상호작용을 통하여 이루어진다고 보았다. 보다 유능한 구성원들은 아동의 인지발달을 위해 비계를 설정하여 아동이 성장할 수 있도록 도와준다. 또한 아동을 가르치는 동안 아동의 현재 수준에 알맞도록 가르침의 양을 조절한다. 아동이 학습하는 내용이 새로운 것이라면 직접적인 지시를 하고 아동이 따라오게 되면 직접적인 지시를 하는 대신에 약간의 힌트를 주게 된다.

5. 생태체계 이론

생태체계 이론은 인간의 발달을 인간이 활동하고 있는 실제 삶의 주변 환경 내에서 이해하고 연구하고자 하는 접근을 말한다. 생태체계 이론이 지향하는 발달 연구의 방향은 인간의 심리나 행동에 초점을 두는 것과 다르게 인간을 둘러싼 환경에 초점을 둔다. 이러한 생태체계 이론은 최근 발달 이론의 여러 영역에서 강력하게 나타나고 있다. 여기서는 브론펜브레너Bronfenbrenner의 생태체계 이론에 대해 살펴보고자 한다.

생태체계 이론의 대표적 학자인 브론펜브레너(1917~2005)는 인간을 둘러싼 환경의 질과 여러 가지 체계에 초점을 두고 있다(그림 2-4). 브론펜브레너는 발달하는 인간을 일련의 복합적이고 상호작용적인 체계 속에 둘러싸인 존재로 보았다. 그리고 그는 인간을 둘러싸고 있는 환경을 다음과 같이 개인에게 가장 가까운 순서로 미시체계, 중간체계, 외체계, 거시체계 그리고 시간체계에 이르기까지 다섯 가지의 층으로 구분하고 있다.

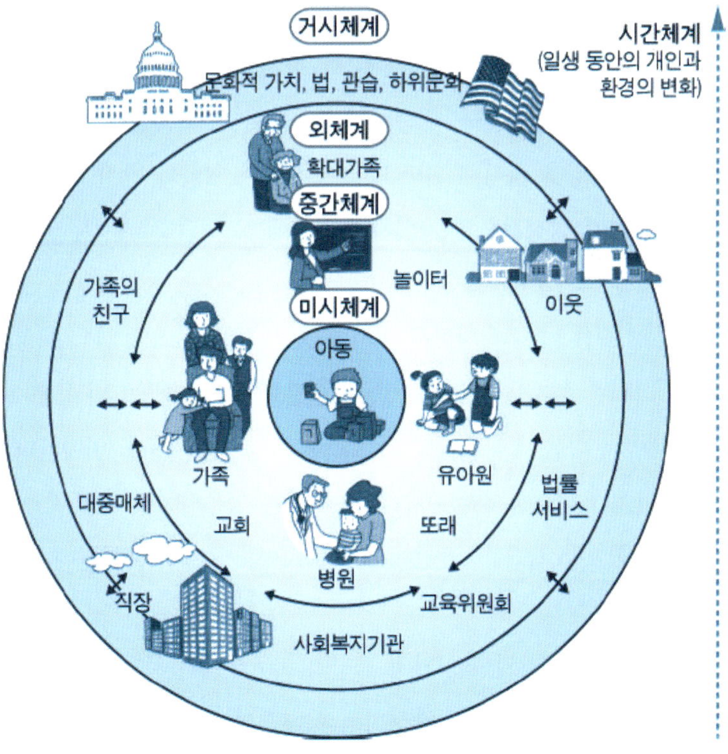

| 그림 2-4 | **브론펜브레너의 생태학 이론의 체계들**

출처: Santrock(2003).

첫째, 미시체계는 개인이 직접적인 환경 맥락에서 접하는 사람과 사물들 사이의 상호 관계를 나타낸다. 가족, 학교, 또래, 보건소, 거주지역 그리고 종교집단 등이 미시체계에 속한다. 예를 들어, 미시체계인 가족이 영아의 발달에 영향을 미친다. 한편 미시체계는 영아기에 중요시되던 가정환경이 청년기에 이르면 그 중요성이 약화되는 것처럼 영아가 성장함에 따라 변화한다.

둘째, 중간체계는 개인이 직접적으로 참여하는 미시체계들 사이의 상호관계를 포함한다. 즉, 중간체계는 하나의 미시체계에서 발생하는 일이 다른 미시체계에 영향을 미치는 것을 의미한다. 예를 들어, 아동은 가정에서 만족스럽지 못한 일을 경험하면 학교에 가서도 힘든 시간을 보낼 것이다. 이러한 현상은 미시체계들 사이의 상호관계가 활발하게 작용하여 그것들이 정서적으로 상호작용하는 것을 의미한다.

셋째, 외체계는 개인의 발달에 영향을 미치기는 하지만 직접적인 역할은 하지 않는 생태환경을 포함한다. 이웃, 가족의 친구, 대중매체 그리고 부모의 직장 등이 외체계에 속한다. 예를 들어, 아버지가 직장을 옮기게 되면 가족 구성원은 영향을 받지 않을 수 없다. 특히 부모의 직장은 영유아가 직접적으로 아버지의 직장에 몸을 담고 있지는 않지만 영유아의 발달에 중요한 영향을 미치게 된다.

넷째, 거시체계는 가장 넓은 체계로서 미시체계, 중간체계, 외체계를 포괄적으로 수용하는 체계이면서 그러한 체계들을 둘러싸고 있는 문화, 가치, 관습, 법 등을 포함한다. 특히 문화는 한 세대에서 다음 세대로 전수되는 행동 유형, 신념 등을 의미한다. 예를 들어, 한국에서 태어난 아이가 다른 나라에 이민 가서 자라는 경우와 한국에서 자라는 경우에 그 아이가 보여주는 사회 · 정서적 특성들은 그 아이가 자란 국가의 문화권에 의해 달라질 수 있다.

다섯째, 시간체계는 인간의 일생에 거쳐서 일어나는 변화와 사회 · 역사적 환경까지 전부를 포함하고 있으므로 어느 시기에 출생하여 어떻게 성장하였는가를 인간의 발달 측면에서 고려해 보는 것이다. 예를 들어, 인간은 동생이 출생함으로써 발생하는 심리적 변화를 가져올 수 있다.

6. 동물행동학 이론

Lorenz

동물행동학 이론은 진화론적 면에서 동물과 인간의 행동발달을 이해하므로 성숙 이론과 마찬가지로 생물학적 요인을 중요시한다. 동물행동학의 기본 전제는 모든 종은 진화의 산물이며 생물학적으로 프로그램화된 생존기제 행동을 지니고 태어난다는 것이다. 이러한 생물학적으로 프로그램화된 행동은 다윈의 적자생존의 과정에 의하여 진화된 것으로 여겨진다(정옥분, 2005). 부연하면 진화과정에서 적응적인 행동 유전인자를 지닌 동물은 그렇지 못한 동물에 비하여 생존할 확률이 훨씬 높다. 여기서는 동물행동학적 관점의 대표적 학자인 로렌츠Lorenz의 각인이론에 대하여 살펴보기로 한다(우수경 외, 2013; 정옥분, 2005).

동물행동학의 기초를 확립한 로렌츠(1903~1989)는 진화과정과 적응행동 사이의 밀접한 관계를 강조하였다. 그에 의하면 종 특유의 행동이 환경 내의 특정한 자극에 의해 나타나는 반응이라는 사실을 밝힘으로써 각인 이론을 정립하였다. 각인은 태어나서 처음 접하는 물체에 애착을 형성하는 선천적 학습을 말하는데, 이것은 로렌츠가 여러 종의 동물의 행동을 관찰하고서 생존 가능성을 높이는 행동패턴을 발견한 것에서 나온 것이다. 각인은 동물이 태어나서 초기의 특정한 시기 동안 노출되는 대상에게 애착을 형성하는 것으로 결정적 시기에만 일어난다고 본다.

로렌츠는 실험에서 오리들이 부화한 후 오리들은 처음 접하는 물체가 어미 오리이면 어미 오리를 따르고, 어미 오리 대신에 로렌츠가 서 있으면 로렌츠를 따른다는 사실을 검증하였다. 로렌츠는 이러한 오리의 행동을 '각인'이라고 하였다. 또한 로렌츠는 각인되는 대상의 범위가 종에 따라 다르다는 사실을 발견하였다. 예를 들어, 기러기는 처음 접하는 물체가 움직이는 것이면 무엇이든지 각인되어 있는 것으로 나타났다. 그래서 움직이는 보트에도 각인되었다. 그것에 비해 물오리는 특유한 행동인 몸을 구부리고 물오리 소리를 낼 때 각인되었다.

한편 로렌츠의 주장대로 각인은 생애 초기인 결정적 시기에 일어난다면 영아에 대한 양육의 중요성이 대두된다. 영아는 태어나서 주 양육자와 각인을 통하여 애정이 생기고 애착이 일어날 수 있다. 그래서 각인 이론에 따르면 영아를 양육하는 주 양육자는 자주 바뀌지 않고 지속적으로 영아와 상호작용할 때 영아는 애착이 형성되어 순한 기질의 영아로 성장시킬 수 있을 것이다.

03

Chapter

발달 연구방법

· 학습목표 ·

1. 발달 연구의 필요성 및 목적을 설명한다.
2. 발달 연구의 역사를 이해한다.
3. 접근방식에 따른 발달 연구방법의 종류를 알고 장단점을 파악한다.
4. 연구설계에 따른 발달 연구방법의 종류를 알고 장단점을 파악한다.
5. 연구윤리를 숙지한다.

발달이 무엇인지, 발달 분야에는 어떤 것들이 있는지, 어떻게 발달하는지를 알기 위해서는 과학적인 방법들을 사용하여 연구를 진행하게 된다. 과학적 방법이란 객관성을 바탕으로 추상적이거나 관념적인 용어를 측정 가능하도록 조작적 정의를 내림으로써 지식을 탐구한다. 그러나 이와 같은 과학적 연구라도 연구대상이나 분야에 따라 그 방법이 다르게 적용된다. 따라서 본 장에서는 왜 영유아발달에 관한 연구를 해야 하는지 그 필요성에 대해 알아보고, 영유아발달에 대한 연구가 어떻게 진행되어 왔는지 역사를 살펴보고자 한다. 또한 영유아에 대한 연구를 접근방식과 연구설계에 따른 다양한 연구방법을 살펴보고, 마지막으로 연구자의 윤리에 대해 학습할 것이다.

1. 발달 연구의 필요성 및 목적

1) 발달 연구의 필요성

연구란 인간과 자연을 둘러싼 다양한 현상들을 이해하기 위해 과학적인 방법을 사용하여 지식을 얻고자 하는 일련의 탐구과정을 의미한다. 이런 의미에서 발달 연구는 영유아의 발달과정에 대한 변화를 기술하고 그 원인을 설명하며, 발달에 대한 자료를 수집함으로써 영유아의 발달에 대한 이해를 도모하기 위해 과학적 방법을 사용하는 연구라고 할 수 있다. 이러한 연구결과들은 과학적이며 객관적으로 영유아발달에 대해 이해하는데 도움을 제공함으로써 궁극적으로 영유아가 올바른 인격체로 성장하는데 도움을 줄 수 있다. 과학적 연구의 절차에 대한 예는 〈표 3-1〉과 같다.

| 표 3-1 | 과학적 연구의 절차

과학적 연구는 개인의 신념이나 선입견에 의존해 정보를 획득할 가능성을 줄이기 위해 객관적, 체계적, 검증가능한 방식으로 지식을 탐구한다. 과학적 연구는 정확한 정보를 발견하기 위하여 과학적 방법을 사용하여 이루어지며, 이러한 과학적 방법은 문제를 개념화하기, 자료 수집, 결론 도출, 연구 결론과 이론을 개정하는 절차로 이루어진다.

① **문제를 개념화하기** : 빈곤가정 아동의 성취도가 사회경제적 지위가 높은 가정의 아동보다 낮게 나타난다. 연구자는 멘토링이 빈곤 가정 아동의 성취를 향상시킬 수 있다는 가설을 수립한다.

② **정보(자료)를 수집하기** : 연구자는 6개월 동안 멘토링 프로그램을 실시하고, 프로그램 실시 전과 후의 자료를 교실 관찰, 교사의 평정, 성취도 검사 점수를 통해 수집한다.

③ **결론을 도출하기** : 연구자는 자료를 통계적으로 분석하여 6개월간 이루어진 멘토링 프로그램이 아동의 성취도를 향상시켰다는 결과를 찾아낸다. 이러한 연구결과를 통해 연구자는 멘토링이 아동의 성취를 향상시키는 중요한 요인이 될 수 있다는 결론을 도출한다.

④ **연구 결론과 이론을 개정하기** : 멘토링에 관한 본 연구가 유사한 결과를 얻었던 다른 연구들과 함께 빈곤층 아동의 성취도 향상에 멘토링이 주요한 요인임을 밝히고, 관련 연구에 기여한다.

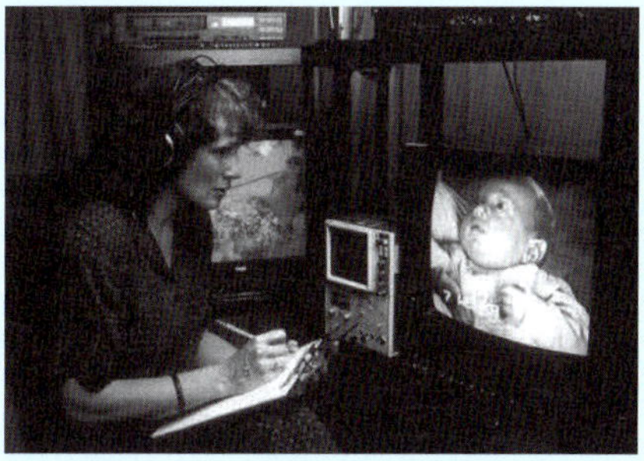

| 그림 3-1 | **자료를 수집하고 있는 연구자**

출처: Santrock, J. W.(2001). Child Development. New York: McGraw-Hill. p.29.

발달 연구는 발달심리학, 유아교육, 가족관계학, 정신의학 등 다양한 학문 분야에 이론적으로 기여할 뿐 아니라 부모와 교사, 아동복지 관련 전문가들에게 아동과 관련된 실제적 지식을 제공한다. 발달 연구의 필요성을 이론과 실제적 측면에서 정리해보면 다음과 같다(김이영 외, 2018; 이은해, 1995; 황해익, 2010).

(1) 과학적 지식을 제공하고 아동에 관한 이론의 발전에 기여한다

과학적인 절차에 의해 얻어진 과학적 지식과 이에 근거한 아동발달 이론들은 아동의 여러 가지 행동과 관련된 사실을 가장 적절하고 단순하게 설명할 수 있다. 아동발달 이론은 아동의 다양한 행동특성들을 체계적으로 기술하고, 이러한 행동 특징들이 생겨나게 된 원리를 설명해주며, 아동의 다양한 행동을 예측하고 어느 정도 통제할 수 있도록 해준다. 즉, 발달 연구는 아동에 대한 합리적이고 과학적인 지식을 제공하고 아동에 관한 이론의 발전에 기여한다.

(2) 아동의 복지를 증진하고 정신건강을 유지하는데 필요한 정보를 제공한다

발달 연구는 이론과 학문 분야에만 기여하는 것이 아니라 부모나 교사 혹은 교육행정가 등 아동의 복지에 직접적인 영향을 미치는 사람들에게 유용한 정보를 제공할 수 있다. 예를 들어, 어린 시절 어머니와의 안정적 애착 형성에 실패한 아동, 부모의 적절하지 못한 양육행동으로 어려움을 겪는 아동들의 연구를 통해 아동의 건전한 성장발달, 특히 정신건강과 관련된 원만한 정서 · 사회성발달에 영향을 미치는 요인들을 발견할 수 있다. 또한 이러한 연구결과들은 아동을 건강하게 양육하기 위한 구체적인 지침을 부모와 교사에게 제시한다. 따라서 영유아에게 좀 더 바람직한 교육환경을 제공해 주게 되며 궁극적으로 영유아의 삶의 질을 높이는데 도움을 준다.

(3) 교사나 부모가 아동을 이해하고 효과적으로 지도할 수 있도록 도와준다

아동의 발달수준과 행동특성을 교사나 부모가 정확하게 파악한다면 아동의 발달수준과 개인적 특성을 고려한 눈높이 교육이 가능해진다. 아동이 나타내는 행동의 특성과 원인을 이해한다면 아동을 어떻게 지도하는 것이 효과적인지를 결정하는데 도움이 된다. 특히 아동에 관한 연구는 유아교육현장의 교사들로 하여금 아동을 관찰하는 능력을 기르게 하고, 아동의 발달수준을 측정하며 교수 방법을 평가할 수 있도록 해준다. 또한 발달 연구는 학습능력이 부족하거나 발달지체를 보이는 아동을 위한 효과적인 지도방안의 수립에 기여하며, 임상심리학자나 상담자들이 부적응아를 이해하고 치료하는데 필요한 정보를 제공할 수 있다.

(4) 아동 관련 전문 분야에 도움을 제공하고 사회에 이익을 제공한다

영유아발달에 대한 연구결과는 영유아에 대한 관점 및 인식의 변화를 가져올 수 있으므로 관련 학문 분야에 영향을 미치게 된다. 또한 영유아발달에 대한 연구는 영유아에 대한 이해를 도모하게 함으로써 바람직한 영유아 교육 및 양육에 대한 구체적인 지침을 제공해준다. 따라서 영유아를 올바르게 이해하고 적절한 방법으로 교육하고 양육함으로써 전인적인 발달을 도모하게 됨으로써 궁극적으로 사회에 이익을 제공하게 된다.

2) 발달 연구의 목적

영유아의 발달적 특성을 이해하기 위해서는 과학적 연구방법을 활용한 연구가 수행되어야 한다. 즉, 연구의 목적은 영유아의 발달적 특성을 기술하고, 설명하며, 예측하고 통제하여 영유아의 신체 · 인지 · 사회 · 정서발달을 이해하고 도움을 주는데 있다(표 3-2).

| 표 3-2 | 연구의 목적

구분	내용
기술 (description)	기술이란 특정현상을 있는 그대로 기록하는 것으로 연령에 따른 발달의 변화를 기술하는 것을 말한다. 예를 들어, 3세 무렵의 유아가 그림을 그릴 때 타인이 알아볼 수 있는 물체들을 그리려는 시도를 한다는 것은 발달의 변화를 기술한 것이다.
설명 (explanation)	설명은 특정 현상이 왜 생기고 원인은 무엇인지 등을 말하는 것으로 발달의 변화가 왜 일어났는지에 대한 이유를 설명하는 것이다. 예를 들어, 유아는 보존개념을 이해하지 못하는데, 연구를 통하여 그 이유가 유아의 직관적 사고와 중심화 경향 그리고 가역성을 이해하고 있지 못하는 특성 때문이라는 것을 안다. 이와 같이 연구는 특정 현상을 설명할 수 있도록 해준다.

구분	내용
예측 (prediction)	예측은 연구를 통해 밝혀진 사실이나 법칙, 정보를 이용해서 특정 현상이 일어나기 전에 앞으로 일어날 현상 또는 행동을 예언하는 것이다. 예를 들어, 2세 무렵에 유아의 어휘는 급격히 증가되고 유아가 부모나 성인의 대화에 자주 노출될수록 어휘 증가 속도는 빨라진다. 이러한 연구결과를 통해 부모는 유아의 어휘력 증대를 위해 부부간 혹은 부모와 유아 간에 많은 대화를 할 것이고, 향후 유아의 어휘가 많이 증대될 것으로 예측할 수 있다.
통제 (control)	통제는 특정현상에 대한 원인이나 관련 변인들을 조작해서 특정 현상이 일어나도록 하거나 일어나지 않게 하는 것이다. 예를 들어, 공격적이 모델이 등장하는 비디오를 본 3~6세 유아는 인형에게 공격적인 행동을 하였다는 연구 결과가 있다. 이를 통해 부모는 유아가 TV를 볼 때 공격적인 장면이 나오는 포로그램은 제한하게 된다. 이와 같이 유아가 TV를 통해 공격성을 배우지 않도록 하는 것은 연구를 통한 통제라고 할 수 있다.

출처: 신명희 외(2016). 유아발달. 학지사. pp.52-53.

2. 발달 연구의 역사

아동을 어떤 존재로 보는가에 따라 발달 연구의 목적과 방법은 달라질 수 있다. 고대에서 중세를 거쳐 현대에 이르기까지 아동을 보는 관점은 다음의 네 가지로 요약될 수 있으며(송인섭 외, 2001), 이러한 아동관이 발달 연구에 영향을 미치고 있다. 아동을 바라보는 관점을 살펴보면 〈표 3-3〉과 같다(김이영 외, 2015).

| 표 3-3 | 아동을 바라보는 관점

구분	내용
생물학적 존재로서의 아동관	이 관점에서는 아동을 6세 이전으로 규정하고, 아동은 기본적으로 정신능력이 없는 생물학적 존재로만 간주된다. 이 시기 아동은 무능력자로 인식되므로 생물학적 욕구와 안전의 욕구를 충족시키는 것만이 중요하였다.
성인의 축소판으로 보는 관점	아동은 성인에 비해 크기만 작을 뿐 일반적인 특징은 성인과 다른 점이 없다는 견해이다. 이 시기에는 아동의 기본적인 사고과정을 비롯한 여러 가지 발달과정들이 성인과 크게 다르지 않다고 여겼기 때문에 아동을 성인과 구분해서 따로 연구할 필요성이 대두되지 않았다.
수동적 존재로서의 아동관	모든 아동은 성인의 도움에 의해 성장발달이 이루어진다는 관점이다. 이처럼 아동을 수동적 존재로 여기는 관점에서는 모든 교육이 아동을 배제한 상태에서 성인에 의해 계획되고 이루어졌다.
독자적 가치를 지닌 존재로 간주하는 아동관	이 관점에 의하면 모든 아동은 각자 독특한 가치를 지닌 존재이며 개인마다 특성과 능력을 가지고 있다. 이에 따라 아동의 특성과 능력, 발달적 특징이 이 관점에서는 중요시되고 있다.

1) 발달 연구의 시작(17~18세기)

(1) 17세기의 Comenius: 발달 연구에 대한 관심 유발

Comenius

17세기 이전까지 아동은 성인의 축소판이나 수동적 존재로 여겨졌기 때문에 성인의 관심이나 배려가 요구되는 특별한 존재로 인식되지 않았다. 그러나 17세기에 이르러 교육개혁자인 코메니우스Comenius가 『대교수학』(Didatica Magna, 1628)을 통해 아동을 그들의 능력에 따라 양육시킬 필요가 있다고 주장하면서, 발달 연구에 대한 관심을 유발하게 되었다. 그는 성인 중심의 교육방식을 지양하고 아동의 능력과 본질적 성향을 이해하고 그에 적합한 방식으로 영유아 양육과 교육이 이루어져야 한다고 주장하였다.

(2) 18세기의 Pestalozzi: 직접적 관찰법

Pestalozzi

코메니우스Comenius의 노력에 뒤이어 18세기 후반부터 철학자, 교육학자, 생물학자들은 자신의 어린 자녀를 관찰하여 아동에 대한 새로운 지식을 발견하게 되었다. 스위스의 교육자 페스탈로찌Pestalozzi는 3세반의 자기 아들을 관찰하여 1774년에 이에 관한 기록을 출간하였으며, 이 기록은 어린 아동의 발달에 관한 최초의 과학적 기록으로 인정받고 있다. 페스탈로찌Pestalozzi 시대의 아동 연구 경향은 아동을 간접적으로 연구하는 교육철학적 접근 방법과 일상의 생활에서 아동을 관찰하고 아동의 발달을 기록하는 직접적 관찰 방법을 사용하는 연구 접근법이 활용되고 있었다. 페스탈로찌Pestalozzi의 관찰기록에 의해 두 가지 접근 방법 중 직접적 관찰 방법이 교육철학적 접근 방법보다 더 많은 유용한 정보를 줄 수 있음을 확인하였다(장휘숙, 한건환, 2005). 이후 독일의 의사 타이더만Tiedemann도 자신의 아들을 대상으로 생후 2세반까지의 감각, 운동, 지능, 언어발달을 관찰하고 이를 일기 형태로 기록하여 『아동의 정신적 발달에 대한 관찰』(1787)이라는 저서를 발표하였다.

2) 19세기의 발달 연구

(1) Darwin: 유아전기

19세기 후반 의학의 발달로 아동의 신체적 건강이 중요시되기 시작하고, 이어 전통적인 양육방식에 대한 과학적 연구가 시도되기 시작하면서 여러 사람에 의해 유아전기 저서들이 출간되었다. 특히 19세기의 이론가 다윈Darwin은 자신의 아들을 대상으로 분노나 즐거움 같은 정서 표현을 관찰하였으며, 독일의 생물학자 프레이어Preyer는 아들의 지적 발달을 생후 3년 동안 기록하였다. 이 시기에 아동에 대한 과학적 연구에 가장 영향을 미친 사람은 진화론자 다윈Darwin으로, 그의 저서 『종의 기원』(The Origin of Species, 1895)은 아동심리학을 하나의 과학적 학문에 이르게 하는데 있어 가장 중요한 초석을 마련하게 되었다. 다윈Darwin은 유아의 관찰을 통해 종족 자체의 발달에 대한 중요한 단서를 발견할 수 있다고 주장함으로써, 진화론의 입장에서 아동에 대한 과학적 흥미를 발견했을 뿐 아니라 자신의 아들을 관찰하고 기록함으로써 발달 연구방법에도 크게 공헌하였다. 즉, 다윈Darwin으로 인해 유아전기는 연구자들의 관심을 받아 발달 연구의 주요한 방법으로 간주되었다.

Darwin

(2) Stanley Hall: 질문지법

아동 개인에 대한 전기 자료들이 여러 학자들에 의해 출간되면서 19세기 말에 아동은 집단의 일원으로 연구되기 시작하였다. '아동연구의 아버지', '미국 아동심리학의 창설자'로 인정받는 심리학자 홀Stanley Hall은 1890년 보스턴의 초등학교 신입생에 대한 대규모의 조사를 통해 『아동의 정신내용』(Contents of Children's Minds, 1891)을 저술하였다. 그는 이 저서에서 아동은 성인의 축소판이 아님을 강조하고 인간을 이해하기 위해서

Hall

는 아동의 발달을 연구해야 한다고 주장하였다(송인섭 외, 2001). 인간발달의 유전적 측면을 강조한 홀(Hall)은 교육이 아동의 자연적 성장 단계에 맞추어 실시되어야 한다고 주장함으로써 부모와 교사, 종교지도자들로부터 열렬한 환영을 받았다. 또한 홀Hall은 유아전기의 한계(한 명을 대상으로 한 사례연구로 일반화하기 어려움, 관찰방법이 체계적이지 못함, 관찰자들이 관찰아동을 통해 자신의 이론을 정당화하고자 함)를 인식하고 아동에 대한 철저한 객관적 사실을 수집하고자 하였다. 그는 다수의 아동을 대상으로 행동을 측정한 다음 연령에 따라 평균을 계산하고 이 평균치를 전형적 아동발달의 규범으로 간주하였다. 그는 많은 수의 아동을 체계적으로 연구하기 위해서 질문지법을 개발하여 질문지를 통해 아동 및 청소년의 행동, 태도, 흥미 등을 조사하였다.

3) 20세기의 발달 연구

(1) Binet: 검사법

Binet

다윈Darwin과 홀Hall의 연구로 20세기에는 발달 연구가 눈부신 발전을 이루게 되었다. 프랑스의 심리학자 비네Binet는 1903년 최초로 지능검사 도구를 만들어서 아동의 지능을 직접적으로 측정하였다. 20세기 초기의 연구들은 주로 이론적인 연구에 치우쳐 경험적인 자료가 부족하고 자료가 있다 해도 아동의 발달을 단순히 기술하는데 그치는 정도였다. 비네Binet는 최초의 지능척도를 만들어 아동에 대한 경험적 자료의 질적 수준을 높이는데 크게 기여하고, 검사 운동test movement을 일으키는 데 결정적 역할을 하였다. 비네 이후로 발달 연구에서 지능검사를 개발하고 활용하는 연구들이 많이 이루어졌으며, 검사 운동은 지능 연구에서 태도나 성격 등 발달의 모든 영역으로 확대되고 연령 수준도 확장되었다. 이러한 검사운동의 영향으로 여러 가지 검사를 사용한 아동의 성장발달 연구들이 1920년대와 30년대에 많이 이루어졌으며, 메르일-팜머Merrill-Palmer 연구소나 하버드 대학 연구소에서 종단적 연구를 통해 아동의 신체적, 심리적 특성이 연령에 따라 변화하는 양상을 연구하게 되었다.

(2) 록펠러 재단과 대학 아동연구소

1920년대에 이르러 아동에 관한 과학적 연구의 토대가 이루어지고, 아동발달 연구를 가능하게 하는 체계적이고 조직화된 연구 분위기가 확산되었다. 기업에서는 연구 기금을 제공해 주었으며 아동발달에 적용될 수 있는 생물학, 화학, 심리학, 영양학 및 의학 분야에서 급진적 진보가 이루어졌다. 동시에 아동에 대한 연구를 수행하기 위한 대학 부설 연구소들이 록펠러 재단의 후원 하에 설립되었다. 록펠러 재단기금을 운영하는 프랭크Lawrence Frank 박사는 경제학자로서 각 대학의 아동연구소 설립을 지원하고, 아동발달과 부모교육에 관한 연구를 촉진시켰다. 록펠러 재단의 후원으로 아동연구의 대상이 가정의 한 아동으로부터 대학 부설연구소의 여러 아동으로 확대됨과 동시에 취학전 아동기 전반에 관한 체계적 연구를 시작하게 되었다. 또한 아동연구소를 통해 다학문적 접근을 강조하여 인간과학의 다양한 분야에서 연구자들이 모여 협동적 연구가 가능하게 되었다. 그리고 부모교육을 강조하여 아동발달과 가족관계가 밀접하게 관련되어 있음을 강조하였으며, 지금까지도 아동학에서는 이 두 분야의 관계가 강조되고 있다.

(3) Watson: 행동주의적 접근

행동주의 심리학자인 왓슨Watson은 '심리학은 과학이어야 한다'고 주장하면서 내성법에 의해 자신의 의식을 연구하는 당시의 내성적 심리학에 반대하였다. 관찰가능한 행동만을 연구해야 한다는 왓슨의 행동주의적 접근 방법과 과학적 연구에 대한 기여는 오늘날까지 그 중요성을 인정받고 있다. 그러나 인간의 선천적 특성을 무시하고 행동주의 원리에 의해 어떤 유형의 아동도 만들 수 있다는 행동주의자들의 극단적 환경론은 많은 비판을 받았다. 그럼에도 불구하고 왓슨Watson은 1차 세계대전에서부터 1930년대까지 아동심리학 분야에서 가장 중요한 영향을 미친 사람으로 평가된다(장휘숙, 한건환, 2005).

Watson

(4) Gesell: 관찰과 종단적 연구

행동주의자인 왓슨과 대조적으로 게젤Gesell은 홀Hall의 인간발달에 대한 유전적 입장을 지지하였다. 그러나 질문지법을 사용한 홀Hall과는 달리 게젤Gesell은 주의 깊게 통제된 실험실 상황에서 아동의 행동에 관한 관찰 연구를 수행하였다. 특히 게젤Gesell은 일방경one way mirror과 영사기를 사용하여 종단적 연구를 수행하여 종단 연구의 개척자로 알려져 있으며, 아동발달을 위한 규준을 제작하였다. 영아와 아동의 행동에 관한 자세한 규범적 정보를 수집하여 만든 게젤Gesell의 영아발달표는 현재까지도 수정판이 계속해서 사용되고 있다.

Gesell과 관찰실: 돔(dome) 안에 있는 아동의 행동을 기록하기 위해 카메라가 움직이면서 촬영을 하고 있으며, 다른 사람들은 일방경을 통해 돔 안을 관찰할 수 있다.

출처: Santrock, J. W.(2001). Child Development. New York: McGraw-Hill. p.8.

(5) Piaget: 임상적 방법

사고와 도덕성 발달에 관한 피아제Piaget의 이론은 1920년대에 발표되었으나 1950년대 이후에 학계의 관심을 받았다. 피아제Piaget는 임상적 연구방법을 사용하여 아동의 사고과정을 연구하였으며, 아동의 사고내용이 발달수준에 따라 질적인 변화를 보인다는 점을 강조하였다. 아동의 인지발달 연구에서 피아제Piaget는 관찰과 개별화된 면접을 병행하는 임상적 방법을 사용하였다. 그는 임상적 방법을 통해 어떤 과제의 수행 여

Piaget

부 뿐 아니라 과제를 수행할 때 아동의 사고내용을 면접을 통해 조사함으로써 아동의 인지 발달 연구에서 새로운 연구방법을 제시하였다.

3. 접근방식에 따른 발달 연구방법

사회과학이나 행동과학에서 이루어지는 연구는 접근방식에 따라 양적 연구와 질적 연구로 구분할 수 있다. 1930년대까지는 통계적인 양적 분석이 초보적인 수준이었기 때문에 질적 연구방법이 아동의 발달을 효과적으로 설명할 수 있는 연구방법이라는 인식이 지배적이었다. 그러나 20세기 중반에 실증주의와 양적 패러다임이 강조되면서 질적 연구는 쇠퇴하고 발달 연구에서도 발달된 통계분석을 활용한 양적 연구가 주류를 이루게 되었다. 그러나 양적 분석에 의존한 통계적 결과들이 아동의 다양한 행동특성을 규명하기에는 한계가 있다는 인식이 확산되면서 질적 연구의 필요성이 다시 대두하게 되었다(장휘숙, 한건환, 2005). 즉, 양적 연구가 과학적 연구로 인식되며 과학적 접근의 주류를 이루었으나 20세기 후반 이후 질적 연구에 대한 관심이 고조되면서 이 두 가지 접근이 연구자들이 연구에 접근하는 주요 방식이 되었다. 최근에는 양적 연구와 질적 연구를 통합한 연구방법이 활용되기도 한다(김이영 외, 2015).

1) 양적접근에 따른 발달 연구방법

양적 연구는 자연과학적 패러다임과 실증주의에 기초하여 경험적, 분석적 탐구를 수행하며, 실증적 사실, 관찰할 수 있는 현상, 인과관계의 법칙 발견 등을 강조한다. 따라서 양적 연구에서는 연구자의 편견이나 가치가 개입되는 것을 금지하기 위해 객관적인 척도에 의해 측정을 하고, 자료를 수량화하여 통계적으로 분석하는 것을 원칙으로 한다.

양적 연구방법은 실험연구와 비실험연구 크게 구분될 수 있다. 실험연구와 비실험연구의 구분 기준은 연구자의 의도적인 변인 조작 여부이다. 양적으로 연구를 접근할 경우, 연구자는 연구문제 혹은 가설과 관련된 변인을 의도적으로 조작하는 여부에 따라 실험연구와 조사연구로 구분할 수 있다.

(1) 실험연구

실험연구experimental research는 변인들 간의 인과관계를 밝히기 위해 엄격히 통제된 상황에서 독립변인을 의도적으로 조작하여 그것이 종속변인에 미치는 효과를 분석하는 연구이다. 여기서 연구자가 인위적으로 조작한 변인을 독립변인(원인)이라고 하며, 독립변인의 변화에 의해 나타나는 결과를 종속변인(결과)이라고 한다. 실험연구에서 사용되는 용어는 〈표 3-4〉와 같다.

| 표 3-4 | 실험연구에서 사용되는 용어들

구분	내용
실험집단(experimental group)	실험 처치의 효과를 검증하기 위해 처치를 주는 집단
통제집단(control group)	실험 처치를 주지 않거나 정상적 처치를 주는 집단
독립변인(independent variable)	연구자가 의도적으로 조작하는 환경적 조건(원인)
종속변인(dependent variable)	환경 조건에 의해 변화되는 행동 특성(결과)
조작(manipulation)	행동에 미치는 독립변인의 효과를 평가하기 위하여 환경적 조건을 의도적이고 체계적으로 변화시키는 절차
실험 처치(experimental treatment)	독립변인의 인위적인 조작. 예를 들어, 실험집단 유아에게 창의적 프로그램 실시하기
가외변인(extraneous variable)	독립변인 이외에 종속변인에 영향을 미칠 수 있는 변인

예를 들어, 역할놀이를 통해 교통안전교육을 실시한 집단(실험집단)과 일반적인 놀이활동에 참여한 집단(통제집단) 간에 안전 관련 지식, 태도 및 기술의 차이가 있는가를 알아보기 위해 특정 집단에 안전교육 관련 역할놀이를 의도적으로 실시하였다면 이는 실험적 방법을 적용한 예라고 할 수 있다. 실험연구에서는 두 변인 간의 원인과 결과를 정확하게 알 수 있는데 독립변인(교통안전교육 역할놀이 참여)을 조작하고 종속변인(안전 관련 지식,

태도 및 기술)에 영향을 미칠 수 있는 변인을 모두 통제한다. 이때 독립변인은 원인이 되고 종속변인 결과가 된다. 따라서 실험연구는 변인들 간의 인과관계를 알아내기 위해서 통제된 상황에서 독립변인들을 계획적이고 체계적으로 조작함으로써 종속변인에 어떠한 영향을 미치는가를 객관적인 방법으로 측정하여 분석하는 과학적이며 실증적인 연구방법이다.

(2) 조사연구

조사연구survey research는 연구대상의 일반적 특성을 파악하기 위해 모집단에서 표본을 추출하고 그 표본을 대상으로 자료를 수집, 분석하여 그 자료가 나타내는 특성을 기초로 모집단의 특성을 추론하는 방법이다. 조사연구는 통제되지 않은 자연스러운 상황에서 질문을 통하여 현상을 파악하는 연구로서 현재의 사실을 연구하는 방법이다. 조사연구는 변인들 간의 인과관계 규명보다는 현재의 실태를 파악하기 위해 이루어진다.

조사연구를 통해서 연구자는 관심 있는 변인들의 특성을 기술할 수 있으며, 변인들 간의 관계를 설명할 수 있다. 또한 관계에 대한 설명을 통해서 변인 간의 영향력을 추측할 수 있으나 실험연구에서처럼 인과관계를 명확하게 규명하기는 어렵다. 질문지법으로 자료를 수집할 경우 시간과 비용이 절약되고 많은 수의 연구대상에게서 자료를 얻을 수 있다는 장점이 있다. 따라서 큰 모집단을 대상으로 그들의 특성을 기술하고 특성들 간의 관계를 탐색하고자 하는 경우에는 실험연구나 관찰연구에 비해 조사연구가 실용적이고 적합하다(이은해 외, 2006).

조사연구의 대표적인 자료수집 방법으로 질문지법questionaire method과 면접법interview이 활용되고 있다. 이들 방법들의 공통점은 연구대상에게 질문을 하여 응답을 얻는다는 점이다(표 3-5).

| 표 3-5 | 질문지법과 면접법

구분	내용
질문지법	질문지법은 다수의 인원을 대상으로 자료를 수집하고자 할 때 가장 흔히 사용하는 방법으로 빠른 시간에 필요한 정보를 얻을 수 있다는 점에서는 경제적이고 효율적이나, 글을 읽지 못하거나 문장을 이해하지 못하는 경우에는 적절하지 않다. 질문지법은 일련의 질문에 대한 자신의 생각이나 느낌, 태도 등을 기입하여 자료를 수집하는 방법으로 가장 신속하게 정보를 얻을 수 있는 방법 중의 하나이다. 질문지법은 다른 자료수집 방법에 비해 시간과 노력, 비용적인 측면에서 경제적이며, 동시에 많은 정보를 얻을 수 있고, 익명성 보장으로 개인의 특정 정보를 쉽게 얻을 수 있다. 그러나 질문지법은 질문이 대부분 언어로 표현되어 있기 때문에 문맹자나 발달이 미숙한 영유아, 노인에게 실시하기 어려우며, 각 개인마다 처한 상황이 다르기 때문에 여러 개의 반응 범주에서 자신에게 적합한 응답을 찾기가 어려울 수 있고 응답에 대한 진위 여부를 가리기가 어렵다.
면접법	면접법은 연구자와 연구대상자가 직접 만나 의사소통하면서 여러 가지 자료를 수집하는 데 흔히 사용되는 방법이다. 면접법은 관찰법과 달리 연구 대상과의 직접적인 상호작용을 통해 개인으로부터 필요한 정보를 얻는 데 효과적인 방법으로 질문지법보다 정보를 상세하고 구체적으로 파악할 수 있지만 시간과 비용이 많이 들고 면접자와 피면접자의 편견이 개입될 수 있다는 단점이 있다.

조사연구를 통해 수립된 자료를 분석하는데 일반적으로 사용되는 방법 중의 하나는 상관연구correlation design이다. 상관연구에서 연구자들은 일반적으로 자연적 생활환경이나 개인정보를 모으면 되고 경험을 바꾸는 노력을 하지 않아도 된다. 그 상황에서 피험자들의 특성과 그들의 행동이나 발달 간에 관계를 보는 것이다. 상관연구에서 상관이란 어떤 변수와 또 다른 어떤 변수와의 관계를 말하며 상관연구는 이 관계를 밝히는 것이다. 따라서 상관연구는 관계를 규명하는 것이기 때문에 인과관계를 추론할 수 없다. 예를 들어, 부모와의 상호작용이 아동의 지능과 관련이 있다는 것을 발견했다고 할지라도, 부모의 행동 차이가 아동들 간의 지능적 차이에 실제적인 원인이 되는지는 명확하지 않다. 사실 그 역인, 지능이 부모와의 상호작용에 영향을 미칠수도 있기 때문이다. 혹은 연구자가 고려하지 않은 변인 중, 가정에서의 소란함, 주의 산만이 부모와의 상호작용과 아동의 지능 변화 모두 영향을 미칠 가능성도 있기 때문이다(김이영 외, 2018).

상관연구에서 연구자들은 두 측정이나 변인들 사이에 어떻게 서로 관련이 있는지를 수량화하여 나타내는 상관계수correlation coefficient를 사용함으로써 연구를 수행한다(그림 3-2). 상관계수는 +1.00에서 −1.00까지의 가치로 표기된다. 수의 크기는 상관관계의 강도를 보여주는 것으로 상관계수 0은 상관이 없음을, +1.00이나 −1.00에 근접할수록 관련성이 더 높다는 것을 의미한다. 예를 들어, 상관 −.78은 높고, −.52는 중간이고, −.18은 낮다는 것을 의미한다. 그러므로 +.52와 −.52는 동등한 강도를 의미한다. 수의 부호는 상관의 방향을 의미한다. 정적인 표시(+)는 하나의 변인이 증가하면 다른 변인도 증가한다는 것을 의미한다. 부적인 표시(−)는 하나의 변인이 증가하면 다른 변인은 감소한다는 것을 의미한다.

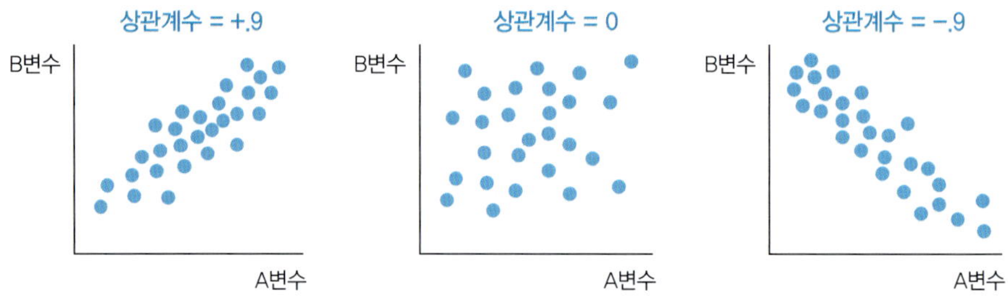

| 그림 3-2 | **상관관계와 산포도**

출처: 신명희 외(2016). 유아발달. 학지사. p.60.

2) 질적접근에 따른 발달 연구방법

질적 연구는 20세기 후반에 실증주의를 비판하면서 제기된 후기 실증주의에 기반을 둔 현상학적, 해석학적 전통을 따르고 있다. 즉, 기존의 실증주의적 관점에서는 세상을 객관적이고 가치중립적인 것으로 보며, 그 구성요소를 설명하고 예측할 수 있다고 가정한다. 그러나 질적접근으로 현상을 이해하고자 하는 연구자들은 지식이 상징적이고 주관적이라고 믿는 것에서 출발한다. 즉, 맥락에서 분리된 지식보다는 특정 상황에서 경험되는 사실이나 현상의 내면적 의미를 찾는 것에 더 관심이 많다(이은해 외, 2006).

질적 연구는 연구자의 판단, 느낌에 의존하여 자료를 수집하며 자료의 의미를 해석할 때에도 연구자의 해석에 주로 의존하며 언어적으로 기술한다. 대부분의 질적 연구는 비구조화된 면접이나 관찰에 의해 이루어지며, 아동의 일기나 편지 등의 문서자료도 질적 연구자료로 활용될 수 있다. 질적 연구의 자료들은 수량화되지 않으므로 연구결과의 제시는 연구 참여자들의 말을 직접적으로 인용하고 그에 대한 연구자의 해석을 첨가하는 방식으로 이루어진다. 이러한 질적접근으로 이루어진 연구들로는 현장관찰과 심층면접 등이 포함되는 전형적인 질적 연구인 사례 연구, 생애사 연구, 인류학자들이 선호하는 문화기술적 연구가 있다(김이영 외, 2015).

(1) 사례 연구

사례 연구case study란 관심 있는 특정 대상에 대해 다양하고 복합적인 측면을 자세하고 깊이 있게 총체적으로 분석하는 연구이다. 여기서 대상은 개인, 프로그램, 기관 또는 어떤 사건이 될 수 있다. 사례 연구는 때에 따라 양적인 특성과 질적인 특성을 동시에 가진다. 부적응행동을 보이는 한 아동의 사례를 연구하면서 아동이나 부모와의 면담자료, 교사와 또래의 평가, 표준화 검사 자료 등에 의존하여 연구한다면, 이때 수집된 자료는 정량화된 양적 자료와 질적 자료가 모두 포함된다. 이처럼 사례연구는 양적인 자료가 수집되고 분석되기도 하지만 연구의 전체적인 흐름은 질적인 연구이다.

대부분의 사례 연구에서는 특정 사례를 선정하고, 그 사례를 자연적인 맥락에서 심층적으로 분석하고자 한다. 이때 중요한 것을 연구자가 관심을 가지는 현상의 가장 중요한 특성을 잘 나타내는 사례를 선정하는 것이다. 사례 연구는 대상에 대한 심층적인 조사와 분석을 필요로 하므로 제한된 사례를 연구할 수밖에 없다. 따라서 어떤 대상의 일반적인 특성을 잘 나타내는 사례이거나 혹은 가장 예외적인 특성을 지니고 있는 사례를 주로 선택한다(황해익, 2010). 예를 들어, 학교 폭력 피해 아동을 연구하고자 한다면 사례를 선정할 때 이들 대상 집단의 일반적 특성을 잘 나타내는 아동을 사례로 선정하여, 지속적인 관찰과 면접을 통해 피해 아동의 특성과 현재 상황, 문제해결방안들을 탐색해 볼 수 있다.

사례 연구는 면접과 관찰은 물론 여러 가지 검사와 관련된 문서들(아동의 일기, 편지, 의사나 상담자의 기록지 등)을 모두 활용하여 개인에 관한 광범위한 정보를 수집하고, 그 자료를 바탕으로 개인의 전체적인 경향이나 특성을 면밀하게 파악할 수 있는 장점이 있다. 사례로 선정된 소수 인원만을 연구하기 때문에 연구결과를 일반화하기에는 어려움이 있지만 질적 연구의 특성 자체가 일반화에 관심이 있는 것이 아니라, 한 사례에서 경험하고 이해한 지식을 토대로 다른 사례를 이해하고자 하기 때문에 일반화 여부는 크게 문제가 되지 않는다.

(2) 생애사 연구

생애사 연구life history study는 개인이 살아온 인생을 시간성을 통해 그 안에서 사회적 구조를 파악하려고 하는 것이다. 즉, 사회학적으로 해석한 삶의 이야기이다. 예를 들어, 어린이집 원장의 삶과 일을 통한 원장의 리더십을 연구하기 위해 연구자는 생애사 연구를 진행할 수 있다. 연구자는 원장을 심층면접하기 위해 원장의 삶을 이야기하도록 동기를 부여하고, 원장이 중요하다고 생각하는 것을 말하도록 반구조화된 질문을 준비할 수 있다. 연구자는 원장의 교직 생활 이야기, 갈등 극복 이야기, 개인적 가치관과 철학이 담긴 기억이나 사건 등 다양한 이야기를 수차례 대화하고 녹음한다. 연구자는 심층면접 직후 내용 전사본을 읽으면서 궁금하거나 내면적인 생각을 더 이끌어내기 위해 추가 면접을 하면서 더욱 심층적인 자료가 도출될 수 있도록 한다. 그리고 연구자는 면접 전사본을 읽으면서 관련된 의미로 묶일 수 있는 것끼리 범주화한다. 그 결과는 어린이집 원장으로서 교육적 고민이나 갈등 그리고 성취감 등을 사실적으로 담아내면서 원장의 삶의 경험을 원장의 리더십이라는 보다 큰 사회 구조적 과정으로 연결시켜 해석한다. 이와 같이 생애사 연구를 하는 연구자는 참여자와의 면접을 통해 과거의 흔적들을 재구성해서 삶의 경험을 해석해야 하기 때문에 이에 대한 충분한 역량을 지니고 있어야 한다. 그리고 연구의 신뢰성 확보를 위해 연구자는 다양한 방법으로 분석해야 하고 연구자의 자기 성찰도 반드시 필요하다고 주장한다(김영천, 2013).

(3) 문화기술적 연구

문화기술적 연구ethnographic study는 특수한 상황이나 개인을 연구하는 사례연구와는 달리, 문화나 서로 다른 사회집단의 가치관과 사회적 과정을 연구하는 것이다. 연구자들은 가능한 연구 대상자들의 생활방식에 친숙하게 됨으로써 아동들과 성인들의 행동이 갖는 문화적 의미를 알고자 한다. 즉, 연구자는 그 문화의 지역에서 여러 달로부터 수년 동안 일상생활에 참여하며 지낸다. 그 문화의 구성원으로부터 관찰과 자기보고, 연구자에 의한 조심스런 해석이 혼합되면서 광범위한 분야의 기록이 수집된다. 후에 이러한 기록들은 그것의 독특한 가치와 사회적 작용을 이해하려고 노력하려는 지역사회의 기술에 함께 기술된다.

문화기술적 연구자들은 연구하고자 하는 대상의 사회와 문화 속에 들어가 그 일부가 됨으로써 연구하고 있는 문화에 미치는 영향을 최소화하려고 노력한다. 그럼에도 불구하고 사례 연구에서처럼 연구자의 문화적 가치와 이론적 관심사에 따라 선택적으로 관찰하고 잘못된 해석을 하게 되기도 한다. 그리고 문화기술적 연구는 연구가 이루어진 곳의 사람들과 환경 외에는 연구결과를 일반화하기에 어렵다는 단점을 지니고 있다.

4. 연구설계에 따른 발달 연구방법

영유아는 성인과는 달리 발달과정에 있기 때문에 연령에 따라 발달상의 차이를 나타낸다. 영유아의 발달에 관심이 있는 연구자들은 특정 연령이나 발달단계에 있는 아동의 발달적 특징들을 이해하고 이러한 발달 특성이 연령에 따라 변화해가는 과정과 그 기제를 이해하고자 한다. 따라서 성인 대상의 연구와 달리 영유아 연구에서는 연령 변인을 고려할 수 있는 연구설계가 필요하다. 이러한 연령변인을 고려한 연구설계에는 횡단적 접근법, 종단적 접근법, 단기 종단적 접근법(계열 설계) 등이 있다(그림 3–3).

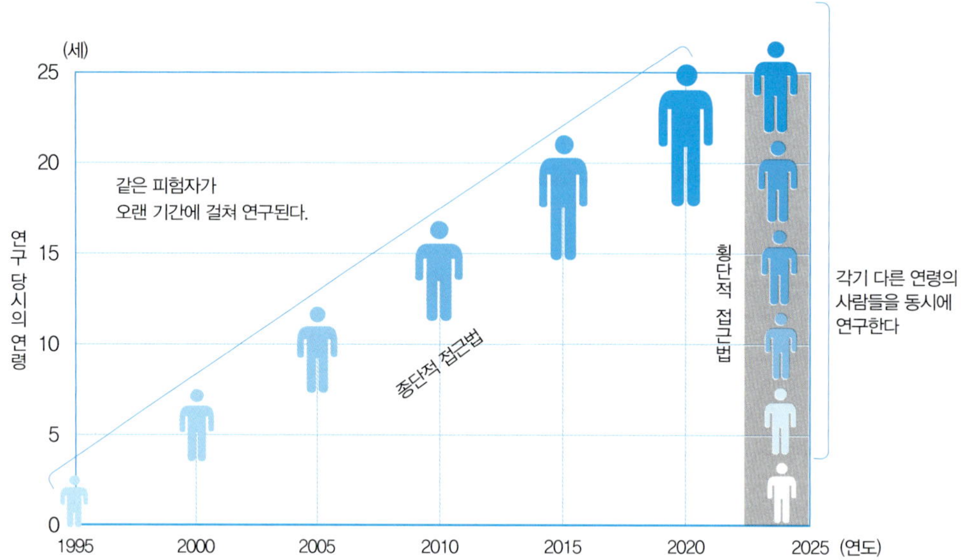

| 그림 3-3 | **횡단적 접근법과 종단적 접근법**

1) 횡단적 접근법

횡단적 연구는 연령이 다른 여러 영유아 집단을 동시에 표집하여 연구를 실시하고 이들 집단에서 얻어진 자료를 비교하는 연구법이다. 이러한 접근법을 활용하여 유아, 아동, 청소년 집단에서 각각의 자료를 얻은 다음, 이들 자료를 검토하여 특정 행동이 어떻게 발달적으로 변화하는지 밝혀볼 수 있으며, 서로 다른 연령의 영유아를 동시에 표집하여 비교해 볼 수도 있다. 예를 들어, 영유아의 운동능력 발달에 관심이 있다면 1세, 3세, 5세, 7세, 9세 아동을 각 연령집단에서 100명씩 표집하여 이들을 대상으로 운동능력을 측정하고, 연령 집단간 차이를 운동능력 발달 과정의 차이로 간주할 수 있다.

횡단적 연구는 단시간에 여러 연령대의 아동으로부터 자료를 얻으므로 시간과 비용이 절약되는 장점이 있다. 따라서 연구자가 수행하는 대부분의 발달연구가 횡단적 접근법으로 이루어지고 있으나 이 접근법은 엄밀하게 말해서 발달적 변화과정을 정확하게 보여주지는 못한다. 횡단적 접근법을 통해 얻어진 자료는 연령 집단 간의 차이만을 비교함으로써 발달의 개략적인 특성을 파악하도록 도울 뿐이라는 한계를 지니고 있다. 즉, 종단적 설계법이 시간경과에 따른 발달적 변화를 규명할 수 있도록 하는 반면, 횡단적 설계법은 한 시점에서의 연령에 따른 차이를 제시해 준다(장휘숙, 한건환, 2005).

예를 들어, 3~10세 아동의 다문화에 관한 의식을 조사한다고 할 때, 각 연령별로 몇 십 명씩 표집한 후 다문화 의식을 조사하여 연령별 다문화에 대한 의식을 조사하는 방법이 횡단적 연구설계이다. 종단적 연구에서와 같이 3세 아동이 10세가 될 때까지 지속적으로 추적조사하며 필요한 정보를 얻는 방법보다 시간과 경비를 절약할 수 있다는 장점이 있다. 그러나 영유아 개개인의 발달과정과 특성을 알기 어렵다는 단점을 지닌다. 왜냐하면 횡단적 연구방법에서는 각 연령층마다 서로 다른 대상을 표집하게 되므로 발달의 경향성을 추론할 수 있으나 각 연령의 차이가 연령 그 자체의 차이라기보다 동시대의 시대 상황이 다문화 의식에 영향을 미칠 수 있기 때문이다.

2) 종단적 접근법

종단적 연구는 영유아의 발달상의 변화과정을 연구하는데 이상적인 접근법이다. 종단적 연구에서는 동일한 영유아를 연구대상으로 선정하여 장기간 동안 반복적으로 연구함으로써 연령 증가에 따른 발달적 변화를 밝혀낼 수 있다. 아동의 운동능력 발달을 파악하기 위해 1세 영아 100명을 표집한 다음, 이들이 9세가 될 때까지 2년에 한 번씩 추적해서 운동능력을 측정하는 것이 종단적 접근법이다. 동일한 아동에 대한 8년 동안의 반복적 연구를 토대로 아동의 운동능력 발달의 변화 양상을 규명해 낼 수 있다.

종단적 연구는 연령 증가에 따른 아동의 발달적 변화 양상을 횡단적 연구에 비해 정확하게 밝혀낼 수 있다는 장점이 있다. 그러나 종단적 연구를 수행하기 위해서는 시간과 비용이 많이 요구된다는 단점이 있으며, 오랜 기간 연구대상을 추적 연구하는 과정에서 연구대상이 탈락하는 경우가 많다. 또한 연구대상자가 성장발달하는 과정에 있으므로 동일한 측정도구를 반복적으로 사용하기에 적절치 못하거나 연구 도중에 새로운 척도가 개발되어도 활용하기 어렵다는 단점이 있다.

최근에는 종단적 접근방법을 세 가지 유형으로 나누고 있는데, 조사연구에서 일반적으로 적용하는 종단적 설계로는 경향 연구, 출생동시집단 연구, 패널 연구 등이 이에 해당된다(김신옥, 민혜영, 2012; 이은해 외, 2006).

(1) 경향 연구

경향 연구trend study는 동일한 모집단으로부터 상이한 표본을 상이한 시점에 조사하는 연구이다. 예를 들어, 연구자가 초등학교 6학년 학생들의 진로계획(진학, 희망직업 등)에 관심이 있다면, 연구자는 매년 초등학교 6학년 학생 중에서 연구대상을 선정한다. 매년 같은 사람이 연구 대상으로 선정되지 않더라도, 임의표집을 한다면 매년 수집된 자료들은 모집단인 초등학교 6학년 학생들의 진로 계획에 관한 정보를 제공한다고 볼 수 있다. 또한 시간이 지나면서 초등학생들의 진로 계획 경향에 변화가 나타나는지 분석할 수 있다. 다른 예로 대학생의 가치관이 시대변화에 따라 어떻게 다른지 살펴보기 위해 1980년, 1990년, 2000년, 2010년, 2020년에 대학생 표본집단을 조사하여 40년 간의 변화된 가치관을 비교해 볼 수 있다.

(2) 출생동시집단 연구

코호트 연구cohort study는 특정 모집단인 출생동시집단cohrt을 일정 기간 추적해서 연구한다. 경향 연구에서는 일정 기간 동안 모집단의 구성원이 바뀌는 반면 코호트 연구에서는 연구하는 동안 구성원이 변하지 않는 특정한 모집단에서 표집을 한다. 일반적으로 출생동시집단cohort은 특정 년도에 출생한 집단 같이 동일한 연령집단을 의미하지만(예: 2020년에 태어난 사람들을 2020년 코호트로 분류), 한국전쟁 중에 출생한 사람, IMF 외환 위기 시절에 태어난 사람 등 공통된 시대적 배경에 의해 구분되기도 한다.

(3) 패널 연구

패널 연구panel study는 동일 연구대상의 특성을 반복적으로 측정하고 특성의 변화가 어떻게 이루어지는지 분석하는 설계로서 진정한 의미에서 개인의 성장과 변화를 추정하는 종단 연구 설계이다. 본 연구 설계는 대상자 추적에 실패하여 결측치가 발생하거나 비용 및 시간이 많이 드는 설계이므로 개인 수준에서 자료수집이 쉽지 않다. 따라서 대부분의 종단 패널 자료들은 국가 주도 혹은 연구소 주도로 대규모의 인적, 물적 자원이 투입된 상황에서 얻어진다(신택수, 2014). 현재 우리나라에서 아동을 대상으로 수집되고 있는 국가나 연구소 차원의 패널자료로는 한국육아정책연구소의 『한국 아동패널』, 한국청소년정책연구원에서 자료를 수집하는 『한국 청소년 패널』과 『한국 아동 · 청소년 패널』 등이 있다.

3) 단기 종단적 접근법(계열 설계법)

횡단적 접근법과 종단적 접근법의 단점을 보완하고 장점을 살리기 위해 두 접근법을 절충한 연구설계방법이 단기 종단적 접근법이다. 종단적 접근법에 소요되는 과다한 시간과 비용을 줄이면서 발달상의 변화를 보다 정확하게 파악하기 위해 설계된 단기 종단적 접근법은 최근 계열 설계법Sequential Design이라는 명칭으로 자주 사용된다.

위에서 제시되었던 아동의 운동능력 발달을 파악하기 위한 연구를 단기 종단적 접근법으로 실시하려면, 2020년에 1세, 3세, 5세 아동을 각각 100명씩을 연구 대상으로 표집하여 운동능력을 측정한다. 2년 후 2022년에 3세, 5세, 7세가 되어 있는 대상 아동들을 추적하여 운동능력에 관한 자료를 얻고, 다시 2년 후 2024년에 5세, 7세, 9세를 대상으로 동일한 연구를 반복한다. 이러한 반복연구를 통해 연구자는 1세에서 9세 아동의 자료를 4년에 걸쳐 수집할 수 있다. 만약 1세 영아 100명을 종단적으로 추적 연구하였다면 8년에 걸쳐 수집했을 자료를 4년 만에 수집했으므로 본 연구설계는 단기 종단적 접근법에 해당된다. 또한 세 개의 연령집단을 동시에 연구하였으므로 횡단적 분석이 가능하며, 동시에 동일한 연구대상을 2년 간격으로 3번을 반복 연구하였으므로 종단적 분석도 가능하다.

5. 연구윤리

연구자는 연구대상에게 미칠 부정적 영향을 고려할 때 연구윤리를 따르게 된다. 연구진행과정에서 연구 참여자를 보호해야 하며 특히 그 대상이 영유아인 경우 연구윤리는 더욱 강조될 수밖에 없다. 미국 아동발달 연구회Society for Research in Child Development에서 아동을 대상으로 하는 연구의 윤리강령을 발표하였는데 그 내용을 요약하면 〈표 3-6〉과 같다.

| 표 3-6 | 미국 아동발달 연구회의 연구윤리

1. 신체적 · 정서적으로 유아에게 피해를 주는 연구는 수행되어서는 안되며, 가능하면 유아의 스트레스가 최소화되도록 연구가 수행되어야 한다. 연구가 유아에게 피해를 준다고 생각되면 다른 방법을 찾거나 연구를 포기해야 한다.
2. 연구자는 유아에게 연구 동의를 받기 전에 연구에 참여함으로써 미치게 되는 모든 영향들을 유아에게 알려주어야 하며, 유아의 질문에 대해 유아의 수준에 맞게 답해 주어야 한다. 연구자는 유아가 언제든지 연구 참여를 중단하거나 연구 참여 여부를 선택하도록 유아의 자유를 존중해야 한다. 연구자는 유아의 부모에게 연구 절차를 설명하여야 하며, 연구 진행 중에 유아가 불편함이 없는지를 지속적으로 살펴보아야 한다.
3. 연구자는 부모나 교사에게도 연구 동의를 받아야 한다. 유아가 연구에 참여함으로써 미치게 되는 모든 영향을 알려주어야 하고 동의서를 받을 필요가 있다. 동의서에는 연구자의 직업과 직위, 기관 등의 정보가 포함되어야 한다. 부모나 교사도 연구 동의를 거부할 수 있는 권리가 존중되어야 할 뿐만 아니라 연구 참여를 거부하여도 유아에게 어떤 불이익이 없음을 알려 주어야 한다.
4. 연구자는 유아와 관련 있는 사람이 연구에 포함될 경우 해당자에게 연구 동의를 받아야 한다. 연구자는 참여자에게 연구에 참여함으로써 미치는 모든 영향들을 알려주고 질문에 대해 답해 주어야 하며, 참여자가 언제든지 참여를 중단할 수 있는 자유를 존중해 주어야 한다.
5. 연구 참여에 대한 보상은 공정해야 하고 통상적인 범위를 지나치게 초과해서는 안된다.
6. 연구자는 연구의 특성상 특정 정보를 숨기거나 속일 수 있지만 이런 행위의 정당성에 대해서는 동료 연구자들과 상의해야 한다. 만약 이로 인해 유아가 부정적인 영향을 받는다면 연구자는 정보를 숨기거나 속인 이유를 설명하고 허락을 구한 후 연구를 수행해야 한다.
7. 참여자의 익명성은 보호되어야 하며, 어떠한 정보도 다른 곳에 사용되어서는 안된다.

8. 연구 초기에 연구자와 부모, 유아 사이에는 명확한 합의가 있어야 한다. 연구자는 계약의 모든 약속을 존중해야 할 의무가 있다.
9. 연구 수행 중 유아에게 위험성이 있을 것으로 예상될 때 연구자는 부모와 함께 논의할 책임이 있고 유아에게 필요한 지원책을 모색해야 한다.
10. 연구 수행 중 유아에게 부정적인 영향이 있다면 연구자는 즉시 적절한 조치를 취해야 하며, 후속 연구를 포함한 연구 절차를 재설계해야 한다.
11. 연구자는 참여자로부터 얻은 모든 정보에 대해 비밀을 유지해야 한다.
12. 연구자는 참여자로부터 제기될 수 있는 오해에 대해 명확히 설명해 주고 참여자가 이해할 수 있는 수준에서 연구결과를 알려 주어야 할 의무가 있다.
13. 연구자는 평가적 진술이나 조언 시 부모나 유아가 부담되지 않게 신중을 가해야 한다.
14. 연구자는 연구에 대한 사회 · 정치 그리고 인간적 측면에서의 의무를 염두해 두어야 하며, 특히 연구로부터 도출된 결과를 제시할 때는 주의를 기울어야 한다.
15. 연구자의 위법 행위는 자료의 위조, 표절 그리고 허위로 진술되거나 학문 공동체 내에서 일반적으로 허용된 범위를 벗어난 행위를 말한다. 의도적이지 않은 오류나 자료 해석에 대한 의견 차이는 위법 행위에 포함되지 않으며 진실성과 정직성을 기반으로 연구를 수행해야 한다.
16. 위법 행위를 한 연구자는 학문 공동체로부터 제명될 수 있다.

출처: 신명희 외(2016). 유아발달. 학지사. p.69.

02 Part

생의 시작

04

Chapter

태내발달

학습목표

1. 임신의 과정을 이해한다.
2. 태내기인 10개월 간의 변화과정을 살펴본다.
3. 태아발달에 영향을 미치는 부정적인 요인을 알아보고 예방책을 모색해 본다.

인간의 발달은 지속적이고 순차적인 과정을 통해서 이루어지는데, 그 시작점이 난자와 정자가 결합하는 임신의 순간이다. 임신을 통해 태내에서의 10개월 간은 인간발달에 있어 극적인 변화가 일어나는 매우 중요한 시기이다. 이러한 사실을 알고 있었던 우리 조상들은 오래전부터 태교의 중요성을 강조해 왔다. 태내기의 환경이 자궁 밖 세상보다 훨씬 안전하지만 엄청나게 많은 요인들이 태아에 영향을 미칠 수 있다. 태아의 발달을 체계적으로 보호하고 지원하기 위해서는 무엇보다도 태내에서의 발달과정을 정확히 이해하는 것이 선행되어야 한다. 따라서 본 장에서는 임신, 태내발달, 태아발달에 영향을 미치는 요인들에 대해 살펴보고자 한다.

1. 임신

모든 동물은 자신의 종species을 유지하고 싶은 본능을 지니고 있다. 이런 본능을 충족하는 것이 임신pregnancy이며, 우리의 인체는 임신을 촉진하도록 구성되어 있다. 임신이란 남녀 성세포의 결합으로 이루어지는데, 이 결합 상태를 수정이라 한다(그림 4-1). 난자와 수정되는 정자는 성교할 때 사정된 수억 마리의 정자 중 단 한 마리이다. 수정된 난자는 세포분열을 시작하는데, 분열에 의해 늘어나는 세포 하나하나에는 난자와 정자가 갖고 있는 유전질이 모두 포함되어 있으며, 이때 이미 남녀 성별도 결정되어 있다.

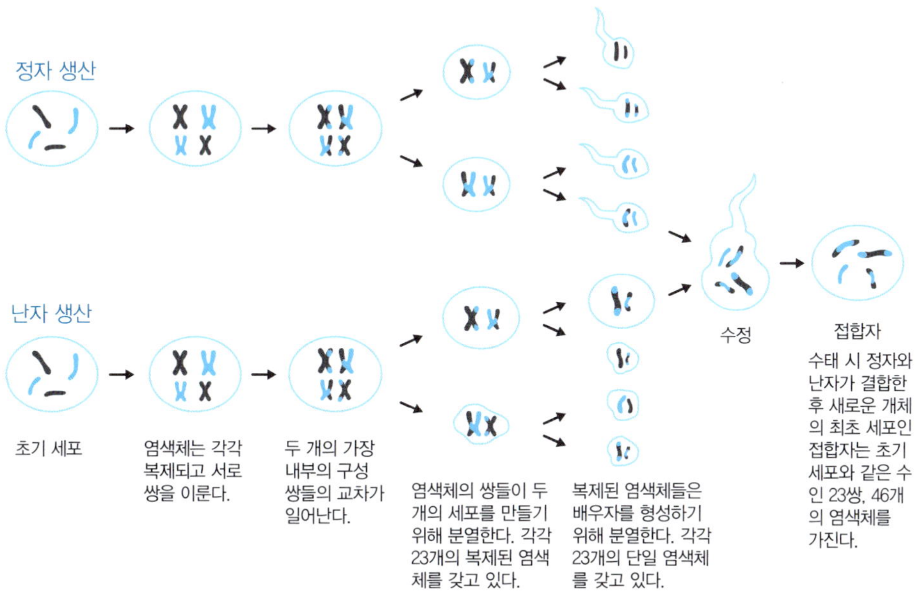

| 그림 4-1 | 성세포가 형성되는 감수분열의 세포분열 과정

출처: 이사라 외(2013). 영아발달. 파워북. p.81.

세포분열을 계속하면서 자궁을 향해 이동하기 시작하고, 이어 이동한 수정란은 상실배morula에서부터 배포체blastocyst로 변해 자궁내막에 도달한다. 배포체는 다시 자궁내막에 들어가 내막 속의 혈관에 달라붙는데 이것을 착상이라고 하며, 일반적으로 임신이 되었다고 하는 것이다. 임신과정을 배란, 사정, 수정, 착상의 4단계로 살펴보면 다음과 같다.

1) 배란

난소내에 있는 난포에서 난자가 배출되어 난관으로 진입한다.

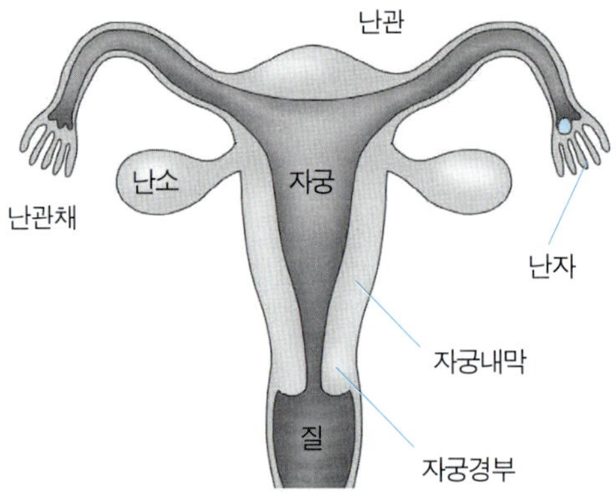

여성의 양쪽 난소에서는 한달에 한번씩 교대로 난자를 배출하는데, 이를 배란이라고 한다. 여성의 배란은 평생동안 약 400회 이루어지며 1년 동안 임신가능기간은 약 30일 정도이다. 난관은 난소에서 만들어진 난자와 자궁안에 들어온 정자가 지나가는 통로이며, 자궁 양쪽에 1개씩 붙어 있다. 난관의 체액이 난자를 둘러싸고 있는 영양세포를 제거해 주는 역할을 한다.

| 그림 4-2 | **배란**

2) 사정

배란 전후의 성관계에 의해서 질 속으로 사정된 정자도 자궁을 통해 난관으로 향한다.

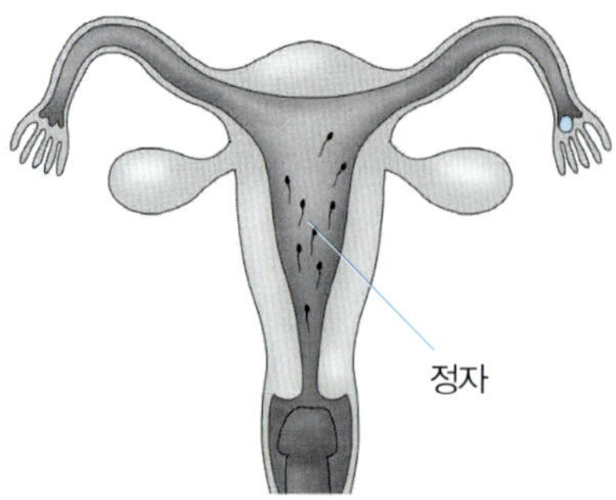

단 하나의 난자를 만나기 위해 한번의 사정으로 방출된 수천만~2억 개의 정자들이 숨가쁜 경주를 벌이지만 난자가 있는 곳에 이르기 전에 많은 정자는 죽게된다. 최종적으로 300개에서 500개의 정자만이 난자에 이르게 되고 그 중 한 개의 정자만이 난자와 결합하여 새 생명체를 이루게 된다.

| 그림 4-3 | **사정**

3) 수정

난자와 정자가 난관 팽대부에서 만나 결합한다.

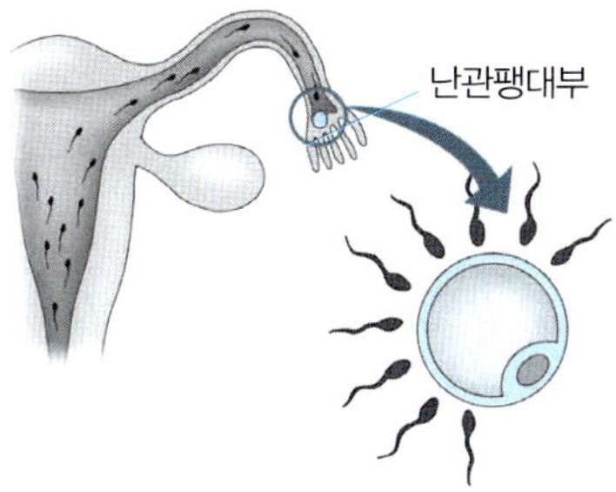

정자는 난자 속으로 들어가려고 효소를 내뿜으며 난막을 공격한다. 이때 단 하나의 정자만이 꼬리를 2만여 차례 움직인 끝에 난막을 뚫고 들어가는 데 성공한다. 정자의 머리 부분이 난막을 통과하면 난자의 화학 구성이 변해 다른 정자는 들어오지 못하게 된다.

| 그림 4-4 | **수정**

4) 착상

수정란은 세포분열을 반복하면서 난관을 지나 배아가 될 무렵 자궁내막에 착상하게 된다.

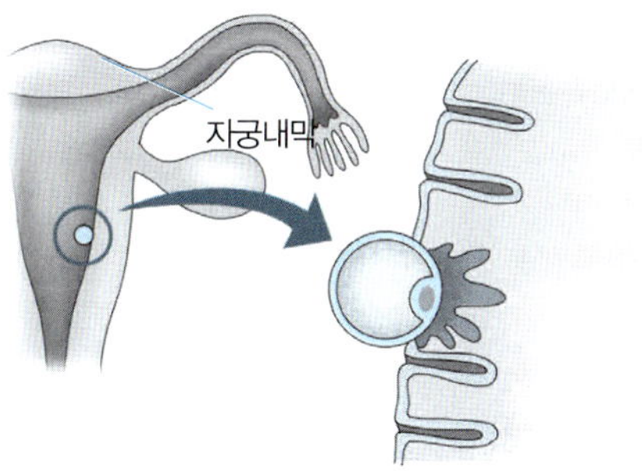

수정란은 세포분열을 계속하면서 자궁으로 이동하다가 마침내 열 달 동안의 안식처인 자궁내막에 자리를 잡는다. 세포 덩어리가 자궁내막을 뚫어 자리를 잡고 바깥층인 영양배엽이 내막 안으로 파고든다.

| 그림 4-5 | **착상**

2. 태아의 발달

수정 직후부터 태내발달이 시작되며, 수정 후 40주, 약 280일 동안 태아는 모체 내에서 자라게 된다. 이 기간 동안 태아의 신체기관이 형성되고 각 기관이 기능하기 시작하며 기관의 크기와 무게가 급속하게 증가하게 된다. 태내발달은 가소성이 가장 큰 시기로서 환경의 영향을 크게 받는다. 정상적인 태아발달을 살펴보면 다음과 같다.

1) 1개월(만 0~3주)

• 수정란이 자궁벽에 착상한다.

세포분열을 거듭하면서 아주 중요한 시기를 보내게 된다(그림 4-7). 자궁벽에 튼튼하게 뿌리를 내리고 모체로부터 영양을 공급 받으면서 성장할 준비를 시작한다.

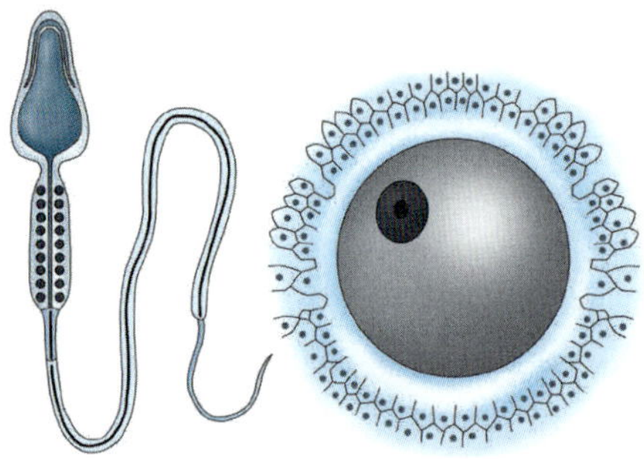

신장 약 0.5~1cm **체중** 약 1g

| 그림 4-6 | **정자와 난자의 수정**

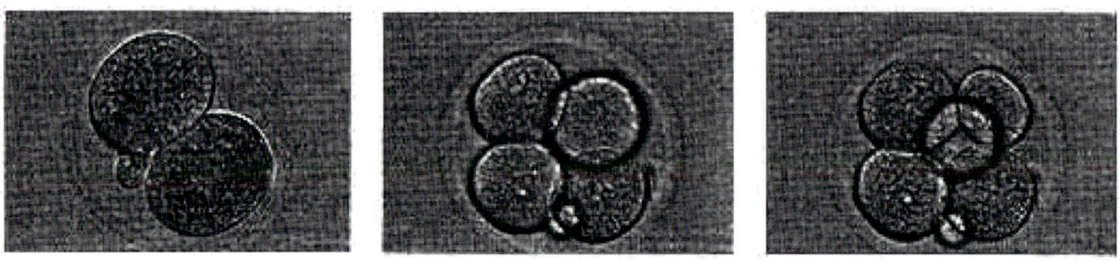

| 그림 4-7 | **수정란의 세포 분열**

• 태아가 형성되기 시작한다.

임신 3주가 끝날 무렵 태아胎兒의 전 단계인 태아胎芽가 만들어진다. 크기는 0.5cm 정도이고 그 끝에는 꼬리 같은 부분이 있어 알에서 부화된 치어 같이 보이기도 한다. 그러나 착상된 수정란은 3개의 세포 그룹으로 나뉘어 뇌와 척수의 기초가 되는 신경계 · 혈관계 · 순환계의 근원이 되는 조직이 거의 완성되어 혈액을 보내기 시작하고 3주 말쯤에는 심장박동이 시작된다.

2) 2개월(만 4~7주)

• 눈, 귀, 입이 생긴다.

태아는 이 시기에 접어들면서 눈부신 성장을 한다. 머리와 몸통의 구별이 생기고 몸통 끝의 꼬리부분도 차츰 짧아지며 팔다리도 형태를 갖추기 시작한다.

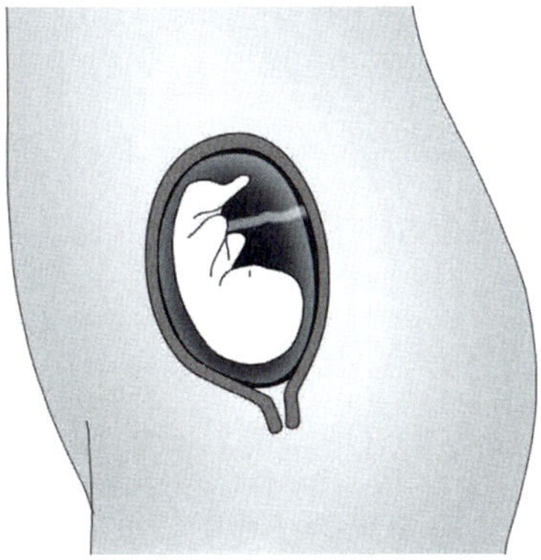

신장 약 1.5~2.5cm **체중** 약 3~5g

| 그림 4-8 | **2개월 된 태아**

• 뇌가 급속도로 발달한다.

뇌가 급속도로 발달함에 따라 눈과 귀 등의 시신경 · 청신경이 발달하고 턱과 입이 나타난다. 손가락과 발가락이 만들어질 모양새를 갖추고 위장 · 간장 · 신장 · 폐 등도 서서히 갖추어져 간다. 신체와 심장 등에 얽혀 있던 혈관이 더욱 복잡해지고, 근육도 발달하고, 골격 발달의 기본이 되는 뼈대의 중심부가 이루어진다.

• 태반의 기초가 만들어진다.

태반이 만들어지며 탯줄이 될 조직이 생기게 된다. 모체의 태반과 태아의 배꼽은 탯줄로 연결되어 있으며, 이를 통해 태아에게 산소와 영양분을 공급하고, 동맥으로 태아의 몸 안에 있는 노폐물과 이산화탄소를 모체 혈액으로 보낸다.

3) 3개월(만 8~11주)

• 성별의 구분이 가능하다.

몸의 절반을 차지하던 머리 부분 대신에 하반신이 점점 발달하게 된다. 팔다리도 발달하며 꼬리 부분이 없어져 몸 전체가 사람다운 모습을 드러낸다. 이 시기 끝 무렵이면 외형상 남녀의 성 구별이 가능하다.

• 심장 뛰는 소리를 들을 수 있다.

10주 무렵부터 초음파 도플러법을 사용해 심장이 뛰는 소리를 들을 수 있다.

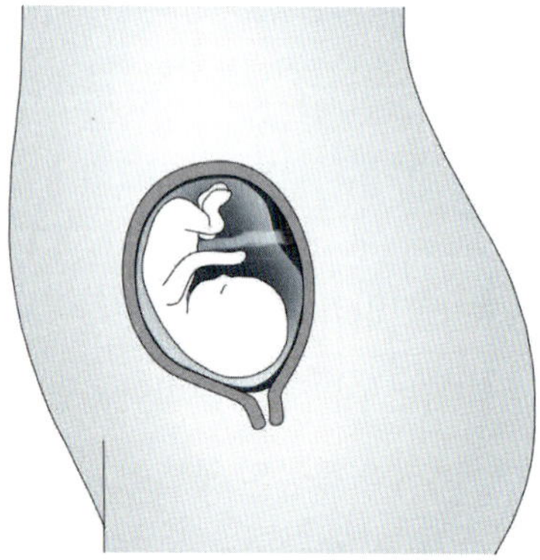

신장 약 8~10cm **체중** 약 15~25g

| 그림 4-9 | **3개월 된 태아**

• 양수 속에서 움직인다.

초음파 검사를 하는 동안 양수 속에서 활발하게 움직이는 것을 볼 수 있다. 뇌신경계가 아직 완전히 발달되어 있지 않기 때문에 의식적인 행동이라기보다는 팔다리의 근육이 수축되기 때문에 일어나는 현상으로 볼 수 있다.

4) 4개월(만 12~15주)

• 태반이 완성된다.

4개월 말 무렵 태반이 완성되어 수정란이 착상한 곳을 중심으로 완전히 자리를 잡게 된다. 태반과 태아를 잇는 탯줄을 통해 모든 영양소 및 산소가 태아에게 전달된다.

• 장기의 기능이 좋아진다.

각 장기가 거의 발육되어 사람으로서의 기능이 한층 더 강화된다. 심장도 제 기능을 다해 혈액을 순조롭게 순환시키게 된다.

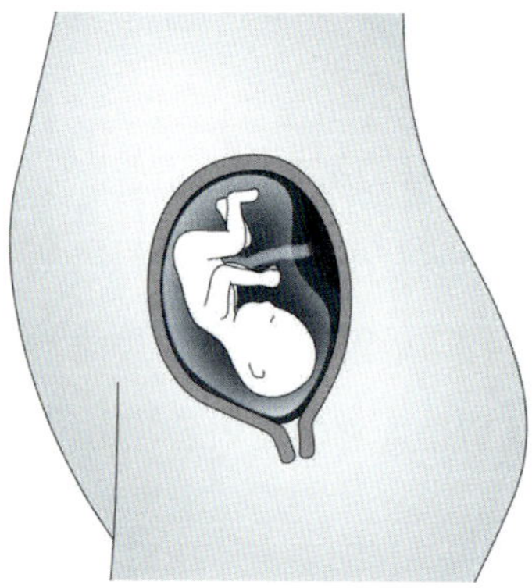

신장 약 16~18cm **체중** 약 100~135g

| 그림 4-10 | **4개월 된 태아**

• 외관이 발달한다.

투명했던 피부에 붉은 기운이 돌고 이물질의 침입을 방지하기 위해 두꺼워진다. 눈이나 귀의 형태가 확실해지고 얼굴과 온몸에 가는 솜털이 돋아난다. 손가락과 발가락도 정확히 나누어지며, 남녀 성별을 확실히 구별할 만큼 외부 생식기도 성장하게 된다.

5) 5개월(만 16~19주)

• 양수 속을 힘차게 돌아다닌다.

손발과 전신운동이 활발해진다. 손발을 구부렸다 폈다 하면서 양수 속에서 힘차게 돌아다닌다. 출산 경험이 있거나 예민한 사람은 좀 더 빨리 뱃속에서 태아가 움직이는 것을 느낄 수 있다. 다만 이 시기에 태아가 자궁 밖으로 나오면 생존이 거의 불가능하고 유산된다.

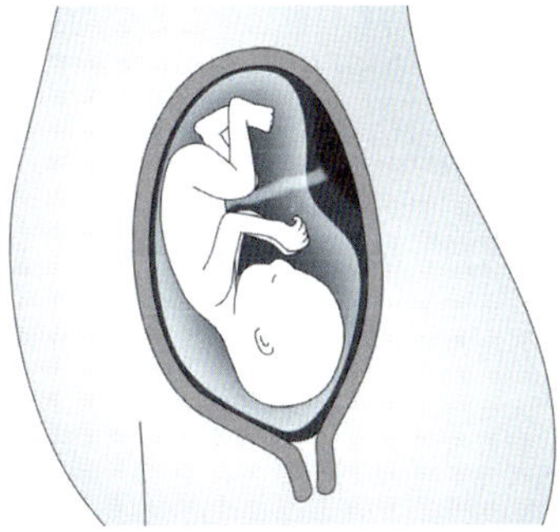

신장 약 20~25cm **체중** 약 300~340g

| 그림 4-11 | **5개월 된 태아**

6) 6개월(만 20~23주)

• 태지의 분비가 이루어진다.

피하의 각 선에서 치즈 같은 물질을 생산하기 시작하는데, 이것이 바로 태지이다. 태지는 양수 속에 잠겨 있는 태아의 피부 손상을 막고 분만 때에는 아기가 순조롭게 나오게 하는 역할을 한다.

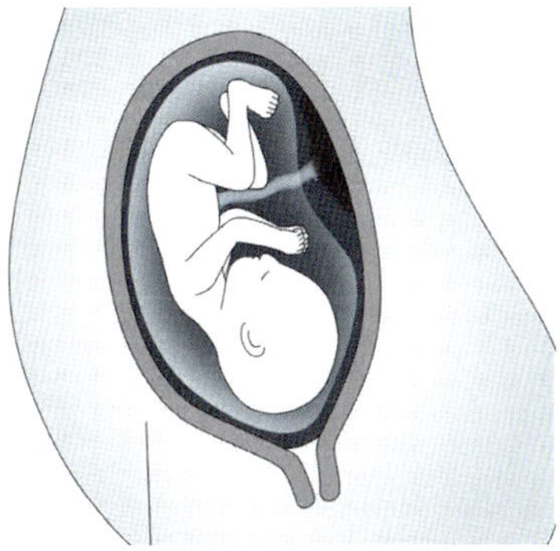

신장 약 28~33cm **체중** 약 570~650g

| 그림 4-12 | **6개월 된 태아**

• 태아의 심음을 들을 수 있다.

양수의 양이 늘거나 태아의 운동이 더욱 활발해져 태동이 더욱 확실해진다. 각 기관의 작용도 활발해져 양수를 삼키기도 하고 신장에서는 묽은 소변을 배설하기도 한다. 이 시기부터 청진기로 태아의 심음을 들을 수 있고, 재채기와 딸꾹질도 할 수 있다.

7) 7개월(만 24~27주)

• 뇌의 사고력이 발달하기 시작한다.

뇌가 더욱 커지고 복잡해지며 사고력도 발달하기 시작한다. 또한 통증을 느끼기도 한다. 그러나 폐의 호흡 기능이나 근육발달은 아직 미숙한 편이다. 머리를 아래로 향하는 자세를 취하기 시작한다.

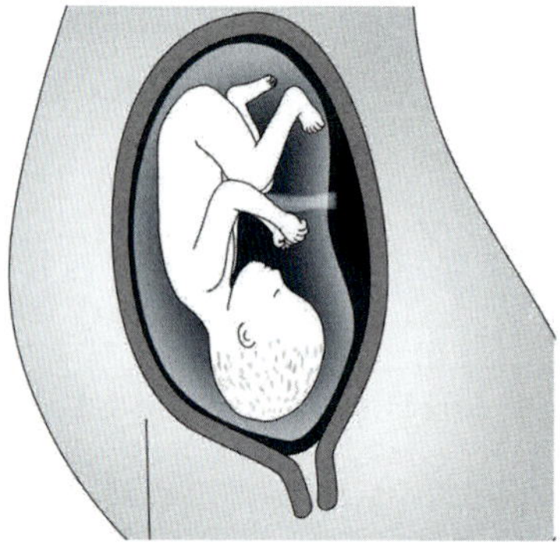

신장 약 35~37cm 체중 약 900g~1kg

| 그림 4-13 | 7개월 된 태아

• 주름투성이의 얼굴에 안구운동을 시작한다.

피부색이 불그스레해지고 주름이 많아 노인과 같은 모습을 보인다. 피부의 지방 분비가 많아져 피부에 지방이 축적된다. 눈꺼풀의 경계선이 확실해지며 안구운동도 가능해진다.

8) 8개월(만 28~31주)

• 머리를 아래로 향하는 자세를 취한다.

태아는 자궁 속을 꽉 채울 정도로 자라게 되며 자궁 속에서 위치와 자세도 일정하게 자리를 잡게 된다. 대부분의 태아가 머리를 아래로 하고 엉덩이와 발을 위로 하는 자세를 취하게 된다.

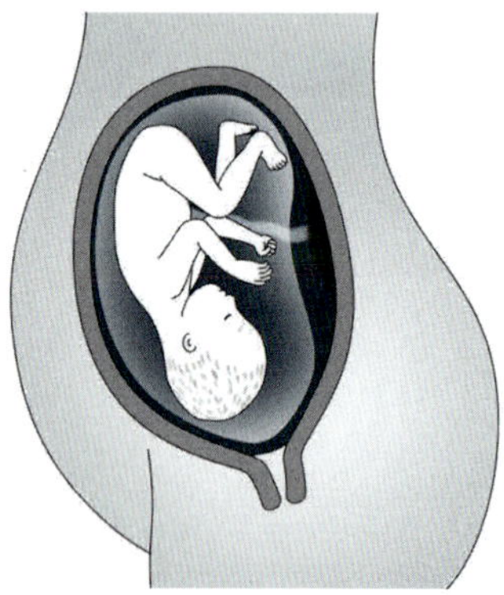

신장 약 40cm 체중 약 1.5kg

| 그림 4-14 | 8개월 된 태아

• 청각이 거의 완성된다.

근육이 발달해 몸 전체가 단단해지고 피하지방이 붙기 시작한다. 청각이 거의 완성되어 엄마가 하는 이야기나 외부 소리에 반응을 보이며 몸을 움직이기도 한다. 이전만큼 양수의 양도 늘어나지 않아 태아의 몸이 자궁벽에 부딪히는 등의 태동을 강하게 느낄 수 있다.

9) 9개월(만 32~35주)

• 신생아다운 모습을 갖춘다.

머리와 몸의 비율이 균형 잡히게 되고 피하지방이 늘어 주름이 없어지며, 몸매가 둥그스름해지는 등 신생아의 모습을 갖추기 시작한다.

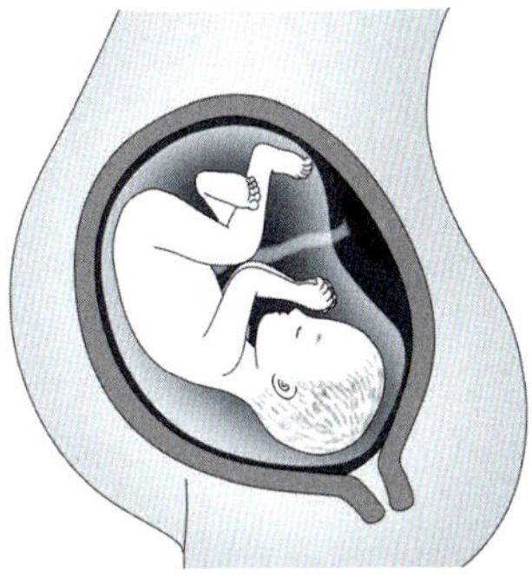

신장 약 45~46cm **체중** 약 2.3~2.6kg

| 그림 4-15 | **9개월 된 태아**

• 폐 · 신장 기능이 성숙된다.

폐와 신장 기능이 많이 성숙되어 호흡을 하거나 젖을 빠는 동작도 가능해진다. 성기도 거의 완성되어 남자아이는 고환이 음낭 속으로 내려오고 여자아이는 대음순이 부풀어 좌우가 밀착된다. 손톱 · 발톱이 끝까지 자란다.

• 특별한 주의가 필요한 시기이다.

임신 9개월에는 태아가 커지면서 자궁도 커지게 되어 모체의 부담이 증가하게 된다. 이 시기는 임신중독증(임신 중이나 산욕기에 자연적으로 발생할 수 있는 내과질환으로 임신 전반기에 나타나는 입덧과 후반기에 나타나는 고혈압 · 부종 · 소변에 알부민이 나타나는 단백뇨의 증상을 보이며 심한 경우 경련을 일으키고 혼수 상태에 빠지게 됨)이 일어나기 쉽기 때문에 각별한 주의가 필요하다. 이 시기에 조산이 되어도 생존할 확률은 높아진다.

10) 10개월(만 36~39주)

• 몸의 균형이 잡히고 4등신이 된다.

팔다리에 근육이 붙고 태아의 몸에 나 있는 솜털이 없어진다. 하지만 등과 어깨에는 솜털이 그대로 남아 있다. 몸 전체가 균형이 잡혀 4등신이 된다.

• 머리 부분이 골반 안으로 들어간다.

머리뼈도 굳어져 머릿속을 보호하게 되고 대부분의 태아가 머리를 아래로 향한 자세로 위치가 고정되어 골반 안으로 들어가게 된다. 머리카락은 까맣고 2~3cm 길이로 자란다.

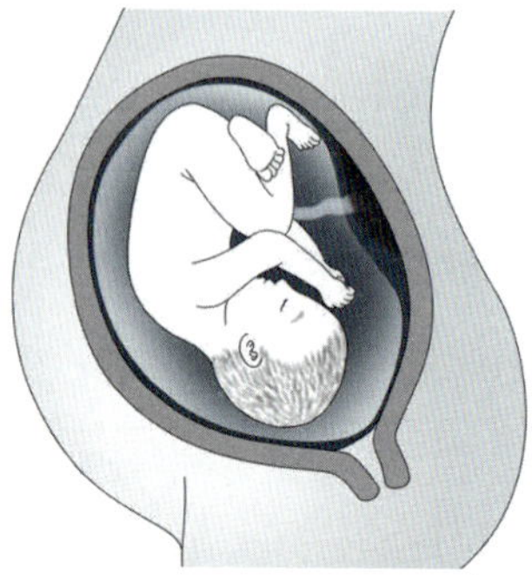

신장 약 50cm **체중** 약 3kg

| 그림 4-16 | **10개월 된 태아**

• 병에 대한 면역력을 갖게 된다.

병에 대한 면역이 태반을 통해 모체로부터 전달된다. 모체로부터 항체를 받아 홍역이나 유행성 이하선염 · 백일해 · 풍진 등에 대한 면역성을 일시적으로 받게 된다. 이 시기에는 뇌나 내장의 기능이 한층 강화되고 근육도 발달해 감염에 대한 저항력도 길러지게 된다.

• 항공기 이용이 제한된다.

37주 이상의 임산부와 생후 14일 미만의 신생아는 항공기를 이용하지 않는 것이 좋다. 특히 임신과 관련된 합병증이 있거나 유산, 조기출산의 가능성이 있는 경우에는 임신기간에 관계없이 사전 승인을 통해 항공기 탑승 여부가 정해진다.

3. 태아발달에 영향을 미치는 요인

그림 4-17은 태내기의 민감기sensitive preiod를 나타내고 있다. 민감기란 신체 내지 행동의 일부가 생물학적으로 급속히 발달할 준비가 된 제한적 시간 범위를 의미한다. 뇌와 눈 같은 신체 일부는 태아기 전체에 걸쳐 오랜 민감기를 가지게 되지만, 사지와 구개에 대한 민감기는 훨씬 짧다. 또한 그림 4-17은 기형 유발에 해로운 영향을 미치는 시간대를 보여준다. 즉, 착상 이전의 시기에는 기형이 거의 유발되지 않으며, 배아기는 모든 신체의 근본이 만들어지기 때문에 심각한 결함이 가장 잘 나타나는 시기이고, 태아기에는 기형 위험이 줄어들지만 뇌, 눈, 생식기와 같은 일부 기관들은 여전히 심각한 영향을 받을 수 있다.

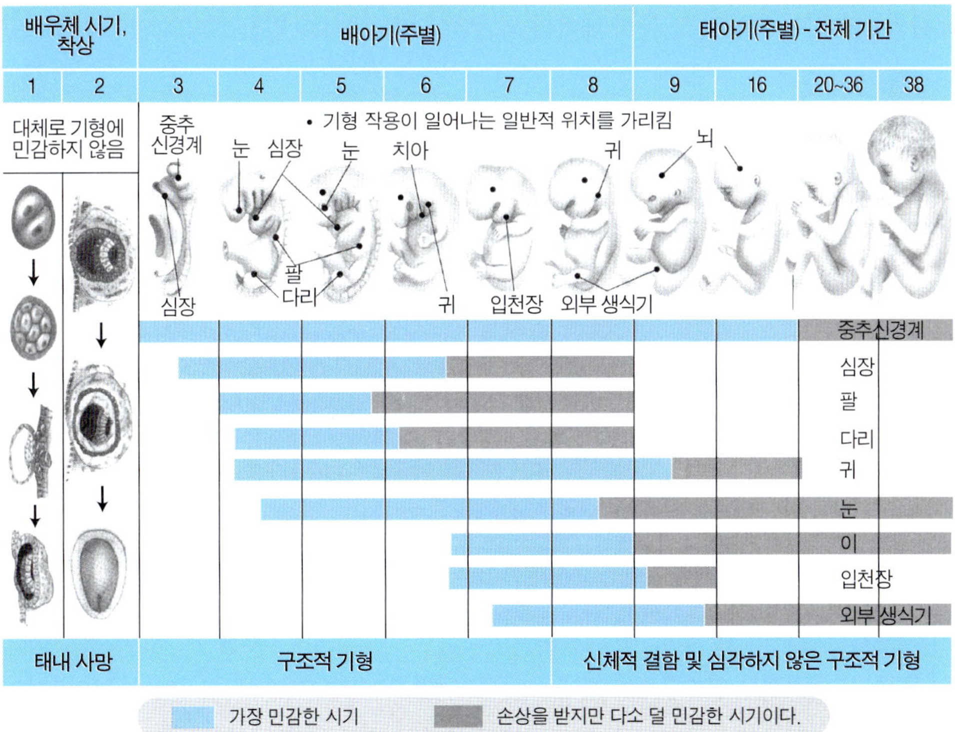

각 기관과 구조는 민감기가 있어 그 기간 중에 발달이 방해를 받을 수 있다. 좌측의 가로 막대는 민감도가 높은 시기를 가리키고 우측의 세로 막대는 여전히 위험이 발생하기는 하지만 기형의 다소 덜 민감한 시기를 가리킨다.

| 그림 4-17 | **태내발달의 민감기**

출처: 박낭자 외(2007). 아동발달. 정민사. p.123.

기형의 영향은 즉각적인 신체적 위험에만 한정되지 않는다. 어떤 건강상의 결과는 미세하고 뒤늦게 나타나기도 하며, 정신적 영향은 신체적 위험의 결과로서 간접적으로 나타날 수 있다(곽노의 외, 2009; 박낭자 외, 2007; Berk, 2000). 이와 같은 민감기를 고려하면서 태내환경에 영향을 미치는 요인들을 살펴보면 다음과 같다(김이영 외, 2019; 정옥분, 2002).

1) 어머니의 영양, 연령, 질병

(1) 어머니의 영양 상태

태아는 출생 시까지 모든 영양분을 어머니로부터 공급받기 때문에 어머니의 영양 상태가 태아에게 중요한 영향을 미친다. 만약 어머니의 영양 상태가 충분하지 못하면 유산과 사산의 가능성이 높아지고, 특히 태아의 뇌발달이 이루어지는 임신 초기의 영양부족은 큰 영향을 주게 된다.

태아의 출생 시 체중은 어머니의 임신 중의 체중과 관련이 있는데 임신 5개월까지 산모는 매달 1kg 정도 증가하고, 5개월에서 임신 말기까지는 2kg 정도 증가하여 분만 시에는 최소 9kg에서 이상적으로는 13kg 증가하는 것이 바람직하다. 또한 임신 중에는 각종 무기질 섭취가 필요한데 무기질 부족은 뇌 형성의 장애 요인이 되기 때문이다. 무기질 중 인, 칼슘 등의 무기질은 임산부에게 필요한 열량의 음식물만 섭취하면 충분히 보충될 수 있기 때문에 별도로 보충할 필요가 없다. 하지만 철분은 모체의 저장량이 적어 식품에 함유된 철분만으로는 부족하다. 따라서 철분제를 임신 5개월부터 출산 후 1개월까지 계속 섭취하면 임신에 따른 추가 철분을 충분히 보충할 수 있다.

(2) 어머니의 연령

임신하기에 적절한 연령은 23~34세로 알려져 있다. 즉, 이 연령에서는 어머니와 아기의 생존율이 높고, 미숙아, 유산, 사산, 기형아 출산율이 가장 낮다(그림 4-18). 반면 10대 임산부 특히 17세 미만의 임산부의 경우는 20대 임산부에 비해 태아 사망률이 2배 이상 높고, 저체중아나 미숙아를 출산할 가능성도 높다. 또한 생식 기능이 퇴화하기 시작하는 35세 이상의 초산부의 경우, 의학적으로 노산이라고 하는데, 자연유산, 임신중독증, 난산, 미숙아 출산, 다운증후군Down's syndrome의 비율 증가 등의 문제가 나타난다.

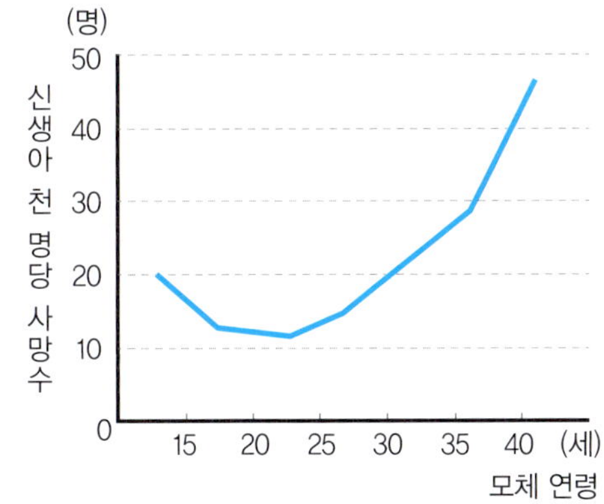

| 그림 4-18 | **모체의 연령별 태아사망률**

출처: 이사라 외(2013). 영아발달. 파워북. p.109.

특히 다운증후군은 여성 호르몬인 에스트로겐의 수준과 관련이 있는데, 호르몬 분비의 부족은 21번 염색체 이상을 초래하기 때문이다(그림 4-19). 다운증후군은 양수검사aminocentesis로 알 수 있다.

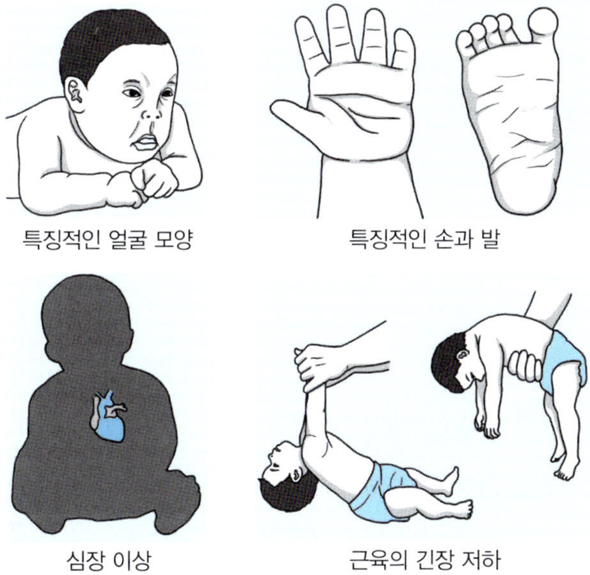

| 그림 4-19 | **다운증후군의 증상들**

출처: 보건복지부 대한의학회

(3) 어머니의 질병

어머니의 질병이 태아에게 영향을 미치는데, 당뇨병, 고혈압, 풍진, 매독 등이 그 예이다. 산모가 당뇨가 있을 경우, 거대아를 출산할 가능성이 매우 높으며, 거대아를 분만하는 과정에서 난산으로 태아가 뇌손상을 입거나 사망할 수도 있다. 고혈압의 경우도 태아의 발달지체나 자궁 내 사망을 초래할 가능성이 높으며, 각종 합병증을 유발할 수도 있다. 또한 바이러스, 박테리아, 기생충 등에 감염될 경우 태반을 통하여 태아의 발달을 저해하거나 선천성 기형 등의 문제를 일으킬 수 있다.

2) 어머니의 정서 상태

임신을 한 어머니의 정서 상태가 태아발달에 많은 영향을 미치게 된다. 예로 임산부가 정서장애가 있거나, 불안이 심하거나, 혹은 원하지 않은 임신을 한 경우에는 그렇지 않은 임산부에 비해 입덧, 자연유산, 조산이나 난산의 가능성이 더욱 높다. 또한 정서 상태가 불안한 어머니에게서 태어난 아이는 태어나서 지나치게 활동적이거나 혹은 많이 울고, 잠을 잘 자지 않는 등의 여러 가지 많은 문제행동을 보이기도 한다. 이러한 영아의 행동특성은 어머니의 양육을 어렵게 만드는 요인이 되어 부모-자녀관계에도 부정적인 영향을 미치게 된다. 특히 어머니의 불안은 신진대사율을 증가시켜 저체중아의 출산을 야기하거나, 불안을 극복하기 위해 이들 호르몬의 분비를 촉진시킴으로써 조산을 유발하는 요인이 되기도 한다.

3) 담배

(1) 흡연은 비정상적인 임신으로 이어진다

임신 중 흡연으로 인한 가장 큰 문제는 조산이다. 임신 중 계속 담배를 피운 사람은 37주 미만의 조산이 되는 비율이 9.2%나 되어 비흡연자보다 3.3배나 높은 것으로 나타났다. 또한 흡연자의 자연유산율은 비흡연자보다 1.5배 정도 높다.

(2) 담배는 저체중아나 미숙아를 낳을 가능성이 높다

담배의 니코틴은 피우는 사람에 따라서 체내에의 흡수량에 차이가 있으나, 깊이 빨아들이면 니코틴의 약 90%가량이 체내에 흡수된다. 몸 안에 들어간 니코틴은 모세혈관을 수축시키는 작용을 하고, 혈액의 흐름을 나쁘게 한다. 더구나 남성보다도 여성에게 영향이 더 크다. 예를 들어, 같은 조건 속에서 한 개피의 담배를 피운 경우에 손가락 끝으로 흐르는 손의 혈액량이 줄어드는 상태를 보면, 남성은 19% 감소되는데 비해 여성은 33%나 감소되는 것이 실험으로 증명되었다.

임신 중에 모체의 혈관이 수축한다는 것은 모체와 태아를 연결시키는 태반이나 탯줄의 혈관도 수축해서 태아에게 가는 영양과 산소의 양이 줄어든다는 것을 뜻한다. 그 결과 태아의 정상적인 발육에 필요한 산소나 영양이 부족하게 된다.

세계보건기구(WHO)의 보고에서도 임신 중에 줄곧 담배를 피운 어머니한테서 태어난 아기는 담배를 피우지 않은 어머니한테 태어난 아기보다 출생할 때의 체중이 150~240g이나 적은 것으로 나타났다.

(3) 태아의 정상 발육을 방해한다

태반을 통해 태아의 뇌로 들어간 니코틴은 뇌의 호흡을 관장하는 부분의 발달을 저해하여 갓 태어난 아기에게 호흡장애를 일으키게 한다. 또한 부모가 담배를 피우는 가정의 아기는 신생아 폐렴이나 기관지염을 일으키기 쉽고, 담배가 아기의 발육에 있어 태내에서나 출생 후에도 상당한 해를 끼치고 있는 것으로 나타났다. 아기에 대해서 마이너스 요인밖에 없는 담배는 임신을 계기로 해서 부부가 함께 적극적으로 끊는 것이 바람직하다.

4) 알코올

알코올에 대한 신체 반응에서 여성은 남성보다 혈중농도가 훨씬 높다. 이는 남성에 비해 여성은 체내 수분함량이 낮아 희석시키는 농도가 느리기 때문이다. 여성의 만성 음주는 각종 비타민과 무기질 결핍 이외에도 단백질 부족과 술 자체의 독성 때문에 난소 기능이 감소되어 무월경과 불임증이 올 수 있고, 일단 임신 후에도 자연유산이 되기 쉽다. 임신부가 섭취한 알코올은 조직과 체내에 균등히 분포되므로 태반을 자유로이 통과하고 태아 혈액에도 순환하게 되어 태아의 발육장애, 성장지연, 구순열, 안면형성기형, 지적장애 등을 일으키며 심하면 유산을 야기시킨다.

(1) 알코올 증후군의 태아를 출산할 수 있다

태아는 탯줄을 통해서 엄마가 섭취한 영양분을 공급받는다. 알코올은 엄마 몸 속에서 전혀 걸러지지 않은 상태로 태아에게 전달되므로 임산부가 조금씩이라도 매일 술을 마신다면 뇌 속에 알코올이 축적되어 태아의 뇌발달에 많은 부정적인 영향을 미치게 된다.

임산부가 술로 인해 태아에 미치는 신체적 · 정신적 결함을 "태아알코올증후군Fatal Alcohol Syndrome : FAS"이라고 한다(그림 4-20). 이런 태아는 몸집이 비정상적으로 작은데, 특히 머리 크기가 비정상적으로 작고 얼굴이 기형인 경우가 많다. 또한 눈이 상당이 작고 눈 사이의 간격도 지나치게 멀고 눈꺼풀도 처졌을 뿐만 아니라 코는 정상아보다 길고 펑퍼짐하며 몸에 털이 많다.

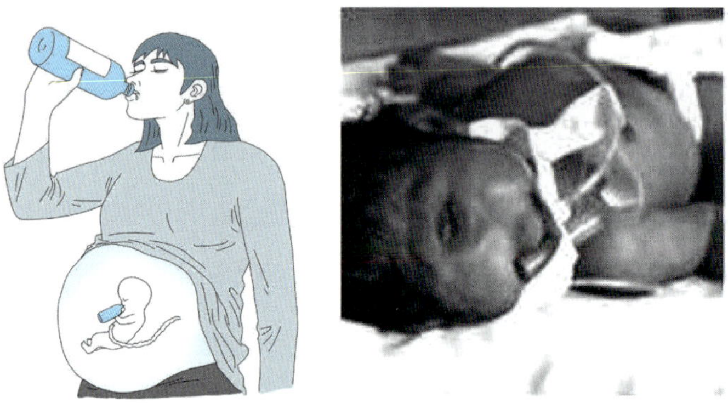

| 그림 4-20 | **태아알코올증후군**

(2) 술을 매일 마시는 사람은 사산율·유산율도 높다

임신 중 알코올 섭취는 사물을 생각하고 판단하는 기관인 뇌가 제대로 발달되지 못해 지적장애아나 학습부진아가 될 확률이 높다. 또한 운동 기능이 제대로 발육되지 못하고 시각에 장애가 생기는 수도 있다. 의학적으로 태아알코올증후군FAS을 일으키는 양은 하루 포도주 5잔 정도 혹은 날마다 맥주를 작은 병으로 3병 이상 마시는 엄마의 태아 사산율은 전혀 마시지 않은 사람보다 유산율은 3배나 높은 것으로 보고되고 있다. 그리고 출생 후 1주일~6개월 동안 경련이나 과민반응을 보이는 등 금단 현상을 보이기도 한다.

5) 약물

임신 중에 약물을 복용하면 기형아를 낳는다는 사실은 1960년대 탈리도마이드라는 신경안정제를 복용했던 임산부들이 집단으로 사지가 짧은 기형아를 출산하면서 알려지게 되었다(그림 4-21). 그러나 여러 가지 약물 중에서 확실하게 태아에게 해롭다고 알려진 약물은 현재 20여종으로 밝혀지고 있다.

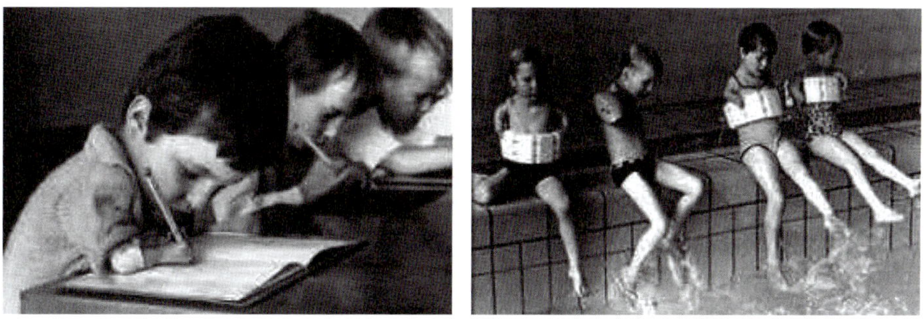

| 그림 4-21 | 탈리도마이드 약물복용의 부작용

예를 들어, 아스피린(과다복용시 영아의 출혈, 위장장애를 일으킴. 출생시의 저체중, 낮은 지능, 운동능력의 부족과 관련이 있음), 항생제(스트렙토마이신의 과다복용은 태아의 청력을 상실시킬 수 있음. 테트라마이신은 미숙아 · 저체중아 출산, 골격성장애 등 이상을

유발), 신경안정제(호흡곤란을 일으킴. 신경계나 중추계통에 작용하는 약으로 발육 부진이나 태아의 기형을 유발할 수 있음. 잠이 오지 않는다고 함부로 신경안정제나 수면제를 구입해서 먹지 말아야 함), 환각제(자연유산과 이상행동의 유발. 마리화나의 과다복용은 미숙아 및 저체중아를 출산), 마취제(조산율이 증가되고, 유아도 중독될 가능성이 있음), 카페인(장기적인 발달이상을 보이지는 않으나, 출생시 미숙아 출산이나 반사운동의 이상을 보임), 마약(헤로인이나 몰핀은 미숙아 출산을 코카인은 호흡문제를 일으킴. 신생아가 중독되어 구역질, 발한 등의 금단증상을 보임), 비타민(비타민 A의 과다복용은 언청이, 심장기형 등의 심각한 장애를 일으킬 수 있음), 피임약(임신인 줄 모르고 계속 경구피임약을 먹었다면 태아에게 위험함. 심장 기형 · 중추신경계 기형 등 여러 형태의 기형이 나올 수 있으며 특히 임신 초기에 계속 사용하면 태아가 여성이었을 경우, 외음부가 남성 성기와 비슷한 형태로 태어날 수도 있음), 이뇨제(이뇨제를 임신 초기에 복용했을 경우, 선천성 기형을 유발할 가능성이 높음. 임신 후기에 복용했을 경우에는 태어난 신생아에게 저혈당증 · 전해질 불균형 등을 일으킬 수 있음. 만약 이 시기 이후에 약물을 복용했다면 기형을 일으키기보다는 태아의 성장이나 발육에 장애를 일으키게 될 가능성이 높음) 등이다. 따라서 임신한 줄 모르고 약물을 접할 수 있는 임신 5주에서 10주 사이에는 특히 주의해야 한다(이진용 외, 2002).

05
Chapter
출산과 신생아

· 학습목표 ·

1. 출산의 단계에 대해 설명한다.
2. 신생아와 성인의 특징과의 차이점을 기술한다.
3. 신생아 검진 방법들을 설명한다

출산은 아이에게 있어 환경의 급격한 변화를 의미하며, 출산과정은 아기의 건강이나 삶에 큰 영향을 미친다. 그리고 출생후 2주 혹은 한달까지의 아기를 신생아라고 부른다. 신생아는 비록 짧은 기간이지만 태내환경과는 상이한 새로운 환경에 적응해야 한다는 점에서 중요한 의미를 가진다. 즉, 신생아는 출생 후 숨쉬고, 먹고, 새로운 환경에 적응해야하는 매우 혼란된 시기를 경험하게 된다. 아직 미성숙한 기관을 지닌 신생아에게 이와 같은 환경은 스트레스를 유발하게 되고 심한 경우 심각한 신체, 심리 및 사회적 발달문제를 경험할 수 있다. 또한 이 시기는 매우 급격히 성장하는 시기이기 때문에 성인의 축소판으로 보면 안되며, 양육자들의 특별한 보호와 주의가 필요하다. 따라서 본 장에서는 출산, 신생아의 특징, 신생아의 검진 방법 및 반사기능에 대해 살펴보고자 한다.

1. 출산

1) 출산 신호

출산은 진통이나 복압의 힘으로 자궁 안에 있는 태아와 태반을 모체의 밖으로 밀어내는 것으로 해산 또는 분만과 같은 의미로 사용된다. 출산은 아이에게 있어서 환경의 급격한 변화를 의미하며, 출산 시의 환경이나 출산과정은 신생아 시기뿐만 아니라 그 후에도 아기의 건강이나 삶에 큰 영향을 주게 된다. 이러한 출산의 신호로는 이슬, 진통, 파수를 들 수 있다(표 5-1).

| 표 5-1 | 출산 신호

- **이슬이 비침**

  자궁구가 열리기 시작하면 점액 상태로 된 소량의 혈액이 섞인 분비물이 나오게 되는데 이것을 이슬이라고 한다. 출산시기가 가까워지면 태아가 나오는 길을 만들기 위해 자궁구가 부드러워지는데, 자궁경관이 열리고 태아를 감싸고 있는 양막과 자궁벽이 벗겨지면서 약간의 출혈이 생기는데 이때 이슬이 비치게 된다. 일반적으로 이슬이 비친 후 24~72시간 이내에 진통이 시작된다고 알려져 있기 때문에 이슬이 비치면 출산 준비를 해야 한다.

- **진통의 시작**

  진통은 아기를 밖으로 내보내기 위해 자궁이 수축운동을 반복하는 과정에서 느껴지는 통증으로 자궁 자체에서 일어나는 통증은 아니다. 일반적으로 초산부는 5~10분, 경산부는 15~20분 간격으로 규칙적인 진통이 오게 된다.

- **양막의 파수**

  미지근한 물이 다리를 타고 흐르는 것 같이 느끼고, 자기도 모르게 속옷이 젖을 정도로 나오기도 하며, 심한 경우 뭔가 툭 터지는 느낌이 들며 맑은 물이 콸콸 흐르기도 한다.

출산 전 태아가 위험하다는 신호로는 첫째, 출산을 앞두고 활발하게 움직이던 태아가 24

시간 동안 아무 움직임이 없는 경우이며, 또한 평소와 달리 너무 많이 움직여도 위험하다는 신호이다. 갑자기 배가 딱딱해지면서 경직되는 것 같다가 어느 순간 태동이 멈추면 매우 위험하다는 신호이다. 둘째, 양수가 터진 후 24시간 이내에 분만을 해야 아이와 산모 모두 안전하다. 왜냐하면 질 주변이나 항문 근처의 세균이 터진 양막을 통해 자궁 속으로 들어가 태아를 감염시킬 수 있기 때문이다. 이때 산모 역시 자궁에 염증이 생기면 복막염에 걸릴 수 있는 확률이 높아진다.

2) 출산 준비

임신 말기가 되면서 아이가 차츰 커짐에 따라서 임신부는 척추가 뒤로 굽어져 등에 통증을 느끼고도 하고, 위 · 간 · 폐가 위로 올라가며, 심지어 대장과 결장도 가슴까지 올라가기도 한다. 이때 나타나는 변화로는 심장이 더 커져서 한쪽으로 밀리게 되고, 숨이 차고 가슴이 두근거리며, 임신 중 호르몬의 변화로 가려움이 생기거나 어깨 및 갈비뼈 부위가 아프고 요실금 등이 흔히 나타나게 된다(곽노의 외, 2008).

3) 출산 과정

출산의 과정은 먼저 진통이 심해지면 아기 머리가 내려와서 자궁구가 열리기 시작한다. 진통은 심해지고 태포가 찢겨서 양수가 조금 나오며 자궁구는 태아의 머리가 나올 수 있을 정도로 열린다. 만출기에 태아는 턱을 제 가슴에 붙이고 안쪽으로 돌면서 산도를 나오는데, 머리가 음순 사이로 보일락말락 하게 된다. 태아는 밑을 향하고 힘을 주면 머리가 만출하게 된다. 얼굴이 나오면 옆을 향해 어깨가 나오고 온몸이 나오고 되고, 배꼽줄을 매고 자르게 된다. 5~15분이 지나면 후산(아기집)이 나온다.

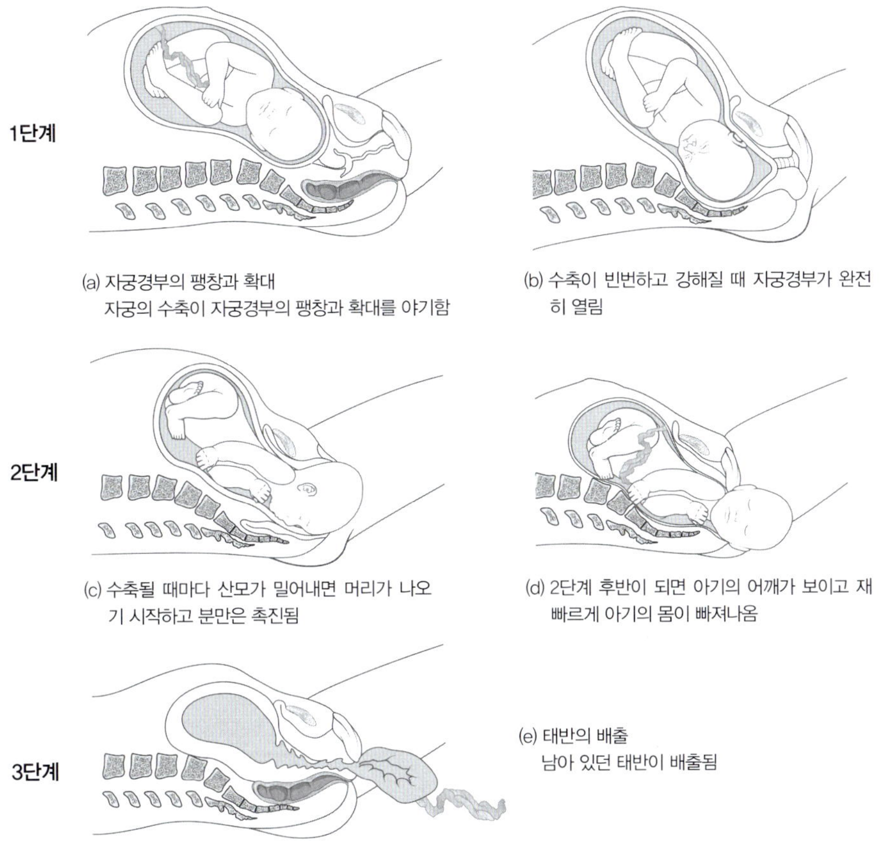

| 그림 5-1 | **분만의 단계**

출처: 박낭자 외(2007). 아동발달. 정민사. p.153.

(1) 분만 제1단계

이 단계는 가장 초조한 기간으로서, 산모는 육체적 · 정신적 · 심리적으로 안정하는 것이 무엇보다 중요하다. 분만이 시작되면 자리에 눕거나 입원을 해야 하며, 진통이 온다고 해서 배에 힘을 줄 필요는 없다. 음식은 소화가 잘 되는 것을 조금씩 먹도록 하고, 보행을 하는 것이 도움이 된다. 자궁경관이 태아의 머리를 통과시킬 수 있을 정도, 즉 직경이 10~12cm로 되면 태아를 싸고 있던 난막이 터져 그 안에 있는 양수가 나오게 된다. 이 시기는 초산부에 있어서는 10시간 내외가 필요하지만 경산인 경우 그 반 정도인 5~6시간이 소요된다.

(2) 분만 제2단계

이 단계는 자궁이 10cm 이상 열린 상태에서 태아가 자궁경부와 질을 통과해서 완전히 출산할 때까지의 시기이며, 초산부는 1~2시간, 경산부는 20~30분 정도 소요된다. 자궁 수축의 강도가 점점 강해져서 산모는 복부에 힘을 주어 태아가 몸 밖으로 나오도록 도와야 한다. 태아는 산모의 골반을 돌아서 얼굴을 아래로 향한 상태에서 머리부터 나오게 된다. 신생아의 3~4%는 다리나 엉덩이가 먼저 나오는 경우가 있는데, 이때에는 난산의 위험이 있기 때문에 대부분 제왕절개의 방법으로 출산을 하게 된다.

(3) 분만 제3단계

이 단계는 출산 후 부속물인 태반과 탯줄이 모체 내에서 떨어져 나오는 시기이다. 출산 후에는 자궁이 계속 수축하면서 태반이 자궁벽에서 떨어져 내막과 함께 질을 통해 자연스럽게 배출되면서 출산이 완료된다. 이때 출혈량은 100~300cc이며, 10~30분 정도 소요된다.

4) 출산 방법

출산 방법에는 크게 자연분만과 의학적 개입(분만진통과 약물 사용, 기구를 사용한 분만법, 유도분만, 제왕절개)에 의한 분만으로 나눌 수 있다.

(1) 자연분만

자연분만은 산모와 그 배우자가 분만과 고통을 이겨낼 수 있는 숨쉬기 기술, 분만지도에 대해 배울 수 있는 강의를 포함한다. 이 방법은 스트레스, 고통, 불필요한 의학적 개입을 줄이고 분만 경험에 대해 어머니로서 더 긍정적인 태도를 가질 수 있도록 돕는 방법이다. 자연분만한 산모와 그렇지 않는 산모의 비교연구를 살펴보면 자연분만 산모는 분만 시 자기조절을 더 잘하고, 분만에 대한 태도 역시 더 긍정적이며, 고통을 덜 느끼는 것으로 보고

되고 있다. 자연분만의 종류는 다음과 같다.

① 라마즈 분만

라마즈 분만은 통증을 줄일 수 있는 분만방법으로 라마즈 호흡법을 통해 통증을 줄이는 방법이다. 이 방법은 임신 중기부터 호흡법을 연습하는 것이 효과적이다. 왜냐하면 호흡이 익숙하지 않으면 오히려 분만 시 방해가 될 수 있기 때문이다.

② 소프롤로지 분만

서양의 근육이완법과 동양의 요가를 혼합한 분만법으로 출산은 고통이 아닌 기쁨이라는 이미지 트레이닝을 계속 함으로써 분만의 고통을 최소로 줄이는 방법이다. 명상과 호흡 이완훈련을 통해 임신과 출산을 긍정적으로 받아들이게 되어 태교 효과도 볼 수 있는 출산 방법이다.

③ 수중분만

수중분만은 태아의 상태와 같은 조건을 만들어 편안한 출산을 유도하는 방법이다. 물에 들어가면 안정감을 느끼기 때문에 산모도 편안함을 느끼게 된다. 그러나 수중분만은 진통이 길어져 물이 깨끗하지 못하거나 출산과정에서 나오는 분비물에 의해 물이 오염되면 아기가 감염될 수 있기 때문에 물을 자주 갈아주어야 감염을 예방할 수 있다.

④ 그네분만

자궁 입구가 5cm 정도 열리면 분만실로 이동해 그네 위에 올라타서 엉덩이를 전후좌우로 흔들면 통증이 분산되게 된다. 산모가 편안한 자세에 따라 의자를 변형시켜 뒤로 눕거나 앉을 수 있고 허리에 찜질기를 부착하면 통증 완화에 효과적이다. 그러나 중력의 힘을 이용해 분만을 하기 때문에 회음부가 약한 사람은 심한 외상을 입을 수 있다.

(2) 의학적 개입에 의한 분만

산업화된 사회나 산업화되지 않은 사회 모두 분만과정에서 의학적 개입이 이루어지는 것으로 보고되고 있으며, 의학적 개입에 의한 분만방법들을 살펴보면 다음과 같다(박낭자 외, 2007).

① 분만 진통과 약물 사용

현재 분만 시 산모의 고통을 조절하기 위해 가장 많이 사용하고 있는 방법은 요부경막외 마취epidural analgesia이다. 이 마취방법은 척추신경을 싸고 있는 요부경막외강에 국부 마취제를 주사하여 자궁 질 회음부를 포함하여 하반신 신경만 억제하는 방법이다. 진통제가 분만을 돕고 생명을 구하기는 하지만 부작용도 나타난다. 예로 요부경막외 마취는 자궁의 수축을 약하게 하여 분만을 지연시키고 분만 후 산모는 종종 두통과 열에 시달린다. 그리고 약물은 신속하게 태반에 전달되므로 약물을 사용한 분만과정에 노출된 신생아는 낮은 아프가 점수를 보이는 것으로 나타났다(Caton et al., 2002).

② 기구를 사용한 분만법

16세기부터 겸자를 신생아의 머리둘레에 고정시키고 신생아를 산도에서 잡아당겨서 분만을 빠르게 진행시키는 방법이 사용되어 왔다(그림 5-2). 겸자로 아기의 머리를 잡아 산

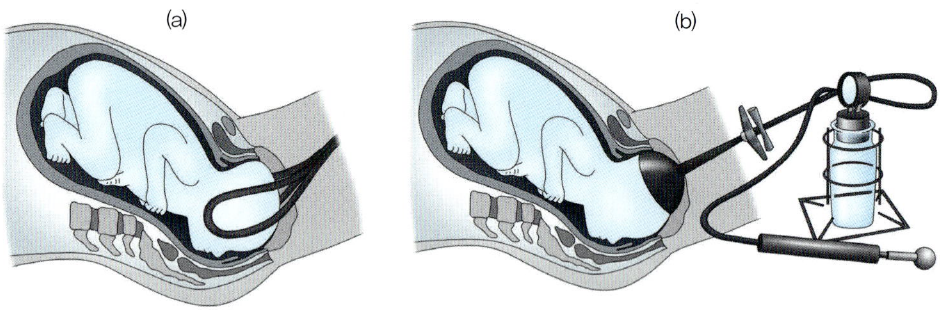

(a) 아기를 산도에서 끄집어 내기 위해 집게를 이용하면 머리에 압력이 가해져 손상을 입을 수 있다.
(b) 다른 대체방법인 진공추출기는 집게만큼 산모를 다치게 하지는 않지만 아기의 두피에 상처를 낼 위험성이 있다.

| 그림 5-2 | **기구를 이용한 분만**

출처: 박낭자 외(2007). 아동발달. 정민사. p.163.

도를 통과시켜 끌어내는 경우 자칫 아기의 뇌에 손상을 줄 수 있어 위험한 경우가 발생된다. 태아가 질에 거의 다다랐을 때 겸자로 아기의 머리를 끌어내는 것은 아기의 머리와 산모의 조직을 상하게 할 수 있는 위험이 따른다.

③ 유도분만

유도분만induced labor은 인위적으로 진통을 시작하게 하는 것인데, 보통의 경우 양막amnion 혹은 양수를 터뜨리거나(전형적으로 분만의 첫 단계에서 일어나는 현상) 산모에게 자궁 수축을 촉진시키는 호르몬제인 합성 옥시토신synthetic oxytocin을 투여하는 것이다. 유도분만은 자궁수축이 더 길어지고, 더 심하며, 주기가 짧고, 아이에게 산소 공급이 원활하지 못할 가능성이 높은 분만방법이다. 또한 산모들은 진통을 적정 상태로 조절하는 것이 어렵게 되는 경우가 나타난다.

④ 제왕절개

제왕절개술은 정상분만이 불가능하거나 임산부나 아이가 위험에 처하게 되었을 때 복벽 및 자궁벽의 절개를 통해 태아가 분만되는 수술법으로 의료기술과 장비, 마취방법, 항생제 사용, 수혈 및 전해질 관리, 수술 후 처치법 개선 등에 힘입어 안전성에 있어 매우 큰 발전을 해 온 분만방법이지만 적응증이 되지 않는 상황에서의 제왕절개분만은 마취 및 수술과정에서 산모와 신생아에게 여러 가지 부정적인 결과를 초래하기도 하는 방법이다.

제왕절개분만은 흡인성 폐렴, 기관지 경련, 저혈압 등의 마취합병증으로 인한 사망을 초래하기 쉬우며, 감염 · 출혈 · 요로 외상 등을 유발할 뿐만 아니라 산모의 건강 회복과 모유수유를 저해하는 주 요인으로 지적되기도 하며, 산모의 정신적 측면에서도 우울증 등 부정적 반응이 더 높은 것으로 나타났다(강지선, 2005).

우리나라의 제왕절개 분만률은 해마다 증가 추세에 있으며, 여전히 다른 OECD 국가들에 비해 높은 수준을 보이고 있다. 우리나라 제왕절개 분만률은 2019년을 기준으로 50.5%로 100명의 산모 중 50명이 제왕절개를 통해 아이를 출산한 것으로 나타났다. 40%가 넘었던 지난 2001년 이후 매년 꾸준히 감소하다가 2006년 35.4%에서 다시 해마다 증가하고 있는 추세이다(그림 5-3). 그러나 15.4%인 스웨덴이나 22%인 영국 등 서유럽 국가들에 비해 아직도 높은 수치이며, 세계보건기구(WHO)에서 권고하는 수치인 5~15%에 비해서도 월등히 높은 것으로 나타났다(그림 5-4).

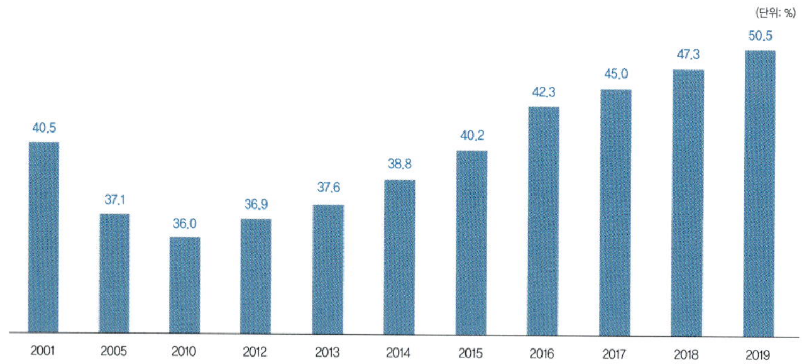

| 그림 5-3 | 연도별 제왕절개분만율

출처: 국민건강보험공단, 건강보험심사평가원(2020). 건강보험통계.

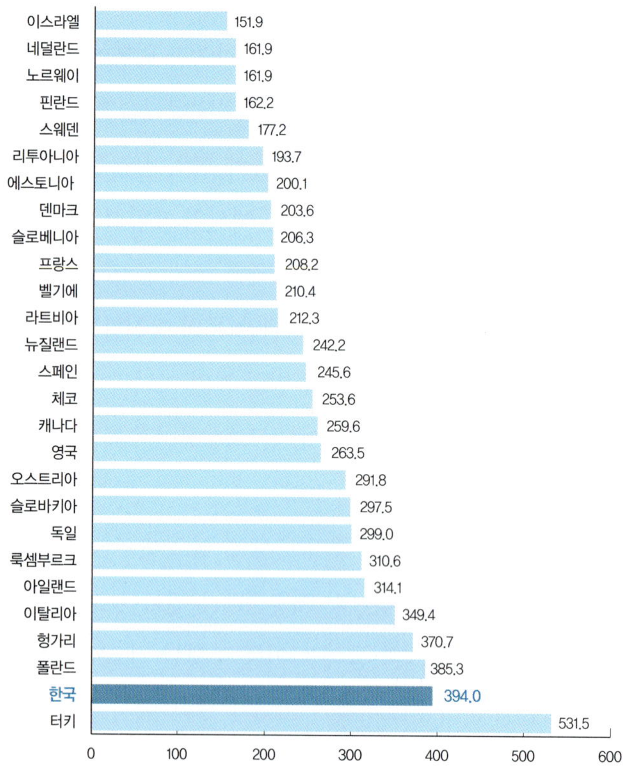

| 그림 5-4 | 경제협력개발기구(OECD) 회원국별 출새아 1000명당 제왕절개분만 건수

출처: OECD(2016).

제왕절개를 해야 하는 경우는 첫째, 산모가 질병이 있는 경우이다. 즉, 산모가 심장병, 신장병, 당뇨병 등의 지병이 있거나 자궁이나 질의 기형으로 자연분만이 어려운 경우이다. 둘째, 산모가 임신중독증이 심한 경우이다. 임신중독증이 심하면 출산을 진행하기가 어려운 경우가 있다. 특히 혈압이 높은 경우 진통이 시작되면서 혈압이 올라가기 때문에 위험한 상황에 노출될 수 있다. 셋째, 전치태반이나 태반 기능에 이상이 있는 경우이다. 태반이 자궁 입구에 있는 전치태반일 때 진통이 시작되면 태아보다 태반이 먼저 나와 위험한 상태가 될 수 있기 때문이다. 넷째, 다태아를 임신한 경우이다. 다태아를 임신한 경우에는 모체에 주는 부담이 커서 조산의 위험에 노출되기 쉽고, 출산시간도 다른 산모들에 비해 길기 때문에 만약 산모가 자연분만을 할 만큼의 체력이 없다면 제왕절개를 하게 된다. 다섯째, 태아가 거대아일 경우이다. 태아의 몸무게가 많이 나갈수록 태아의 머리가 커지기 때문에 임신 중 마지막 검사에서 태아의 체중이 4kg이 넘는 경우 제왕절개를 할 가능성이 높다. 마지막으로 태아가 역아일 경우이다. 역아를 자연분만할 경우 탯줄이 임신부의 골반과 태아 머리 사이에 끼어 태아가 질식할 위험이 있다. 또한 역아는 머리보다 몸이 먼저 나오기 때문에 태아가 빠져나오기 어렵고, 산소 부족 상태가 되는 경우가 있기 때문이다.

2. 신생아

1) 신생아의 특징

신생아기는 생후 2주 혹은 1개월 이전의 아기를 의미한다. 이 시기는 주 양육자의 도움을 많이 필요한 시기이다. 그 이유는 신생아는 성인의 축소판이 아니기 때문이다. 신생아의 특징에 대해 살펴보면 다음과 같다(정옥분, 2004; 하정훈, 2007).

(1) 출생 초기에는 체중이 줄게 된다

신생아는 출생 초기에 흔히 먹고 잠만 자는데, 하루에 보통 16~20시간 정도 잠을 자지만 얕은 잠을 자기 때문에 쉽게 잠에서 깨곤 한다. 그리고 열심히 먹지만 태어나서 며칠 간은 아이의 체중이 5~7% 정도 감소하게 된다. 그 이유로는 첫째, 신생아는 탯줄이 아니라 입으로 직접 영양을 섭취해야 하는데 아직 입으로 먹는 것이 익숙하지 않아 먹는 양이 적기 때문이다. 둘째, 출생 직후 태변과 소변을 보는데 먹는 것보다 배설하는 양이 많아지기 때문에 몸무게가 줄어들게 된다. 줄어든 몸무게는 1주일쯤 지나면 다시 태어날 때의 몸무게를 회복하게 되면서 서서히 몸무게가 늘어나게 된다. 신생아기의 몸의 평균치는 다음과 같다(표 5–2).

| 표 5–2 | 신생아의 몸의 평균치

구분	남아 평균	여아 평균
몸무게(kg)	3.40	3.30
키(cm)	50.8	50.1
머리둘레(cm)	34.6	34.1
가슴둘레(cm)	33.4	33.1

(2) 신생아는 호흡이 빠른 편이다

신생아는 처음 2주 동안은 호흡이 불안정한 경우가 많지만 시간이 지나면서 안정된다. 그리고 신생아는 횡격막을 이용하여 숨을 쉬기 때문에 볼록한 배가 더 볼록해 보이지만 아무 문제가 되지 않는다. 신생아의 평균 호흡 수는 1분에 30~40회로 잠잘 때 재는 것이 가장 정확하다. 아이가 울거나, 놀거나, 흥분해 있을 때는 호흡 수가 빨라져 1분에 60회 이상 숨을 쉬기도 한다.

(3) 신생아는 성인에 비해서 심장박동이 빠르다

출생 후 신생아의 혈액순환은 급격한 변화를 보이지는 않는데, 그 이유는 태아 시절 이미 심장이 복잡한 혈관조직을 통해 혈액순환을 했기 때문이다. 그러나 신생아는 성인보다 심장박동이 빠른데, 이는 몸무게와 관련이 있다. 포유류의 심장박동 수는 몸무게에 반비례

하는데, 몸무게가 적을수록 신진대사가 빠르기 때문에 신상아의 심장박동 수는 보통 1분에 120~180회 정도이다.

(4) 신생아는 보통 체온이 높다

신생아의 체온은 성인보다 다소 높은 37~37.5℃이다. 신생아는 체온 조절 기능이 떨어지기 때문에 외부의 온도 변화에 영향을 많이 받는다. 특히 더운 방에서 아기를 이불로 감싸 놓으면 열이 날 가능성이 높기 때문에 주의해야 한다. 신생아의 정상 체온은 36.5~37.5℃이다. 신생아기의 경우 체온조절체계가 비교적 불안정하고 지방질이 없어 체온이 빨리 떨어지기 때문에 옷이나 담요로 신생아의 체온을 잘 유지해 주는 것이 중요하다.

(5) 신생아기는 아직 신장 기능이 완전하지 못하다

이제 막 태어난 신생아는 먹는 것이 적어 소변을 못 보는 경우가 많다. 이후 제대로 먹게 되면 소변의 양도 서서히 늘어나게 된다. 간혹 기저귀에 붉은 물이 배는 경우가 있는데 이것은 요산에 의한 것이다.

(6) 처음에는 고약 같이 까맣고 끈적끈적한 태변을 본다

신생아는 태변을 본 며칠 뒤 녹색을 띤 노란색의 전이변을 보다가 다시 노란색 변을 본다. 아기의 변은 먹는 음식과 몸의 상태, 나이에 따라 차이가 있기 때문에 어떤 변이 정상이라고 말하기는 어렵다. 순두부처럼 몽글몽글하게 나오는 경우도 있고, 짙은 쑥색 변을 보기도 한다.

(7) 신생아는 정확히 보거나 듣지 못한다

신생아의 경우 눈이 부시면 눈을 감고, 예방접종을 할 경우 아파서 고개를 쳐들 정도로 아픈 것을 느낀다. 온도 감각도 느껴 목욕물이 너무 차거나 뜨거우면 운다. 청각 반응도 처음 며칠 간은 느리지만 일주일 정도 지나면 큰 소리에 반응을 하게 된다. 미각은 일찍 발달하는 편이어서 일단 분유에 맛을 들인 아기는 모유를 잘 먹지 않으려고 한다. 따라서 모유를 먹일 경우 처음부터 모유만을 먹이는 것이 좋다.

(8) 신생아는 엄마의 피부 감촉을 느낄 수 있다

엄마와 아기의 유대는 바로 피부 접촉에서 비롯된다고 할 만큼 신생아는 촉감에 민감하다. 신생아라고 감각이 없는 것이 아니다. 아기를 사랑하는 마음으로 꼭 안아주면 아기는 온몸으로 그것을 느끼게 된다.

(9) 신생아는 아직 밤과 낮의 구분이 없다

대부분의 신생아들은 끊임없이 자다 먹다를 반복하는데, 몰아서 먹고 자고 깬다. 그러다가 생후 1개월 정도 되면 비로소 아기가 깨어 있다는 것을 느낄 수 있다. 하지만 모든 아이가 잠을 많이 자는 것은 아니다. 어떤 아기는 보통 아기의 반밖에 안 자는 경우도 있다.

2) 신생아 검진

출생하는 순간부터 신생아는 신체적 움직임을 시작하며, 이 움직임의 강도와 민첩성이 신생아의 신체적 건강과 지적 정상성을 가름하는 기준이 된다. 신생아의 정상성 여부를 진단하는 데 일반적으로 사용되는 방법들을 살펴보면 다음과 같다.

(1) 육안으로 아기의 전반적인 상태 점검

손가락과 발가락이 제대로 있는지, 굽거나 붙지는 않았는지, 손과 발의 굵기는 동일한지, 얼굴 외관은 이상이 없는지를 확인한다. 이마 위쪽 머리 부분의 머리뼈가 없이 말랑말랑한 부위인 대천문이 제대로 있는지 확인하고 귀의 모양도 살핀다. 그리고 목에서 덩어리가 만져지거나 목이 기울어 있지는 않는지, 다리의 고관절이 탈구가 되지는 않았는지, 배가 너무 빵빵하지는 않는지를 살핀다. 또한 성기의 모양은 정상인지, 고환은 둘 다 내려와 있는지, 크기는 같은지, 항문은 제대로 뚫려 있는지도 확인하고, 심장에서 잡음이 들리는지도 확인해야 한다.

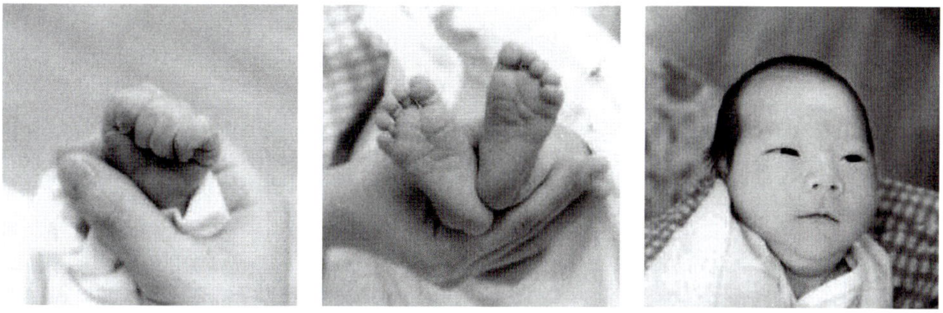

| 그림 5-5 | **육안으로 아이의 전반적인 상태 점검**

(2) 아프가 척도

병원에서 분만하는 대부분의 신생아는 분만 1분 후와 5분 후에 아프가 척도Apgar Scale를 사용해 2회의 검사를 받는다. 아기의 심장박동 수, 호흡 상태, 근육 긴장도, 카데타 자극에 대한 코의 반응, 피부 색깔 등을 검사해서 10점 만점으로 아기의 상태를 파악하는 것이다(표 5-3).

| 표 5-3 | Apgar 검사 문항과 채점기준

검사문항	점수		
	2점	1점	0점
맥박	분당 100~140회	분당 100회 이하	심장박동 없음
호흡	규칙적 호흡과 강한 울음	불규칙하고 약한 호흡	호흡 없음
반사민감성	발바닥을 때리면 강한 울음	발바닥을 때리면 울지 않고 얼굴을 찡그리거나 움직임만 보임	반응이 없음
근육긴장성	팔다리를 늘리면 저항하여 구부림	거의 저항하지 않음	축 늘어짐
피부색	몸 전체가 분홍빛	몸은 다소 분홍빛이나 사지는 푸른빛	몸 전체가 푸르고 창백함

출처: Gallahue & Ozmun(2002).

일반적으로 7점 이상을 얻으면 정상으로 간주되며, 7점 이하이면 신생아는 원활한 호흡을 위해 외부의 도움을 필요로 하고, 3점 이하로 점수가 낮으면 위험한 상태를 의미한다.

(3) 브래즐턴 신생아 진단척도

브래즐턴 신생아 진단척도Brazelton Neonatal Assessment Scale는 신경계 기능과 사람에 대한 반응을 중점적으로 진단하는 검사이다. 이 척도는 출생 후 3일 이내에 최초로 실시하고, 2~3일 후에 재검사를 실시하게 된다. 이 척도는 26가지 자극 상황에서의 반응과 20가지 반사 기능을 측정하도록 되어 있는데, 구체적인 영역과 행동목록은 〈표 5-4〉와 같다. 이 척도에서 극히 낮은 점수를 받은 신생아는 뇌손상이나 신경계 이상의 가능성이 있다.

| 표 5-4 | 브래즐턴 신생아 진단검사의 영역과 활동목록

영역	활동목록
습관화	불빛, 딸랑이, 종소리, 핀으로 가볍게 찌르기에 대한 반응의 감소
시각 및 청각 자극 지향성	사물 및 사람 얼굴에 대한 초점 맞추기 및 따라가기, 소리 자극과 사람 목소리에 반응하기, 사람 얼굴과 목소리에 동시 반응하기
운동발달	잡고 일어나기, 방어운동, 주의성 정도, 근육긴장, 운동신속성, 활동성
상태 범위	흥분도, 불안정성, 상태 가변성
상태 조정	매달리기, 달래면 울음 그치기, 흥분 가라앉히기, 손가락 빨기, 떨림, 놀람, 피부반응

출처: Shaffer(1993).

(4) 신생아 반사

신생아는 20가지 이상의 반사 기능을 가지고 태어난다. 반사운동은 뇌간brainstem에 의해 통제되는 무의식적 운동으로 아이의 신경학적 정상성을 평가하는 중요한 근거가 된다.

반사 기능은 두 가지로 구분되는데, 신생아의 생존과 직결되는 '생존반사'와 신생아의 생존과는 관계 없이 인류의 진화과정의 흔적으로 보이는 반사로 일정 기간이 지나면 사라지는 '원시반사'로 구분할 수 있다. 생존반사에는 눈깜박임반사, 젖찾기반사, 빨기반사, 삼키기반사, 호흡반사 등이 있으며, 원시반사에는 모로반사, 바빈스키반사, 잡기반사, 비대칭목반사, 수영반사, 걷기반사 등이 있다. 신생아 반사 기능은 Apgar 검사(출생 직후에 실시하여 신생아의 건강 상태를 판단함)와 Moro 검사(생후 2개월까지의 중추신경계의 상태를 평가)로 이루어지게 된다. 〈표 5-5〉에서는 신생아의 반사의 종류와 내용을, 그림 5-6에서는 신생아의 반사 유형들을 제시하였다.

| 표 5-5 | 신생아의 반사의 종류와 내용

반사유형	종류	내용	사라지는 시기
생존 반사	눈깜박임반사	눈에 강한 빛을 비추거나 물체가 급히 다가오면 눈을 감거나 깜박이는 것이다.	지속
	호흡반사	호흡을 통해 산소를 공급하고 이산화탄소를 방출하는 것이다.	지속
	젖찾기반사	뺨을 만지면 접촉된 방향으로 고개를 돌리고 빨려고 하는 것이다.	생후 몇 주 내에 사라짐
	빨기반사	입가를 자극하면 입술을 내밀고 빨려고 한다.	생후 1년
	삼키기반사	입 속의 음식물을 삼키려고 하는 것이다. 생존을 위해 영양을 섭취하려고 한다.	지속
원시 반사	모로반사	깜짝 놀랐을 때 팔다리를 허우적거리거나 목을 길게 뺀다.	생후 3~4개월
	바빈스키반사	발바닥을 간질이면 발가락을 부챗살처럼 편다.	생후 8개월~1년
	잡기반사	손에 막대기와 같은 물체를 주면 강하게 잡는다.	생후 3~4개월
	걷기반사	평평한 곳에 양발을 딛게 하면 마치 걸음마를 하려는 듯 한쪽 발을 다른 쪽 발 앞에 놓는다.	생후 8주 무렵
	수영반사	아기를 물속에 넣으면 숨을 멈추고 팔다리를 움직이는 것이다.	생후 4~6개월

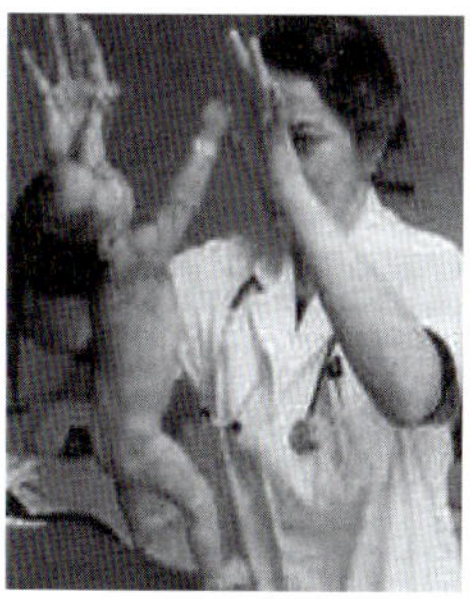

잡기반사

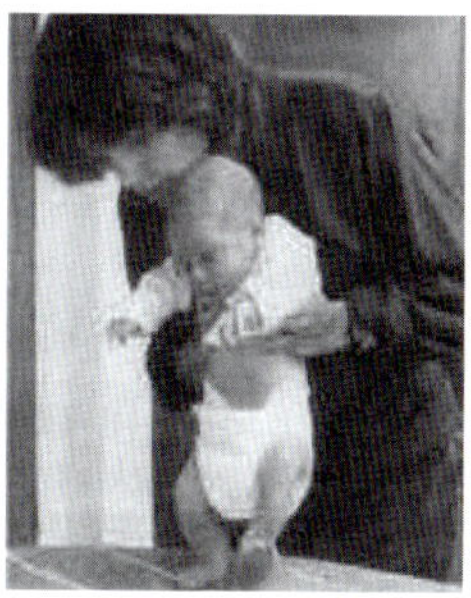

걷기반사

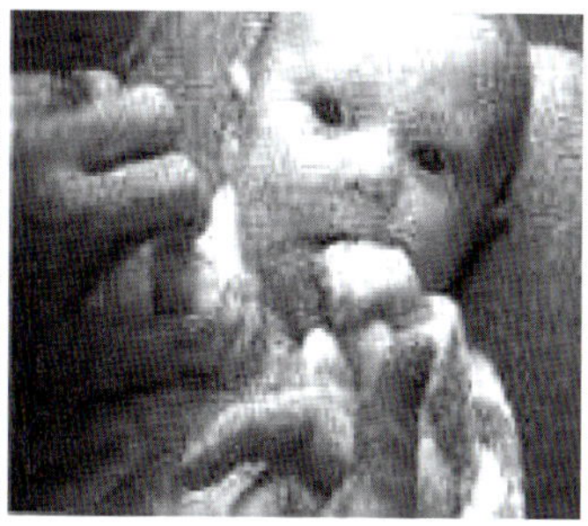

빨기반사

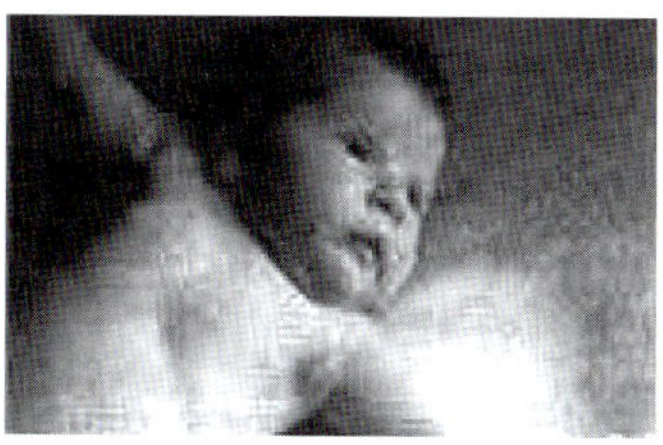

모로반사

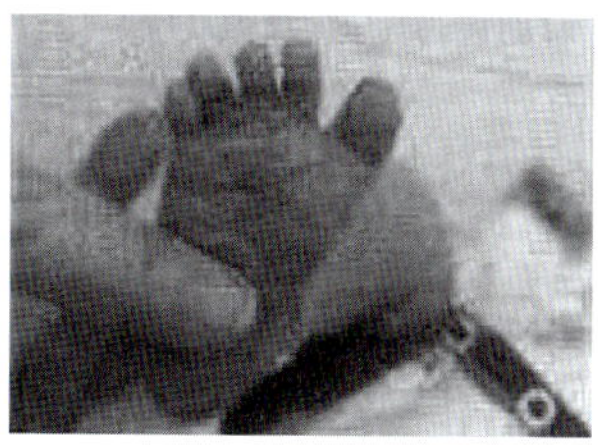

버번스키반사

| 그림 5-6 | 신생아의 반사 유형

출처: 곽노의 외(2008). 영유아발달. 양서원. p.136.

6개월경에는 대뇌피질부의 감각 영역과 운동 영역의 발달이 이루어지는데, 이는 출생 후 2년 내에 성인의 수준에 도달한다. 이 발달들로 인해 의도적인 운동이 가능해지면서 반사기능이 사라지게 된다. 왜냐하면 대뇌피질의 발달로 그동안 피질하subcortical의 뇌간에서 지배하던 반사운동은 억제되고, 자발적이며 의식적인 운동능력이 발달해 가기 때문이다.

3. 영유아의 발달문제

영유아기에 나타나는 발달문제는 선천적인 요인에 의해 발생하기도 하지만 후천적으로 부모의 잘못된 양육에 의해서 발생하기도 한다. 따라서 후천적인 문제를 예방하기 위해서는 발달문제에 대한 정확한 지식을 갖는 것이 무엇보다 필요하다고 할 수 있다. 따라서 영유아기에 나타나는 신체, 심리 및 사회적 발달문제에 대해 살펴보면 다음과 같다.

1) 신체적 발달문제

(1) 선천성 질병과 장애문제

영유아가 유전적 요인 혹은 출산과정 상의 문제로 인해 신체 내부기관의 결함, 선천적 질병 그리고 신체적 장애를 갖고 있는 경우를 의미한다. 이와 같은 선천성 질병과 장애문제는 영유아가 기능을 수행하는 데 어려움을 초래하는 요인이며, 더불어 부모와의 상호작용에도 많은 제한을 받게 되는 요인이다. 그러나 최근 발달한 의료장비를 통한 산전검사(산모 혈청검사CBC와 초음파검사, 양수검사, 융모막검사 등)나 출생 시 실시하는 선별검사 등을 통해 주로 발견되는데, 조기에 발견할수록 치료 가능성이 높아진다. 이때 발견되는 선천성 갑상샘저하증Congenital hypothyroidism이나 페닐케톤뇨증Phenylketonuria : PKU, 혈우병Hemophilia, 선천성 심장병Congenital Heart Disease, 선천성 면역결핍증Immunodeficiency Disease 같은 질병이 대표적이다.

① 선천성 갑상샘저하증

선천성 갑상샘저하증은 선천적으로 갑상샘 기능이 제대로 활동하지 않는 경우를 의미하며, 생후 6주 이내에 발견하여 치료하지 않으면 심각한 지능 저하 및 성장 발육지연을 초래하게 되는 질병이다. 선천성 갑상샘저하증은 유전적 원인에 의해 발생되며, 그 원인으로는 갑상선 형성의 미숙(80%), 호르몬 합성 장애(10~15%)에 의한 것으로 알려져 있다. 출생 시 신장은 정상이고 저체중으로 출생하는 경우가 많다. 주요 증상으로는 황달, 변비, 수유곤란, 기면 상태, 호흡곤란, 저체온, 멍청한 표정, 부종, 얼룩덜룩하고 두꺼운 피부, 부서지기 쉽고 거친 머리카락, 제대탈장 등이 나타나고 생후 3~6개월에 여러 증상들이 비교적 뚜렷하게 나타난다.

대부분의 임상 증상은 신생아 초기에는 나타나지 않기 때문에 생후 48시간 이후에 신생아 선별검사를 통해 조기 발견(산모의 나이와 임상 증상에 따라 약물 투여 용량과 기간이 차이가 난다)해서 치료하면 후유증을 줄일 수 있다.

② 페닐케톤뇨증

페닐케톤뇨증은 음식물 중에 포함되어 있는 페닐알라닌이라는 아미노산이 선천적인 효소의 이상으로 신체 속에서 대사되지 않고 체내에 쌓이면서 신경계에 문제를 유발함으로써 나타나는 질환이다. 즉, 선천성 아미노산 대사이상으로 페닐알라닌을 타이로신으로 전환시키는 효소인 페닐알라닌수산화 효소가 선천적으로 저하되어 있기 때문에 페닐알라닌이 축척되어 지적장애, 담갈색 모발, 피부의 색소 결핍을 초래하게 되는 질환이다.

주로 영아기에 증상이 나타나며, 습진이 심하고, 머리카락이 노란색이나 담갈색으로 변한다. 또한 피부가 하얗게 되고, 경련이 나타나기도 하며, 자폐아나 지적장애인이 되기도 한다. 특히 아기의 땀과 소변에서 쥐오줌 냄새가 난다. 생후 1년 이내에 치료하지 않으면 지능지수(IQ)가 50 이하로 저하되지만 생후 1개월 이내에 치료를 시작하면 이와 같은 증상은 나타나지 않는다.

③ 혈우병

혈우병은 X염색체에 있는 유전자의 선천성, 유전성 돌연변이로 인해 혈액 내의 응고인자(피를 굳게 하는 물질)가 부족해 발생하는 질환을 말한다. 혈우병은 약 1만 명 중 1명꼴로 발생하는데, 부족한 응고인자의 종류에 따라 혈우병 A와 혈우병 B로 나누어진다. 혈우병 A가 전체의 80%, 혈우병 B가 나머지 20%를 차지한다. 두 질환 모두 X염색체의 유전자 돌연변이가 원인이기 때문에 X염색체의 열성으로 유전된다. 따라서 남성에게 발병하며, 원인이 되는 유전자 이상은 어머니로부터 물려받게 된다. 여성은 유전자 이상이 있어도 다른 정상 X염색체에 의해 응고인자가 보완되기 때문에 대부분 증상이 나타나지 않지만, 응고 인자의 부족 정도는 개인마다 다르게 나타난다.

주요 증상으로는 관절 내 출혈, 연부 조직 출혈, 근육 내 출혈 등 심부 조직의 출혈을 들 수 있다. 출혈은 가벼운 상처를 입은 곳에서 나타날 수 있지만 저절로 발생하기도 한다. 반복적인 출혈로 인해 관절의 형태적 · 기능적 이상이 점차 심해지고, 근육을 비롯한 심부 조직의 출혈로 인해 주변의 혈관과 신경을 누르는 구획증후군이 발생할 수 있다. 또한 중추신경계 등에 출혈이 발생할 경우 치명적일 수 있기 때문에 즉각적인 치료가 필요하다.

④ 선천성 심장병

선천성 심장병은 태아기에 여러 원인에 의해 심혈관질환이 생겨 출생 시 이미 병을 갖고 태어나는 상태를 말한다. 선천성 심장병의 빈도는 신생아 1,000명당 5~10명 정도이며, 자연유산되는 태아나 사산되는 아기에서의 빈도는 더 높다. 태아에게 심장은 임신 후 3주부터 형성되기 시작해 7주 말이면 그 모양이 완성되며, 이후부터 출생까지는 주로 구조적 성장이 이루어진다. 그러므로 임신 초기에 어떤 원인으로든 심혈관 형성과정에 이상이 발생하면 선천성 심장병이 생길 가능성이 매우 높다. 10% 정도만 염색체 이상이나 유전자 이상에 의한 것으로 밝혀져 있으며, 나머지는 명확한 원인이 밝혀져 있지 않다. 가족 중에 선천성 심장병을 가지고 있으면 태어나는 아이가 선천성 심장병이 있을 확률이 높아진다.

일반적으로 선천적 심장병의 증상은 뚜렷한 증상이 없이 심잡음만 들리는 경우가 많으나 증상이 있는 영유아에서는 맥박이 빠르거나, 숨이 가쁘고, 체중이 늘지 않으며, 감기를 자주 앓거나, 이유 없이 땀을 흘리는 것 등으로 나타날 수 있다.

⑤ 선천성 면역결핍증

선천성 면역결핍증은 1만 명 중에 1명꼴로 나타나는 희귀병이라고 할 수 있다. 많은 선천성 면역결핍질환이 유전성 질환으로 80% 이상이 영아 연령에서 나타난다. 특히 대부분 X 염색체에 의해 유전되므로 환자의 70% 정도가 남자다. 면역결핍증의 가장 흔한 증상은 잦은 감염이며, 주로 호흡기 감염이 반복된다. 근본적인 치료는 어려우며, 부족된 면역글로불린을 정기적으로 공급해서 감염을 예방하는 것이 최선이다. 또한 기관지염, 폐렴, 기관지확장증 등으로 진행되면 호흡 기능 상실로 사망할 확률이 높아진다.

(2) 영아돌연사증후군

영아돌연사증후군Sudden Infant Death Syndrome : SIDS이란 생후 12개월 전의 건강한 영아가 갑자기 사망하는 경우로, 부검이나 사망 당시의 상황이나 사후검사, 병력 등을 검토해 보아도 사망 원인을 찾을 수 없는 갑작스런 죽음을 의미한다. 미국에서의 영아 사망원인별을 분류해 보면, 1위가 영아돌연사증후군이고, 2위 선천성 기형, 3위 사고, 4위 감염에 의한 것으로 보고되고 있다.

영아돌연사증후군의 원인은 아직 밝혀지지 않고 있지만 산모의 흡연이나 약물복용, 출산연령이 낮거나 영양 부족, 임신 간격이 짧을 경우에 발생할 확률이 높은 것으로 보고되고 있다. 미국에서는 오랜 동안의 연구 끝에 다음과 같은 위험인자를 가진 영아들에서 보다 더 잘 발생하고 있는 것으로 보고하고 있다(그림 5-7).

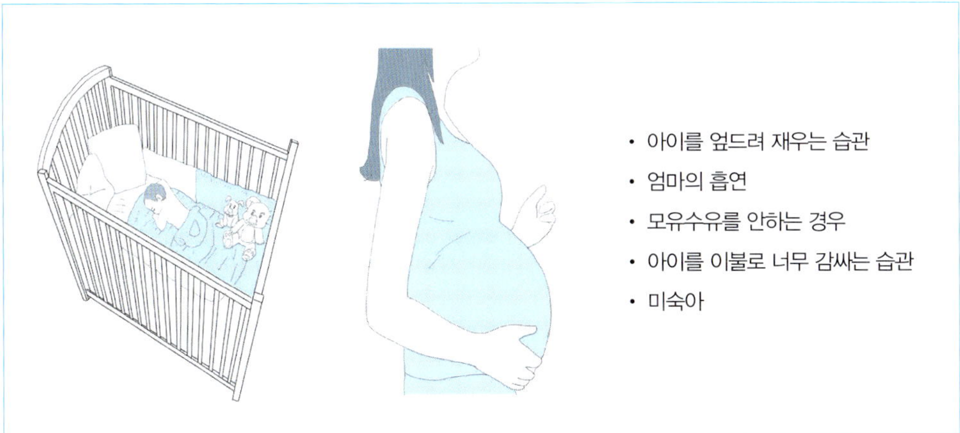

| 그림 5-7 | 영아돌연사증후군의 위험인자

영아돌연사증후군은 서양에서 잘 발생하는 것으로 인식되었지만 최근 일본의 경우 영아 사망원인 2위가 이 증후군이라는 사실이 밝혀지면서 동양에서도 흔한 증후군으로 받아들여지고 있다. 우리나라의 경우 유교사상에 의해 영아의 부검을 꺼리기 때문에, 이 증후군에 의한 정확한 사망률 통계를 알 수 없지만 우리나라 영아 사망원인 중 다수를 차지할 것으로 추정하고 있다.

영아돌연사증후군의 예방에는 지금까지 알려진 위험요인을 가능한 한 감소시키는 것이 최상책이다. 즉, 산모가 적절한 산전간호를 받고, 출산 전이나 후에 금연을 해야 하며, 약물남용을 금해야 하며, 출생한 아이들에 대한 올바른 수면습관을 가지는 것이 영아돌연사증후군을 방지하는 데 효과적이다(그림 5-8).

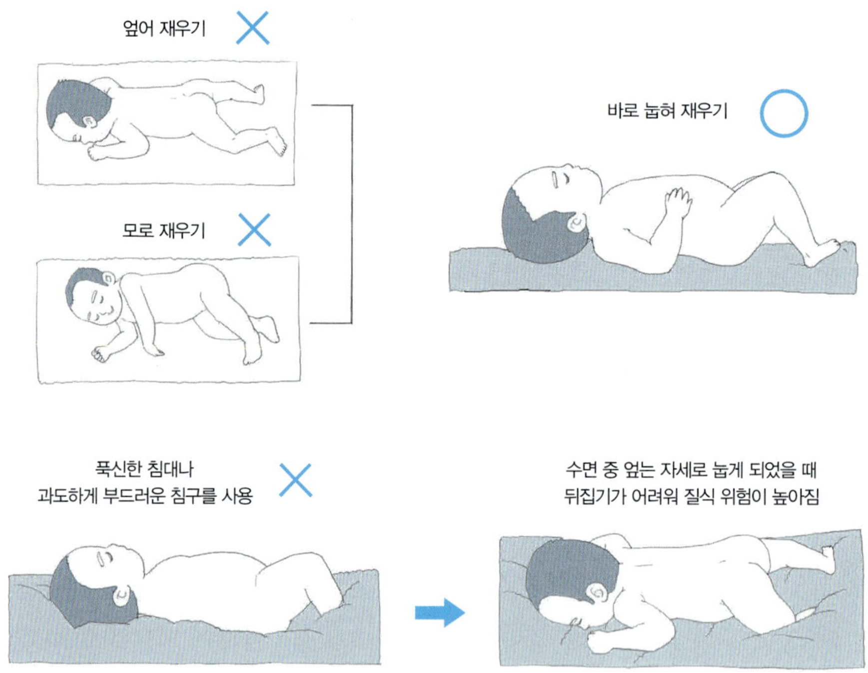

| 그림 5-8 | **영아돌연사증후군의 예방법**

(3) 흔들어진 아이 증후군

성인의 경우 뇌의 무게(평균 1.4kg)는 자기 체중의 약 2% 정도이지만, 영아는 자기 체중의 약 10%나 된다. 따라서 영아는 몸에 비해 뇌가 훨씬 무겁고, 머리를 지탱하는 목의 근육도 제대로 발달되어 있지 않아 머리를 가누기 어렵다. 그리고 뇌에 있는 혈관도 아직 덜 발달되어 있기 때문에 손상을 받기 쉽다. 두개골과 뇌 사이는 척수액으로 차 있고, 그 사이로 뇌혈관이 지나간다. 아이를 심하게 흔들면 그 충격이 그대로 머리에 전달된다. 두개골 속에 있는 뇌가 딱딱한 두개골에 부딪히면서 그 주위에 있는 혈관이 찢어져 피가 두개골과 뇌 사이에 고여 뇌출혈이 일어나게 된다. 그리고 안구 내 출혈(망막출혈)은 한 두 번의 충격으로 오는 경우는 극히 드물고, 여러 차례의 흔드는 충격을 받을 때 발생한다. 머리에 손상을 입히는 힘의 정도는 아이를 달랠 때 가볍게 흔드는 정도의 힘으로는 생기지 않으며, 대개 20초 이내로, 40~50회 정도 강하게 흔들었을 때 발생한다.

특히 앞뒤로 흔들 때 더 심한 충격을 받는다. 심한 경우 혼수 상태에 빠지기도 하는데 이것을 흔들어진 아이 증후군Shaken Baby Syndrome이라고 한다. 흔들어진 아이 증후군이 발생하면 약 30%가 사망하고, 생존자의 약 60%는 실명, 사지마비, 지적장애, 성장장애, 뇌전증과 같은 영구적인 후유증을 남기게 된다. 흔들어진 아이 증후군의 뇌손상에 대한 결과는 그림 5-9와 같다.

미국에서는 흔들어진 아이 증후군이 아동학대에 의한 사망 원인 중 1위를 차지하는 것으로 보고되고 있으며, 매년 750~3,700명 정도 발병하는 것으로 추정된다. 이 병의 가해자는 65~90%가 남자이고, 아버지나 어머니의 남자 친구에 의해서도 일어난다. 여자일 경우 어머니보다는 보모에 의해서 일어나는 경우가 흔하다.

최근 우리나라도 핵가족화, 맞벌이부부, 이혼율 증가 및 가정폭력 증가로 이 질환이 증가할 가능성이 높으므로, 부모나 보모 및 의료인의 폭넓은 이해와 방지를 위한 교육이 필요한 실정이다. 발병 시 아이가 너무 어려서 의사표현을 할 수 없고, 보채거나 토하고 잘 먹지 않는 등 감염에 의한 일반적인 증상만 나타내는 경우가 있다. 따라서 전문가들도 아이가 갑자기 사망했을 때 영아돌연사증후군으로 오진할 가능성이 매우 높다.

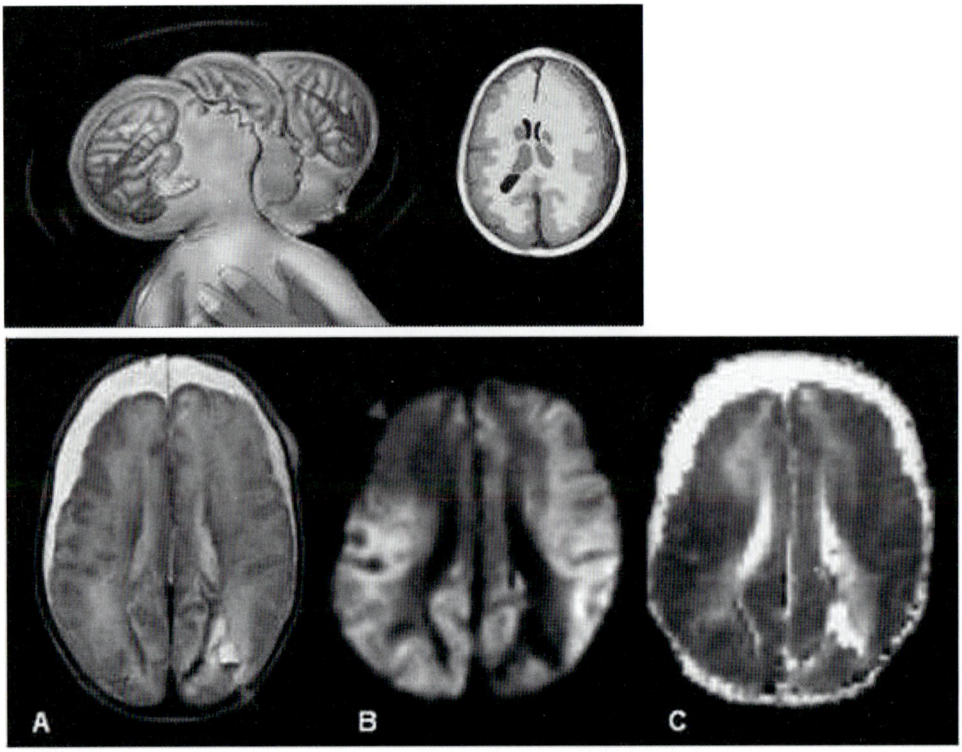

| 그림 5-9 | 흔들어진 아이 증후군의 뇌손상

(4) 감각 및 지각의 발달문제

인간은 감각과정을 통해 정보를 받아들이고, 지각과정을 통해 정보를 해석하고 의미를 부여하게 됨으로써 행동을 하게 된다. 감각과정은 감각기관, 즉 시각, 청각, 후각, 미각, 촉각을 통해 정보를 받아들여 대뇌피질로 보내는 과정이고, 지각과정은 감각과정을 통해 들어온 정보에 의미를 부여하는 과정이다. 감각과정에 있어 우리는 정보의 80%는 시각이 담당하고, 청각 15%, 나머지 5%는 후각, 미각, 촉각이 담당하게 된다. 영아기 때의 시각과 청각의 문제는 정상적인 발달을 저해하는 중요한 요인 중 하나이다. 시각장애와 청각장애를 살펴보면 다음과 같다.

① 시각장애

시각장애란 눈의 기능이 저하되어 사물을 잘 볼 수 없는 상태를 말하는데 장애의 기준은 시력 또는 시야의 이상 유무 또는 그 정도에 의해 결정된다. 시력의 저하는 안경으로 보완되므로 장애 유무를 판단하기 위해서는 안경, 콘택트렌즈를 착용한 교정시력으로 측정을 한다. 일반적으로 시각장애인은 교정시력이 0.02 이하인 사람을 말하는데, 전혀 보이지 않을 뿐만 아니라 빛의 구별도 되지 않을 경우는 전맹 또는 완전실명이라고 하고 밝고 어둠은 구별할 수 있으며, 약간 볼 수는 있으나 1미터 앞의 손가락을 구별할 수 없는 경우를 준맹이라고 한다. 또한 시력이 저하되어 기본적인 일상생활은 할 수 있는데 책의 보통 크기의 글씨를 읽을 수 없는 경우를 약시라 한다.

시각장애의 원인은 크게 선천적인 요인과 후천적인 요인이 있으며 확실한 원인을 알 수 없는 경우도 있다. 후천적 시각장애는 눈의 외상 및 중독, 질환(녹내장, 백내장, 안질환, 전신 질환, 감염성 질환)이나 안구에 이물질, 화학물질에 의한 손상 또는 천공 등 안구부 외상에 의해 발생한다. 이 밖에도 영양결핍, 약물중독에 의해 나타나기도 하며, 드물게는 심리적 원인에 의해 발생하기도 한다. 일반적으로 5세 이전에 발생한 전맹아는 사물에 대한 개념이 뚜렷하지 못하기 때문에 생활에 불편을 초래한다. 시각장애인의 지능은 정상이며 또한 촉각, 청각 등 다른 감각이 매우 발달되어 있으므로 이들을 이용하여 시각장애로 인한 어려움을 극복하고 있다.

② 청각장애

청각장애란 청각기관의 손상impaired으로 듣는 능력에 장애를 경험하는 것을 말한다. 청각장애는 청각손상(청각 구조나 청각 기능이 정상적 범위 밖으로 일탈한 것을 지칭), 청각장애(청각 손상으로 인해 일상생활에서 의사소통 수행 상에 개인이 겪는 불리한 처지), 청각 불능(청각 손상으로 인해 야기된 기능 상실)의 개념으로 정의될 수 있다.

청각장애인은 소리를 잘 듣지 못하기 때문에 대부분의 영아들은 언어장애를 갖게 되는데, 특히 언어 습득이 이루어지는 시기인 3세 이전에 청각장애가 되면 음을 듣고 판별할 수 있는 기회가 주어지지 않아 언어장애를 일으키게 된다. 청력이 떨어지는 경우에는 보청기를 사용하게 되며, 청각장애인은 구화, 수화, 필담 그리고 손발이나 몸짓 등으로 의사소통을 한다.

2) 심리적 발달문제

(1) 지적장애

지적장애는 표준화된 지능검사에서 지능지수가 70 이하이고 생활의 적응행동에 결함이 있는 경우를 의미한다. 지적장애의 원인은 알 수 없는 경우가 더 많으며, 원인으로 밝혀진 것만도 250여 개에 달한다. 그중 예방이 가능한 것을 보면, 출산 전 원인으로 매우 드물기는 하지만 유전성을 들 수 있으며, 산모의 나이가 많았을 때 나타날 수 있는 염색체 이상, 산모가 풍진이나 톡소플라즈마에 감염되거나 또는 납, 일산화탄소 등에 중독되었을 때, 심한 빈혈이나 당뇨 같은 대사성 질환이 있을 때 나타날 수 있다. 이 밖에도 조산이나 난산이 원인이 되며, 영유아기에 뇌염 또는 뇌막염을 앓거나 여러 가지 중독, 영양실조, 갑상선 호르몬 결핍, 뇌손상 등이 원인이 된다.

지적장애는 개인차가 크며, 특히 장애 정도에 따라 다르므로 공통적인 발달특성을 보이지는 않는다. 대체로 주의가 산만하고 기억력이 부족하며, 관찰이나 모방을 통해 배우는 모방학습 능력이 부족한 것으로 알려져 있다. 일상생활에서 흔히 나타나는 지적장애아의 사회 · 정서적 특성은 〈표 5-6〉과 같다.

| 표 5-6 | 지적장애아의 사회 · 정서적 특성

- 어떤 상황이나 과제가 주어졌을 때 쉽게 좌절한다.
- 부정적 자아개념을 갖는 경우가 많다.
- 정신구조에 경직성을 보인다.
- 통찰력이 부족하다.
- 성취에 대한 내면적 욕구가 낮다.
- 소극적, 도피적 행동을 많이 보인다.
- 반항적, 공격적 특성을 보이기도 한다.

(2) 언어장애

언어장애는 음성 기능 또는 언어 기능에 현저한 장애가 있는 경우이다. 예를 들어, 한 아이가 '어어어 엄마, 저저 어, 저저 가가가가위위 좀 어어어'라고 말한다면 아이의 말이 가위를 사야 된다는 것인지, 가위를 찾아 달라는 것인지, 가위를 잃어버렸다는 것인지 불명확하며 말을 하는 아이는 불안감을 느끼면서 힘들어 하게 되고, 듣는 엄마도 무슨 말인지 몰라 답답하고, 아이의 발달 상의 문제가 있는 것 같아 걱정과 실망을 하게 된다. 이러한 경우 언어장애로 진단된다.

음성장애는 단순한 음성장애, 발음(조음)장애 및 유창성장애(말더듬)를 포함하는 구어장애를 포함하며, 언어장애는 언어중추손상으로 인한 실어증과 발달기에 나타나는 발달성 언어장애를 포함한다. 언어장애의 종류는 〈표 5-7〉과 같다.

| 표 5-7 | 언어장애의 종류와 특성

① **언어발달지체** : 정상적 언어발달 단계에서 나이에 맞는 언어발달이 이루어지지 않고 언어의 이해와 표현에 어려움을 갖는 경우이다.

② **조음장애** : 음운장애라고도 하며, 말할 때 말소리를 생략, 대치, 왜곡 또는 첨가하는 것을 말한다.

③ **음성장애** : 언어음을 올바르게 생각해 내지 못하는 경우는 음성생성(구음)장애라고 하고, 언어음의 언어적 범주화(예로 의미상 차이를 나타내는 음을 분류하기 어려움)를 수반하는 인지적 수준의 음성학적 문제를 나타낸다.

④ **유창성 장애(리듬장애)** : 말 흐름의 세 가지 요소 중 일부 또는 전부에 이상이 있는 것으로 말더듬과 속화증이 있다.

- **말더듬** : 말소리, 음절 또는 조음 운동을 비정상적으로 반복 또는 연장하는 것을 의미한다.
- **속화증** : 말더듬과 유사하며, 성급하게 말하는 것을 뜻한다.

⑤ **실어증** : 대뇌손상으로 인해 언어 기능을 상실하여, 언어이해, 언어표현, 언어구성 과정에 이상이 생긴 경우이다.

언어장애의 원인은 여러 가지가 있다. 혀, 입술, 치아, 인두, 후두 등 발성기관이나 조음기관에 이상이 있을 때, 뇌성마비나 뇌졸중 또는 뇌외상에서 볼 수 있는 것처럼 언어중추에 이상이 있을 때, 지능이 떨어질 때, 난청 또는 농이 있어 언어에 대한 습득 경험이 없을 때 나타난다. 그 밖에도 언어는 주위 환경과 심리적 환경에도 많은 영향을 받게 되므로 정서가 불안정한 상태로 오래 지속되었을 때에도 언어장애를 일으킬 수 있다.

(3) 주의력결핍 과잉행동장애

주의력결핍 과잉행동장애Attention Deficit/Hyperactivity Disorder : ADHD는 아동이나 청소년이 자기 나이 수준에 비해 지나치게 주의가 산만하고, 심하게 나대거나 꼬무락거리거나, 참을성이 없어 매우 충동적인 행동을 하는 문제를 지속적으로 나타냄으로써 아동이나 청소년 개인을 포함하여 부모나 형제관계, 또래관계, 학업성취도, 학교생활 등에 상당한 지장을 초래하는 경우를 말한다. 즉, 주의력결핍 과잉행동장애는 아동기에 가장 일반적으로 나타나는 장애로서, 지속적인 주의력 결핍inattention, 과잉활동hyperactivity 그리고 충동성impulsivity의 특징을 가진다. 먼저 주의력 결핍으로는 아동이나 청소년은 주의가 산만하기 때문에 생활하는 데 있어 세심한 주의를 기울이지 못하거나, 실수를 자주 하거나, 이야기할 때 마치 듣지 않는 것처럼 보일 때가 자주 있다든지, 물건을 잃어버리거나 약속을 자주 잊는다든지 하는 등의 행동이 나타난다. 공부나 학습을 할 때는 가만히 앉아서 하지 못하고, 5~10분 정도가 지나면 꼬무락거리거나 딴짓을 하거나 지루해서 못한다. 과잉행동으로는 아동은 손발을 가만 두지 않거나, 자리에서 꼬무락거린다든지, 교실에서 돌아다니거나, 쉴 새 없이 활동하거나 혹은 마치 발바닥에 모터가 달린 것 같이 행동하거나, 지나치게 말을 많이 한다든지 하는 문제로 말썽을 일으키게 된다.

충동적인 행동으로는 아동들은 질문이 끝나기도 전에 대답해 버리는 경우가 많고, 차례를 기다리지 못하거나, 어떤 일에 무턱대고 끼어든다든지, 아이들이 옆에서 건드리면 금방 화를 내거나 다투는 일이 많은 등의 충동적인 면이 아주 심하게 나타난다.

주의력결핍 과잉행동장애의 원인은 아직 확실하게 밝혀지지는 않았다. 그러나 최근 학습장애에서처럼 뇌기능장애가 관련 있다는 것에 많은 연구자가 동의하고 있다. 소인으로 아이의 기질, 유전적 · 가족적 요인, 아이가 처한 사회가 요구하는 일상의 행동방식 등이 제기되고 있다. 먼저 유전적 요인으로는 주의력결핍 과잉행동장애 아동의 30~40%는 부모나 형제 중에 주의력결핍 문제가 있는 것으로 보고되고 있다. 환경적 요인으로는 임신을 했을 경우 태내환경으로 임산부의 영양 부족, 흡연, 과도한 스트레스, 감염 등이 영향을 줄 수 있으며, 조산이나 난산으로 인한 두부손상이 이러한 문제를 유발할 수 있는 것으로 보고되고 있다. 또한 식품첨가물이나 소금에 절인 식품, 많은 양의 정제설탕의 섭취 등 식품첨가물의 알레르기성 반응이 과잉행동의 원인이 될 수 있다는 주장도 있으나 아직까지 과학적 근거는 미약한 편이다.

뇌기능장애의 원인으로는 많은 학자가 주의력결핍이 선천적이며 신경생물학적 원인에 의해 생긴다고 주장한다. 과잉행동 아동의 뇌의 기본 구조는 손상되지 않는 것처럼 보이나 뇌기능에 있어서는 미세한 기능장애가 있는 것으로 나타났다(그림 5-10). 임신 중 그리고 생후 1년간 두뇌는 계속 발달하며 두뇌가 발달하는 과정에서 신경세포들이 적절히 형성되고 연결되어야 하는데, 임산부의 흡연, 알코올, 약물복용 등의 여러 가지 요인에 의해 두뇌 형성과 발달이 정상적으로 이루어지지 않기도 하며 이것이 주의력결핍 과잉행동장애와 관련이 있는 것으로 보인다. 또한 신경화학적 연구에서는 도파민dopamine과 노르에피네프린norepinephine의 결핍이 이러한 장애를 유발하는 것으로 나타났다.

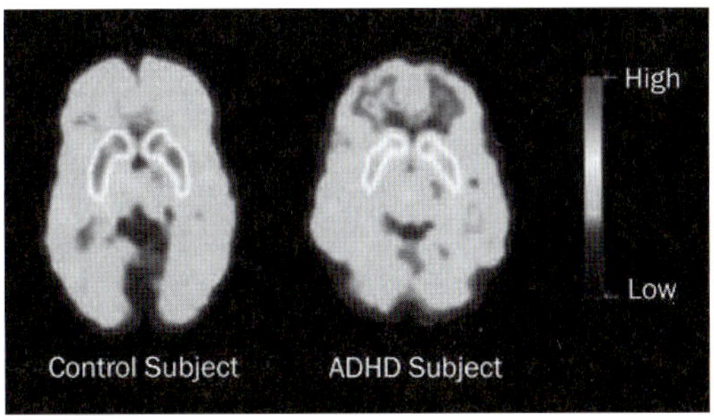

| 그림 5-10 | 정상아동과 ADHD 아동의 뇌영상 비교

주의력결핍 과잉행동장애에 대한 치료로는 약물치료, 정신사회적 치료가 효과적인 것으로 나타나고 있으며, 특히 행동치료의 원칙에 따라 아동이 이해할 수 있고 예상할 수 있는 상벌체계를 수립하는 등 행동수정을 시도하는 것이 효과적이라고 보고하고 있다.

(4) 틱장애

틱장애tic disorder는 자신의 의지와 상관없이 특정 근육들이 불수의적으로 갑자기 빠르게 반복적이고 불규칙하게 움직이고, 경직이 되면서 어떤 동작을 하거나, 기침 혹은 킁킁거리는 소리 등을 내는 것을 말한다. 일반적인 다른 증상들과 구별되는 중요한 점은 본인의 의지와 상관없이 그런 동작이나 소리가 나타난다는 것이다. 틱은 학업 스트레스와 밀접한 관계가 있는 것으로 보고되고 있으며, 일시적으로 증상을 억눌러서 증상이 덜하게 조절할 수는 있지만 결국 더 심해지는 경우가 많다. 따라서 틱은 보통 초등학교에 들어갈 시기인 7~8세를 전후해서 많이 나타난다. 전체 아동의 10~20%에서 일시적인 틱 증상을 보이기도 하지만 대부분의 일과성 틱은 초등학교 어린이의 5~15%에서 발생되고 있으며, 이러한 틱 증상을 보이는 아이들 중에서 10~20%가 증상이 없어지지 않고 만성틱으로 발전하기도 한다. 즉, 전체 아동의 1~2%에서 만성틱이 발생하고 있으며, 남자 아동이 여자 아동들보다 3~4배 많은 것으로 알려져 있고, 최근 들어서 이러한 틱 증상을 보이는 아동의 수가 증가하고 있는 실정이다.

틱의 종류에는 크게 다섯 가지, 즉 단순 운동 틱, 단순 음성 틱, 복합 운동 틱, 복합음성 틱 및 기타 틱으로 구분하고 있는데 구체적인 내용을 살펴보면 다음과 같다. 단순 운동 틱은 일반적으로 특정 근육이나 한 부위에서만 증상이 나타나는 특징이 있다. 즉, 눈 깜박거리기, 얼굴 찡그리기, 코 씰룩거리기 등이 가장 흔하고, 그외에는 어깨를 들썩이거나 머리를 흔들거나, 목을 돌리는 등의 동작들이 나타나기도 한다. 단순 음성 틱은 일반적인 의성어들을 반복적으로 내는 것으로, 헛기침을 하거나, 킁킁거리거나, 침뱉는 소리를 내거나 특정 소리를 반복적으로 하는 행동 등을 보인다. 복합 운동 틱은 여러 근육이 동시에 작용해서 복합적인 동작을 하거나, 여러 신체 부위에서 동시에 증상이 나타난다. 특정 동작이기보다는 행위들을 반복적으로 하는 경우를 말한다. 즉, 손발의 냄새를 맡는다거나, 제자리에서 점프 동작을 하거나, 물건을 던지기도 하고, 다른 사람의 행동을 따라 하기 등이 나타난다. 복합 음성 틱은 의미 없는 단순한 소리의 반복을 넘어서 특정 단어나 구절을 반복하는 것이다. 남의 말을 반복적으로 따라 하기도 하고, 욕설을 반복적으로 해서 주위 사람들이 당황스러워 하기도 한다.

틱장애의 원인으로 전문가들의 일치된 견해는 없지만 크게 유전적 요인과 환경적 요인에 의해 병의 진행과정에 영향을 미치는 것으로 알려져 있다. 즉, 틱은 한가지 원인으로 발생하는 것이 아니라 다양한 요인이 상호작용해서 나타난다. 예로 유전적으로나 신경학적으로 틱장애가 발생할 소인을 가지고 있는 아동이 이사나 전학 등과 같은 환경적인 변화나 학업에 대한 스트레스 상황으로 인해 유발되어 발생할 수 있는 것으로 알려져 있다.

비록 틱장애 발생에 있어 유전적 혹은 신경학적 요인이 중요하지만 틱장애의 심각도와 경과, 예후 등에 미치는 요인들은 환경적인 요인들이 더 중요하다. 대표적인 것이 스트레스이다. 좋은 일이든 나쁜 일이든 생활의 변화는 아이에게 스트레스로 작용하며, 틱 증상을 악화시키는 요인이 될 수 있다. 특히 가정불화, 학교 시험, 여행, 이사, 전학, 신학기 등의 시기에는 증상이 악화되는 경향을 보인다. 이는 스트레스를 받는 동안 중추신경계 내에서 노어에피네프린이 증가하게 되고, 이로 인해 도파민이 활성화되거나 틱 증상을 완화시키거나 저지하는 전두엽의 기능이 억제되기 때문이다.

틱장애가 주의력결핍 과잉행동장애, 강박장애, 우울장애 등을 동반하는 경우에는 1차적으로 틱 증상이 심하게 나타나며, 2차적으로는 대인관계문제, 자존감 저하, 학업 실패 등의 문제가 발생되기 때문에 틱장애의 치료에 있어 먼저 틱장애에 대한 정확한 인식이 필요하며, 장기간의 계획을 가지고 꾸준히 치료하는 것이 매우 중요하다.

3) 사회적 발달문제

(1) 모성박탈 문제

부모로부터 격리되어 고아원과 같은 시설에서 거주하는 영아들을 관찰한 결과 알려진 것이 시설병hospitalism이다. 즉, 환경조건이 양호하지 못한 시설에서 자란 영아들은 비사회적이고 공격적 행동, 애정 결여, 사회적 규범을 이해하고 인정하는 능력 부족, 부적응에서 오는 불안정 등의 현상을 보여 발달지체 현상이 나타나게 된다.

보모의 부족으로 한 사람의 지속적인 사랑을 안정적으로 받지 못한 시설에서 생후 1년간 자란 영아들에 대한 연구결과들을 살펴보면, 대부분의 영아들이 발달지체 징후를 보이는 경우가 많았고, 생후 6개월 전후부터는 행동상의 변화를 보여 관심을 끌기 위해 지속적으로 보채고 과도한 행동을 하는 등 정에 굶주린 아이처럼 굴거나 이와는 반대로 다른 사람에게 무관심한 것처럼 굴거나 혹은 모든 외적 반응에 대해 강한 저항이나 회피적인 상호작용 형태를 보이는 것으로 나타났다. 이와 같이 생애 초기에서의 모성박탈(대상 상실) 경험은 불안, 죄의식, 분노를 일으키며 이후의 발달에서 상실을 경험하거나 보호를 받지 못할 때 정서적으로 취약한 성향을 나타낸다.

(2) 영아자폐증

영아자폐증은 태어날 때부터 사람과 주변 환경에 대하여 관계형성이 어렵고 언어발달에 심각한 장애를 갖는 것을 의미한다. 즉, 공격적인 행동을 하거나 자해적인 행동을 하기 때문에 자신의 팔을 물거나 꼬집어서 상처가 나 있는 경우도 많다. 또한 혼자서 중얼거리기도 하고 상대방의 질문을 그대로 따라 하기도 하며 상대방과 눈을 잘 마주치지 않는다. 영아자폐증의 정확한 발병시기는 알기 어렵고 대체로 3세 이전에 나타나는 것으로 보고되고 있으며 그 원인은 명확하지가 않다.

자폐증은 사회적 활동과 언어를 통한 의사소통에서 다른 사람과 상호작용하는 능력이 부족하고 상상 및 추리능력도 떨어진다. 이런 장애를 가진 영아들은 눈맞추기를 하지 않고 허공을 응시하기도 하며, 어떤 목소리를 무시하거나 안아주려는 것을 거절하고 몸에 닿는 것을 싫어한다. 보통 자폐증은 2세 반이나 3세까지는 잘 발견되지 않는다.

대부분의 자폐 영아들에 있어서 언어발달은 거의 일어나지 않거나 지연되는 현상을 보이며, 언어발달이 일어나더라도 말의 의미를 적절하게 이해하지 못한다. 혼자서 중얼거리기도 하고 노래도 부르지만 누가 곁에서 말을 걸면 이에 대해 적절하게 답변을 하지 못하는 경우도 있다. 대부분의 자폐 영아들은 태어나면서부터 정상 영아들과 다른 점을 나타내며, 두 가지 가장 흔한 특징은 안아 주는 사람으로부터 신체적인 접촉을 피하기 위해 등을 활처럼 뒤쪽으로 휘는 것과 안아줄 것을 기대하지 않는다는 점이다. 또한 아주 흔한 특징 중의 하나는 동일성에 대한 고집 또는 고집스러운 행동이다. 많은 영아들이 일상생활을 정해진 대로만 하려고 하며, 조금이라도 거기서 벗어나면 공격 성향을 보이게 된다. 이러한 동일성의 고집이 나타나는 이유 중 하나는 일상의 상황에 대해 이해할 수 없고 거기에 잘 맞추어 나가지 못하기 때문이다.

03 Part

영유아기 발달

06

Chapter

신체 및 운동발달

· 학습목표 ·

1. 영유아기 신체발달의 원리와 영역별 발달을 파악한다.
2. 영유아기 생리적 기능 발달을 이해하고 중요성에 대해 논의해 본다.
3. 영유아기 운동 기능 발달의 종류를 이해하고, 시기별 발달과정의 특징을 탐색해 본다.

어머니의 뱃속에서 세상으로 탄생한 아기는 시간이 흐름에 따라 자신의 연령에 맞게 성장하기 시작한다. 영아기에는 이 속도가 일생에서 가장 빠른 시기에 해당하며 갈수록 성장의 속도는 점차 느려지게 된다. 특히 생후 1년 간은 신체와 뇌의 성장이 급속도로 이루어져 이 시기를 성장급등기라고 하며, 이러한 급속한 성장은 사춘기에 다시 한 번 일어나게 된다. 유아기의 신체발달은 영아기에 비해 완만한 경향을 보이지만, 전 생애에 걸쳐 보면 여전히 빠른 속도로 발달이 진행되고 있음을 알 수 있다. 구체적으로 머리 크기가 몸 전체에서 차지하는 비율이 점차 줄어들고, 얼굴 모습이 똘똘해지며, 턱과 목이 길어지고, 유치 20개가 모두 나고, 6세에는 이갈이가 시작된다. 또한 이 시기의 유아는 신체적으로 자기통제가 가능해진다. 즉, 대근육, 소근육 및 신경계통이 점차 성숙되고 이후 운동기술이 보다 증진된다. 따라서 이 장에서는 영유아의 신체발달, 생리 기능의 발달 및 운동 기능이 어떻게 발달하는지에 대해 알아보고자 한다.

1. 신체발달

1) 신체와 운동의 발달 원리

영유아의 성장은 대부분 유전과 영양에 의한 성숙에 의해 결정되며 예측할 수 있는 형태로 이루어지는 특징을 지닌다. 따라서 대부분의 학자들이 공통적으로 주장하는 가장 일반적인 발달의 원리는 다음과 같다(곽노의 외, 2007; 김의석 외, 2007; 박낭자 외, 2007).

(1) 신체와 운동발달은 일정한 순서와 방향성을 지닌다

영아기는 머리와 몸통에서 팔, 다리 혹은 발 등의 순서로 발달한다. 즉, 두미발달 경향 cephalocaudal trend과 근원발달 경향proximodistal trend을 보인다. 전자는 그 의미를 라틴어로 번역해 보면 '머리에서 발끝'으로의 발달을 의미한다. 태내기 동안 머리는 신체의 하부보다 훨씬 더 빠르게 발달한다. 출생 시 머리는 전체 신장의 1/4을 차지하고, 다리는 1/3에 해당된다. 2세까지 머리는 전체 신장의 1/5을 차지하고 다리는 1/2를 차지한다. 후자의 근원발달 경향proximodistal trend은 문자 그대로 성장이 '가까운 것에서 먼 것으로' 진행함을 의미하거나 혹은 신체의 중앙에서 밖으로의 진행을 의미한다. 태내기 때 머리, 가슴, 몸통이 맨 처음 성장하고 그 다음으로 팔, 다리 그리고 마지막으로 손과 발이 성장한다.

그리고 큰 운동에서 미세한 운동으로 발달(대근육에서 소근육으로 발달)하여 분화와 통합의 과정을 이루어 나간다. 이러한 발달의 방향성은 구조적 변화와 기능적 변화 모두에 적용된다. 예를 들어, 영아는 방바닥의 어떤 물건을 잡기 위해 초기에는 온몸을 움직이다가 점차 엄지와 집게를 이용해서 물건을 잡을 수 있게 된다.

(2) 신체와 운동발달은 연속적으로 일어나지만 발달의 속도는 일정하지 않다

인간의 성장과 발달은 이전에 이루어진 변화를 기초로 변화 가능한 범위 내에서 다음의 변화가 이루어지는 연속적이고 점진적 과정이다. 신체의 성장속도는 출생 후와 사춘기에 빠르게 일어나며 성장기가 지나면서 퇴행의 과정을 밟는다. 이와 같이 어떤 부분의 발달이 일정 기간 급격히 변화하는 경우를 발달의 '결정적 시기critical period'라고 한다. 로렌츠Lorenz의 알에서 부화된 새끼 오리의 어머니에 대한 학습에서 결정적 시기를 잘 보여주고 있다.

(3) 신체와 운동발달은 분화와 통합의 과정을 밟는다

신체의 각 부분들은 각각 고유한 기능을 수행하기에 편리하도록 분화되고 또 각각의 부분들은 유기체 전체와 연계되어 반응을 하게 된다. 따라서 발달과정은 전체적인 움직임에서 세부적이고 구체적인 움직임으로 분화를 하는 과정과 세부적인 발달을 거친 각 부분들은 또한 전체적인 움직임으로 통합되기도 한다. 이러한 분화와 통합도 발달의 주요한 내용이 된다. 예를 들어, 영유아는 신체 · 인지 그리고 사회 · 정서적인 부분들이 각각 분화되어서 발달적인 성취를 하게 된다. 그리고 이들 부분들은 하나로 통합되어서 인간의 반응을 결정하도록 발달하게 된다.

(4) 신체와 운동발달에는 개인차가 있다

발달에서의 개인차는 발달의 정도(양)와 속도에서 차이가 난다. 즉, 동시에 출생한 영아라고 할지라도 '말하기', '걷기' 등에서 정도의 차이를 나타낸다. 흔히 부모는 자신의 아이가 다른 아이에 비해서 발달이 늦으면 자신의 아이가 상대적으로 능력이 부족하다는 의심을 하는 경우가 흔하지만 이러한 초기의 발달적인 차이가 반드시 질적으로 혹은 양적으로 부족한 결과를 가져오는 것은 아니다. 즉, 신체는 출생 직후의 신생아부터 개인별, 성별에 따라 체격이나 발달에 상당한 차이를 보이며, 성장 속도와 개인별 성향에서도 사람마다 차이가 있다.

2) 영아기 발달

(1) 신장과 체중의 변화

돌잔치에 초대받아 가 보면 어떤 영아는 너무 왜소하고, 어떤 영아는 너무 통통하고 또한 어떤 영아는 혼자서 걷고, 어떤 영아는 아직 혼자서 걷지 못하는 것을 볼 수 있다. 이처럼 영아의 발달에는 차이가 있으며, 신체발달에도 개인차를 보인다. 그러나 일반적으로 생후 2

년 동안 엄청난 신체 변화를 경험하며, 이러한 변화는 출생 후 그 어느 때보다도 가장 빠르게 나타난다. 출생 후 영아기까지의 체중과 신장의 소아 발육 표준치는 〈표 6-1〉과 같다.

| 표 6-1 | 성별에 따른 한국 소아 발육 표준치

표준신장(cm)

남자		여자
50.1	출생시	49.4
67.6	5~6개월	66.3
76.0	11~12개월	74.8
81.2	15~18개월	79.9
86.2	21~24개월	85.0
93.1	2.5~3세	91.9
100.3	3.5~4세	99.2
107.2	4.5~5세	106.1
113.6	5.5~6세	112.5
119.5	6.5~7세	118.3
123.7	7~8세	122.4
129.1	8~9세	127.8
134.2	9~10세	133.5
139.4	10~11세	139.9
145.3	11~12세	146.7
151.3	12~13세	152.7
159.0	13~14세	156.6
165.5	14~15세	158.5
169.7	15~16세	159.4
171.8	16~17세	160.0
172.8	17~18세	160.4
173.4	18~19세	160.7

표준체중(kg)

남자		여자
3.4	출생시	3.3
8.0	5~6개월	7.5
9.9	11~12개월	9.4
11.1	15~18개월	10.5
12.3	21~24개월	11.7
14.0	2.5~3세	13.4
15.9	3.5~4세	15.3
18.1	4.5~5세	17.4
20.4	5.5~6세	19.6
22.9	6.5~7세	22.0
24.8	7~8세	23.9
27.8	8~9세	26.9
31.3	9~10세	30.5
35.5	10~11세	34.7
40.3	11~12세	39.2
45.5	12~13세	43.8
50.7	13~14세	47.8
55.4	14~15세	50.9
59.4	15~16세	52.8
62.4	16~17세	53.6
64.5	17~18세	53.9
65.8	18~19세	54.1

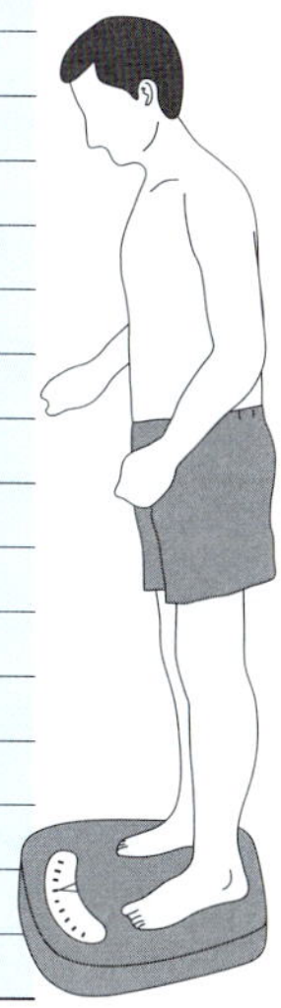

표 6-1에서 보는 것과 같이 출생 시 신생아의 평균 신장은 약 50cm이며, 1년 후 출생 시의 약 1.5배가 되며, 2년 후에는 성인 신장의 약 1/2로 성장한다. 체중은 약 3~3.5kg이며, 체중은 1년 후에는 3배, 2년이 되면 성인 몸무게의 20% 정도가 된다. 즉, 2세가 되면 11~12kg으로 출생 시의 약 4배가 되고 1년에 평균 2.7kg씩 증가한다.

일반적으로 신장과 체중의 발달은 개인차가 심하며, 체중은 신장보다 불규칙적인 성장을 보이며 심한 개인차를 나타낸다. 이는 신장이 유전에 대한 의존도가 높는데 비해 체중은 가정의 사회경제적 수준, 질병 및 정서 상태 등의 외적영향을 보다 쉽게 받기 때문이다(강상조, 신선식, 1982). 따라서 다른 아이보다 작거나 크다고 해서 비정상적인 것이 아니기 때문에 걱정할 필요가 없다. 영유아의 신체발달에 영향을 미치는 요인에는 유전적인 부분도 있지만 무엇보다도 영유아의 신체발달이 원만하게 이루어지기 위해서는 충분한 영양공급, 규칙적인 생활습관, 사고와 질병으로부터의 보호가 매우 중요하다.

(2) 신체 비율의 변화

아이는 자라면서 신체 비율도 달라지게 되는데, 신생아 시기에는 머리 크기가 신체에서 차지하는 비율이 1/4이고, 생후 2년 무렵에는 신체의 1/5이 되며, 성인이 되면 1/6~1/8이 된다(그림 6-1). 신생아의 신체에서 가장 작은 비율을 차지하는 부위는 발인데, 신생아의 발 크기는 성인의 1/5에 불과하다.

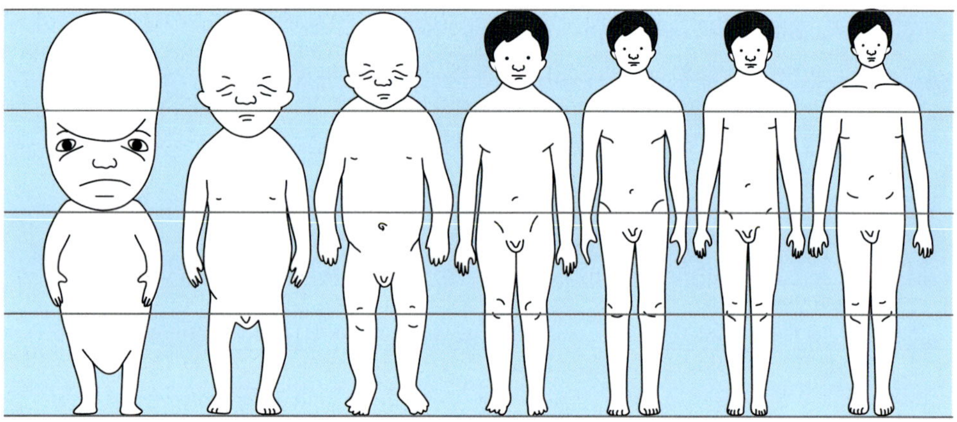

| 그림 6-1 | **신체 비율의 변화**

(3) 골격의 변화

출생 직전에 골단epiphyses이라는 뼈의 특정한 성장센터가 나타나는데, 이곳에서 연골세포가 계속해서 성장된다. 신체의 장골長骨에 골단이 생기는데, 각 뼈의 양쪽 끝에 나타난다(그림 6-2). 성장이 계속됨에 따라 골단은 점점 가늘어지고 결국 사라지게 된다. 이러한 현상이 나타나게 되면 더 이상 뼈의 성장은 불가능하다. 골격 연령은 X-ray로 촬영하여 살펴보거나 골단의 수와 성장판이 합착된 범위를 살펴 봄으로써 측정할 수 있다(Malina & Bouchard, 1991).

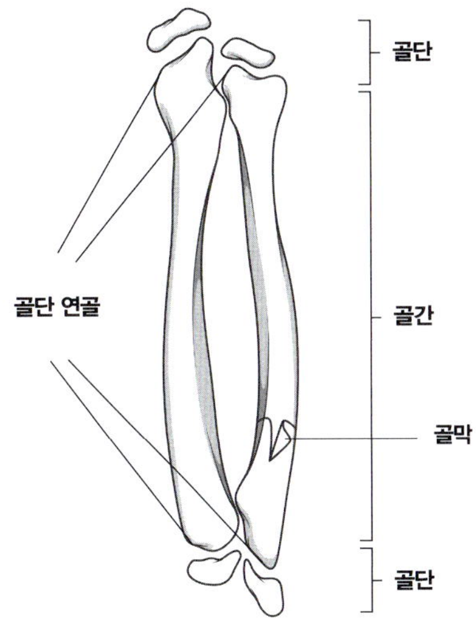

| 그림 6-2 | **골단 연골**

신장의 발달과 가장 관련성이 높은 부분은 뼈와 그 주변의 근육이며, 사람의 뼈는 모두 206개로 신장과 관련된 것은 26개의 척추골과 62개의 하지골로 보고되고 있다. 키가 자란다는 것은 이 척추골인 등뼈와 하지골인 대퇴골, 그리고 경골과 비골 등의 뼈를 길게 늘려 성장시키는 것이다. 이렇게 뼈를 늘리는 역할을 하는 것은 그림 6-2에서 보는 것과 같이 골단 연골이라는 부분이다. 골단 연골은 성장 호르몬과 기타 호르몬의 작용으로 영양이 충분한 혈액을 공급받아 뼈를 보호하고 있는 골막에서 길고 두껍고 튼튼하게 성장하게 된다.

대부분의 뼈는 원형이 만들어진 후 그 일부분이 뼈로 변화되는데 관절 부위만은 연골로 남게 된다. 이러한 연골이 점차 뼈로 변화되다가 마지막에 얇은 원판이 남게 되는데 이것을 바로 성장판이다(그림 6-3). 이 성장판이 열려 있는지의 여부에 따라 앞으로 키가 얼마나 더 자랄 수 있을지를 알 수가 있다. 보통 성장판은 남자의 경우 만 16세, 여자의 경우 만 14세 정도 되면 닫힌다. 성장판은 우리 몸의 길게 생긴 모양의 끝에 모두 위치하고 있는데, 손가락, 발가락, 손목, 팔꿈치, 어깨, 발목, 대퇴골 및 척추 등에 있다. 성장기에는 이 성장판이 증식해 뼈가 길어지는데 뼈끝의 연골이 모두 뼈로 변화되어 성장판이 없어지는 것을 성장판이 닫혔다라고 한다.

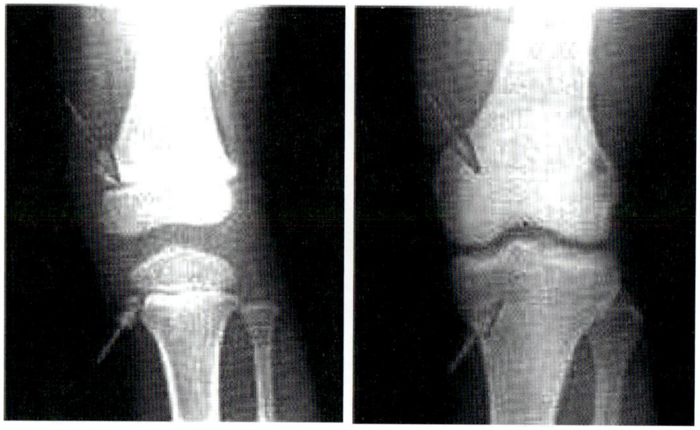

열린 성장판　　　　　닫힌 성장판

| 그림 6-3 | **성장판**

(4) 신생아의 머리뼈

예로부터 신생아와 영아를 볼 때 두개골에 숨구멍이 있기 때문에 머리를 못 만지게 하는 경향이 있다. 그 이유는 숨구멍이 있기 때문이 아니라 신생아 때는 머리뼈가 완전히 결합되지 않아 머리에는 6개의 구멍이 있기 때문이다(그림 6-4). 이를 '천문fontanels'이라 하는데 우리 눈으로 확인되는 것은 대천문과 소천문이다. 이들 천문은 물렁하고, 두개골이 아직 닫히지 않았기 때문에 누르면 위험하다. 정수리 앞쪽 마름모꼴 부분을 대천문이라고 하고, 뒷부분을 소천문이라고 하는데 소천문은 생후 6~8주 정도 되면 닫힌다. 그리고 12개월 정도가 되면 대천문 자리가 딱딱해지면서 생후 24개월 내에 모두 닫히게 된다(곽노의 외, 2007).

천문의 기능은 첫째, 신생아의 큰 머리가 어머니의 좁은 산도를 통과할 때 뼈가 겹쳐질 수 있도록 하여, 출산을 돕는 기능을 하게 되고 둘째, 출생 후 뇌가 성장함에 따라 두개골이 쉽게 확장될 수 있도록 하는데 그 기능이 있다.

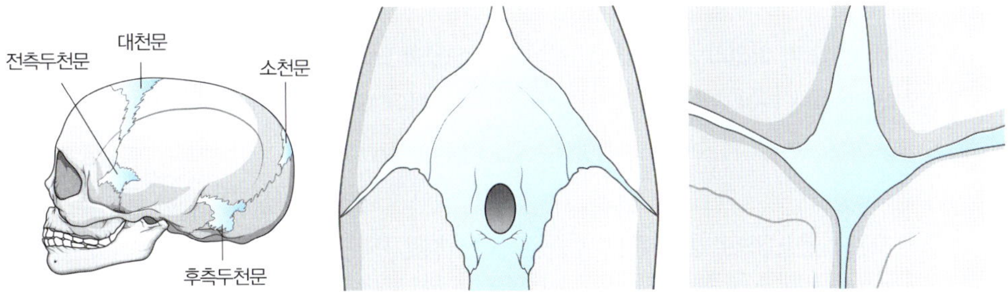

| 그림 6-4 | **출생 시 두개골의 천문**

글상자

• 분만 중 태아 머리 변한다..佛 연구진, 3D 이미지로 촬영 성공

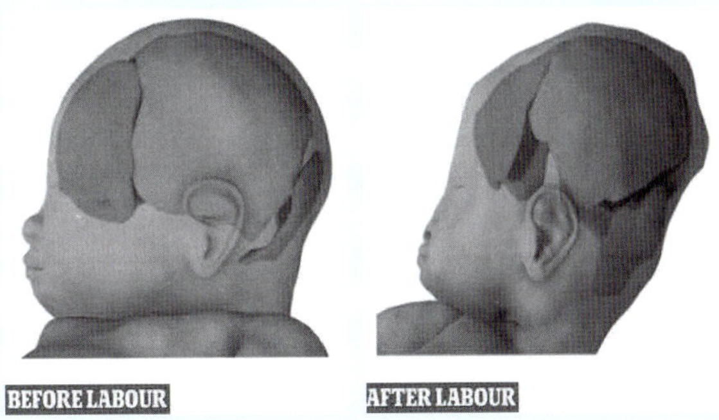

분만 중 태아의 머리가 어떻게 변하는지를 정확하게 보여주는 3D 이미지를 과학자들이 공개했다. 프랑스 오베르뉴대 올리비에 아미 박사(산부인과 전문의)팀이 3D 자기공명영상(MRI) 장치를 이용해 산모 7명이 자연분만을 시도하는 과정에서 태아의 머리가 어떻게 변하는지를 자세하게 촬영하는 데 성공했다고 국제학술지 '플로스원' 최신호(15일자)에 발표했다. 사실 의사들은 오래전부터 태아의 머리 모양이 분만 과정에서 변형된다는 사실을 알고 있었다. 이른바 '응형'으로 불리는 이 과정은 좁은 산도를 지나는 분만 2기 중에 일어난다. 태아의 머리는 5개의 뼈로 돼 있는데 성인의 머리와 달라 아직 굳어 있지 않고 뼈와 뼈의 연결고리도 고정돼 있지 않다. 따라서 산도를 빠져나오는 동안 뼈와 뼈가 엇갈리면서 머리 모양이 변한다. 하지만 크게 걱정할 필요는 없다. 왜냐하면 성장 과정에서 모양이 원래대로 돌아오기 때문이다. 기존 연구에서는 단 한 차례 만이 이 과정을 포착했을 정도로 지금까지 이는 명확하게 밝혀진 적이 없다. 하지만 이번 연구에서는 3D MRI 기술 덕분에 분만 2기 이전과 2기 동안 태아 7명의 두개골과 뇌의 형태를 자세히 이미지로 포착할 수 있었다. 그 결과, 태아 7명 모두에게서 분만 2기 중 응형이 확인됐다. 하지만 이 중 5명 만이 머리 모양이 원래대로 돌아갔으며 나머지 2명은 응형이 남아 있었다. 특히 응형 정도가 가장 심했던 아이 3명 중 2명은 응급 제왕절개 수술로 태어난 경우였다. 이는 분만 과정에서 태아의 머리와 산모 골반 크기의 불균형으로 불가피하게 수술을 해야만 했던 사례였다. 전반적으로 이번 결과는 태아가 기존 생각보다 분만 과정에서 두개골에 더 큰 압박을 경험한다는 것을 시사한다. 이는 자연분만 뒤 신생아에게서 나타나는 무증상의 뇌 및 망막 출혈의 원인일 가능성도 제기된다. 이에 대해 연구진은 이번 결과를 확인하려면 더 많은 사례를 관찰하는 연구가 필요하지만, 이 연구는 태아 머리의 응형을 포착해낸 3D MRI 기술의 가치를 증명한다는 점에서 주목된다고 말했다.

이어 아미 박사는 "자연분만 동안 태아의 뇌 모양은 두개골의 중첩 정도에 따라 응형을 겪는다. 태아 두개골의 응형은 대부분의 신생아에게서 더는 보이지 않았다"면서 "어떤 두개골은 응형이 잘 돼 태아가 쉽게 태어날 수 있었지만, 또 다른 두개골은 응형이 쉽지 않은 경우도 있었다"고 덧붙였다.

출처: 서울신문 나우뉴스. 2019.05.17. 윤태희 기자 th20022@seoul.co.kr

(5) 치아 발달

치아는 유치(젖니)와 영구치가 있다. 유치는 20개이고, 영구치는 모두 32개이다. 유치란 영구치가 나기 전 6~7세까지 나는 이를 말하며, 영구치는 성인이 될 때까지 사용하게 되며 유치가 빠지면서 나기 시작한다. 생후 6개월경에 유치가 아래 앞니부터 나기 시작하여 1년이 되면 6~8개의 앞니가 난다(그림 6-5). 그 다음으로 첫째, 어금니, 송곳니, 둘째 어금니 순으로 나게 되고 24~30개월 경에는 20개의 유치가 모두 난다. 주의할 점은 나중에 영구치가 날 것을 생각하여 유치를 별로 중요하게 생각하지 않는 부모들이 있는데, 유치에 이상이 생기면 소화기관에 나쁜 영향을 미칠 뿐만 아니라 턱뼈의 성장과 발육에 영향을 미쳐 영구치가 자라나는데도 부정적인 영향을 미치게 된다. 따라서 유치를 잘 관리하고 다루는 것이 중요하다.

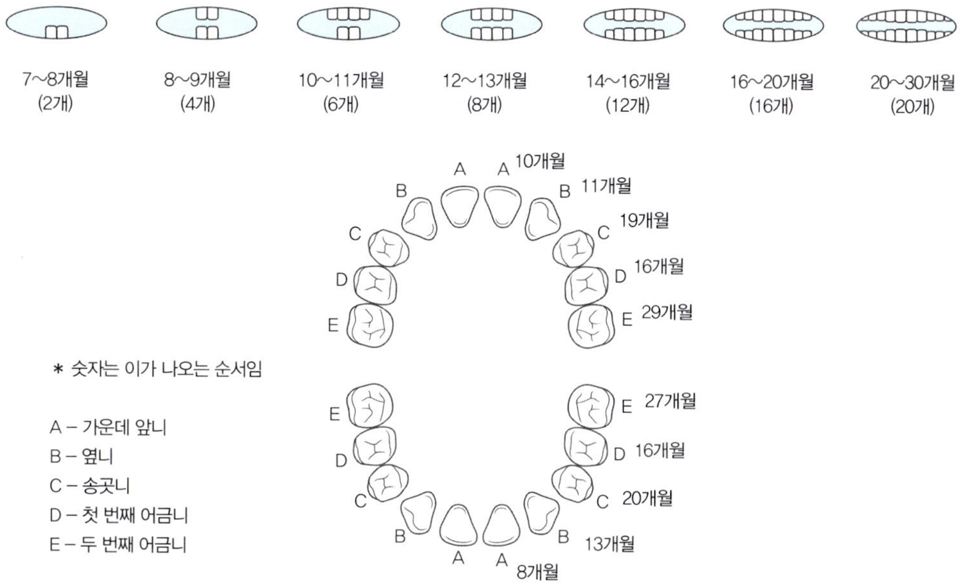

| 그림 6-5 | **치아의 발달**

3) 유아기 신체발달

(1) 신장과 체중의 변화

유아기인 3세에서 6세까지는 신장과 체중에서 급격한 변화를 보이게 된다(표 6-1). 예로 2세 이후 신체성장 속도는 완만해지고, 6세경에 신장은 출생 시의 약 2배가 되어 100~120cm 정도 자라게 되며 매년 7cm 정도씩 증가한다. 체중은 20~22kg으로 출생 시의 약 6배가 되고 체중은 1년에 평균 2.7kg 씩 증가한다. 10세 전까지는 남아가 여아보다 크지만 11~13세까지는 여아가 남아보다 더 크게 된다.

(2) 신체비율의 변화

유아기에는 하체의 길이가 길어지면서 가늘어진다. 여전히 머리가 신체에 비해 큰 편이지만 유아기 말이 되면 머리가 무겁고 커 보이는 모습에서 벗어나게 된다. 유아기에는 체지방도 꾸준히 감소하게 된다. 유아는 통통하던 영아의 모습에서 벗어나 팔다리가 급속히 성장하고 머리의 비율이 작아져 신체의 비율이 어른과 유사해진다(김나영 외, 2007).

(3) 골격의 변화

영아기 때부터 진행되는 골격의 변화는 유아기에도 계속된다. 2세와 6세 사이에 약 45개의 새로운 골단epiphyses 또는 연골 속의 성장 중추가 단단해져서 경골이 된다. 그러나 유아의 골격은 성인의 골격에 비해 작을 뿐만 아니라 비율 · 형태 · 구성에 있어서도 차이가 있다. 골격의 경골 작용은 출생 직후부터 시작되지만 2세 이후 연골이 빠르게 경골화된다. 경골화 작용은 아동기를 지나 청년기까지 계속되며 이와 같은 과정은 신체 부위에 따라 각기 다르며 개인에 따라서도 조금씩 차이를 보이게 된다.

성장이 완성되면서 골단은 점점 가늘어지고 마침에 사라진다. 이렇게 되면 더 이상의 성장은 불가능해진다. 유아나 아동의 골격 연령을 조사해 보면 여아의 신체적 성숙이 남아보다 앞선다는 것을 알 수 있다. 출생 시 여아의 골격 성숙이 남아보다 4주 정도 앞서지만 5~6세경에는 1년 정도의 차이가 난다. 이 차이는 여아가 남아보다 2~3년 정도 사춘기에 빨리 도달하고 일찍 성숙하는 요인이 된다(정옥분, 2002). 대체로 경골화 작용은 12~13세경에 거의 완료되지만 이 같은 과정은 신체 부위에 따라 각기 다르며 개인에 따라서도 조금씩 차이를 보인다.

(4) 치아의 변화

6세경이 되면 젖니가 한두 개씩 빠지기 시작해 아동기 동안 젖니는 계속 빠지게 된다. 1년에 약 4개씩 젖니가 영구치로 대치되는데, 첫 번째 어금니는 6세경에 나고, 두 번째 어금니는 13세경, 세번째 어금니 즉, 사랑니는 20세경에 나게 된다.

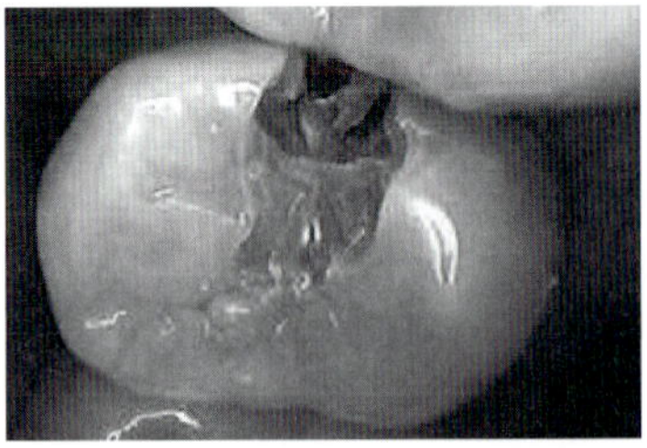

| 그림 6-6 | **충치**

특히 4세경에는 영구치의 어금니가 나기 시작한다. 이 시기에 충치가 생기면 평생에 걸쳐 손상을 줄 수 있기 때문에 충치 예방에 각별히 신경

을 써야 한다. 충치는 입안에 상주하고 있는 뮤턴스 균streptococcus mutans이라는 세균이 입안에 남아 있던 음식물 찌꺼기 속의 당분과 작용해 산을 형성하여 이의 표면을 녹이면서 발생하게 된다. 따라서 충치를 예방하기 위해서는 올바른 식사 습관과 칫솔질을 통해 치아를 관리하는 습관을 가지도록 하는 것이 중요하다. 특히 취학 전까지는 정확한 칫솔질보다는 칫솔질하는 습관을 갖도록 하는 것이 중요하며, 스스로 칫솔질을 잘 할 때까지 보호자가 수시로 점검하면서 치아를 닦아주는 주는 것이 좋다.

2. 생리적 기능의 발달

1) 영아기 생리적 기능의 발달

영아기 동안은 수면시간이 극적으로 감소하고 수면 상태에서도 변화가 나타나는 시기이다. 또한 영아기에는 젖을 떼고 이유식을 시작하며 배변훈련도 시작되는 시기이다. 영아기의 수면, 모유수유 및 배변훈련에 대해 살펴보면 다음과 같다.

(1) 수면

신생아는 하루 중 16~20시간 동안 잠을 자며, 밤과 낮의 구분이 없다가 6개월이 되면 대부분의 영아들은 점차 밤에는 자고 낮에는 깨어 있는 성인의 수면 양상을 보이게 된다. 그래도 하루에 3~4회 정도는 낮잠을 자는 것이 일반적이다. 영아기 동안 수면시간도 극적으로 감소하는데, 생후 1개월간 하루 18시간의 수면에서 2세가 되면 12시간으로 감소한다. 이와 같은 수면시간의 감소는 출생 시 미성숙했던 뇌가 출생 후 첫 1~2년간 빠른 속도로 성장한 결과로 볼 수 있다(Morelli et al., 1992).

영아가 잠을 자지 않고 보챌 때는 공복감, 복통, 질병, 기저귀가 젖었을 때와 같이 신체적으로 불편한 경우가 많으므로, 그 원인이 무엇인지 빨리 알아보고 대처하도록 해야 한다. 밤낮을 거꾸로 해서 낮에 자고 밤에 자지 않는 경우에는 낮에 잠을 자지 않도록 유도하고, 저녁에 잠자리에 들기 전에 목욕을 시키고 수유를 하거나 이야기를 들려주는 방법이 효과적이다(정옥분, 2004).

(2) 식습관

① 모유수유

영아기의 빠른 신체적 성장은 영아가 섭취하는 영양소에 의한 것으로 양이 적절하지 않으면 영아의 신체발달뿐만 아니라 인지 및 사회적 발달 또한 순조롭게 발달하지 못한다. 모유는 아기에게 최고의 음식이며, 엄마가 줄 수 있는 최고의 선물이다. 즉, 모유수유는 영아의 성장발달에 영양학적으로 완전한 식품으로 알려져 있다. 모유는 적어도 돌까지는 먹어야 하고, 돌이 지나서도 엄마와 아기가 원하면 얼마든지 먹어도 좋다. 세계보건기구(WHO)에서는 6개월 동안은 모유만을 먹이고, 그 이후에는 다른 영양분과 병행하여 적어도 24개월까지는 모유를 계속 먹이는 것이 좋다고 권장하고 있다. 즉, 모유가 아기에게 최고의 음식임은 틀림없지만 만 6개월이 되면 철분과 아연 등 아기의 성장과 발달에 필수적인 영양분을 공급하기 위해서 고기 같은 음식을 포함한 이유식을 시작하는 것이 좋다.

모유수유의 장점은 영아와 엄마에게 긍정적인 영향을 미친다는 점이다. 모유수유가 영아에게 미치는 긍정적인 영향(표 6–2)과 엄마에게 미치는 긍정적인 영향(표 6–3)은 다음과 같다(하정훈, 2007).

| 표 6–2 | 모유수유가 아기에게 미치는 영향

- **머리가 좋아진다**
  모유를 먹고 성장한 아기는 지능이 높고, 인지발달이 빠르고, 학업성취도가 높다. 즉, 1세에서 2세 사이의 아이를 대상으로 실시한 언어, 사회성, 섬세한 운동, 반응기술 등의 검사와 취학 전 아이들의 다양한 지능검사 및 학교에 다니는 아이들의 학업성적에서 모유를 먹은 아이들의 점수가 높은 것으로 나타났다.
- **감염성 질환이 나타날 확률이 낮아진다.**
  모유에는 효소와 면역요소, 호르몬, 성장인자와 아직 정체가 밝혀지지 않은 성분이 들어 있다. 이 모든 성분들은 아기의 영양흡수를 돕고 감염을 막아주며 각종 장기의 성장을 돕는다.

특히 초유의 경우 신생아가 질병에 감염되는 것을 막아준다. 모유를 먹은 아기는 분유를 먹은 아기보다 장염(3배), 중이염(3배), 뇌막염(3.8배), 요로감염(2.5~5.5배), 폐렴 및 하기도 감염(1.7~5배), 아토피성 피부염 및 천식(2~7배), 영아돌연사증후군(2배)에 적게 걸리는 것으로 나타났다.

- **심리적 안정감을 준다**
  밀접한 피부접촉과 어머니의 심장 소리가 아기에게 심리적으로 안정감을 느끼게 한다. 또한 아기가 배가 고플 때, 아기에게 바로 제공할 수 있다.
- **경제적이며 변비에 걸리지 않는다**
  분유값을 절약할 수 있으며, 소화가 잘되기 때문에 변비에 걸리지 않는다.

| 표 6-3 | 모유수유가 엄마에게 미치는 영향

- **산후 회복이 빠르고 합병증이 적다**
  아기가 젖을 빨면 옥시토신이라는 호르몬이 분비되어서 자궁 수축이 촉진되기 때문에 출생 후 출혈을 줄일 수 있다.
- **날씬해진다**
  모유수유를 하면 임신하기 전의 몸무게로 더 빨리 돌아갈 수 있다.
- **엄마도 건강해진다**
  나중에 골다공증도 적게 생기고 난소암과 폐경 전 유방암도 적게 걸린다.
- **정신적으로 좋다**
  자신감이 생기고 아기에 대한 사랑이 커진다.

아기에게 모유를 잘 먹이기 위해서는 수유자세가 매우 중요하다. 즉, 젖을 먹일 때 엄마의 유방에 생기는 대부분의 문제가 잘못된 젖물리기에서 비롯된 것이라 해도 과언이 아닐 정도로 젖물리기는 매우 중요하다. 젖을 제대로 물리기 위해서는 아기를 안는 자세도 좋고 편안해야 한다. 기본적으로 엄마가 편한 자세를 잡고 아기가 편하게 젖을 빨 수 있는 자세를 취하는 것이 중요하다. 일반적인 수유 자세는 다음과 같다(그림 6-7).

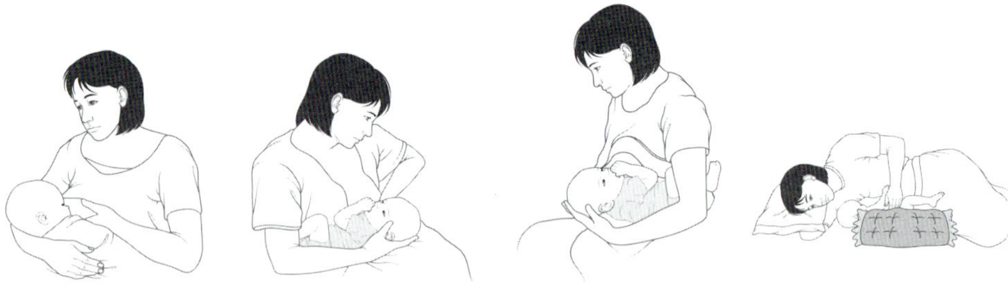

(a) 요람식 자세 (b) 교차요람식 자세 (c) 미식축구공 잡기식 자세 (d)누워서 먹이는 자세

| 그림 6-7 | 모유수유의 자세

출처: 하정훈(2007). 삐뽀삐뽀 119 소아과. 그린비. p. 225-227.

- **요람식 자세**cradle hold : 가장 일반적인 수유자세이다. 아기의 머리가 엄마의 팔꿈치 부근에 오기 때문에 힘이 적게 든다는 장점이 있다.
- **교차요람식 자세**crossover hold : 젖물기 힘들어 하는 아기에게 좋은 자세이다. 엄마의 손이 아기의 머리를 받치기 때문에 비교적 움직임이 자유로운 손으로 아기의 위치를 잡기 편안하다.
- **미식축구공 잡기식 자세**clutch hold : 제왕절개 수술로 출산한 엄마에게 좋은 자세이다. 수술부위에 아이의 체중이 실리지 않아서 편안하게 수유를 할 수 있다.
- **누워서 먹이는 자세**reclining position : 엄마가 힘들거나 제왕절개한 엄마에게 좋은 자세이다. 누워서 모유를 먹이기 때문에 편안함을 유지할 수 있다.

② 밥 먹이기

생후 7개월쯤 된 아기들이 밥을 먹을 때는 대개 한번에 큰 숟가락으로 두 숟가락 이상 먹지 못하고, 생후 9~10개월이 되어도 두 숟가락에서 멈추는 아기들이 대부분이다. 밥을 먹는 시기는 아기마다 차이가 있으며, 일반적으로 돌을 지나서 밥을 먹는 것이 좋다. 그러나 밥을 잘 먹는 아기가 모유나 분유도 충분히 먹고 소화도 잘 시키고 반찬도 골고루 먹을 수 있다면 생후 9개월 된 아기라도 굳이 밥을 끊을 필요는 없다. 현재 밥을 잘 먹고 양도 조금씩 늘고 있다면 밥을 약간 질게 해서 먹이고 고기와 야채와 다른 반찬도 골고루 먹이면 된다.

아이 혼자서 제대로 밥을 먹을 수 있도록 하기 위해서는 부모들이 아이의 식사습관에 대해 교육을 시키는 것이 중요하다. 특히 생후 8개월에서 12개월 사이에는 아이들이 혼자 숟가락을 쓰는 연습을 하게 된다. 이 시기에 엄마가 훈련을 시키지 않으면 두 돌이 지나서도 숟가락을 쓰지 못하는 경우가 있다. 이 시기에 연습을 잘한 아이는 생후 15~18개월쯤 되면 숟가락을 이용해서 음식을 먹을 수 있으므로 이때부터는 먹여 주지 말고 아이 스스로 먹을 수 있도록 도와주는 것이 좋다(하정훈, 2007).

(3) 대소변 가리기

대변은 13~15개월, 소변은 20개월 정도 지나야 가릴 수 있다. 대소변 가리기는 영아의 건강 상태나 정서 상태에 따라 차이가 나기 때문에 무리하게 강요해서는 안 된다.

아이가 태어난 후 1년 정도가 지나면 배변훈련을 받는다. 물론 부모에 따라서 배변훈련 양상도 다르게 나타난다. 프로이드Freud의 성격발달 이론에 의하면 부모의 배변훈련이 엄격하면 아이가 자라 지나치게 청결하고, 정돈 등에 강박적인 성격이 되며, 반대로 배변훈련이 너무 자유로우면 낭비를 하거나 낭만적인 성격을 지니게 된다. 그러나 중요한 것은 아이가 부모의 배변훈련에 적응하기가 어렵다는 것이며, 이것으로 영아가 스트레스를 경험하게 된다는 것이다.

2) 유아기 생리적 기능의 발달

유아기의 건강에 영향을 미치는 요인 중 하나가 수면과 휴식이다. 수면은 피로를 회복하고 에너지를 재충전하는데 필요한 생리적 기제이다. 일반적으로 2~3세 유아의 경우 하루에 12~15시간, 4~5세 유아의 경우 10~12시간의 수면이 필요하다. 또한 유아들의 경우 재미있는 일에 몰두하게 되면 피곤한 것도 잊어버리고 노는 경우가 있기 때문에 부모나 유아교사는 피곤할 때나 놀이후에는 적절한 휴식을 취하여야 한다는 것을 유아들이 이해하고 실천할 수 있도록 도와주어야 한다.

(1) 수면

수면은 유아기의 건강한 신체발달에 영향을 미친다. 유아는 성장하면서 수면시간이 줄어들지만 밤의 수면시간에 있어서는 별 차이가 없고 낮잠을 자는 시간이 줄어든다. 대체로 3세 정도까지는 한 번 정도의 낮잠을 자지만 4세가 되면 낮잠을 자지 않는 경우가 있다. 그런 경우에 부모는 유아에게 점심을 먹인 후에 휴식을 취하도록 해야 한다.

전문가들은 유아가 매일 저녁 10~15시간 정도의 수면을 취해야 한다고 조언한다. 대체로 유아는 밤 시간 동안 잠을 자지만 낮 시간 동안에도 잠을 자는 경향이 있다. 특히 유아에게는 잠의 양도 중요할 뿐만 아니라 연속적인 수면도 중요하다. 가끔 유아는 자다가 깨어나기도 하고 잠자리에 들기 전에 어려움을 겪기도 한다. 4~5세를 대상으로 수면 양의 다양성, 취침시간, 잠자리 늦게 들기 등에 관한 연구에서 유아의 적응과 수면 문제는 예상보다는 큰 상관관계가 없다는 연구결과가 밝혀지기도 하였다. 그러나 최근 연구에서는 수면저항은 행동문제 또는 과잉행동과 관련이 있다는 연구결과가 나오기도 하였다.

잠자기 전 유아를 안정시키기 위한 노력은 유아가 잠드는 데 다소 수월하도록 해준다. 그런 방법으로 유아에게 이야기책 읽어주기, 부모와 욕조에서 함께 놀기, 양육자의 무릎에 앉혀서 음악 들려주기 등과 같은 것이 있는데 이러한 활동들은 유아들이 취침을 하는 데 있어서 유아들을 안정되게 하는 경향이 있다.

(2) 식습관

최근 미국의 한 연구결과를 살펴보면 유아에게 있어서 식사 규정량dietary의 중요한 변화가 있었다는 사실을 알게 되었다. 즉, 외식을 하는 횟수가 늘어날수록 스낵, 피자, 소프트드링크 등과 같은 음식의 섭취가 늘어나고 있으며 저지방 우유, 소고기, 돼지고기 등과 같은 음식을 섭취하는 에너지는 줄어들고 있었다는 사실이 밝혀졌다.

또한 미국의 국가기관에서 시행한 연구에서 유아는 식사에서 약 45%가 포화지방과 트렌스지방의 권장량을 초과하였다고 밝혔다. 이러한 포화지방과 트렌스지방은 심장병의 위험을 초래할 수 있고 콜레스테롤 수치를 높일 수 있다. 따라서 유아의 식습관에 영향을 미치는 양육자의 행동에 주의를 기울일 필요가 있다.

첫째, 양육자는 유아와 함께 식사하는 시간을 예측 가능하도록 하는 것이 좋다. 둘째, 양육자는 건강에 유익한 식품을 먹는 습관을 보인다. 셋째, 양육자는 식사시간이 즐겁다는 인식을 갖도록 한다. 넷째, 양육자는 유아가 학교 급식과 같은 일정한 급식 유형에 적극적으로 참여할 수 있도록 권장한다. 다섯째, 양육자는 유아가 식사에 집중할 수 있도록 TV 시청과 같은 행동을 최소화할 수 있도록 노력한다. 여섯째, 양육자는 유아가 특정한 음식 맛에 길들여지지 않도록 유의하여야 한다. 예를 들어, 유아가 단 음식을 너무 많이 먹으면 잘못된 식습관으로 입맛을 해칠 수 있고 식사시간에 보다 영양가 있는 음식물을 피하려고 한다(이경민 외, 2014).

그리고 초등학교에 입학하기 전 유아는 에너지 사용량이 많기 때문에 성인에 비해 자주 먹어야 한다. 아침과 점심 사이, 점심과 저녁 사이의 시간은 활발하게 움직이는 유아에게는 긴 시간이다. 그래서 유아는 오전과 오후에 간식을 먹는 것이 좋다. 이러한 간식시간에는 단 음식을 피하는 것이 좋다. 또한 유아기의 영양 섭취는 성장에 있어서 중요한 영향을 미친다. 유아는 음식물을 씹고 삼킬 수 있는 다양한 형태의 능력이 발달되었다. 그러나 치아의 발달이 아직 이루어지지 않아서 음식물을 씹는 능력이 부족하다. 그것으로 인하여 소화능력이 원활하지 못하고 음식물을 섭취하는 양도 제한적일 수밖에 없다.

더욱이 이 시기의 유아는 영아기에 비하여 성장 속도가 느려지면서 식사를 하는 양도 줄어들게 된다. 또한 유아는 타율성에서 자율성으로 옮겨가는 시기가 시작됨으로써 억지로 음식을 먹이려고 하는 부모와 갈등을 경험하게 된다. 그런데 영아에 비해 활동량과 활동시간이 늘어난 유아가 음식을 덜 먹으려 하는 것을 걱정하는 주 양육자인 부모는 강압적이거나 회유적인 방법을 사용하여 음식을 먹이려고 한다. 그래서 유아에게 식사를 하게 할 때 지켜야 할 몇 가지 방법이 있다(김문희 외, 2006).

첫째, 음식을 먹을 때 투정을 부리는 유아에게는 부모가 일관성 있는 행동을 보이는 것이 중요하다. 대체로 부모는 유아가 음식을 먹지 않는다는 사실에만 집중하여 어떤 경우에는 유아가 좋아하는 음식을 주고 어떤 경우에는 음식을 주지 않고 야단만 쳐서 유아를 혼란에 빠뜨릴 수 있다. 부모는 유아가 음식을 먹지 않고 투정을 부리는 경우에 유아가 음식을 먹지 않으려고 하는 이유를 알아보고 그것에 대하여 일관적인 태도를 보이는 것이 필요하다.

둘째, 부모는 유아에게 음식을 먹이는 것에 너무 집착하여 유아가 음식을 먹지 않으려고 하면 전전긍긍하는 모습을 보이는 것은 바람직하지 못하다. 만약 그렇게 되면 유아는 그러한 상황을 활용하여 자신의 욕구를 충족시키거나 불만을 나타낼 수 있는 기회로 보고 부모와 힘겨루기를 하고자 한다. 따라서 부모는 유아에게 음식을 먹이려고 하는 강박관념에서 벗어나 서두르지 않아야 한다. 더욱이 음식을 먹지 않으려고 하는 유아에게 "이것 먹으면 네가 좋아하는 것 하게 해줄게"와 같은 유아와 타협하는 방법은 문제를 야기시킬 수 있다. 왜냐하면 그러한 동일한 상황이 되었을 때 점점 더 큰 보상을 요구할 수 있기 때문이다.

셋째, 부모는 되도록이면 유아와 함께 음식을 먹는 시간이 즐거운 분위기가 되도록 이끌어 가야 한다. 부모는 음식을 먹는 시간에 화를 내거나 전전긍긍하면서 유아에게 음식을 먹이려고 신경질을 부려서는 곤란하다. 더욱이 유아에게는 이 시기가 자율성과 주도성이 유발되는 기간이므로 숟가락과 젓가락을 사용하여 음식을 먹는 것과 같은 행동은 소근육 운동을 발달시킬 수 있는 기회이기도 하다. 부모는 음식을 먹는 시간을 즐겁게 하기 위하여 함께 음식을 만들어 보는 기회를 유아에게 제공하는 것도 좋은 방법이다.

(3) 과체중

유아의 체중이 많이 나가는 것은 유아에게 심각한 건강문제를 야기시킬 수 있다. 더욱이 최근에는 유아의 과잉섭취나 맞벌이 부부의 영향으로 인스턴트 음식의 섭취 등으로 유아의 비만이 증가하고 있다. 비만이었던 유아는 성인이 되었을 때 비만이 될 가능성이 상당히 높다. 그 결과 성인이 되었을 때 당뇨병, 고혈압, 신장질환, 심장질환 등이 발생할 가능성이 높다. 또한 또래로부터 놀림이나 따돌림을 당할 수 있어서 또래관계에서 심각한 문제를 야기시킬 수 있다(그림 6-8과 그림 6-9). 그래서 유아기에는 여러 가지 음식을 골고루 섭취함으로써 영양분을 보충하도록 해야 한다. 그 과정에서 항상 음식의 양과 질에 주의를 기울이면서 음식의 적절성을 유지하여야 할 필요가 있다.

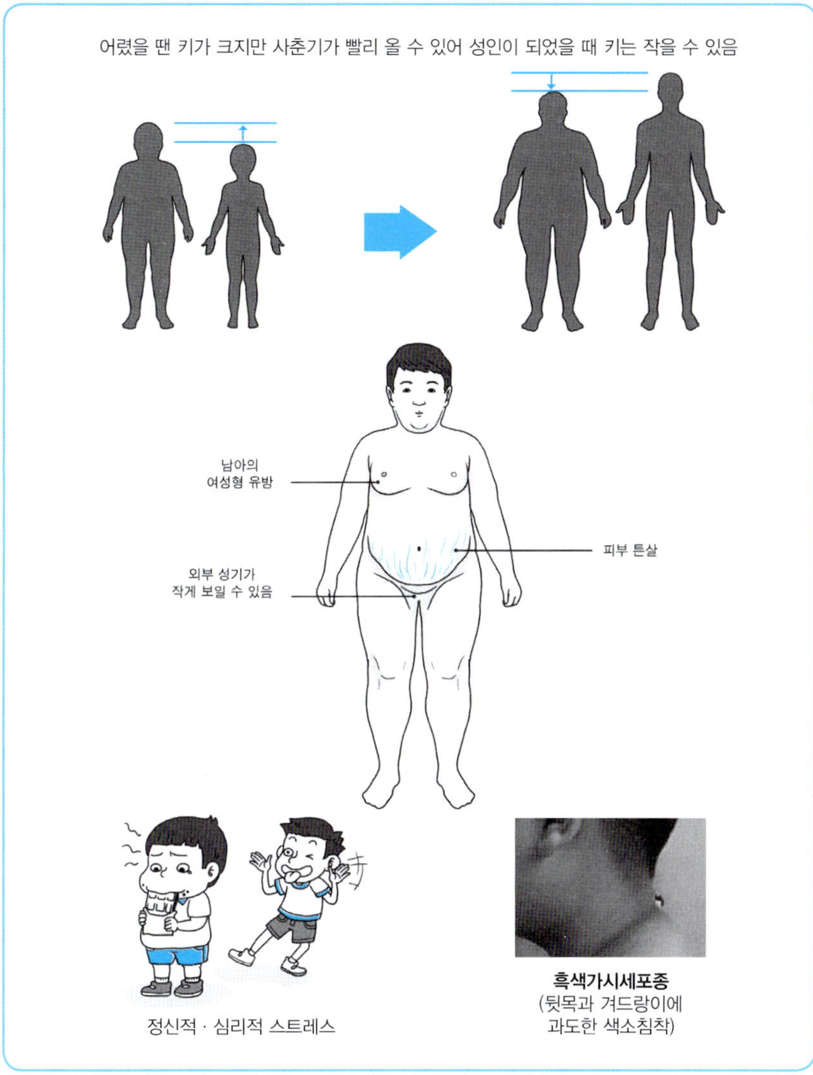

| 그림 6-8 | **소아비만의 증상**

출처: 보건복지부 대한의학회

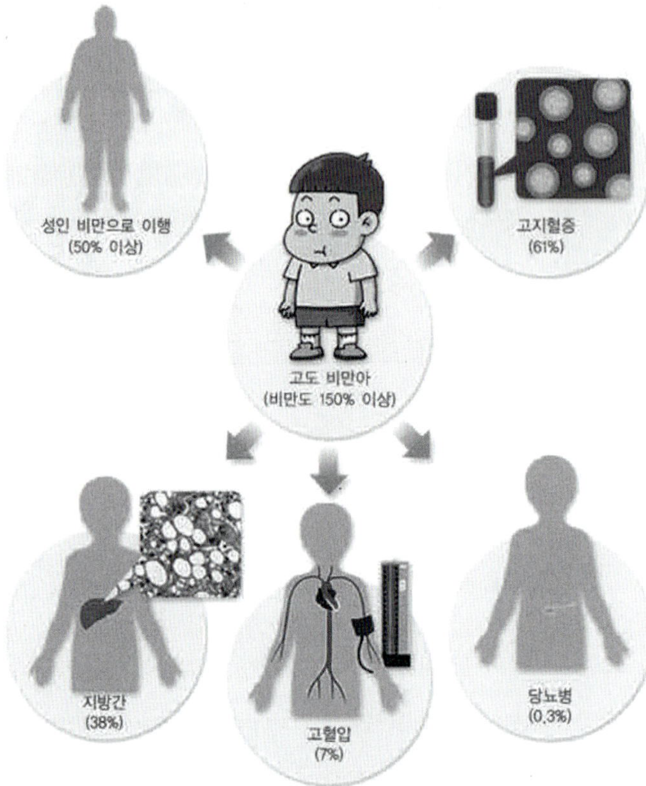

| 그림 6-9 | **소아 고도비만의 심각성**

출처: 보건복지부 대한의학회

또한 과체중은 유아의 심리 상태와도 관련성이 있다. 한 연구에서 5세 여아의 체중 상태와 자존감의 관계를 검증하였다. 그 결과 과체중의 여아는 과체중이 아닌 여아에 비하여 신체 자존감이 낮게 나왔다. 따라서 5세 정도의 유아의 과체중은 낮은 자존감과 관련이 있다고 볼 수 있다.

이러한 유아기에 나타나는 비만과 같은 과체중을 예방하기 위하여 유아의 부모는 음식을 사랑의 징표나 좋은 행동의 보상으로 여겨서는 곤란하며 배고픔과 영양을 보충하는 것으로 보이도록 노력하여야 한다. 또한 간식은 되도록 지방, 설탕, 소금의 비율이 낮고 식이섬유가 많이 함유되어 있는 식품이 좋다(이경민 외, 2014).

3. 운동 기능의 발달

1) 영아기 운동 기능의 발달

(1) 이동운동 기능의 발달

출생 후 시간이 지남에 따라 자연스럽게 아이가 해낼 수 있는 운동 기능도 발달하게 된다. 하지만 부모에게 있어서는 이 자연스러운 현상이 그렇게 당연하게 받아들여지지 않는다. '우리 아기가 기기 시작했어', '우리 아이가 걷기 시작했어' 하면서 자랑스럽고 흥분된 목소리로 주변 사람들에게 자랑하는 것을 흔히 볼 수 있다. 이것은 아마도 생후 몇 년 동안의 운동발달은 신체적 성장과 더불어 뼈, 근육 및 신경조직이 성숙하면서 이루어지기 때문에 정상적인 발달은 신경계의 정상성을 나타내는 중요한 지표가 되기 때문으로도 이해할 수 있다. 또한 이것이 곧 아이가 건강하게 잘 자라고 있다는 것을 증명 받는 순간이기 때문이다.

영아의 운동 기능 중에서도 이동운동은 시간에 따라 새로운 형태의 기능적 특징을 나타내면서 발달하므로 영아기 운동발달의 지표가 된다(그림 6-10). 이동운동이란 팔다리를 사용해 몸을 한 장소에서 다른 장소로 이동시키는 운동 기능으로 기어가기, 걷기, 달리기 등을 의미한다. 이동운동은 영아기에 현저한 발달을 보이는데, 2~3개월경에는 가슴을 들고 물건을 잡으려고 하며, 3~4개월경에면 뒤집기를 하고, 받쳐 주면 앉는 자세를 보인다. 8~10개월경에는 물건을 잡고 서 있을 수 있으며, 무릎으로 기게 된다. 13개월경에 혼자서 걷기 시작하다가 18개월경이 되면 달리기를 할 수 있는 놀라운 능력을 보인다. 일반적으로 운동 기능들은 관찰이 쉽고, 일정한 순서대로 발달하므로 영아발달을 검사하는 데 널리 사용되고 있다.

| 그림 6-10 | **영아의 운동 기능의 발달**

(2) 대근육 운동과 소근육 운동의 발달

운동 기능은 근육의 크기와 신체 부위에 따라 대근육 운동과 소근육 운동으로 나누어진다. 대근육 운동은 기기, 서기, 뛰뛰기, 걷기, 달리기, 계단 오르내리기, 공 던지기와 같은 팔, 다리, 몸통과 같은 대근육을 사용하는 운동을 말한다. 소근육 운동은 물건 잡기, 손가락으로 물건 집기, 글씨 쓰기, 가위로 오리기, 단추 채우기 등의 몸의 소근육을 사용하는 운동을 말한다. 영아의 대근육 운동과 소근육 운동 발달을 발달시기별로 살펴보면 다음과 같다(표 6-4와 표 6-5).

| 표 6-4 | 대근육 운동 발달

시기	내용
4주 이전	엎어놓으면 머리를 들려고 한다. 누워 있을 때에는 머리를 한쪽으로 돌리고 있다.
4주	손은 주먹을 쥔 상태이고 팔다리는 펴는 자세일 때가 많다. 목은 아직 잘 못 든다.
16주	엎어놓으면 머리를 90도로 들 수 있고 머리를 가눌 수 있다. 반듯이 누워 있으며 몸을 약간 자유로이 움직일 수 있다.
28주	앞으로 기울이면서 앉을 수 있고, 세우면 다리를 껑충 껑충 뛰고 뒤집을 수 있다.
40주	혼자 앉고, 기어다니고, 붙잡고 일어선다.
12개월	혼자 서고, 한 손으로 잡고 걷는다
15개월	혼자 걷고, 계단을 기어 올라가고, 공을 발로 찰 수 있다.
18개월	혼자 잘 걷는다. 한 손으로 잡고 층계를 걸어 올라간다. 조금씩 뛸 수가 있다.
2세	넘어지지 않고 잘 뛴다. 발로 큰 공을 찰 수 있다. 계단을 혼자 오르내린다.

| 표 6-5 | 소근육 운동 발달

시기	내용
4주 이전	움직이는 물체나 소리에 반응한다.
4주	움직이는 물체를 중앙선까지 따라가며 볼 수 있다.
16주	천천히 움직이는 물체를 주시할 수 있다. 장난감을 보면 잡으려고 손을 옴지락거린다. 물체를 주면 쥘 수도 있다.
28주	한 손으로 장난감을 잡을 수 있고, 잡은 장난감을 다른 손으로 옮겨 쥘 수도 있으며, 장난감을 흔들 수도 있다.

시기	내용
40주	숨겨진 장난감을 찾을 수 있고, 2개의 장난감을 쥐고 맞부딪쳐 소리를 내기도 하며, 미세한 동작도 약간 가능해 작은 물체를 엄지와 집게손가락으로 집을 수도 있다.
12개월	음식을 엄지와 집게손가락으로 정확히 집어서 먹을 수 있다. 장난감을 달라고 하면 주기도 한다. 공을 던질 수도 있다.
15개월	크레용으로 선을 그리는 시늉을 한다. 2개의 정육면체를 쌓을 수 있다. 그리고 작은 조각들을 병에 담을 수도 있다.
18개월	3개의 정육면체를 쌓을 수 있고 크레용으로 종이 위에 마구 그을 수 있다.
2세	6개의 입방체를 쌓을 수 있다. 수평선을 그리고 원을 그리는 흉내를 낼 수 있다.

운동발달에는 개인차가 있어서 어떤 아기는 평균보다 더 빨리 발달하기도 하고 어떤 아기는 늦게 발달하는 경우도 있으므로 몇 개월 정도의 차이는 정상적인 것으로 보아야 한다. 그리고 아이의 운동 기능이 발달하면서 그만큼 사고의 위험에 노출될 가능성도 높아진다. 따라서 아이가 기거나 걷기 시작한다면 그에 따라 주변의 위험환경으로부터 보호해 줄 필요가 있다. 그렇지만 영아기에 운동 기능을 연습할 충분한 기회가 없다든지 부모가 다칠 것을 두려워하여 운동을 못하게 하면 운동발달이 지체될 수도 있으므로 적절한 운동과 적절한 보호가 필요하다.

2) 유아기 운동 기능의 발달

생의 초기 2년간의 운동발달을 지배하는 동일한 원리가 유아기 동안에도 계속 작용한다. 유아들은 이전에 습득한 능력을 보다 복잡하고 역동적인 행동체계에 통합시킨다. 유아들은 신체가 더 크고, 강하게 자라고, 중추신경조직이 발달하고, 환경의 새로운 목표를 제시하고, 지각능력과 인지능력의 도움으로 새로운 목표를 성취하려는 시도를 함에 따라 각각의 새로운 기술들을 습득하거나 교정하게 된다(박낭자 외, 2007). 이와 같이 모든 유아가 동일하게 자라지는 않지만 유아기의 일반적인 성장패턴을 보이기도 한다. 유아기의 일반적인 성장패턴을 나이별로 살펴보면 〈표 6-6〉과 같다(하정훈, 2007).

| 표 6-6 | 유아기의 일반적인 성장패턴

시기	내용
3세	• 세발 자전거를 탈 수 있으며, 한쪽 발로 잠깐 동안 설 수 있다. 계단을 한쪽 발씩 딛고 올라갈 수 있다. • 9~10개의 정육면체를 쌓는다. 원과 십자를 보고 그릴 수 있으며, 자신이 그린 그림을 설명하는 아이도 있다. 혼자서 양말과 신발을 신을 수 있고 단추를 채우고 풀 수도 있다. 혼자서 손을 씻는 것도 가능하다. • 자기의 성과 이름을 말할 수 있으며, 수를 셋까지 셀 수도 있다. 사용하는 어휘는 평균 896개 정도이다.
4세	• 한쪽 다리로 4~8분 동안 서 있을 수 있고 한쪽 발로 뛸 수도 있다. 서툴지만 가위질을 할 수 있다. • 사각형을 보고 그리고, 사람을 그리라고 하면 두 부분 이상을 그리게 된다. 한 두 가지의 색깔을 정확하게 구분할 수 있다. • 혼자서 양치질과 세수를 하고 수건으로 손과 얼굴을 닦는다. 혼자서 옷을 입는 것도 가능하다. • 넷까지 수를 셀 수 있으며, 자신이 생각한 대로 이야기를 할 수 있으며, 사용하는 어휘 수는 평균 1,540개 정도이다.
5세	• 멀리뛰기와 줄넘기를 할 수 있고, 한쪽 발씩 발을 바꾸어 뛸 수도 있다. • 머리, 몸통, 다리가 있는 사람을 그릴 수 있으며, 물건을 보고 열까지 정확히 셀 수 있다. 네가지의 기본 색을 정확히 알고 단어의 의미를 물어본다. 사용 어휘 수는 평균 2,072개 정도이다. • 겁은 많지만 충동적이고 모험심도 있고, 친구들과 하는 경쟁적인 놀이를 좋아한다. 단체 생활의 규칙을 이해하게 된다.
6세	• 두 눈을 감은 채 한쪽 발씩 번갈아가면서 서 있을 수 있다. 마름모꼴을 보고 그대로 그릴 수 있고, 5 이하의 수를 더하고 뺄 수도 있다. 사람을 그리라고 하면 두 손이 있고 얼굴과 목이 있고, 옷을 입은 사람을 그리게 된다. • 사용하는 어휘 수는 평균 2,562개 정도이다. 이제는 문법에 맞게 정확히 말할 수 있고, 30까지 수를 셀 수 있으며, 오른쪽과 왼쪽을 구분할 수 있다.

(1) 대근육 운동발달

유아들은 상체가 점점 가벼워지고 유선형이 되어감에 따라 무게중심이 몸통의 아래쪽으로 이동하게 되고, 그 결과 균형감각이 발달하고, 신체의 대근육을 수반하는 새로운 운동능력이 발달하게 된다. 대표적인 대근육 운동발달인 걷기, 달리기, 두 발 뛰기, 공 던지기 및 공 받기에 대한 발달을 살펴보면 다음과 같다.

① 걷기

걷기walking는 한 발로 땅을 지지하면서 다른 발을 앞으로 옮기는 동작으로 대부분 13개월부터 걷기 시작하여 2세 정도가 되면 안정된 걷기 자세를 습득하게 된다. 걷기의 단계는 3단계로 구분할 수 있는데(표 6-7), 초기 단계는 팔을 올리고 발바닥으로 터벅거리면서 걷게 되며, 중간 단계에는 보폭이 길어지고 팔 흔들림이 적은 것이 그 특징이다. 마지막 성숙 단계에서는 발이 신체 중심선에서 움직이게 되고 안정된 자세가 이루어지게 된다(곽노의 외, 2007).

| 그림 6-11 | **걷기**

| 표 6-7 | 걷기의 단계별 특징

단계		특징
초기 단계	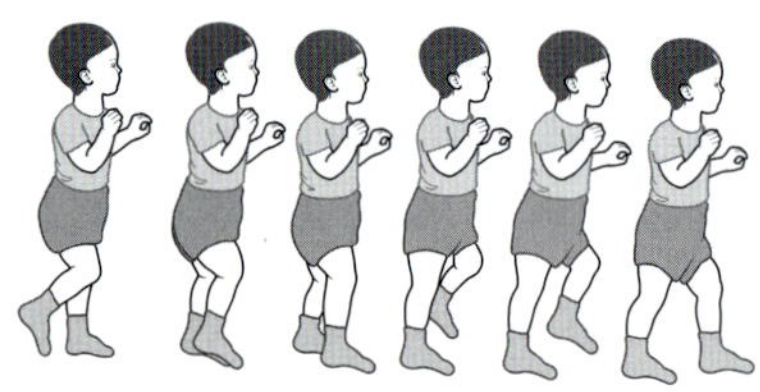	• 팔을 올리고 발바닥으로 터벅거리며 걷는다. 기저면이 넓고, 다리가 중심선에서 회전한다.
중간 단계	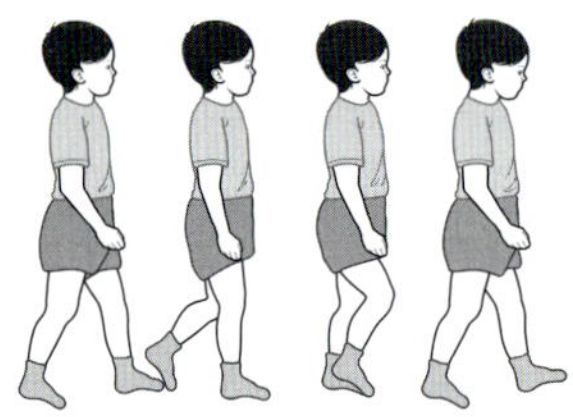	• 보폭이 길어지고 팔 흔들림이 적으며, 발뒤꿈치가 지면에 먼저 닿고 발 앞꿈치로 옮기는 동작이 나타난다.
성숙 단계	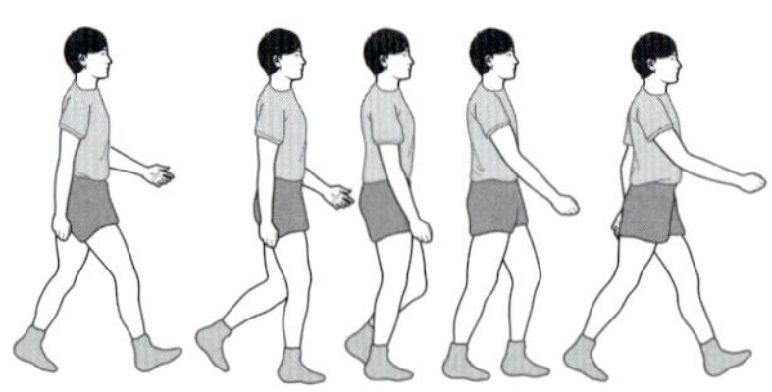	• 발이 신체 중심선에서 움직이며, 뚜렷하게 발뒤꿈치가 지면에 먼저 닿고 발 앞꿈치로 옮기는 동작을 보인다.

영아가 걸을 수 있게 되면 바로 계단을 오를 수 있다. 즉, 3세가 되면 계단 오르기를 할 수 있다. 계단을 오를 때 한쪽 발을 먼저 올려놓고 그다음 다른 쪽 발을 그 옆에 놓으면서 계단을 올라가게 된다. 또한 유아기에는 발을 번갈아 가면서 계단을 오른다. 계단을 내려오는 것은 올라가는 것보다 균형을 잡기가 더 어렵기 때문에 4세 전에는 발을 번갈아 가면서 계단을 내려오지 못한다(정옥분, 2007).

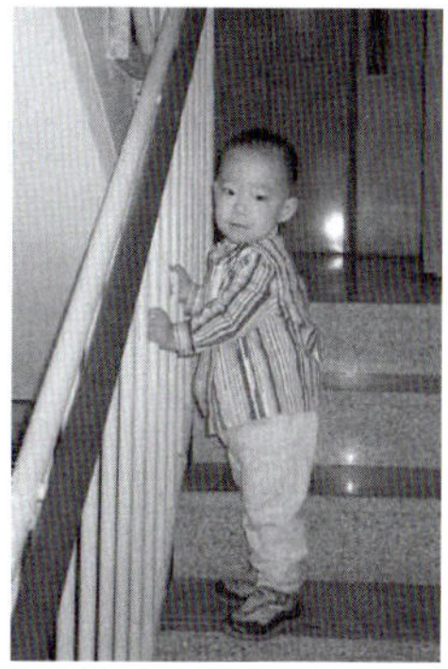

| 그림 6-12 | **계단 오르내리기**

② 달리기

걷기가 빨라지다가 지면에서 양 발이 동시에 떨어지는 동작이 나타나면 이것을 달리기running라고 한다. 첫 돌을 전후해서 걷기 시작하고, 18개월이 되면 빠르게 걸을 수 있으며, 2~3세 사이에 달리기를 시작한다. 3세에는 비교적 잘 달리지만 달리면서 방향을 바꾸는 데 어려움이 있다. 일단 달리기를 멈춘 다음 방향을 바꾸고 다시 달리기 시작한다. 그러나 5세경에는 계속 달리면서 방향을 바꿀 수 있으며, 갑자기 멈추어도 넘어지지 않는다. 6세가 되면 더욱 성숙한 동작으로 탄력적으로 달리며 속도 조절이 가능해진다.

| 그림 6-13 | **달리기**

③ 두 발 뛰기

뛰기는 멀리뛰기, 높이뛰기, 뛰어내리기 등이 포함되는 활동이다. 3세가 되면 한발 먼저 뛰는 동작부터 시작하여 두 발뛰기jumping가 가능해지는 시기이다. 뛰어 내리기 동작을 시도하는 것은 2세경부터 시작되지만 3세가 될 때까지는 불안정한 모습을 보이다가 5세가

| 그림 6-14 | **멀리뛰기**

출처: 정옥분(2004). 영유아발달의 이해. 학지사. p.262.

되어서야 약 90cm 정도의 멀리뛰기와 30cm 정도의 높이뛰기를 할 수 있게 된다(곽노의 외, 2007).

④ 공 던지기

공 던지기와 받기는 유아의 협응능력과 조정능력을 발달시켜 주는 데 도움이 되며, 유아는 공을 사용한 놀이에 흥미를 느낀다. 공 던지기 기술은 아동기와 청년기에도 계속해서 발달하지만 기본 기술은 유아기에 습득된다(표 6-8). 유아기에 와서는 한 손으로 공을 던질 수 있는데, 공 던지기 기술은 연령이 증가하면서 1단계에서 4단계를 거치게 된다(정옥분, 2002).

| 표 6-8 | 공 던지기의 단계별 특징

시기	단계		특징
2~3세	1단계	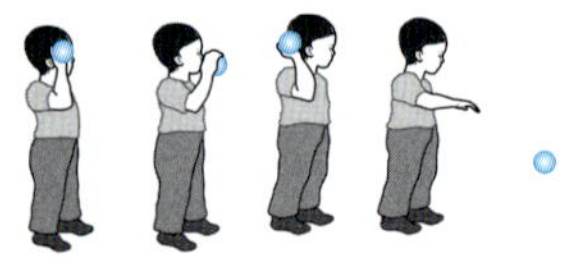	• 몸을 돌리지 않고 똑바로 서서 단지 팔만을 이용해서 바로 앞에 공을 던지게 된다.
3~4세	2단계		• 팔이 움이지는 대로 어깨를 약간 틀어 보지만 발은 여전히 고정되어 있다.
4~5세	3단계		• 발을 앞으로 약간 내밀고, 어깨를 돌리고, 팔을 어깨 너머로 돌렸다가 앞으로 쭉 뻗어 공을 던지지만 여전히 몸을 크게 돌리지 못한다.
5~6세	4단계		• 몸을 앞뒤로 흔들고 팔을 뒤로 뺐다가 공을 강속으로 던진다. 몸을 흔들 때 팔이 활처럼 휘게 된다.

⑤ 공 받기

공을 잡을 때도 2세 유아들은 팔과 손을 뻣뻣하게 펼쳐서 잡는다. 공을 가슴에 잡을 수 있도록 충분히 팔꿈치를 구부리게 되는 것은 3세 정도이다. 3세가 지나면서 서서히 어깨와 몸통, 다리를 사용하여 공을 받을 수 있게 된다. 5세 때는 공을 잡을 때 공이 떨어지는 지점을 예측하고 신체를 이리저리 움직이면서 손과 손가락만으로도 공을 잡을 수 있게 된다.

| 그림 6-15 | **공 받기의 발달단계**

출처: 정옥분(2004). 영유아발달의 이해. 학지사. p.265.

(2) 소근육 운동발달

대근육 운동의 발달과 마찬가지로 소근육 운동능력도 유아기 동안 급격히 발달하게 된다(표 6-9). 소근육 운동은 주로 눈-손을 협응하여 손기술을 정확히 구사하는 능력으로 정의된다(Williams, 1983). 소근육 발달이란 주로 손에 있는 소근육 운동조절능력의 발달을 의미한다. 소근육 조절능력이 발달되었다는 것은 여러 가지 운동능력들이 통합되고, 중추신경계가 성숙하고 있음을 반영하는 것이다(곽노의 외, 2007). 따라서 유아기가 되면 손과 발가락의 조정능력이 발달하기 때문에 유아들은 퍼즐 맞추기, 작은 블록으로 구성하기, 자르고 붙이기, 구슬 꿰기 등을 할 수 있게 된다.

| 표 6-9 | 소근육 운동발달

시기	내용
3세	숟가락과 젓가락을 사용하는 것이 가능하다.
4세	블록으로 탑을 높이 쌓고 신발 끈을 맬 수 있고 가위질을 한다. 혼자 옷을 벗고 입을 수 있다
5세	블록으로 의도한 완성된 건물을 만들 수 있고 종이를 반으로 또는 1/4로 접을 수 있다. 글자나 숫자를 베낄 수 있고 크레용으로 색칠을 할 수 있다
7~8세	숟가락, 젓가락 사용을 자유자재로 할 수 있다

대표적인 소근육 운동발달인 잡기능력, 시각-운동 및 양측 협응, 그림 그리기, 블록 쌓기, 젓가락 사용, 옷 입고 벗기 및 단추 사용에 대해 살펴보면 다음과 같다.

① 잡기능력의 발달

소근육 운동능력은 운동발달의 첫 단계인 잡기반사에서 시작된다. 잡기반사는 피부와 근육 등에 가해지는 압력으로부터 자신의 체위를 인지하는 감각기관인 자기수용체 proprioceptor가 자극됨으로써 발생된다(Williams, 1983).

잡기능력은 손가락의 협응과 정교성으로 구분할 수 있다. 손가락 협응은 손가락을 반복적으로 빨리 움직이는 것, 즉 엄지를 집게에서 시작하여 다른 손가락까지 연속해서 닿게 하는 과제로 검사를 할 수 있다(곽노의 외, 2007). Williams(1983)에 의하면 손기능은 만 5~7세 사이에 현저히 발달하며 8세 이상에서는 발달적 차이를 보이지 않는다고 주장한다.

② 시각-운동 및 양측 협응

유아의 경우 대근육의 통제가 정교해지고 협응이 되어 가면서 소근육의 기능도 발달하게 된다. 유아기에는 눈과 손의 협응과 소근육의 통제가 급속하게 발달하기 때문에 손으로 사물을 조작하는 능력이 놀이와 일상생활 속에서 눈부신 발전을 하게 된다. 즉, 초기 반사운동에 의해 일어나던 소근육 운동은 시간이 지나면서 시각과 협응을 하게 됨으로써 정교해지게 된다. 소근육 시

| 그림 6-16 | 고리 던지기

각–운동에는 찰흙으로 만들기, 구슬 끼우기, 가위로 종이 자르기 및 그림 그리기가 대표적이며, 양측성 운동협응은 양손을 사용하는 능력을 의미하며 3~10개월 사이에는 양손을 동시에 이용하는 움직임을 보이다가 8~10개월에는 양손을 서로 다르게 움직이기 시작하며, 12~18개월에는 양팔이 신체 양쪽으로 서로 다른 기능을 수행할 수 있게 되며, 18~24개월에는 두 손을 동시에 조작할 수 있는 예비적 기술들이 발달하기 시작한다. 손의 협응 중 양측성 운동협응의 발달과정을 정리하면 〈표 6–10〉과 같다(박대근, 2004).

| 표 6–10 | 양측성 운동협응의 발달과정

양측성 운동협응	시기
부조화된 양손 사용	생후 3개월까지
자의적 잡기능력	약 12주부터
양손 함께 움직임	3~10개월
엄지와 집게 협응, 긁적거리기 시작, 양측성 운동 협응	8~10개월
양손 서로 다르게 움직임	12~18개월
양손 동시 물체 조작 예비기술	18~24개월
양손 동시 조작(병 뚜껑 열기, 구슬 꿰기, 종이접기 등)	2~3세
한 손 정교 학습기술(연필로 그리기, 가위 사용 등)	3~4세
양손–양발 협응(리듬 따라 손–발 박자)	5~6세 빠른 발달
물체 조작, 손의 정교성	4~7세 빠른 발달

③ 그림 그리기

연필이나 크레파스의 사용은 이후 아동기까지 계속해서 발달하는 중요한 소근육 운동능력 중의 하나이다. 영아기부터 종이에다가 낙서와 같이 무언가 그리기를 시도하던 아이는 낙서에 불과하던 것이 그림으로서의 모습을 갖추기 시작하는 것은 3세 무렵이다. 이때 유아는 자신이 그려 놓은 그림의 모양을 인식하고 그림에 이름을 붙이기 시작한다.

| 그림 6–17 | **그림 그리기**

겔로그(Kellogg, 1970)는 유아들의 그림을 분석하여 4단계의 그리기 발달단계를 제시하였는데, 제1단계(영아기 후반~2세)는 긁적거리는 단계로 뚜렷한 형태가 없는 점이나 선을 그리게 된다. 제2단계(2~3세)는 단순한 도형 단계이며, 원이나 삼각형 혹은 사각형의 단순 형태를 그리기 시작한다. 제3단계(3~4세)는 무늬를 그리는 단계로 기본적인 형태를 조합한 무늬를 그리기 시작하면서 원 속에 직선을 그리거나 사각형 속에 원이나 삼각형을 그리기 시작한다. 제4단계(5~7세)는 실제의 사물을 표상하는 단계로 사람, 동물, 자동차, 나무, 집 등 실제 사물을 그리기 시작한다. 사람의 세밀한 부분도 자세하게 묘사하기 시작하는 단계이다.

4세의 그림 4세의 그림 5세의 그림

| 그림 6-18 | **4세와 5세 유아의 그림**

④ 블록 쌓기

유아의 블록 쌓기는 대체로 2세경에 시작하여 5세에 이르기까지 점진적으로 발달하게 된다. 즉, 처음에는 블록 쌓기에 불안전한 모습을 보이다가 연령이 증가함에 따라 시간도 단축되면서 정확하고 정교해지게 된다. 유아들에게 있어 블록 쌓기놀이는 매우 중요한 함의점을 지니는데, 그 이유는 블록 쌓기는 눈과 손의 협응능력뿐만 아니라 블록을 잡고 놓는 손의 조절능력을 요구하는 활동이기 때문이다. 즉, 블록 쌓기에는 블록을 쌓

| 그림 6-19 | **블록 쌓기**

아 올리면서 블록을 잡는 일과 적당한 곳에 두기 위해서 집었던 손을 정확하게 떼는 일이 포함되는 활동이다. 블록 쌓기에 연령별 특징에 대한 게젤(Gesell, 1925)의 연구를 요약하면 〈표 6-11〉과 같다.

| 표 6-11 | 블록 쌓기에 대한 연령별 특징

시기	특징
1.5세	• 몇 번을 시도한 끝에 블록 세 개를 쌓아 올려 탑을 만들 수 있다. 블록을 놓고 손가락을 떼는 데 많은 시간이 걸린다.
2세	• 5개 내지 7개 정도의 블록을 쌓아서 탑을 만들 수는 있으나 블록을 겹쳐 올려 놓는 데에 많은 주의를 기울임에도 불구하고 완성된 탑은 대체로 기울어져 있다.
3세	• 블록 3개를 놓고 다리를 만들 수도 있다. 그 위에 한 개를 더 올려놓는 것인데 다소 빗나갈 때도 있으나 천천히 정확하게 쌓을 수 있게 된다. 그러나 블록을 올려놓고 손을 즉시 떼는 일은 아직도 어려우며 때로는 탑의 안정을 유지하기 위해 두 손을 사용할 때도 있다.
4세	• 블록을 쌓는 일과 탑을 만든 후에 손을 떼는 일에 세심한 주의를 기울이며, 블록 쌓기가 보다 능숙해지기 시작한다.
5세	• 블록 쌓기의 속도, 정교성, 정확성 등에서 뚜렷한 발전을 나타낸다. 블록을 손에 잡고, 쌓고, 손을 뗄 때까지 하나로 연결된 원활한 동작들이 나타난다.

⑤ 젓가락 사용

대부분의 유아들은 2세 정도가 되면 숟가락을 사용하여 혼자 밥을 먹을 수 있으나 숟가락을 안정되게 사용하는 것은 3세경이 지나야 가능해진다. 젓가락을 사용하게 되는 것은 4세가 지나서 가능해진다. 그러나 먹은 행위가 안정되게 진행되고 유아가 속한 문화에서 요구하는 방식으로 숟가락과 젓가락을 사용할 수 있는 것은 6세가 지나서야 가능해진다.

일본의 야마신타(Yamashita, 1941) 등은 2~6세 유아를 대상으로 젓가락 사용의 발달을 분석하였는데(표 6-12), 이 중 1, 2단계는 2~3세 유아들에게 많으며, 3세 이상의 유아들은 3, 4, 5, 6단계가 혼합되어 나타나는 경향이 있다고 주장한다. 연령에 따른 젓가락 잡는 훈련의 효과를 보면 3~4세 유아들에게는 젓가락 잡는 훈련을 시켜도 효과가 없으며, 5세 이상이 되어서야 훈련의 효과가 있는 것으로 보고되고 있다(김경중 외, 1998 재인용).

| 표 6-12 | 젓가락 사용의 단계별 특징

시기	단계	젓가락 잡는 모습	특징
2~3세	1단계	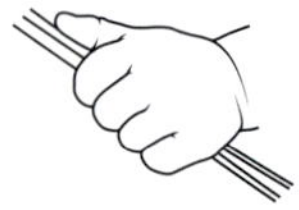	• 숟가락과 같이 젓가락을 잡는다.
	2단계	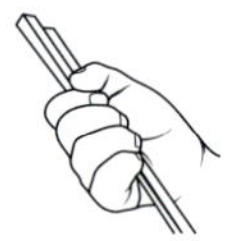	• 막쥐기형으로 손바닥 전체가 하나가 되어 그냥 꽉 잡는다.
3~6세	3단계		• 2단계에서 진보된 것으로 잡는 것이 다소 자유로우며, 손바닥과 따로 작용하기 시작하는 단계이다. 즉, 인지가 다소 독립적이 된다.
	4단계	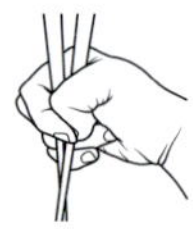	• 인지와 중지를 사용하여 물건을 잡기 시작하는 단계이며, 인지와 중지 외에 새끼손가락이 동원된다.
	5단계	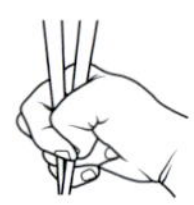	• 전체적으로 쥐듯이 잡는다. 인지와 중지 중 어느 것이든 엄지와 함께 잡는 구실을 하게 된다. 즉, 엄지, 인지, 중지가 중심이 되어 잡게 되는 시기이다.
	6단계	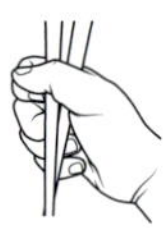	• 다섯 손가락이 모두 동원되는 단계이다. 엄지, 인지, 중지의 세 개는 한쪽 젓가락을 움직이고 약지, 새끼손가락, 엄지의 세 개는 또 다른 젓가락을 떠받치는 역할을 한다.
7세	7단계	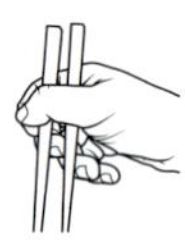	• 어른들이 잡듯이 잡게 되는 시기이다. 즉, 더 잘 분화되어 성인들이 잡는 방법으로 잡게 된다.

⑥ 옷 입고 벗기 및 단추 사용

옷을 벗을 수 있는 시기는 대략 3세 이후이고 옷 입는 것이 부분적으로 가능한 시기는 약 4세경이며, 혼자서 옷을 벗고 입는 것이 가능한 때는 5~6세경이다. 3~4세가 되면 자기 옷의 단추를 빼고 끼울 수 있게 되며, 5~6세경에는 자기 손이 닿는 곳에 있는 단추는 어떤 것이든 자유자재로 사용할 수 있게 된다. 그리고 5~6세경에는 신발을 혼자서 신고 벗을 수 있으며 끈도 맬 수 있게 된다(김나영, 2007).

| 그림 6-20 | 옷 벗고 입기

출처: 하정훈(2007). 삐뽀삐뽀 119 소아과. 그린비. p.425.

4. 운동 기능 발달에 관한 관점

운동 기능의 발달시기와 순서를 설명하는 데 세 가지 견해가 있는데 성숙론적 관점, 학습론적 관점 및 체계 이론이며 각각에 대해 살펴보면 다음과 같다(정옥분, 2004).

첫째, 성숙론적 관점에 의하면 신경계와 근육의 성숙이 이루어지면 운동 기능의 발달은 유전적으로 프로그램된 순서대로 나타난다고 본다. 영아기의 초기 경험이 매우 다름에도 불구하고 세계 모든 영아들의 운동 기능 발달이 비슷한 순서로 진행된다는 비교문화연구 결과는 성숙이 운동 기능의 발달에 매우 중요한 요인임을 뒷받침해 준다.

둘째, 운동 기능의 발달에 있어서 성숙이 중요한 요인이라는 사실을 부정하지는 않지만, 학습론자들은 운동 기술을 연습할 기회가 운동발달에 영향을 미친다고 믿는다. 생후 2년간을 대부분 고아원 침대에서 누워 지낸 영아들을 대상으로 실시한 연구를 보면(Dennis, 1960), 운동 기능의 발달에서 성숙이 필요조건이지만 충분조건은 아닌 것으로 나타났다. 이 연구에서 고아들은 2세가 되어도 걷지 못했고, 3~4세가 되었을 때 15% 만이 혼자 걸을 수 있었다. 따라서 운동에 대한 기회 제공과 경험이 매우 중요하다고 강조한다.

셋째, 성숙론이나 학습론의 설명보다 훨씬 더 흥미롭고 복잡한 목표지향적 체계 이론에 의하면 생후 2년간 운동 기능의 발달은 단순히 성숙과 학습에 의해 전개되는 것이 아니라고 본다. 체계 이론은 이것을 새로운 운동기술을 습득하고자 하는 영유아의 의지에 의한 것이라고 본다. 즉, 특정한 목표를 염두에 두고 있는 호기심이 많고 능동적인 유아가 그 목표를 달성하는 데 필요한 새로운 운동기술을 습득하기를 원한다는 것이다. 따라서 자신이 이미 가지고 있는 운동기술을 적극적이고 복잡하게 재조직함으로써 새로운 운동기술을 창출하게 된다는 것이다.

07

Chapter

감각 및 지각발달

학습목표

1. 감각 및 지각발달에 대한 논쟁점들을 살펴본다.
2. 감각 및 지각을 측정하는 방법들의 원리를 설명한다.
3. 시기별 감각발달 단계를 이해하고 감각발달을 도와줄 수 있는 방법을 모색해 본다.
4. 지각발달에 대해 이해한다.

감각은 감각정보의 수용기 세포들이 정보를 탐지하고 탐지된 정보를 뇌로 전달하는 과정이며, 지각이란 감각기관을 통해 들어온 정보를 해석하는 과정, 즉 지금 보고 있는 것이 무엇인지 이해하거나 들려오는 소리가 무엇인지를 알아내며, 지금 맛 본 냄새가 갓 구워낸 빵이라는 것을 알아내는 과정이다. 따라서 지각은 경험과 학습에 의해 이루어지는 과정이라고 할 수 있다. 실제로 인간의 대부분의 행동은 감각과정을 통해 들어온 정보를 바탕으로 지각을 통해 해석과 반응에 의존하게 된다. 이와 같이 감각을 통해 획득한 정보를 지각하는 과정은 초기 인지를 형성하는 데 매우 중요하며, 무엇보다 생존을 위해 매우 필요한 과정이다. 그러나 여전히 감각 및 지각발달에 대한 논쟁이 이루어지고 있으며, 발달심리학자들은 영유아의 감각과 지각을 알아보기 위한 독특한 방법을 개발해 왔다. 이들의 노력에 의해 그동안 파악되지 않았던 신생아 및 영유아의 감각과 지각의 발달 정도를 알게 되었다. 따라서 본 장에서는 신생아기와 영유아기의 감각 및 지각발달에 대해 살펴보고자 한다.

1. 감각 및 지각발달에 대한 논쟁

1) 유전 대 양육

경험론자들은 인간은 백지 상태로 태어나므로 감각 자극들을 해석하는 능력은 학습을 통해 후천적으로 습득된다고 주장한다. 이에 비해 생득론자들은 많은 기초적인 지각은 생득적인 것이라고 주장을 하고 있는데, 이러한 능력은 진화의 과정을 통해 인간의 신경계 내에 형성되어 온 적응적인 지각적 이해능력이라고 주장한다. 그러나 대부분의 학자들은 성숙과 경험 모두 지각발달에 영향을 미치는 것으로 보고 있다.

2) 정교화 대 분화

지각발달에 대한 두 가지 현대적 이론은 정교화 이론과 분화 이론이다. 이 두 이론 모두 우리가 반응하는 바깥 세계에는 객관적인 현실이 존재한다는 점은 인정한다. 그러나 정교화 이론에서는 감각 자극은 때로 단편적이거나 혼란스럽기 때문에 모호한 정보를 해석하기 위해서 입력된 정보에 새로운 정보를 더하거나 해당 정보를 통합하기 위하여 우리가 사용할 수 있는 인지적 도식을 이용해야 한다고 주장한다. 즉, 우리가 이미 가지고 있는 지식이 새롭게 입력되는 감각 자극에 의미를 부여하여 정교화 한다는 것이다. 예로 피아제Piaget는 감각 자극을 해석하기 위해서는 기존 지식이 기초를 제공해야 가능하다고 주장하는 것이다. 분화 이론은 감각 자극은 우리가 경험을 해석하는 데 필요로 하는 모든 것을 제공하고 있다고 본다. 따라서 우리의 임무는 분화된 정보, 즉 서로 다른 형태들을 구분시켜 주는 세부 특징을 단순히 탐지하는 것이다. 예로 깁슨Gibson은 이 모든 세부적인 구분을 가능하게 하는 데 필요한 모든 정보가 동물들 자체 내에 존재하며, 아동의 지각적 능력은 이러한 차별적인 특성을 탐지함으로써 발달하게 된다는 것이다.

2. 감각 및 지각 측정

신생아가 얼마나 많이 보고, 듣고, 냄새를 맡고, 맛보고, 느끼는지를 알기는 어렵다. 그들에게는 언어가 없지만 울고, 소리치고, 반사운동을 하는 것으로 자극에 대한 그들 자신의 반응을 부모나 주 양육자에게 말해 준다.

신생아들은 여러 지각적 기능이 뛰어나다는 것을 알 수 있다. 신생아가 인간 목소리의 범위 내에 있는 소리를 가장 잘 듣는 것은 인간의 목소리에 쉽게 반응함으로써 주위의 인간에게서 생존에 필요한 원조를 끌어내는 것이 필요하기 때문이다.

최근 들어 많은 연구자들이 획기적인 연구방법들을 고안하여 신생아들의 감각 기능이 미성숙하기는 하지만 상당히 발달되어 있다는 것을 밝혀내고 있다. 신생아와 영아들을 대상으로 감각 및 지각을 측정하는 방법으로는 지각선호법, 습관화 방법, 전기유발법, 높은 진폭의 빨기법이 대표적이다.

1) 지각선호법

지각선호법이란 최소한 2개 이상의 자극을 동시에 제시하고 영아가 그중에서 어느 자극에 더 많은 주의를 두는지를 알아보는 방법이다(그림 7–1). 즉, 영아를 거울 관찰 상자 밑에 눕힌 후 영아들에게 두 개 이상의 자극을 제시하고 관찰자는 거울 관찰 상자 위에 서서 영아가 각각 시각적 형태(자극)에 응시한 시간을 기록한다. 이 방법에 의해 신생아는 시각적 형태들을 쉽게 구별할 수 있었고, 일정한 형태가 없는 원반 모양보다는 얼굴이나 동심원 같은 형태 자극을 더 선호하는 것으로 나타났다. 형태를 탐지하고 구분하는 능력

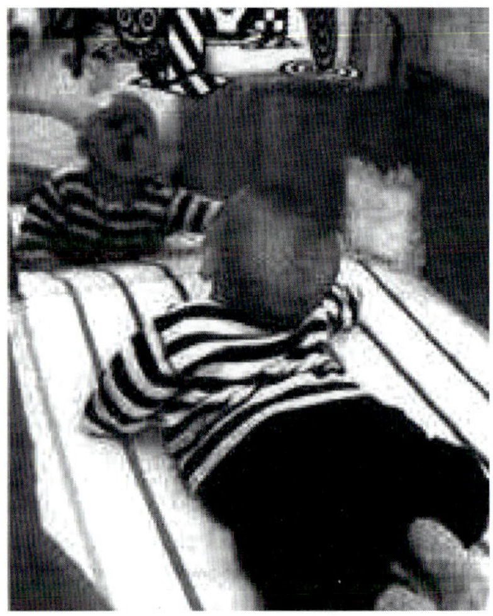

| 그림 7–1 | **지각선호법**

이 생득적이라는 것을 지지하는 결과이다. 그러나 지각선호법은 영아가 자극들 중 어떤 것도 선호도를 보이지 않을 경우 왜 그런 반응을 보였는지를 알 수 없다는 단점이 있다.

2) 습관화 방법

습관화란 반복되는 자극에 매우 익숙해져서 그 자극에 나타나던 반응(예로 머리나 눈의 움직임 또는 호흡이나 심장박동률의 변화)이 더 이상 일어나지 않는 과정을 말한다. 즉, 영아가 친숙한 자극에 더 이상 반응하지 않는 것은 영아가 해당 자극을 이전에 경험했던 어떤 것으로 기억하고 있음을 보여주는 것이다. 연구자는 상이한 2개의 자극을 구별할 수 있는 영아의 능력을 측정하기 위해 우선 두 자극 중 하나를 제시하여 영아가 이 자극에 더 이상 주의하지 않거나 반응하지 않을 때까지 기다린다(습관화). 영아가 두 번째 자극을 첫 번째 자극과 다른 것으로 인식한다면 영아는 탈습관화되어 두 번째 자극을 시각적으로 주의하거나 호흡 또는 심장박동률에서 변화를 보일 것이다. 만약 두 번째 자극에 대해 어떠한 반응도 보이지 않는다면 그 두 자극을 구별하지 못하는 것을 의미한다. 영아는 시각, 청각, 후각, 미각, 촉각과 같은 다양한 종류의 자극에 습관화되고 또 탈습관화되기 때문에 습관화 방법은 영아의 감각 및 지각을 평가하는 데 매우 유용하다.

습관화는 생후 첫 해에 급격히 향상된다. 4개월 미만의 영아가 습관화되기 위해서는 특정 자극에 오랫동안 노출되어야 할 것이다. 그러나 5~12개월 된 영아는 자극을 몇 초만 주의 깊게 보아도 친숙한 것으로 인식할 수 있으며, 이 지식을 며칠 간 또는 몇 주 동안 기억할 수 있다. 이와 같은 신속한 습관화 경향은 대뇌피질의 감각령의 성숙과 연관이 있다. 뇌와 감각이 계속하여 성숙함에 따라 영아는 정보를 더욱 빠르게 처리하고 어떠한 자극에 노출되더라도 해당 자극에 대해 더 많은 것을 탐지할 수 있게 된다.

3) 전기유발법

전기유발법은 뇌파측정법이라고도 한다(그림 7-2). 즉, 뇌파를 통해 뇌의 반응을 알아보는 방법으로 영아의 머리 위에 전극을 부착해서 후두엽으로부터 시각적 자극에 대한 뇌의 반응을 기록하고 측두엽으로부터 청각적 자극에 대한 뇌의 반응을 기록하는 방법이다. 만일 제시된 특정 자극을 감지한다면 뇌파 또는 전기적 유발에서 변화가 생길 것이다. 이 전기적 유발을 통해 영아가 다양한 장면 또는 소리를 구별할 수 있는지 여부를 알 수 있게 된다.

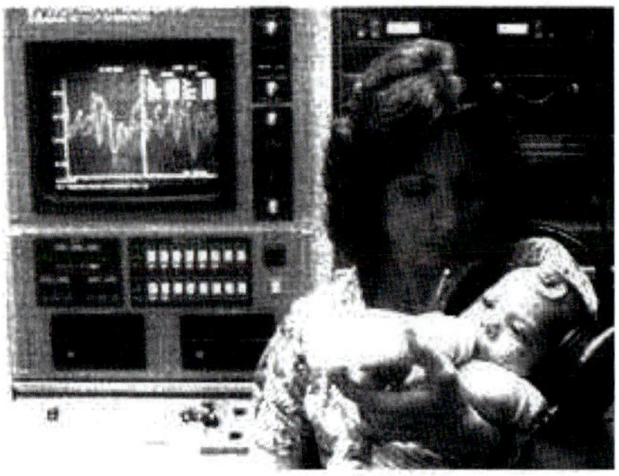

| 그림 7-2 | **전기유발법**

4) 높은 진폭의 빨기법

영아에게 고무젖꼭지를 빨게 하는데 이 젖꼭지는 전선으로 연결되어 있어 빠는 속도나 강도를 통해서 영아가 지각할 수 있다는 것과 싫어하는 것과 좋아하는 것 등을 파악할 수 있다.

대부분의 영아들은 이들이 감지하는 것이 무엇인지 그리고 이들이 좋아하는 것과 싫어하는 것이 무엇인지를 우리에게 알려줄 수 있을 정도로 자신의 빨기 행동을 조절할 수 있다. 먼저 실험자는 영아의 기저선 빨기 빈도를 측정하고, 영아가 기저선 빨기 빈도보다 더 빠르게 또는 더 세게 빨았을 때마다(높은 진폭으로 빨았을 때마다) 젖꼭지 안에 있는 전자회로가 작동하여 그 강도를 측정하게 된다. 영아의 흥미가 사라지고 빨기 동작이 처음의 기저선 수준으로 돌아오면(습관화) 자극은 중지된다.

3. 감각발달

감각은 감각기관에 들어온 정보를 뇌까지 보내는 과정을 의미한다. 따라서 감각과정에는 시각, 청각, 후각, 미각 및 촉각이 관여하게 되는데, 감각발달을 자세하게 살펴보면 다음과 같다(김이영 외, 2019; 안승철, 2004).

1) 시각

(1) 눈의 구조와 기능

눈의 구조는 각막과 홍채, 수양액, 동공, 수정체, 유리체, 망막, 중심와, 맹점으로 구성되어 있다(그림 7-3). 먼저 각막cornea은 눈을 보호하고, 망막상에 초점이 맺힐 수 있도록 빛을 굴절시키는 역할을 한다. 수양액agueous numor은 각막에 영양을 공급하는 역할을 하며, 수양액을 통과한 빛은 동공pupil을 통과하게 된다. 동공이란 눈의 정면에서 보면 홍채iris의 가운데 투명하게 보이는 구멍을 말한다. 그러므로 동공은 구조물이 아니라 공간을 의미하며 빛을 통과시키는 역할을 한다. 홍채는 근육으로서 빛의 양을 조절하고, 눈의 색을 결정한다. 동공을 통과한 빛은 수정체crystalline lens를 통과하게 된다. 수정체는 동공을 통과한 빛의 양을 조절하여 망막상에 맺히도록 하는 역할을 한다. 유리체는 눈의 모양을 둥글게 하는 역할을 하며, 이렇게 유리체를 통과한 빛은 망막상에 맺히게 되는데, 망막에 있는 시각 수용기 세포가 빛에너지를 전기적 에너지로 변환시킨다. 맹점은 망막의 그 부위에 자극

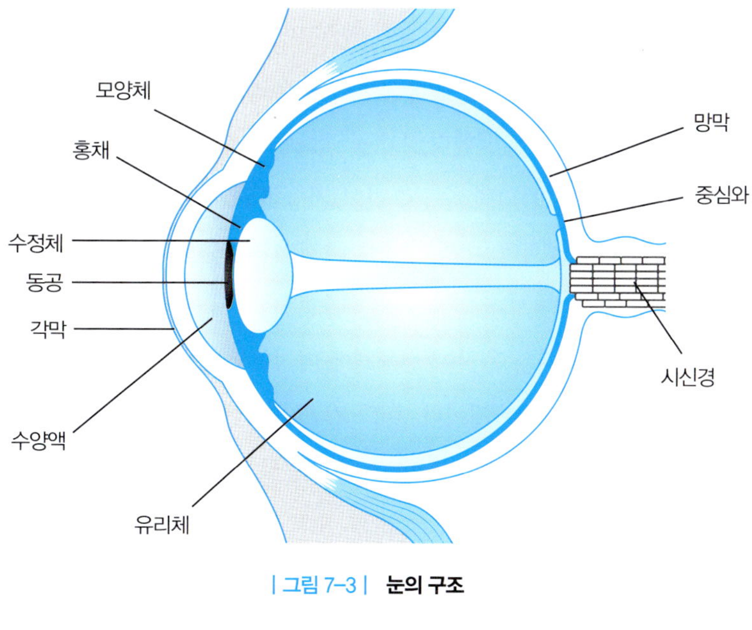

| 그림 7-3 | **눈의 구조**

이 주어져도 우리가 그 자극을 지각할 수 없는 부분이다. 그 이유는 시신경이 눈에서 나오는 부분에는 수용기 세포가 없기 때문이다.

(2) 시각의 발달

인간이 받아들이는 감각정보의 80%는 시각이 담당하고 있지만 감각능력 중 가장 늦게 발달하는 부분이 시각이다. 태내기에서 임신 4주가 되면 눈이 형성되고 6개월쯤 시각기관이 완성되며, 7개월 이후에서는 강한 빛에 대해 반응을 보이는 것으로 나타났다. 인간의 시각계통은 두 눈과 뇌의 몇 개의 부분들, 그리고 이러한 부분들을 연결시키는 신경계로 이루어져 있지만 신생아의 경우 뇌회로가 충분히 발달되지 않은 상태에 있다. 또한 출생 직후에는 물체에 초점을 맞추지 못하고 가시거리도 매우 제한되어 있지만 양육자와 상호작용을 시작할 수 있는 정도의 기초적인 시각능력은 갖추고 있다.

시각발달의 측정은 시각 자극에 따라 눈꺼풀이나 목의 움직임, 눈동자의 고정 및 추적을 관찰하는 것과 자극에 대한 반응으로써 일어나는 혈액순환, 호흡 변화, 심장박동, 신체 움직임, 울음 등을 살펴봄으로써 가능하다.

(3) 시각의 발달 단계

출생 직후 신생아는 눈의 구조나 시신경이 아직 미성숙하여 한 물체에 시선을 고정시키거나 초점을 맞추지 못하며, 시선을 집중시켜 지속적으로 쳐다보는 일이 힘들다. 그러나 신생아의 시각 기능은 빠르게 발달한다. 1개월 정도가 되면 사물에 초점을 맞추고 응시하는 것이 가능해지며, 2개월이 되면 수평추적이 가능하고, 이후 수직추적, 원형추적의 순서로 발달한다. 첫돌이 지날 무렵이면 시력이 1.0에 가까워지면서 정상 시력을 갖게 된다(Banks & Salapatek, 1983).

시각을 발달시키는 첫 단계는 움직이는 물체에 따라 시선을 움직이는 것이다. 그 다음으로 머리를 움직여서 물체를 보는 것이다. 이와 같은 반응은 눈과 목 등의 다양한 감각기관의 협응에 의해 가능해진다. 시기별 시각발달 내용을 살펴보면 다음과 같다(표 7-1).

| 표 7-1 | 시기별 시각발달

시기	내용
생후 1일	신생아의 눈꺼풀은 부풀어 있는 경향이 있지만 눈에 빛을 비추면 동공이 수축되는 동공반사를 보인다.
생후 2~3일	완전하지는 않지만 신생아는 움직이는 물체를 눈으로 추적할 수 있으며, 어떤 아기들은 출생 직후에 움직이는 물체를 쫓아 머리를 돌릴 수 있으나 대부분의 아이들은 몇 주가 지나야 가능하다. 대부분 신생아는 초기에 두 눈의 협응작용이 잘 이루어지지 않기 때문에 사시 현상이 나타나며, 졸릴 때나 피로할 때 더 현저하게 나타난다.
생후 5일	여러 색채나 모양 중 사람의 얼굴을 가장 오랫동안 응시한다.
생후 1주일	신생아들은 다가오는 물건에 대해 방어할 뿐 아니라 다가오는 물건의 방향도 식별할 수 있다.
생후 10일	신생아들은 출생 직후 몇 시간 후부터는 물체가 움직일 때 그 물체를 따라 눈도 움직일 수 있게 되며, 생후 10일 이후에는 좌우, 상하, 둥글게 움직이는 물체를 눈으로 추적할 수 있게 된다.
2주	아기들은 비교적 큰 물체가 자신에게 접근할 때 머리를 뒤로 젖히고 팔을 들고 울게 된다. 신생아의 눈은 약 20㎝ 전방에 초점이 맞추어져 있어 이 위치에 있는 것만을 똑똑히 볼 수 있다. 완전하지는 않지만 색과 명암의 구분이 가능해진다.
1개월	시각 자극에 따라 눈을 돌리고 움직이며 물체를 따라가는 추적운동이 가능해진다. 빛이나 색채, 움직이는 물체에 대해 민감하게 반응하며, 주위 환경의 변화도 알아차릴 수 있다. 신생아의 시각은 비록 어머니의 얼굴과 중요한 물건은 알아보지만 시선은 흐릿하고 모양이나 색깔대비를 완전히 구별할 수는 없다. 접촉이나 움직임을 통하여 위험을 감지할 수가 있으나, 시각을 통해서는 감지할 수 없다.
7~8주	두 눈의 협응작용이 잘 이루어져 눈의 사시 현상은 사라진다. 생후 15일이 되면서 아직 형태 식별은 어려우나 색채 식별이 가능하여 흰색, 황색, 녹색, 청색, 적색의 순서로 반응을 보인다. 여아가 남아보다 시각능력이 더 발달하여 색채를 잘 식별한다. 즉, 8주가 되면 여러 색을 구분하게 된다.
2~3개월	수직 방향에의 추적이 가능해진다. 출생 후 2개월 반이 되면 어떤 방향으로든 추적이 가능하다.
4~8개월	색 변별이 가능하다. 신생아 및 초기 영아의 눈은 각막이 비대칭이기 때문에 생후 1년 동안 난시의 경향이 있다. 이 시기에 이르러 성인 수준의 수정체 조절이 가능해진다. 성인과 같은 원활한 시각적 추적을 보이고, 성인 수준의 시각의 정확도를 보이며, 대칭과 비대칭을 구분한다. 6개월이 되면 눈 움직임이 자연스러워진다.
11개월	출생 직후부터 망막은 상당히 빠른 속도로 성장하여 이 시기에 이르러 성인과 같은 망막을 갖게 된다.

시각발달에서 남자와 여자가 서로 다르게 나타난다. 신생아 때는 차이가 없지만 3개월에서 6개월 사이 여자아이의 보기 능력이 남자아이의 능력을 앞서기 시작한다. 즉, 여자아이

의 두 눈 보기가 남자아이에 비해 3주에서 4주 정도 일찍 나타난다. 4개월이나 6개월 때 사물의 세부를 보는 능력도 남자아기에 비해 더 월등하다. 이런 차이는 임신 초기와 출산 후 몇개월 이내에 남자아기에서 발생하는 남성호르몬의 급격한 증가와 관련이 있다고 주장하고 있다.

2) 청각

(1) 귀의 구조와 기능

귀의 구조는 크게 외이, 중이, 내이로 구분되는데, 각각의 위치와 기능은 다음과 같다(그림 7-4).

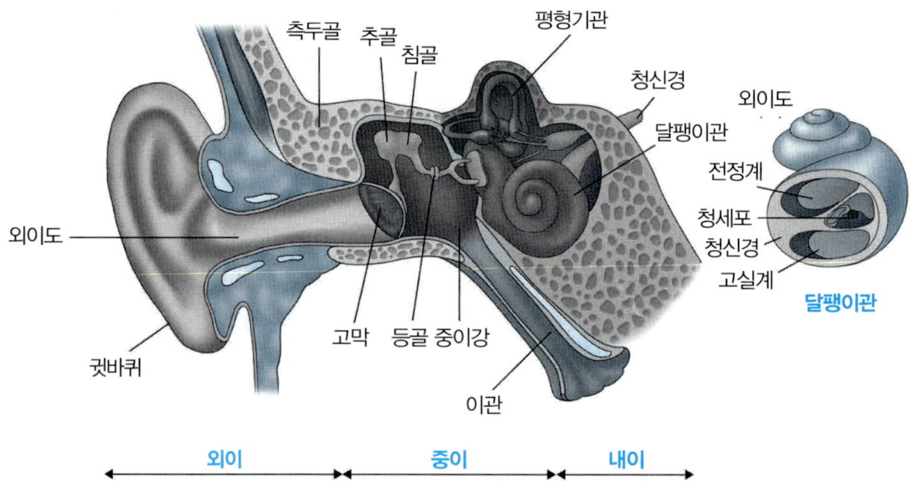

| 그림 7-4 | **귀의 구조**

외이external ear는 청각기관 중 가장 바깥쪽에 있는 귓바퀴(이개), 외이도 그리고 고막으로 구성되어 있다. 귓바퀴(이개)는 구조상 깔때기 모양을 하고 있으며 소리를 모아주는 역할을 한다. 외이도는 완만한 S자 모양을 이루고 있으며, 고막을 보호하는 역할을 하고 고막이 일정한 온도와 습도를 유지하는 데 도움을 준다.

중이middle ear는 외이도 골부에 연결되어 고막을 경계로 측두골 내부에 있으며, 이소골과 이내근 등 해부학적 구조물을 싸고 있는 중이강, 측두골, 유양동, 이관 등으로 구성되어 있다. 중이강에는 소리 전달에 있어서 가장 중요한 추골, 침골, 등골의 세 개로 구성된 이소골과 강한 소리로부터 청각기관을 보호하는 데 관여하는 등골근, 고막장근의 이내근이 있다. 이관은 중이강의 압력이 대기와 같도록 유지시켜 주는 환기구멍 역할을 하여 고막이 팽팽하지 않고 느슨한 상태에서 효과적으로 진동할 수 있도록 도와준다. 영아의 이관은 성인과 비교하여 그 길이가 짧고, 골부와 연골부가 연결되는 협부가 불완전하며, 중이강 쪽과 비인강 쪽의 입구 높이가 비슷하여 인두염이 생길 경우 중이염으로 파급되기 쉽다.

내이inner ear는 청각신호 전달경로에서 대뇌가 인식할 수 있는 방식으로 바꾸어 청신경으로 전달시키는 역할과 몸의 균형을 유지하는 역할을 담당하며, 형태와 내부 구조가 매우 복잡하여 미로라고도 한다. 앞쪽으로부터 청각 기능을 담당하는 달팽이관(와우), 균형을 담당하는 전정, 반규관의 세 부분으로 나누어져 있다.

(2) 청각의 발달

감각기관에서 받아들이는 정보 중 15%는 청각이 담당한다. 우리의 주변 환경에서 들려오는 다양한 소리, 즉 전화벨 소리, 음악소리, 가족들의 목소리 등, 이 모든 것은 청각을 통해 우리가 느낄 수 있는 것들이다. 들을 수 있는 능력은 이미 태내기에서부터 가능한 것으로 보인다. 이런 이유로 임신을 했을 때 태교 음악을 통해 아이와의 상호작용을 시도하려고 한다. 실험에 의하면 조용하고 낮은 소리는 성인이 더 잘 듣는다 하더라도, 보통의 높이 또는 큰 소리는 신생아도 성인만큼 들을 수 있다고 한다. 즉, 신생아는 단순히 소리의 크기나 음조뿐만 아니라 말소리도 구분할 수 있다. 생후 2주경에는 사람의 목소리와 다른 소리를 구분할 수 있으며, 3주경에는 낯선 사람이나 아버지의 목소리보다 어머니의 목소리에 더욱더 민감하게 반응하는 것으로 나타났다. 신생아의 청각이 성인 수준까지 도달하기 위해서는 출생 후 2년 정도의 시간이 소요된다.

신생아의 청각체계는 출생 시에 완전한 해부학적 구조를 갖추고 있으며, 거의 성인 크기의 고막과 잘 발달된 외우각을 가지고 있다. 다시 말해 수정 후 5주가 되면 전정기관과 청각기관의 구분이 가능하며, 7주가 되면 세 개의 반고리뼈관을 형성하며 14주가 되면 유모세포가 모두 형성되어 신경세포들과 시냅스를 이루게 된다. 그러나 낮은 소리를 들을 수 있는 내이 속의 몇 가지 구조들이 완전하지 못하기 때문에 속삭이는 정도의 낮은 소리는 들을 수 없다.

청각은 시각과 거의 동시에 발달하며, 청각능력은 언어발달에 중요한 영향을 미치는 요인이 된다. 즉, 신생아들은 3일경에 모국어와 외국어를 구분할 수 있다. 생후 1개월경에는 '바'음과 '파'음을 구분할 수 있고, 2개월경에는 서로 다른 목소리에 반응하고 낯익은 목소리를 구별할 수 있으며 음악을 들으면 좋아한다(정옥분, 2002). 6개월경에는 소리에 대한 민감도가 생겨 낮은 소리보다 높은 음의 소리를 좋아하며, 4~5세경에 고주파수의 음에 대한 민감도는 절정에 달한다. 이것이 어른들이 아기에게 말할 때 고음을 내야 하는 이유이다.

아기들은 다른 소리보다 사람의 목소리를 좋아하며 특히 여성의 고음을 좋아하는 것으로 나타났다.

(3) 청각발달 단계

신생아의 청각적 정확도는 시각적 정확도보다 더욱 양호하기 때문에 두 사람의 얼굴을 변별할 수 있는 것보다는 두 사람의 목소리의 차이를 더 잘 변별할 수 있다. 그러나 신생아에게 이미 들을 수 있는 능력을 갖추고 있다고는 하지만 성인만큼 민감하지는 못하다. 생후 1년 동안 영아의 청각은 더 예민해지고 서로 다른 높낮이의 소리를 더 잘 구별할 수 있게 된다. 시기별 청각 발달 내용을 살펴보면 〈표 7-2〉와 같다.

청각은 정서적 발달에도 중요한 영향을 미친다. 촉각, 후각, 시각 모두 부모와 자녀 사이의 유대감을 형성시키지만 양자의 의사소통을 가능하게 하는 감각이 청각이기 때문이다.

신생아들도 친숙한 목소리와 자장가에서 안정감을 느낀다. 또한 음악은 즐거움을 주는 동시에 아이들의 지능을 발달시킨다. 아이들이 음악을 좋아하는 것도 바로 이 때문이다.

| 표 7-2 | 시기별 청각발달

시기	내용
임신 9개월	태아는 소리에 반응할 수 있으며, 이 시기에 태어난 신생아도 큰소리에 대해 충분히 반응을 할 수 있다.
출생 후 10분	아기의 오른쪽 귀에 찰칵거리는 소리를 들려주면 오른쪽으로 눈을 돌리고, 왼쪽에 소리를 들려주면 왼쪽으로 고개를 돌린다.
생후 4시간 반	장난감 젖꼭지를 빨다가 자극적인 소리가 나면 빨기를 멈춘다. 그러나 다시 빨다가 같은 소리가 나면 멈추지 않고, 음색이 다른 소리가 나면 다시 멈추는 현상을 보인다.
2주	사람의 목소리와 다른 소리를 구분할 수 있다.
3주	낯선 사람이나 아버지의 목소리보다 엄마의 목소리에 민감하게 반응한다. 즉, 엄마의 음성을 식별할 수 있다.
1개월	생후 1개월 된 아기는 무슨 소리인지는 모르지만 딸랑이와 종소리 및 사람의 음성에 대해서 반응하며 고개를 돌리고 웃기도 한다. 이러한 소리에 대한 단순한 반응은 언어발달의 기초가 된다. 어머니의 목소리와 낯선 사람의 목소리를 구분한다.
2개월	어머니가 하는 말에 반응하게 되며 어머니의 목소리가 나는 쪽을 향해서 방긋하고 웃을 수도 있다. 서로 다른 목소리를 구별할 수 있고 음악을 들으면 좋아한다.
4~6개월	소리가 나는 방향을 정확하게 알아볼 수 있으며, 낯익은 목소리를 구별할 수 있고 음악을 들으면 좋아한다. 낮은 소리나 중간 소리보다 높은 소리를 더 잘 듣는다.
2세	청각이 성인의 수준까지 도달한다.

3) 후각

(1) 후각의 구조와 기능

우리는 코에 있는 냄새 수용체 세포에서 자극을 받아 냄새 분자의 구조를 인식하게 됨으로써 냄새를 느끼게 된다. 냄새 분자는 만 개 이상의 종류, 약 350가지의 냄새 수용체에 의해 인식되는 것으로 알려져 있다. 냄새분자를 수용하면 수용체는 활성화되어 뇌 속의 후각구라는 곳에 전기적 신호를 보내고 되고, 후각구에 집약된 전기신호를 종합하여 우리는 냄새를 지각하게 되는 것이다(그림 7-5).

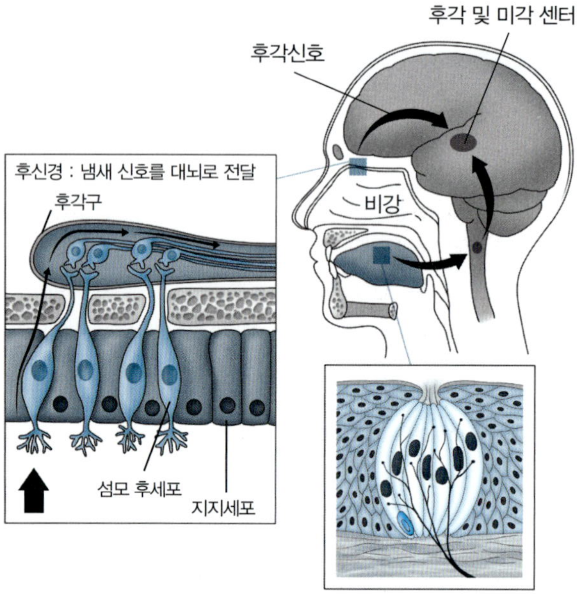

| 그림 7-5 | **후각의 구조**

(2) 후각의 발달

후각은 다른 동물에 비해서는 덜 발달되어 있지만 출생 초기부터 5개 감각 중 가장 빨리 발달하는 감각 중의 하나이다. 후각의 중추는 뇌의 발생과정에서 다른 감각 중추보다 초기에 분화되기 때문에 일찍 발달한다. 다시 말해 수정 후 5주가 지나면 얼굴에 코오목nasal pit이 나타나 점점 깊어지고 7주에는 콧구멍이 형성되고 11주가 되면 후각상피세포의 외형적인 성숙은 끝나고 수적으로 풍부해진다. 신생아의 후각은 대단히 발달되어 있지만 아직 다양한 냄새를 구별할 만큼 완전하게 발달되지는 않는다. 그러나 자극적인 냄새, 즉 암모니아, 초산, 석유 등의 냄새에 대해서는 몸을 움직이거나 재채기를 하고 우는 반응을 나타낸다. 특히 불쾌한 냄새를 맡으면 고개를 돌리는 반면, 단 냄새가 나면 냄새가 나는 방향으로 얼굴을 돌리고 맥박과 호흡은 느려지는 경향을 나타낸다. 신생아는 출생 후, 수일 이내에 다른 여성의 젖 냄새보다 어머니의 젖 냄새를 더 선호하며, 출생 후 6일경에 이미 체취로써 어머니와 다른 여성을 구별할 수 있어 후각은 아기가 어머니를 인식해 가는 수단이 되므로 초기의 사회적 상호작용에 중요한 역할을 한다.

(3) 후각발달 단계

후각의 발달에 있어서도 영아는 여러 가지 다양한 냄새를 식별할 수 있는데, 생후 6일 된 신생아는 엄마의 젖 냄새를 구별할 수 있고 젖 냄새 때문에 엄마가 가까이 왔다는 것을 인식한다. 그리고 영아들은 과일 냄새와 같이 좋은 냄새에는 기분 좋은 표정을 짓고, 썩은 음식 냄새와 같은 것에는 고개를 돌리거나 얼굴을 찡그리는 반응을 보인다. 시기별 후각발달 내용을 살펴보면 〈표 7-3〉과 같다.

| 표 7-3 | 시기별 후각발달

시기	내용
생후 1일	젖 냄새와 다른 냄새를 구별한다.
생후 6일	엄마의 체취와 다른 여성의 체취를 구별할 수 있다. 아기는 젖 냄새와 엄마 냄새가 날 때 매우 민감한 반응을 보인다.
1주일	자기 엄마의 냄새와 낯선 엄마의 냄새를 구별할 수 있다
1개월	출생 시 상당히 잘 조직화된 감각이 후각이다. 이것은 생후 첫 1개월간 중요한 역할을 한다. 중력, 운동 및 접촉감각과 같이 후각도 생득적인 것으로 보인다.

후각의 성차를 살펴보면 여자아이가 남자아이보다 냄새에 더 민감한 것으로 나타났다. 태어난 당일 사과나 생강 등의 독특한 향기에 노출된 여자아이들은 2~3일 후에 그 냄새를 맡게 되면 냄새가 나는 쪽으로 머리를 돌린다. 남자아이에서는 이 현상이 나타나지 않는다. 9개월 된 여아는 향기가 나는 장난감을 더 좋아하지만 남자아이들에게는 이런 경향은 발견할 수 없었다.

4) 미각

(1) 미각의 구조

미각을 담당하는 혀의 표면은 우둘투둘한 유두paillae로 덮여 있다. 유두 중 대부분은 미뢰taste bud라고 하는 미각 수용기 세포를 가지고 있다. 미각 수용기 세포의 반응을 기록해 보면 각 수용기 세포는 네 가지 기본 맛인 단맛, 신맛, 짠맛, 쓴맛 중 한 가지에만 가장 활발하게 반응하는 것으로 나타났다(그림 7-6). 짠맛을 느끼게 되는 과정을 살펴보면 미뢰의 안쪽과 바깥부분에는 수용액에 녹아 전기를 띠는 이온이 있다. 혀로 짠맛을 느낄 때는 미뢰 바깥쪽에 있는 이온과 세포막을 사이에 두고 안쪽 세포 내의 이온 농도가 균형이 깨지면서 거기에 전위가 생성되어 전기가 흐르게 되고, 그 결과가 신경으로 전달되어 최종적으로 뇌에서 짠맛을 느끼게 되는 것이다.

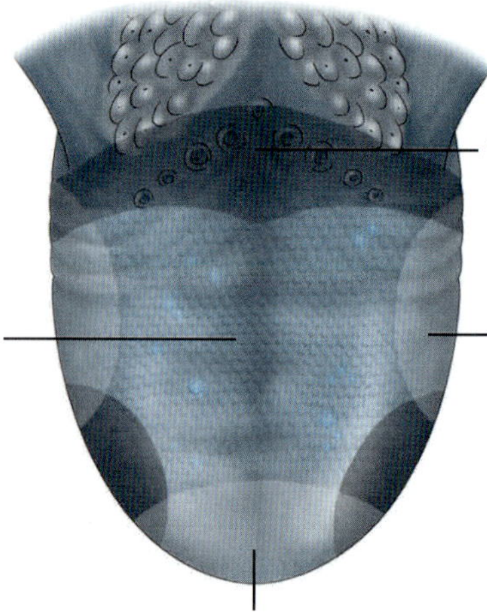

| 그림 7-6 | **미각의 구조**

(2) 미각발달

신생아의 감각 중에서 가장 잘 발달되어 있는 것 중의 하나가 미각이다. 신생아의 미각은 상당히 예민하다고 할 수 있으며 맛의 가장 기본적인 것이라고 할 수 있는 단맛, 짠맛, 쓴맛, 신맛에 대해서 각기 다르게 반응한다. 즉, 신생아는 네 가지 기본 맛 모두에 차별적으로 반응한다. 또한 2~3개월경에는 특정한 맛에 대한 기호가 생길 정도로 발달되어 특정한 맛에 대한 거부 현상도 보인다. 신생아에게 물을 주면 먹지 않다가 물에 설탕을 타서 주면 잘 먹는 것을 보아도 미각에 대한 구분이 가능함을 알 수 있다. 영아기 말이 되면 미각은 아주 민감해지기 때문에 이 시기에 다양한 음식을 제공하는 것이 중요하다. 이것은 영양적인 측면뿐만 아니라 영아기에 음식에 대한 선호가 급격히 발달하기 때문이다.

(3) 미각발달 단계

미각은 태내에서도 어느 정도 기능을 하며 출생 시에도 여러 가지 맛의 액체를 구분하는 것이 가능하다. 즉, 달고, 시큼하고, 짜고, 쓴 것과 같은 기본적인 맛에 대한 감각수용기는 주로 혀와 입 주변에 위치하고 있으며 이러한 수용기는 출생 이전에 발달한다. 신생아가 맛을 구분할 수 있음은 얼굴표정과 빠는 속도를 통해서 확인할 수 있다. 즉, 달콤한 자극에는 얼굴표정이 이완되고 즐거움의 미소를 보이지만 쓴맛에 대해서는 입을 크게 벌리며 싫은 표정을 짓는다. 시기별 미각발달 내용을 살펴보면 〈표 7-4〉와 같다.

| 표 7-4 | 시기별 미각발달

시기	내용
출생 직후	단맛을 가진 사카린 용액은 빨고, 짠 소금물이나 신맛을 가진 것은 빨지 않으며, 키니네 용액과 같이 매우 쓴 것은 결정적으로 싫어하며 토해 내는 반응을 보인다. 단맛에 대한 선호는 태내기에서부터 이미 관찰될 수 있다.
2주	신생아의 미각은 개인차가 있지만 맛의 차이에 대한 반응은 출생 후 2주일이 지난 후에야 성인과 같은 적극적인 반응을 보인다. 신생아는 단맛은 입맛을 다시며 긴 시간 동안 빨아먹으나, 짠맛이나 신맛에는 얼굴을 찡그리며 삼키지 않는다.
2~3개월	특정한 맛에 대한 기호가 생기며, 특정한 맛에 대한 거부 반응도 보인다.
4개월	신생아 때 싫어하던 짠맛에 호기심을 보인다. 이것은 이유식에 대한 준비로 추정된다.
2세	미각이 매우 예민하게 발달하게 되어 음식에 대한 선호가 급격히 발달한다. 따라서 영아기 이후에는 새로운 음식을 잘 먹지 않으려고 하게 된다.

미각은 출산할 때 이미 꽤 발달되어 있으며 성장에 많은 기여를 한다. 미각은 정서적 발달에도 영향을 준다. 단 음식이나 기름진 음식은 기분을 바꿔주는 효과가 있어 아기를 진정시키고 주의를 집중하는 시간을 늘려주며 잠이 잘 들게 한다. 아기가 맛있는 음식과 이 음식을 제공하는 사람 사이의 관계를 인식하는 것은 강한 유대감을 형성하는 데도 도움이 된다.

5) 촉각

(1) 피부의 구조

피부는 매우 다양한 기능을 가진 기관이다. 외적인 상처로부터 보호, 체액 유지, 체온 조절을 돕는 기능 외에 피부는 압감, 온감 및 냉감을 생성하는 신경종말을 갖추고 있다. 이들 감각 경험을 통틀어 촉각 또는 피부감각이라 한다. 그림 7-7에서 보는 것과 같이 압감, 온감, 냉감 등의 촉감에는 여러 가지 유형의 수용기가 작용한다. 예로 마이스너 소체Meissner corpuscles는 자극물이 피부를 문지를 때 가장 활발하게 반응하며, 머클 원판Merkel disks은 작은 물체가 피부를 지그시 누르고 있을 때 가장 활발하게 작용한다. 또한 온감 담당 수용기와 냉감 담당 수용기는 서로 다르다. 한 가지의 수용기가 온도계처럼 작용하는 것이 아니라 우리의 뇌는 온감 신호와 냉감 신호를 통합하여 환경의 온도 변화를 감지하게 되는 것이다.

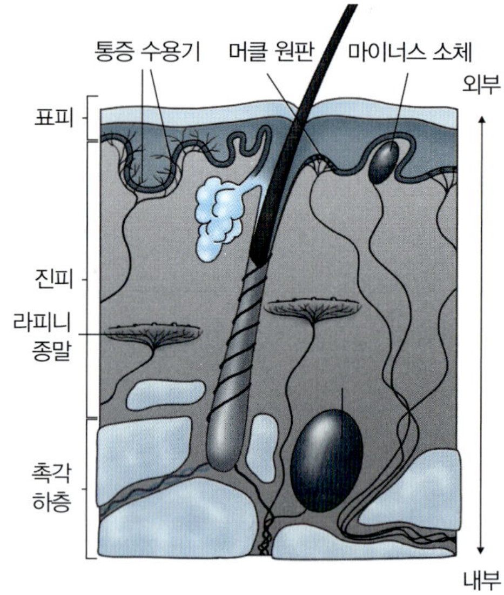

| 그림 7-7 | 피부의 구조

(2) 촉각의 발달

신생아가 가지고 태어나는 반사들을 생각해 볼 때, 신생아는 최소한 어느 정도의 촉각을 가지고 있음을 알 수 있다. 뺨에 대한 접촉은 입으로 찾고 빠는 반사들을 유발시키고 발바닥에 대한 접촉은 바빈스키반사를 유발한다. 아기들은 특히 입, 얼굴, 손, 발바닥, 배의 접촉에 민감하며 신체의 다른 부위에 대한 접촉에는 덜 민감하다. 촉각은 영아가 성인과의 관계에서 매우 중요한 역할을 한다. 아기를 쓰다듬고 토닥거리면 잠을 잘 잔다. 생후 6개월이 지나면 입과 입술, 나중에는 손으로 주위 물체를 탐색한다. 온도 변화에 대해서도 민감한데 영아는 체온보다 낮은 온도에 더 민감하다. 따라서 방 안의 온도가 떨어지거나 옷을 갈아 입히기 위해 옷을 모두 벗기면 불편함을 호소하거나 체온 유지를 위하여 몸을 활발하게 움직인다.

특히 초기 접촉은 아이의 삶에 큰 영향을 미친다. 촉각은 태어날 때 이미 성숙한 상태이므로 아기들은 다른 감각보다 촉각을 이용해서 주위의 사물을 탐색하려고 한다. 아기와 접촉하는 것은 아기의 감각과 운동발달에 필수적일 뿐만 아니라 육체적 발달, 심리적 안정감 및 지적 잠재력에도 영향을 준다. 그리고 면역 기능을 강화하여 아기의 건강을 증진시킨다고도 한다.

4. 지각발달

지각perception은 감각기관에 들어온 자극을 정확하게 인식하고 변별하는 과정을 의미한다. 지각능력은 생존과 적응에 중요한 의미를 갖는다. 과학적인 연구가 이루어지기 전까지 아기들이 출생 시에는 거의 외부 자극을 받아들이지 못하는 것으로 생각했지만 오늘날은 그렇지 않다는 것을 알게 되었다. 아기들은 성인만큼은 아니더라도 출생 시부터 듣고 볼 수 있으며, 시각과 청각은 영아기 동안 계속 발달한다. 최근에 알려진 바로는 대부분의 중요한 지각 능력이 생후 1년 사이에 거의 발달이 완성된다고 한다.

1) 색채와 형태지각

시각은 영아의 감각능력 중 가장 늦게 발달하며, 성인이 보는 것과 다르게 지각한다(그림 7-8). 즉, 출생 후 몇 개월 동안 심한 근시 현상을 보이지만, 1년이 지나면 정상시력 1.0에 가까워진다. 색채지각에 있어서 신생아는 흑백이 아닌 천연색으로 지각을 하는 것으로 발견되었으며 녹색과 적색을 구분할 수 있었다. 생후 2개월이 되면 삼원색을 구분할 수 있는 것으로 나타났지만 이것이 성인과 같은 수준인지는 알 수 없다.

형태지각에 있어서 영아는 전체보다는 부분을, 정지된 것보다는 움직이는 물체를, 흑백보다는 컬러를, 직선보다는 곡선을 선호하는 것으로 나타났다. 출생 초기에는 단순한 도형을 선호하지만 점차 복잡한 도형을 더 선호하며 특히 형태가 색깔이나 명암보다 영아의 주의를 끄는 데 더 큰 영향을 미친다(그림 7-9).

그리고 다른 사물에 비해 사람의 얼굴을 선호하는 것으로 나타났고 얼굴 중에서도 눈을 가장 선호하는 것으로 나타났는데, 이는 흑백의 대조가 가장 분명한 곳이 눈

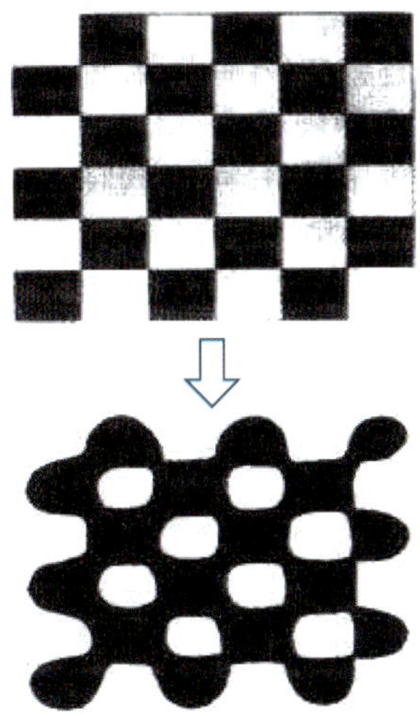

| 그림 7-8 | **영아의 눈에 보이는 형태**

이기 때문이다. 이러한 이유로 생후 몇 개월이 되지 않은 아기들도 타인과 시선을 맞출 수 있는 것처럼 착각하게 된다. 깁슨(Gibson, 1969)은 영아가 얼굴을 지각하는 순서에 대해 설명하였는데, 생후 1개월에는 얼굴 중 눈을 가장 선호하였고, 1~2개월에는 윤곽을 지각할 수 있으며, 2개월이 되면 눈, 코, 입을 구별하고 입의 움직임에 주의를 기울이는 것으로 보인다. 6개월경에는 낯익은 얼굴과 낯선 얼굴을 구별할 수 있으며 남녀의 얼굴 구분도 가능하다고 한다.

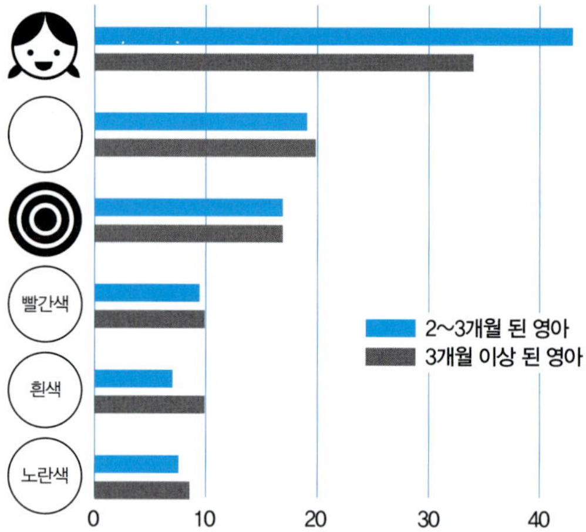

| 그림 7-9 | **영아의 도형지각**

2) 깊이지각

영아기는 신체발달이 활발해 짐에 따라 그만큼 위험에 처하거나 사고가 일어날 가능성도 높아진다. 만약 영아기에 깊이지각 능력이 없다면 아기는 물건에 부딪치거나 높은 데에서 떨어지는 사고가 일어날 수 있을 것이다. 깁슨과 워커(Gibson & Walker, 1960)는 영아의 깊이지각 발달에 대한 연구를 통해 생후 6개월이 되면 깊이지각이 가능하다는 결과를 보여주었다. 이 실험에서는 시각벼랑visual cliff이라는 장치가 고안되었는데(그림 7-10), 이 장치는 단단한 판으로 된 책상 부분과 40인치 정도의 낭떠러지로 구분된다. 그러나 책상 위부터 낭떠러지까지 유리를 깔아서 아이가 실제로는 떨어지지 않도록 장치하였다. 책상과 낭떠러지에는 모두 바둑판 무늬의 천을 덮어서 한 부분이 어디에서 끝나고 다음 부분이 어디에서 시작되는지를 쉽게 구별할 수 있도록 하였다. 아기를 책상 위에 앉혀두고 엄마는 낭떠러지 건너편 유리판이 끝나는 지점에 서서 아기를 불러 아기가 낭떠러지임에도 불구하고 엄마에게 올 것인지 그렇지 않을 것인지를 실험하였다. 생후 6개월 된 영아는 책상의 끝

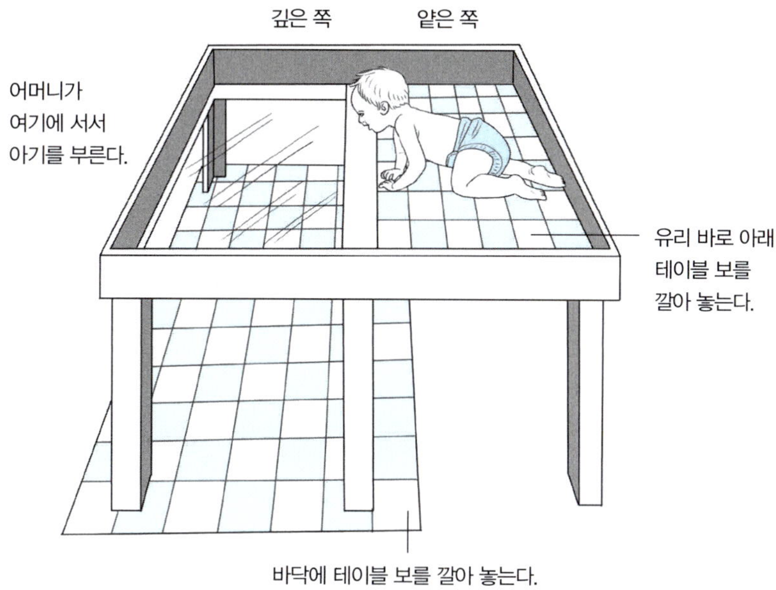

| 그림 7-10 | **깁슨(Gibson)과 워커(Walker)의 시각벼랑 실험**

부분에서 더 이상 기어오지 못하고 두려워하면서 다시 되돌아가거나 울기만 하였다. 따라서 영아의 깊이지각이 생후 6개월 전후에 생성되는 것을 알 수 있었다.

깊이지각은 영아가 길 수 있게 되면서 가끔 넘어지거나 떨어져 본 경험이 있는 경우에 획득되는 것으로 보인다. 어떤 연구에서는 같은 또래라 하더라도 길 수 있는 영아가 그렇지 못한 영아보다 시각벼랑 실험에서 더 많이 두려워하는 것으로 나타났다(정옥분, 2002).

3) 대상지각

성인은 물체가 단단하다는 것을 당연하게 생각한다. TV에 나오는 사람들을 만지기 위해 손을 뻗친다 해도 평평한 브라운관만 만져질 뿐이라는 것을 안다. 그렇다면 영유아들도 입체 모양과 평면을 구분하여 지각할 수 있을까? 대답은 1~2개월 된 아기들도 3차원의 물체와 평평한 사진을 구별할 수 있다고 한다. 팬츠(Fantz, 1961)는 아기들이 평평한 사진보다 3차원의 물체를 쳐다보는 것을 선호한다고 하였다.

성인은 벽장 속에 물건을 넣고 문을 닫아도 그 속에 물건이 그대로 있음을 알 수 있다. 이것을 대상영속성이라고 한다. 그렇다면 아기들은 어떨까? 보어(Bower, 1971)에 의하면 생후 18주가 되면 대상영속성이 발달하게 된다. 18주 이전의 아기들에게 장난감을 보여주고 몸 뒤로 감추면 그 물건이 사라졌다고 생각하면서 울음을 터뜨리지만, 18주 이후의 아기들은 장난감을 몸 뒤로 감추면 장난감을 쫓아 몸 뒤로 찾으러 가는 경우를 보면 쉽게 알 수 있다. 대상영속성은 아기가 엄마가 다른 옷을 입고 다른 머리 모양을 해도 항상 엄마임을 알게 하는 지각능력이 된다.

4) 지각항등성

지각항등성perceptual constancy이란 대상이 지각되고 안정되면 여러 가지 조건이 변화하더라도 그 사물에 대한 지각내용은 항상 동일한 것으로 남아 있게 되는 것을 말한다. 검정색은 밝은 빛에서도 검게 보이며 멀리 있는 물건은 가까이 있는 물건보다 작게 보이지만 같은 크기의 물건으로 지각한다. 다시 말해 지각항등성은 감각기관으로 들어오는 정보가 다름에도 불구하고 같은 것으로 지각하려는 것을 말한다. 이런 지각항등성에는 색채항등성(어떤 물체의 색 주변의 조도 변화에 관계없이 동일하게 지각하려는 현상), 명도항등성(조도의 밝기에도 불구하고 무채색의 밝기를 동일하게 느끼는 현상), 형태항등성(일정한 거리에 있는 물체의 움직임에 상관없이 동일한 형태로 지각하려는 경향), 크기항등성(망막상의 크기가 변화함에도 불구하고 그 물체의 크기를 동일하게 지각하려는 경향), 위치항등성(물체의 위치가 변화함에도 불구하고 변화하지 않는 것으로 지각하려는 경향) 등이 있다.

이러한 지각항등성은 생후 몇 년에 걸쳐 계속 발달하게 된다. 다양한 연구들에서 생후 6시간~6일 된 아기에게 형태항등성(Slater & Morison, 1985)이, 생후 4~6개월에는 크기항등성(Mckenzie, Tootell, & Day, 1980)이, 4개월이면 색깔항등성(Bornstein et al., 1976)이 이루어지는 것으로 나타났다.

08

Chapter

뇌와 인지발달

· 학습목표 ·

1. 인간 두뇌 성장의 특징을 파악한다.
2. 태내기의 뇌발달과 뇌의 구조 및 기능을 이해한다.
3. 인지발달 이론과 단계를 파악한다.

영유아기의 두뇌발달과 인지발달은 생후 어느 시기보다도 급속도로 이루어진다. 특히 영아기 두뇌발달은 결정적 시기이며, 이 시기에는 신체성장도 급속도로 이루어지는 제1성장급등기다. 영아의 뇌와 신경계 발달은 인지발달에 어떤 영향을 미치며, 이를 기초로 외부 환경 자극으로부터 지식을 획득해가는 과정을 살펴본다. 1859년에 다윈의 『종의 기원』 발간과 함께, 1865년에 발표된 멘델의 『식물잡종에 관한 실험』이라는 유전법칙이 19세기 당시에는 상상하지도 못했던 것들이 현재는 분자생물학, 유전공학, 뇌신경과학 등이 발전하면서 새로운 사실들이 밝혀지고 있다. 이러한 새로운 과학 발전에 따라 기존의 영유아의 뇌발달과 인지발달을 재해석해 가는 추세이다. 본 장에서는 영유아기의 뇌와 신경계의 발달을 먼저 알아보고, 인지발달 이론에 관해 살펴보고자 한다.

1. 인간 두뇌 성장의 특징

인간의 신체 부위 중 가장 중요한 부분은 뇌이며, 뇌의 발달은 영유아기에 급속도로 이루어진다. 두미발달의 원칙에 의해 출생 시에 머리와 뇌의 크기는 신체의 다른 어떤 부위보다도 성인의 크기에 가깝다. 그리고 영유아기에 매우 빠른 속도로 성장을 계속한다(정옥분, 2008). 인간의 두뇌 성장은 다음과 같은 특징들이 있다.

1) 인간의 뇌 중량비가 다른 영장류의 뇌 중량비보다 크다

일반적으로 영장류는 몸집이 큰 만큼 뇌도 크다. 그 이유는 큰 몸체를 움직이고 행동을 통제하기 위해서는 큰 뇌가 필요하기 때문이다. 몸집이 큰 동물은 수명이 길고, 새끼를 적게 낳고 터울도 길다. 영장류의 몸무게와 뇌 무게 관계를 뇌 중량 비Encephalization Quotient라는 개념으로 설명하고 있다(Jerison, 1973). 즉, 고래의 뇌 무게는 8kg, 코끼리의 뇌 무게는 5kg으로 인간의 뇌 무게인 1.4kg보다 무겁다. 그러나 체중과의 비율을 보면 고래와 코끼리의 뇌 무게는 몸무게의 1/2,000에 해당되지만 인간의 뇌는 몸무게의 약 1/40에 해당된다.

2) 인간의 뇌는 다른 동물에 비해 덜 발달된 상태로 태어난다

다른 동물은 태어난 후 뇌성장 속도가 급격히 감소하고 일찍 뇌발달이 멈추는데 비해 인간은 태내기 뇌 성장속도로 2세가 될 때까지 지속한다(Gould, 1977). 즉, 출생 시 성인 뇌의 25~30%(380g)이던 것이 2세가 되면 성인 뇌(남자, 1,400g, 여자, 1,260g)의 70~75%에 이르게 된다(Tanner, 1978). 신장은 2세 때 성인의 20%에 불과한데 비해, 2세 영아의 뇌 발달은 그 만큼 급성장하는 것이다. 그 이후 뇌의 외형적인 뇌 성장속도는 줄어들고, 10세경이 되면 성인 뇌의 95% 크기가 된다. 이런 인간의 뇌 성장 특징은 산모 자궁의 제한된 공간 속에서 머리 부분의 성장이 신체 다른 부분보다 빨리 자라서 신생아기는 머리길이가 신장의 1/4인 과분수형을 나타낸다. 이런 현상은 사춘기를 지나면서 성인의 비율인

1/6~1/8이 된다.

이와 같이 신체발달이 두미발달의 법칙으로 성장하는 것은 가능한 범위 내에서 두뇌를 크게 하기 위한 전략으로 볼 수 있다. 첫째, 태아기는 제한된 자궁 공간에서 몸통이나 다리보다 머리가 우선적으로 산도를 통과할 수 있을 정도까지 최대한 성장하고, 태어난 후에도 2세 무렵에는 성인 뇌 무게의 3/4에 이르며, 두뇌 성장이 태내 성장 속도를 유지한다. 천문과 봉합선 봉합, 두개골 경화가 지연되는 것도 출생 후 빠른 뇌 성장을 유지하기 위한 수단이다. 둘째, 다른 동물에 비해 인간은 뇌 성장 기간이 길다. 이것은 긴 생애 동안 예상되는 다양한 환경에 융통성 있게 적응하고, 복잡한 사회구조에서 살아 남기 위해서는 배워야 할 것이 많기 때문이다.

3) 미성숙기가 길다

장수하는 동물은 단명한 동물보다 다양한 환경에 직면하여 살아가기 위해서는 상대적으로 정보처리능력이 양적으로 크고, 질적으로 효율적이어야 하기 때문에 배워야 할 기간이 길 수밖에 없다. 따라서 인간은 정보를 처리하는 데 필요한 대뇌피질이 다른 동물에 비하면 상대적으로 크다. 쥐 실험에서 정보처리능력을 높이기 위한 다양한 자극을 주었을 때 쥐의 뇌 피질이 두터워진다는 실험결과가 있다(Greenough, 1986).

인간을 포함한 장수동물은 미래에 예상되는 환경 중에서 선조들이 예측하지 못했던 상황에 대처할 능력이 필요하고 이를 위해서는 두뇌의 가소성과 융통성이 필요하다. 그래야만 성숙기까지 살아 남아 종을 보존할 수 있기 때문이다. 지연성장이 결코 진화적 관점으로는 불리한 점만은 아니다. 미성숙기가 길수록 직면할 위험도 크다. 이런 위험을 감소시킬 수 있도록 안전이 보장된 가운데 양육자와의 애착이라든지, 가족 구성을 포함한 사회적 조직을 통하여 양육과 교육을 받을 기간이 많아지는 것이다.

4) 다른 기관의 발달에 비해 빨리 성장하여 유지되는 경향이 있다

뇌의 발달은 다른 기관의 발달에 비해 빨리 발달하는 경향을 가지고 있다(그림 8-1). 그림에서 보는 것과 같이 뇌는 다른 기관에 비해 8세까지 빠르게 발달한 다음 유지되는 경향을 보이고 있다. 뇌발달을 미시적으로 접근하면 신체발달과 뇌 영역별 발달에는 상관관계를 가지고 유전적으로 프로그램 된 우선순위에 따라 뇌 영역별 발달속도에 차이가 있다.

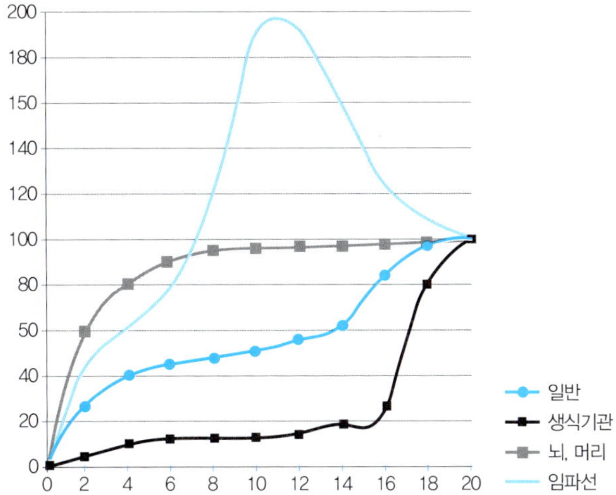

| 그림 8-1 | **두뇌발달의 속도**

5) 뇌 활동의 주 에너지 원은 당분이다

뇌 활동의 주 에너지 원은 당분이다. 뇌는 잠잘 때도 작동을 멈추지 않고 몸무게의 2%에 불과한 뇌가 전체 에너지 소비량의 25%를 소모한다. 배아 단계에서 제일 먼저 만들어지고 출생 후에도 기능하며, 영유아기 때 급속도로 성장하는 것을 볼 때 충분한 영양분 공급, 자극이 풍부한 환경은 뇌 기능과 함께 뇌 구조와 무게에서 큰 차이를 보이는 것으로 나타났다(Gottlieb, 1991; Kolb, 1995). 또한 뇌 활동에는 혈액을 통한 산소 공급이 필요하며 출생 시 제일 먼저 신생아가 직면하는 위험은 탯줄이 신생아의 목을 감아 산소 결핍증에 걸리면 뇌 손상을 입고 그 후유증은 심하면 생명을 잃거나 발달장애를 겪는 사례를 볼 수 있다.

2. 신경망의 발달

1) 신경세포의 구조와 기능

신경세포nerve cell 혹은 뉴런neuron으로 불리는 세포는 1839년 독일 동물학자 데오돌 슈반 Theodor Schwann에 의해 발견된 것이다. 뉴런은 수행하는 일에 따라 크기와 모양이 많이 다르지만, 정보를 전달한다는 공통된 특징을 가지고 있다. 뉴런의 기본적인 모양은 그림 8-2와 그림 8-3에 제시되어 있다.

인간의 두뇌는 1,000억 개의 신경세포로 구성되어 있다. 신경세포의 기본 구조는 세포체cell body와 세포체에서 뻗어 나온 돌기인 수상돌기dendrite와 축색axon 그리고 종말단추 terminal button로 구성되어 있다. 수상돌기dendrite 끝에는 수천 개의 On-Off 스위치 역할을 일으키는 시냅스에 둘러싸여 전기화학적 방법으로 수용기receptor에서 신호를 받아들이는 역할을 한다. 수상돌기로부터 들어온 정보를 통합하는 역할을 세포체에서 담당한다. 세포체는 세포막을 형성하고 있으며, 그 내부에는 세포질이라는 세포액과 세포핵이 있다. 세포막은 외부로부터 선별적으로 물질을 세포막 안팎으로 통과시키는 역할을 하여 신호를 전달 혹은 차단하는 중요한 역할을 한다. 세포핵은 미토콘드리아를 비롯한 소포체(조면, 활면)와 골지체, 리보좀 등의 소기관과 물로 구성되어 있다. 미토콘드리아는 세포에 에너지

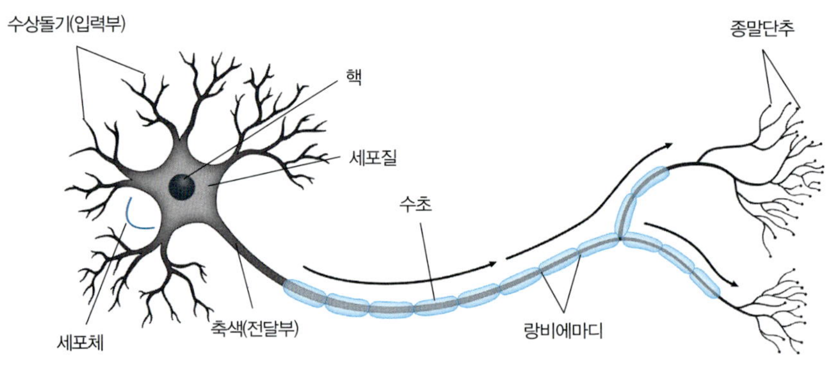

| 그림 8-2 | 뉴런(neuron)의 구조

를 공급하는 역할을 하고, 소포체는 효소 반응 등을 통하여 필요 물질(단백질)을 생산하는 역할을 담당하며, 리보좀은 핵에서부터 나오는 아미노산을 단백질로 만든다. 이렇게 만들어진 물질을 돌기 끝으로 운반하는 것이 골지체의 역할이다. 세포체에서 통합된 정보는 다음 뉴런으로 정보를 보내기 위해 축색을 지나게 되고, 종말단추에서 다음 뉴런으로 정보를 전달하게 된다.

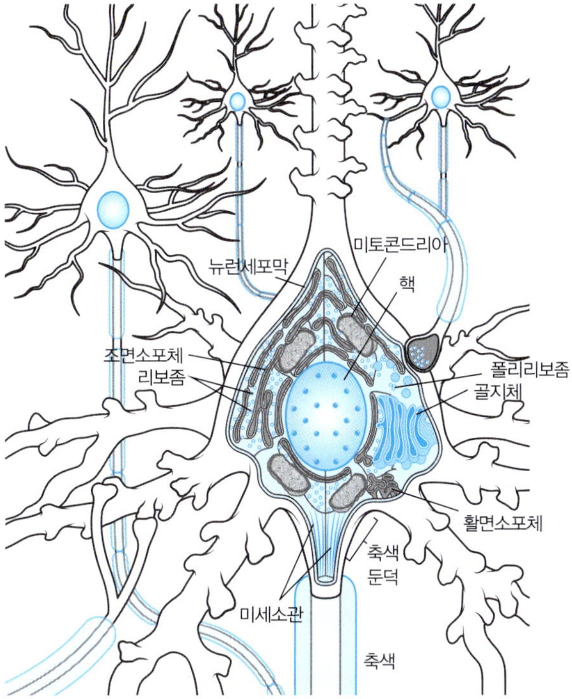

| 그림 8-3 | **뉴런의 내부 구조**

2) 신경전달물질을 통한 정보전달

종말단추에서 다음 뉴런의 수상돌기는 붙어 있는 것이 아니라 떨어져 있다는 것을 1800년대 후반에 Cajal이 증명하였는데, 이 공간을 시냅스synapse 공간이라고 한다(그림 8-4와 그림 8-5). 즉, 뉴런의 신경축색을 통해 전달된 정보는 축색의 끝인 종말단추에 있는 화학물질인 신경전달물질에 의해서 시냅스를 건너 시냅스 후에 있는 뉴런이나 다른 세포에 정보를 전달하게 된다.

현재까지 인간의 뇌 속에는 50여 종 이상의 신경전달물질이 있는 것으로 보고되고 있고, 이 신경전달물질의 종류에 따라 인간의 행동과 감정, 사고 등의 경험이 달라지게 된다. 특정 신경전달물질이 과잉되거나 결핍되면 어떤 종류의 비정상적인 행동과 감정, 사고가 유발될 수 있으며, 이는 정신질환과 관련이 된다. 또한 이러한 신경전달물질들은 뇌에 골고루 분포되어 있는 것이 아니라, 각각의 뇌 부위에 따라 특정 신경전달물질이 다른 신경전달물질에 비해 더 많이 분포되어 있다는 점도 발견되었다. 뇌에서 활동하고 있는 신경전달물질들 중 그 기능과 역할이 밝혀진 것으로 아세틸콜린acetylcholine, 도파민dopamine, 세로토닌serotonine, 노르에피네프린norepinephrine, 엔돌핀endorphine 등이 있다(김이영 외, 2019).

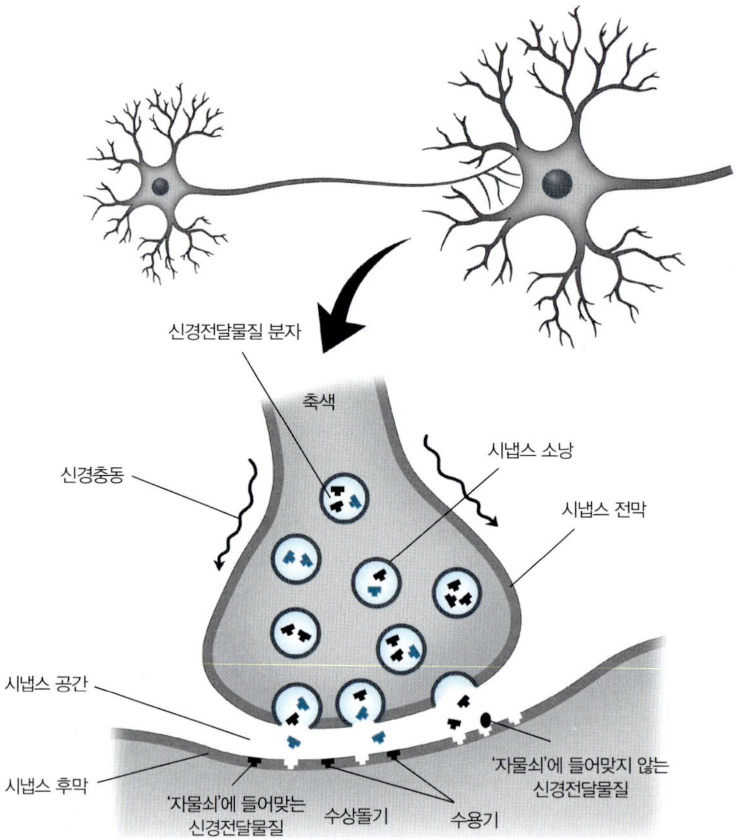

| 그림 8-4 | **시냅스 공간**

먼저 아세틸콜린은 우리의 기억과도 관련되어 있다. 알츠하이머병은 기억장애가 주된 증상인 질환이며, 이런 기억장애는 아세틸콜린을 분비하는 뉴런의 손상 때문이다. 도파민은 운동과 보상에 관련된 신경전달물질이다. 도파민의 분비량이 너무 적으면 행동을 원활하게 하거나 자세를 유지하는 데 어려움을 겪게 되는 파킨슨병Parkinson' disease이 발생된다. 반대로 도파민 분비량이 너무 많게 되면 조현병이 나타나게 되며, 치료를 위해 도파민 길항

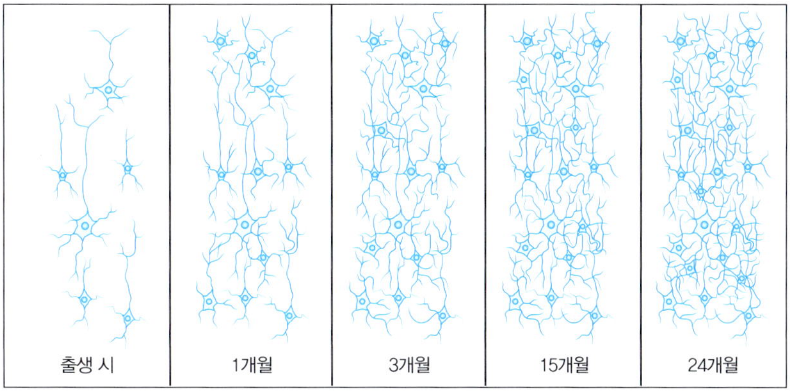

| 그림 8-5 | **시냅스 발달**

제를 너무 많이 사용하게 되면 파킨슨병의 증상이 유발된다. 세로토닌은 수면이나 체온 조절, 기분 변화와 관련되는 신경계에서 중요하게 작용하며, 우울증과 관련되어 있다. 우울증이 있는 사람들의 뇌에서 세로토닌의 분비량이 정상인들보다 낮은 것으로 나타났다. 노르에피네프린은 동기와 정서에 관련된 뇌의 뉴런이 시냅스 부위에서 많이 발견되었고 특히 각성과 관련된 신경계에서 사용되는 것으로 보고되고 있으며, 엔돌핀은 고통의 억제와 관련되어 있는 것으로 보고되고 있다.

3) 신경체계

배아기 때부터 두뇌brain와 척수spinal cord를 기본 골격으로 한 구조가 생기는데, 이것을 합쳐 중추신경계Central Nervous System : CNS라고 한다. 마치 철도망의 중앙 통제 사령실과 본선에 비유할 수 있다. 여기를 중심으로 해서 전신에 퍼져나가는 신경을 말초신경계Peripheral Nerve System : PNS라고 한다. 이것은 본선에서 가지 쳐 나온 지선과 지선상에 있는 역과 같은 것이다. 지선에 있는 신경조직은 그 역할에 따라 신체 외부와 관련하여 활동을 하는 뼈근육을 통제하는 체성신경계Somatic Nerve System와 인체 내부 기관을 통제하는 자율신경계Autonomic Nerve System로 나눈다(그림 8-6).

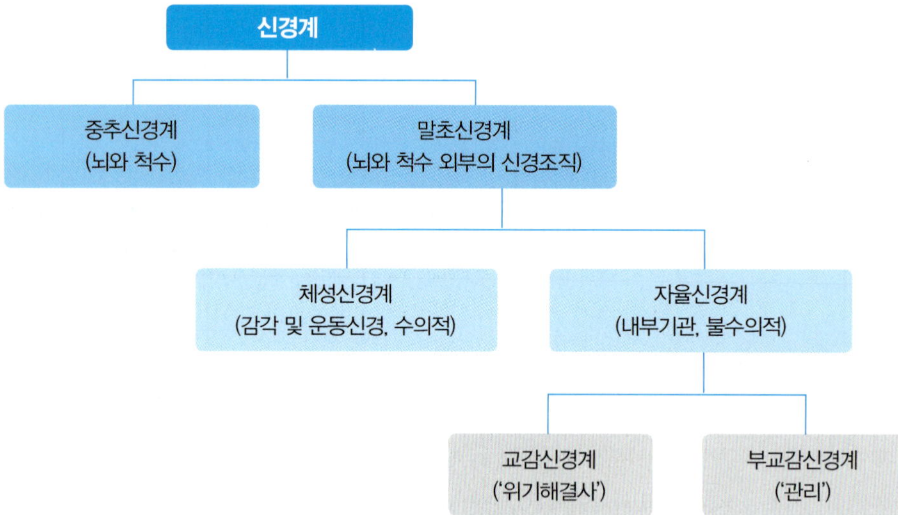

| 그림 8-6 | **인간신경계의 위계적 조직**

자율신경계는 말 그대로 의식적으로 조절할 수 없고, 따라서 자동으로 작동하는 것이다. 음식을 먹으면 위에서 자동으로 소화운동을 시작하는 것과 같은 것이다. 그러나 특수한 수련을 통하여 특정 분야의 자율신경을 자신의 의도대로 통제할 수 있는 경우도 일부 있다. 예를 들어, 호흡조절법이나 명상 등을 통해서 혈압을 자의적으로 낮추는 경우이다. 자율신경계는 다시 몸속의 에너지를 소비하는 교감신경계Sympathetic Nerve System와 에너지를 보전하는 부교감신경계Parasympathetic Nerve System로 구성되어 있다. 혈관을 수축시키는 메시지는 교감신경이고, 수축된 혈관을 정상으로 되돌리기 위해 혈관을 이완시키는 메시지는 부교감신경이 담당한다. 특수한 경우를 제외하고는 교감신경과 부교감신경은 내장기관이나 호르몬 샘근육에 같이 들어간다. 교감신경과 부교감신경이 반드시 반대 작용만 하지 않고 상호 보조역할도 한다.

3. 뇌의 발달

1) 뇌의 구조 및 기능

성인의 경우 뇌의 크기는 1,200~1,880cc 정도이며 무게는 1.4kg 정도이다. 이렇게 작은 뇌이지만 산소 소비량은 전신 소비량의 20%, 포도당 소비량은 전신의 25%를 차지한다. 뇌는 뇌막meninge이라고 하는 3겹의 질긴 보호막과 두개골로 보호되어 있으며 뇌막 사이의 공간과 뇌 내부의 공간들은 뇌척수액cerebro spinal fluid으로 채워져 있는데, 이 액체는 압력과 충격을 흡수한다.

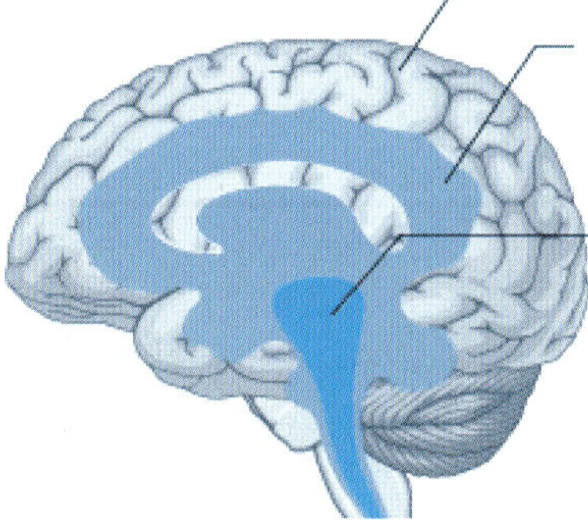

| 그림 8-7 | **뇌의 3중 구조**

출처: 이시형(2010). 세로토닌하라. 중앙books. p.40.

그림 8-7에서 보는 것과 같이 뇌의 구조를 크게 세 가지로 분류하면, 파충류 뇌로 비유되는 뇌간, 동물뇌로 비유되는 대뇌번연계, 인간의 뇌로 불리는 대뇌신피질로 구분된다. 뇌간은 생명중추이며, 인간의 수면과 각성, 체온, 호흡, 식욕, 성욕을 담당한다. 대뇌변연계는 동물뇌라고 하며, 위험 포착, 대비, 투쟁-도피반응을 담당한다. 대뇌신피질은 인간뇌라고 하며, 인간의 창조(문명, 예술, 과학, 음악 등)를 담당하게 된다. 뇌의 외부를 감싸고 있는 것을 대뇌피질이라고 한다. 자세한 뇌의 구조와 기능은 그림 8-8과 같다(김이영 외,

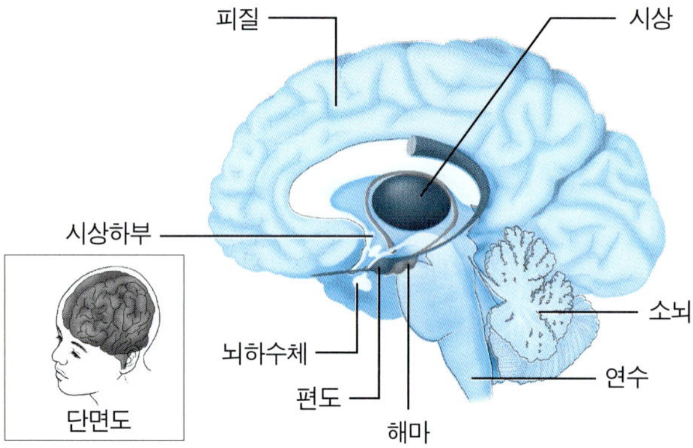

| 그림 8-8 | **뇌의 구조**

2019).

뇌간에 위치한 연수는 뇌신경을 통해 호흡, 심장박동, 구토, 기침 그리고 재채기와 같은 생명과 직결된 행동을 담당한다. 소뇌는 깊게 파인 주름을 가진 후뇌의 구조물로서 피아노를 치거나 바느질과 같은 빠르고 정교한 운동을 통제하고 신체의 평행 유지를 담당한다. 시상은 대뇌피질에 투사하는 주요 감각기관의 최종 중계소 역할을 한다. 즉, 신체의 감각기관을 통해 들어온 정보 중 후각을 제외하고는 모두 시상을 거쳐 대뇌로 전달된다. 시상하부는 뇌하수체를 통제하여 여러 호르몬 분비를 조절한다. 그리고 시상하부는 동기와 감정적인 행동의 많은 측면을 조절한다.

만약 시상하부에 손상이 오면 동기적 행동, 즉 먹는 것, 마시는 것, 온도 조절, 성행동을 비정상적으로 하게 된다. 그리고 망상체는 흥분이나 각성, 수면을 조절하는 데 중요한 역할을 하고, 주의집중에도 중요한 역할을 한다. 대뇌피질 아래에 피질하구조물로는 변연계와 기저핵이 있는데 변연계는 정서, 학습, 기억에 중요하고 특히 편도체는 공포에 중요한 역할을 한다. 기저핵은 점진적이고 느린 운동을 통제하는 기능, 즉 자신에게 익숙하지 않은 행동을 하는 것과 관련된다.

대뇌피질의 무게는 뇌 전체의 약 80%이며, 표면이 쭈글쭈글하게 주름져 있으며, 좌우 대뇌반구로 나누어져 있다. 이곳에 가득 차 있는 뉴런(신경세포)은 신체 각 부위에서 전달된 정보를 인출하여 몸의 말단으로 명령을 보내는 역할을 한다. 대뇌피질은 각 부위별로 몸의 특정 부위에 반응하므로 뇌파의 기록을 통해 어떤 정신활동을 하는지 알 수 있다. 인간의 뇌 중에서 복잡한 정신활동이 일어나는 부분이 대뇌피질이다. 이 대뇌피질에서 고도의 감각과 지각, 운동과 기술, 사고력, 상상력, 언어활동이 일어난다. 대뇌피질은 다시 네 가지 영역 전두엽, 측두엽, 두정엽, 후두엽으로 나누어지고, 이 부분을 제외한 나머지는 연합영역으로 대뇌피질의 75%를 차지한다(그림 8-9).

좌우 대뇌반구의 후두엽에는 1차 시각피질이 있어, 시각을 담당하게 된다. 측두엽에는 1차 청각피질이 있어, 청각을 처리하게 된다. 전두엽에는 근육을 통제하는 1차 운동피질이 있으며, 이 부분에서는 움직임을 계획하고, 계속 받아들이는 정보를 움직임과 통합하는데, 부적절한 행동을 억제하는 데 중요한 역할을 한다. 두정엽은 신체 각 부위에서 수용한 체감각 정보를 받아들이고 공간 내에서의 신체적 위치나 운동지각에 중요한 역할을 한다.

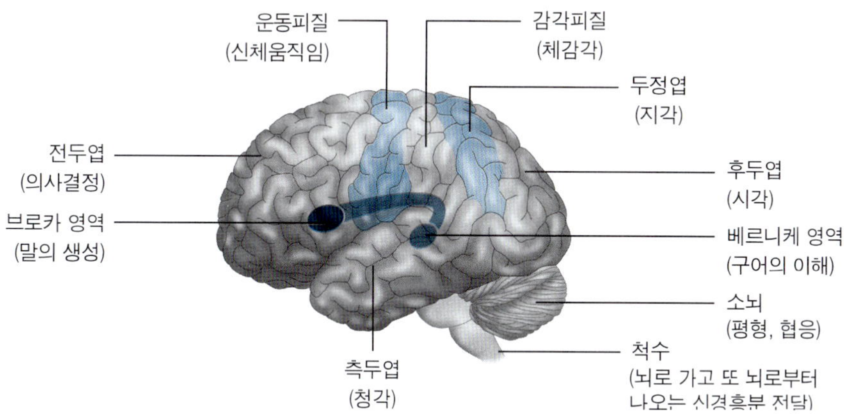

| 그림 8-9 | **대뇌 피질**

2) 영유아기 뇌발달

출생 당시 뇌 무게는 성인 뇌 무게의 25%에 불과하지만 생후 6개월에는 성인 뇌 무게의 50%, 2세에는 약 75%, 2세에서 6세 사이에 뇌의 무게는 성인의 90%로 증가하게 된다. 동시에 학령 전기 유아들은 신체 협응력, 지각력, 기억력, 언어력, 논리적 사고, 상상력 등의 다양한 능력이 발달하게 된다.

시냅스의 밀도는 출생 후 2세까지 급격히 증가하다가 그 후 서서히 감소하여 7세경에는 성인의 수준에 도달하게 된다(김나영, 2007). 뇌발달이 3세까지는 영역별로 골고루 발달하지만 3세 이후부터는 부위별로 발달이 집중된다. 즉, 발달양상에 차이를 보이는데, 3~6세 사이에는 사고와 인간성을 담당하는 전두엽이 발달하게 되고, 7~12세는 뇌회로가 입체와 공간을 지각하는 두정엽과 소리를 담당하는 측두엽이 발달하고, 12세 이후에는 시각을 담당하는 후두엽이 발달하게 된다.

(1) 소뇌와 망상체의 발달

대뇌피질 이외에 뇌의 다른 부분들도 유아기에 크게 발달하게 된다. 뇌의 뒷부분 아래쪽에 있는 소뇌cerebellum는 신체 움직임과 균형과 조정을 돕는 뇌의 구조이다. 소뇌의 무게는 130g 정도로 대뇌의 10% 정도 차지하지만 표면적은 약 25%에 해당된다. 대뇌와 소뇌를 연결하는 섬유질은 출생 이후 성장하고 수초화된다. 그러나 이 과정은 4세경이 되어야 완성된다. 이러한 변화로 인해 운동 조정능력은 극적으로 증대되어 유아기 말기가 되면 유아들은 그네 타기, 공 던지기 활동을 할 수 있게 된다.

망상체reticular formation는 민첩성과 의식을 유지하는 뇌간 안에 있는 조직으로 유아기를 지나 청소년기에 이를 때까지 시냅스를 생성하고 수초화된다(그림 8–10). 망상체 안에 있

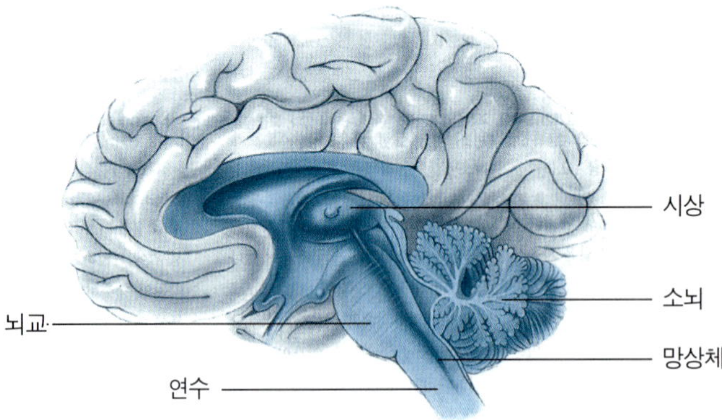

| 그림 8–10 | **소뇌와 망상체**

는 뉴런들은 뇌의 다른 부분으로 신경섬유들을 내보낸다. 많은 신경섬유들이 대뇌피질의 전두엽으로 가서 주의력을 유지하고 조절하는 능력을 증진시키게 된다(박낭자 외, 2007).

(2) 뇌의 편측성

뇌는 좌반구와 우반구로 나누어진다. 즉, 대뇌반구는 축색다발로 이루어진 뇌량corpus callosum으로 연결되어 있다(그림 8-11). 좌반구는 신체 우측의 정보를 받아들이고, 우반구는 신체 좌측의 정보를 받아들이게 되는데, 뇌량을 통해 좌반구와 우반구가 정보를 교환함으로써 우리는 주변의 환경을 통합된 하나의 세상으로 지각할 수 있게 된다.

그림 8-11에서 보는 것과 같이 두 반구는 외형적으로는 비슷하게 생겼으나, 그 기능은 서로 다르다. 좌반구는 수학, 언어, 과학, 논리적인 기능 등을 주로 담당하고, 우반구는 음악, 미술, 공간지각, 직관적인 기능 등을 주로 담당한다. 따라서 어느 쪽의 반구가 손상되는가에 따라 외형적으로 나타나는 현상도 다르다. 특히 좌반구에는 언어중추가 있어 언어능력을 가지고 있는데, 그중 Broca 영역에 손상을 입게 되면, 말이 느려지고 발음이 명확하지 못하고 어눌해지는 표현성 언어장애가 나타나고, Wernicke 영역에 손상을 입게 되면, 말을 빨리 할 수 있고 발음도 명확하지만 전혀 말이 되지 않는 이야기를 하는 수용성 · 표현성 언어장애 현상을 보이게 된다. 또한 좌 · 우반구의 기능적 차이는 특정 과제를 학습하는

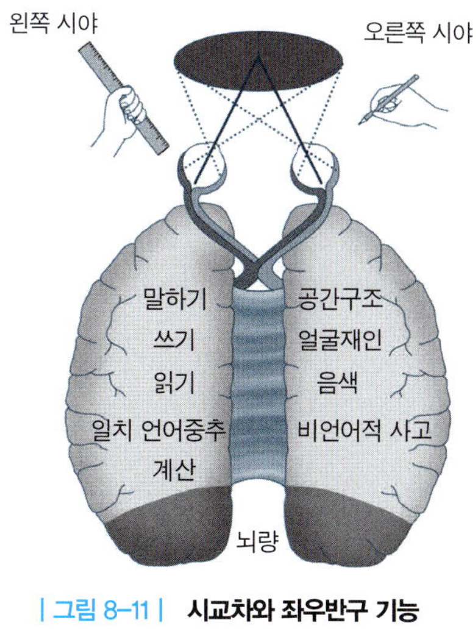

| 그림 8-11 | 시교차와 좌우반구 기능

인지양식cognitive style에서도 볼 수 있다. 즉, 좌반구는 우반구보다 언어적, 계열적, 논리적, 분석적인 방법으로 과제를 해결하고, 우반구는 시 · 공간적, 직관적, 전체적으로 과제를 해결한다. 따라서 좌반구는 읽기, 말하기, 분석적 추리, 수학 등의 과제에, 우반구는 얼굴 기억하기, 공간적 자극, 음악 등 비교적 자유로운 과제에 능률적이다.

따라서 뇌기능 분화에 따른 좌반구와 우반구를 골고루 발달할 수 있도록 교육과정 개발, 수업설계, 학습방법 개선, 교육 자료 개발이 필요함을 시사하고 있다. 최근 연구결과에서 교육과정을 통한 조기의 뇌자극이 창의성 발달에 큰 가치가 있다고 주장하고 있으며 (Jensen, 2000), 유아의 학습 효과 증진을 위해 뇌를 자극시키는 것이 가장 좋은 방법이라고 주장한다.

3) 영유아기 뇌발달을 위한 방안

갓 태어난 아기의 경우 성인과 신경세포의 수는 같지만 말을 할 수 없으며 시력도 충분하지 않는 등 뇌 이외의 기능도 미숙하다. 따라서 영유아의 경우 신경세포의 네트워크를 형성하는 것이 중요하다. 신경세포의 네트워크는 태어나 성장하면서 만들어지며, 특히 3년 정도가 매우 중요한 시기이다. 즉, 이 시기에 다양한 개입을 통해 영유아의 뇌를 발달시킬 수 있는데 구체적인 방안을 살펴보면 다음과 같다(김유미, 2004; 김이영 외, 2019; 홍성민, 2003).

(1) 필요한 영양분을 골고루 섭취해라

영유아기는 시냅스 형성이 두뇌발달의 주를 이루는 시기이다. 따라서 영유아가 시냅스를 형성하고 유지하는 데 필요한 영양분을 골고루 섭취하도록 하는 것이 중요하다. 두뇌에 유익한 음식으로는 야채, 생선, 견과류, 육류 및 신선한 과일이 좋다고 알려져 있다. 특히 단백질과 지방은 우리 몸에 있는 모든 세포막의 주요 구성 성분으로 발달하는 신경망과 수상돌기를 구성하는 요인이다. 또한 단백질과 지방은 헤모글로빈의 구조나 근섬유의 수축과도 관련되며, 항체나 호르몬 또는 효소로서도 중요한 역할을 한다. 따라서 6세 이전에 신경세포의 90%가 형성되므로 단백질을 충분히 섭취하는 것이 좋다. 또한 비타민 B1, B2, B12, 비타민 E 등의 비타민과 셀레늄 같은 미네랄, 유리아미노산, 레시틴, DHA, 생선이 뇌의 기능을 향상시키는 것으로 보고되고 있다.

(2) 자유롭게 탐색할 수 있는 기회를 제공해라

영아기 때는 누워 있어도 계속해서 움직이면서 주변 세계를 탐색하고 이후에는 앉고, 기고, 서고, 걷기와 같은 움직임과 관련된 기본적인 과제를 서서히 습득해 나간다. 특히 8개월 무렵 아이의 기는 동작은 양반구의 교류를 활발하게 할 뿐만 아니라 다양한 감각과 움직임을 조절하는 데 중요한 역할을 한다. 이러한 움직임의 발달은 직접적으로는 아이의 대뇌전두엽에 있는 운동피질 및 소뇌발달과 관련되고, 간접적으로 두뇌 모든 부위의 발달을 촉진한다. 따라서 보호자는 영유아가 기고, 서고, 걷고, 달리는 활동을 통해 아이의 대근육 발달이 자연스럽게 이루어지도록 지원하며, 더하여 소근육 운동 특히 손놀림을 요구하는 활동을 충분히 할 수 있도록 해야 한다.

(3) 충분한 수면과 휴식을 취하도록 해라

뇌가 적절한 활동을 유지하기 위해서는 휴식이 필요하며 이러한 휴식은 대부분 수면을 통해 이루어진다. 잠을 자는 동안 우리 뇌는 믿을 수 없을 정도로 활발하게 작동한다. 영유아에게는 온 세상이 학습 대상이다. 또한 이 시기의 영유아들은 감각 경험을 통해 시냅스를 형성해 나간다. 그러나 시냅스 발달이 충분이 이루어진 시기가 아니기 때문에 영유아의 두뇌는 쏟아지는 엄청난 정보에 쉽게 지치게 된다. 따라서 영유아들은 숙면을 통해 기능을 정비하게 된다. 여러 수면 단계 중 꿈을 꾸지 않는 수면 상태는 신체적 회복에 중요하며, 특히 기억을 유지하는 데 중요한 것으로 보고되고 있기 때문에 보호자는 영유아의 숙면을 방해하는 근본적인 요소를 파악하여 제거해 주어야 한다.

(4) 스킨십을 자주 해라

스킨십이 부족한 영유아의 경우 운동 기능과 정신 기능이 저하될 수 있다는 보고가 있다. 즉, 스킨십은 영유아의 정서발달뿐만 아니라 두뇌발달에도 매우 중요한 역할을 한다. 피부감각의 발달은 곧 두뇌발달과 연결된다. 따라서 보호자의 업어주기, 쓰다듬어 주기, 안아주기, 뽀뽀해 주기, 마사지해 주기 등은 영유아의 두뇌발달을 촉진하는 활동들이다.

(5) 오감을 활용한 교육을 해라

지구상의 많은 생물들을 살펴보면 뇌는 움직이는 동물에게만 있다는 것을 알 수 있다. 움직이지 않는 식물에게는 뇌가 필요 없는 것이다. 이와 같은 점은 태어난 아기에게 움직임을 많이 제공해 주는 것이 두뇌발달에 유익하다는 것을 말해준다. 즉, 단편적인 방법으로 어떤 물체를 접할 때보다 오감을 통한 학습을 할 때 시냅스가 더 치밀해지기 때문에 오감을 활용한 교육이 영유아의 두뇌 기능을 향상시키게 된다.

(6) 뇌의 편측성을 줄이기 위해 양손을 자주 사용하게 하라

영유아들 중 주로 오른손을 사용하는 오른손잡이나 주로 왼손을 사용하는 왼손잡이가 나타나는 것은 뇌의 편측성에 의한 결과이다. 손잡이가 명확히 결정되는 것은 1세 반에서 5세 사이이다. 영유아의 90%가 오른손잡이이고, 나머지 10%가 왼손잡이이다. 그리고 남아가 여아보다 왼손잡이인 경우가 약간 더 많다. 일반적으로 글을 쓰기 시작하면 왼손잡이인지 오른손잡이인지를 알 수 있게 된다. 언어를 관장하는 뇌의 좌반구는 오른손잡이에게 우세하다. 왼손잡이 영유아의 경우 언어는 두 개의 반구가 함께 작용하는데 이것은 왼손잡이의 경우 뇌의 편측성이 덜하다는 것을 의미한다. 따라서 아이들의 경우 양손을 모두 사용할 수 있는 기회를 주는 것이 뇌의 편측성을 줄여 줄 수 있는 기회가 된다.

4. 인지발달

1) 인지의 정의

인지cognition는 라틴어 'cognoscere'에서 유래된 말로서 '안다'라는 의미를 가진다. 과거에는 인지를 지적인 과정 또는 산물로 제한하여 사용하여 왔다. 따라서 인지에 대한 좁은 해석은 지나친 기계적 학습이나 주입식 방법으로 지식을 암기하는 것이 인지교육이라는 잘못된 인식을 가지게 되었다(Naglieri, 1996). 그러나 최근에는 인지의 범위에 인간정신의 지적인 과정과 산물 외에 심상, 기억, 주의와 같은 요소들과 모든 유형의 사회적 인지와 사회적 의사소통을 위한 언어사용을 포함한 개념으로 사용되고 있다.

그리고 한국유아교육학회(1999)에서는 인지를 지각, 판단, 추리, 결정, 이미지 형성, 기억, 이해 등 외적 세계 및 내적 세계로부터의 단서를 근거로 사물 · 사상에 대한 지식을 획득할 때에 작용하는 능동적인 정보수집 및 처리활동으로 정의하고 있다. 즉, 인지란 영유아가 각각의 대상을 인식하고, 집중하고, 기억하고, 학습하고, 생각하고, 느끼고, 문제를 해결하는 등의 모두를 포함하는 것이라고 정의할 수 있다.

인지과정은 인간으로 하여금 주변 환경을 이해하여 적응할 수 있도록 도와주고, 주의, 지각, 학습, 사고, 기억과 같은 인간의 정신세계를 특정 짓는 관찰될 수 없는 사건과 활동을 포함하는 개념으로 사용되고 있다(정희영 외, 2014).

2) 피아제 인지이론

피아제Piaget는 출생 후 2세까지 영아를 감각운동기sensory motor stage, 취학 전 아동인 3~7세 사이를 상징화가 가능한 전조작기pre operational stage, 7~11세까지 학령기에는 논리성이 가능한 구체적 조작기concrete operational stage, 마지막 청년기에는 과거 · 현재의 시간을 통한 구체적 사실과 경험에 의한 사고의 틀이었다면, 마지막 단계의 사고는 구체적인 것을 넘어 추상적 개념과 미래를 포함한 과학적이고 계획적 사고체계를 만드는 정형적이고 정식적으로 형식을 갖춘 형식적 조작기formal operational stage로 구분하여 인지발달을 설명하고 있다(표 8–1).

| 표 8–1 | 피아제(Piaget)의 인지발달 단계

발달단계	연령	특징
감각운동기	0~2세	• 감각운동 기능에 의한 반복활동(빨기, 잡기, 물기 등)을 한다. 대상영속성의 개념을 획득한다.
전조작기	2~7세	• 언어를 습득하여 상징적 사고가 가능해지지만, 자기중심적이며, 직접적인 경험에 한정되어 있다.
구체적 조작기	7~11세	• 논리적 사고가 가능해지고, 보존개념을 획득하게 되며, 분류 및 서열에 대한 개념을 습득하게 된다.
형식적 조작기	11~15세	• 추상적 사고가 가능해진다. 과학적 사고를 통해 체계적인 문제해결을 하게 된다. • 과거–현재–미래를 연결할 수 있다.

피아제Piaget의 인지발달이론은 그의 세 자녀Laurent, Lucienne, Jacqueline의 성장 과정을 면밀히 관찰하여 얻은 비공식적 연구에 근거한 것이다. 피아제Piaget가 가정한 인지 개념은 인간이 사고의 틀을 만들어 가는 과정을 동화와 조절을 통한 적응과 평형으로 안정을 유지하고 다시 불균형이 발생하면 조절을 통하여 균형과 안정된 상태로 돌아가는 반복적 순환과정으로 인지를 보았다. 적응이라는 개념은 다윈의 진화론에 기초하여 인지 개념을 파악하고, 조절과 평형 상태로의 반복적 순환은 헤겔의 정正, 반反, 합合의 변증법적 발전원리를 도입한 것으로 보인다.

인지는 새로운 지식에 대해서 각자 자기 식으로 해석한다는 것에서 출발한다. 새로운 지식을 기존 개념의 지식 틀로 이해하려고 일단 시도를 한다. 기존의 틀frame에 맞으면 새로운 지식을 여기에 동화assimilation시킨다. "아하 같은 원리구나" 하는 식이다. 그러나 그것이 불가능하면 질적으로 다른 스키마로 조절accommodation하여 문제를 해결한다. 즉, 과거 기존의 틀 혹은 방식으로는 이해가 되지 않아 "이건 아닌데" 하는 식이다. 조정과정을 거친 후에는 다시 지적 평형equillibration된 상태로 돌아가게 된다는 것이다.

피아제Piaget는 신체발달의 보편적 순서와 같이 인지발달도 보편적 · 단계적으로 일어나며 앞단계를 거쳐야만 다음 단계로 넘어 간다고 보았다. 단계별 인지의 틀인 스키마가 질적으로 다르게 된다는 것이 특징이다.

(1) 영아기 인지발달

영아기에 해당하는 감각운동기는 태아기 이후 첫 급성장이 이루어지는 시기이므로 다시 6단계로 세분하여 영아의 인지발달을 설명하고 있다. 인간이 다른 동물과 현저하게 다른 표현 형질적 특징인 직립보행이 시작되는 시기이고, 유전적 경향이 깊은 언어 획득이 시작되는 시기이며, 감각 기능과 두뇌 성장이 급속도로 발달하는 시기로서 감각운동기를 6단계로 나누어 인지발달을 설명하고 있다. 이 시기의 영아가 가지는 지식은 생득적 능력과 반사행동과 감각기관으로부터 들어온 정보를 선택 · 조직 · 해석하는 과정에서 형성된 지각에 크게 의존하고 자신의 의도적 사고가 시작되는 지각에서 인지로 바뀌는 시기로 볼 수 있다. 피아제Piaget의 감각운동기 하부 6단계 인지발달을 정리하면 〈표 8-2〉와 같다.

| 표 8-2 | 감각운동기 하위단계의 인지발달

단계	시기	특징
1단계: 반사운동기	출생~1개월	영아는 손에 닿는 물건은 무엇이나 입으로 가져가 빨고, 잡고, 흔드는 등 무조건적인 반사작용을 나타낸다. 이러한 행동은 영아가 반사적 움직임을 통해 운동도식을 형성하며 환경에 적응해 가는 초기의 동화과정이라고 할 수 있으며 다음 단계의 발달을 위한 기초가 된다.
2단계: 1차 순환반응기	1~4개월	영아는 자신의 신체를 중심으로 우연히 일어났던 활동을 단순히 반복한다. 예를 들어, 손가락을 폈다 오므리거나, 신체를 이용해서 소리를 내는 것을 반복한다.
3단계: 2차 순환반응기	4~8개월	신체적 반응을 단순히 반복하던 것에서 벗어나 외부 세계에 관심을 갖고 반복적으로 신체를 움직이며 탐색한다. 우연히 경험한 행동이 흥미로울 때 영아는 의도적으로 행동을 반복함으로써 학습한다. 없어진 물체에 대해서도 약간의 관심을 갖는다.

단계	시기	특징
4단계: 2차 순환반응의 협응기	8~12개월	이미 가지고 있던 기존의 도식을 조합하고 의도적으로 목적지향적인 행동을 한다. 예를 들어, 장난감 앞에 다른 물건이 놓여 있다면 장난감을 갖기 위해 물건을 치우는 도식과 연합하여 방해물을 제거하고 장난감을 집는다. 또한 처음에 숨겨진 장소에서 물체를 찾을 수 있게 된다.
5단계: 3차 순환반응기	12~18개월	자신이 가지고 있던 도식에 의해서만 단순히 반복하기보다는 새로운 방법으로 사물을 탐구하고 적극적으로 환경을 탐색하고자 한다. 대상영속성의 개념도 훨씬 발달하여 영아가 보는 앞에서 물체를 숨기면 새로운 장소에 감춘 경우라도 찾을 수 있게 된다.
6단계: 정신적 표상	18~24개월	사물과 사건에 대한 내적 표상이 발달한다. 따라서 관찰한 내용을 그 자리에서 바로 모방하는 것이 아니라 일정한 시간이 지난 후에 재현하는 지연모방도 가능해지며, 대상영속성 개념이 완전히 획득되어 영아가 보지 않는 곳에 물체를 숨겨도 찾을 수 있게 된다.

| 그림 8-12 | **1, 2, 3차 순환반응기**

출처: 이사라 외(2013). 영아발달. 파워북. p.158.

(2) 유아기 인지발달

피아제Piaget의 인지발달이론에 따르면 유아기는 인지발달의 제2단계인 전조작기에 해당된다. 영아기는 감각과 다른 감각 간의 통합, 감각과 운동의 통합으로 지각의존적 사고인 반면, 유아기는 언어를 통한 상징화가 시작되고, 보이지 않는 것도 여전히 존재한다는 대상영속성object permanent 개념이 나타나게 된다. 피아제Piaget는 이 기간을 조작기에 들어가기에 앞선 전조작기pre operational stage라고 명명하였다. 전조작기는 논리적 사고가 되기 이전이라는 의미이며, 감각운동기와 전조작기의 경계는 상징화symbolization가 가능한지에 달려 있다. 상징화라는 것은 현재 눈앞에 보이지 않아도 마음의 내부에서 대상에 대한 존재를 그려 볼 수 있는, 즉 이미지화imagination하는 것을 의미한다.

감각운동기를 6개의 하위 단계로 나누었듯이 전조작기를 2단계로 나누어 인지발달을 설명하고 있는데, 상징적 기능의 하위단계Symbolic Function Substage; 2~4세와 직관적 사고의 하위단계Intuitive Thought Substage; 4~7세로 나눌 수 있다.

① 상징적 기능의 하위 단계

이 단계는 용어가 말해 주듯 눈앞에 보이지 않은 것도 존재한다는 심적 표상mental representation이 가능한 대상영속성 개념이 발생하게 된다. 어머니가 지금 아이 곁에 없어도 존재한다는 믿음은 아이의 분리불안을 감소시키고 어머니 생각과 놀이를 동시에 할 수 있게 된다. 이 단계는 자기중심적ego centralism으로 생각하는 특징이 있다. 이 같은 중심화centration라는 것은 어떤 사물이나 사건을 다른 면은 배제한 채, 한 가지에만 주의를 집중하는 것으로서 원인과 결과의 인과관계 개념이 없는 것이다.

자기중심적 사고는 물체에 대해서는 물활론적 사고를 가지게 한다. 물활론적 사고는 모든 물체에 생명이 있다고 믿는 것이다. 예를 들어, 인형에도 생명이 존재하기 때문에 인형을 때리면 피가 나고 아파할 것이라고 생각한다. 또한 자기중심적 사고와 물활론적 사고들이 복합되어 가장놀이pretend play, make-believe play, 판타지놀이fantasy play가 나타나게 된다. 상징적 기능 단계에서 나타나는 인지적 특징을 사례로 살펴보면 다음과 같다(표 8-3).

| 표 8-3 | 상징적 기능 단계에서 나타나는 인지 특징의 사례

구분	내용
자기중심적 사고	상 황: 밖에 있는 아버지가 집에 전화를 걸었는데, 4세 유아가 전화를 받았을 때 행동 아버지: 영희야, 어머니 계시니 영 희 : (대답 대신) 고개를 끄덕인다. 아버지: 영희야, 어머니 좀 바꿔 줄래 영 희 : (대답 대신) 고개를 끄덕인다.
물활론적 사고 혹은 인공론적 사고	• 사고난 장난감 자동차에 약을 바르고 밴드를 붙인다 • 하늘이 울어서 비가 내린다고 생각한다. • 인형을 때리면 아파한다고 믿는다.
상징화 · 가장화	• 막대기를 말로 생각하고 놀이를 한다. • 환상적인 낙서를 하고 의미를 부여한다(이것은 그림 대상물의 실체보다 상상이 더 작용하고, 소근육이 미발달한 신체적 요인도 복합된 결과일 수 있다). • 자동차가 구름 위를 달린다.
전환적 추론	사물의 인과관계에 대한 개념이 발달하지 않고, 자기중심적으로 생각하기 때문에 과학적 추론으로 넘어가는 전환기다. 예를 들어, 동생이 아픈 것은 자신이 동생을 미워해서 아프다고 생각한다.

② 직관적 사고의 하위 단계

이 단계는 4~7세 유아의 인지단계로 합리적 추론이 아닌 초보적 추론이 시작되는 시기이다. 상징의 수단인 언어 습득이 활발해지면서 유아는 사물에 대해서 공통점을 탐색하고 이것을 바탕으로 사물에 대한 일반적인 원칙과 법칙을 찾아내게 된다. 그리고는 이런 불완전한 비논리적이고 초보적인 추리를 신념화하게 되는 시기이다. 직관적 사고의 특징을 살펴보면 다음과 같다.

가. 분류개념 미형성

개념이란 사물이나 사건, 특성 등의 속성을 공통 기준에 따라 분류하여 단순화, 요약하는 것을 의미한다(Medin, Profitt & Schartz, 2000). 이런 개념을 형성하는 데는 발달에 따른 인지가 작용한 결과이지만 문화와 환경에 따라 같은 대상을 두고도 내부 속성에 대한 의미와 해석은 다르게 나타나게 된다. 예를 들어, 도시에서 자란 아이는 해는 아파트 너머로 들어간다고 생각하고, 시골 아이는 들판이나 산 너머로 들어간다는 개념을 갖는다. 문화적으로는 소를 숭배의 대상으로 개념이 형성되어 있는가 하면, 다른 문화권에서는 우유를 만들어 내는 동물로 초기 개념이 형성된다. 여기에서 더 나아가 사회적 이데올로기나 체제의 영향까지 받는다. 유아기에는 경찰을 다른 제복을 입은 사람으로 개념을 형성하고, 교통정리를 하는 사람, 도둑을 잡는 사람, 법 집행을 하는 사람으로 개념이 바뀌어 간다.

전조작기인 유아기는 보이지 않는 것에는 상징의 범위가 제한되어 있어 이러한 분류개념이 발달할 만큼 논리적 · 인지적 조작이 되지 않는다. 분류개념(유목포함; class inclusion 혹은 cross classification)을 이해하는 것이 전조작기에서 구체적 조작기로 넘어가는 경계의 표시라고 피아제Piaget는 주장하고 있다.

유목포함은 상위유목과 하위유목 간의 관계, 즉 전체와 부분의 관계를 이해하는 능력을 의미한다. 유목포함 실험(그림 8-13)에서 유아에게 열 송이의 빨간색 장미와 다섯 송이의 노란색 장미를 보여주고, 빨간색 장미와 장미의 개수를 물어보면 유아는 빨간색 장미가 더 많다고 대답한다. 이것은 전체(장미)와 부분(빨간색 장미와 노란색 장미)이라는 논리적 관계를 이해하지 못하기 때문이다(정옥분, 2002).

| 그림 8-13 | **분류에 대한 전조작기 유아의 반응**

출처: 정옥분(2002). 아동발달의 이해. 학지사.

나. 보존개념 미흡

보존개념은 어떤 대상의 겉모양이 바뀌어도 그 속성이 바뀌지 않는다는 것을 이해하는 능력을 의미한다(표 8-4). 액체의 양에 대한 실험이 보존개념을 설명하는 대표적인 것이다(그림 8-14). 2개의 똑같은 모양의 용기 A와 B에 같은 양의 액체를 담고, 아이가 보게 한 후 그중 한쪽 용기 B의 액체를 A와 B용기보다 밑바닥이 좁은 C로 액체를 옮겨 놓고, A용기의 양과 C용기의 액체 양을 3~5세 유아에게 비교하게 하면, 액체 높이가 높아진 C의 양이 더 많다고 답한다. 이것은 물체의 양에 대한 보존개념이 없는 것으로 본다. 이런 보존개념이 미발달한 것은 사물의 한 측면만 생각하는 자기중심적 사고의 결과로 해석할 수 있다. 즉, 물의 양을 밑면은 무시한 채 물높이 하나에만 착안하기 때문이다.

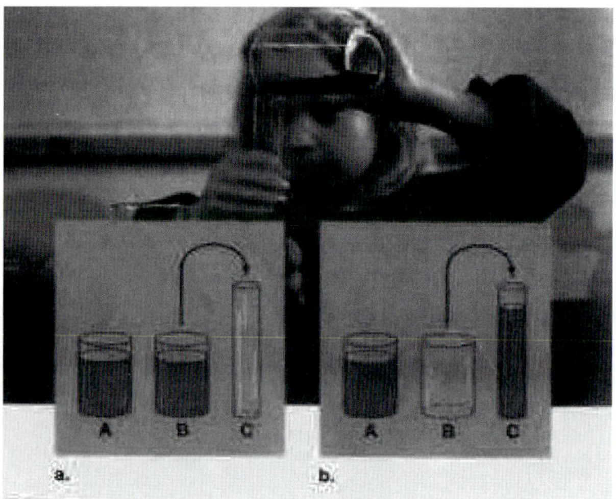

| 그림 8-14 | **보존개념 비교**

| 표 8-4 | 보존개념 비교

보존형태	처음 형태	변경한 형태	전조작기의 유아 답
수	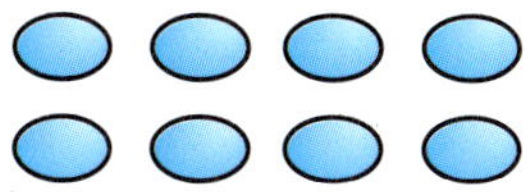 두 개 열에 같은 수의 물체가 있다는 것을 유아가 확인	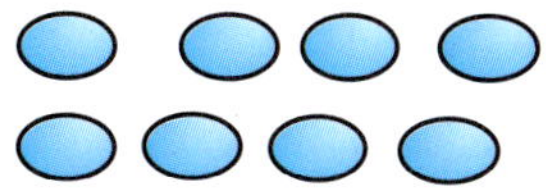 한 열에 수는 같은데 길게 하고 유아에게 질문한다. 어떤 열이 더 물체 수가 많은가?	예) 긴 쪽에 물체 수가 더 많습니다.
물체	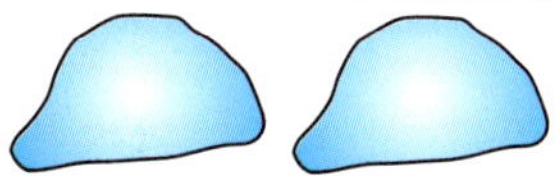 두 개의 같은 모양과 양의 진흙 반죽을 보여주고 두 개가 같다는 것을 유아가 확인	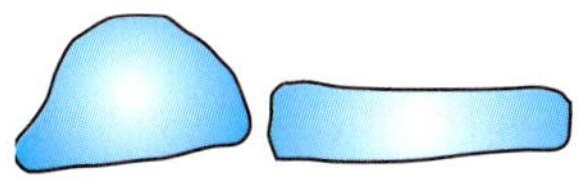 실험자가 한 개의 진흙을 모양을 바꾸어 놓고 유아에게 질문한다. 모양을 바꾸어도 진흙 양은 같은가?	예) 같지 않습니다. 긴 쪽이 더 진흙 양이 많습니다.
길이	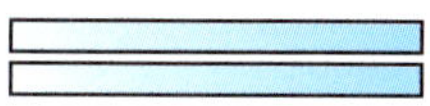 두 개의 막대를 유아 앞에 놓고 두 막대가 길이가 같다는 것을 확인	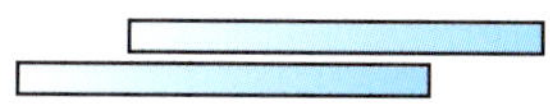 실험자가 한 막대를 오른쪽으로 이동시킨 후 유아에게 질문한다. 아직도 두 막대의 길이는 같은가?	예) 같지 않습니다. 위에 있는 막대가 더 깁니다.
부피	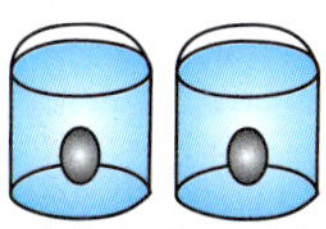 같은 크기의 투명 유리잔 속에 같은 크기, 모양의 공을 넣고 같은 양의 물을 채워서 물 높이가 같이 된 후 유아가 두 유리잔 속의 물 양이 같은 것을 확인	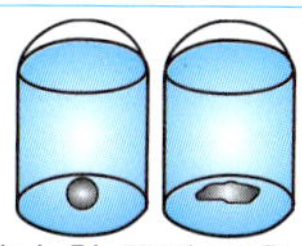 실험자가 한 쪽의 공을 모양만 바꾸어 같은 유리컵에 넣고 질문한다. 지금도 두 컵의 물 양은 같은가?	예) 같지 않습니다. 긴 공이 들어 있는 유리컵의 물 양이 더 많습니다.
면적	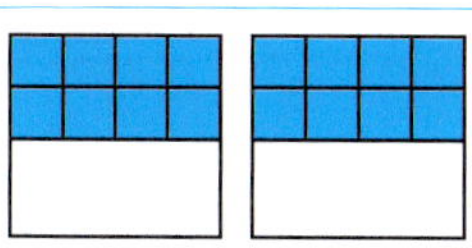 같은 크기의 가드보드 위에 나무 불록을 올려놓고 남은 공간의 넓이가 같은 것을 확인	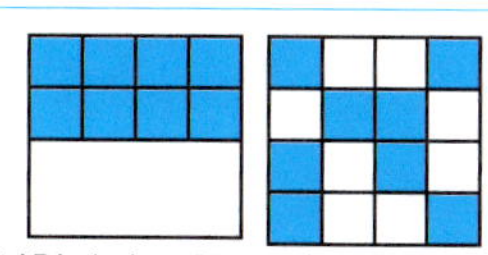 실험자가 오른쪽 카드보드 위에 있는 나무 블록을 흩어 놓고 유아에게 질문한다. 어느 쪽 나무 블록이 카드보드를 더 많이 덮었는가?	예) 오른쪽이 더 많이 덮었습니다.

출처: Child Development, by Santrock(2001).

다. 서열과 분류를 혼합한 개념 미흡

유아기에는 모양이나 색깔 단일 항목으로 색깔 막대를 분류할 수 있지만 여기에 길이에 따라 서열로 분류하지는 못한다. 길이를 단순 비교하는 것이 아니고 서열화하는 데는 비교의 기준을 동일하게 해야 하는 것을 인지하지 못하기 때문이다. 그림 8-15와 같이 유아에게 길이가 다른 여러 개의 막대기를 주고 길이가 짧은 것부터 순서대로 나열하라고 하면 3~4세 유아는 그림 8-15의 A에서 보듯이 차례대로 나열하지 못한다. 때로는 그림 8-15의 B에서 보듯이 아랫 부분은 무시하고 윗부분만을 순서대로 나열하기도 한다. 그러나 구체적 조작기에 이르러서는 그림 8-15의 C에서 보는 것과 같이 서열화의 개념을 완전히 획득하게 된다(정옥분, 2002).

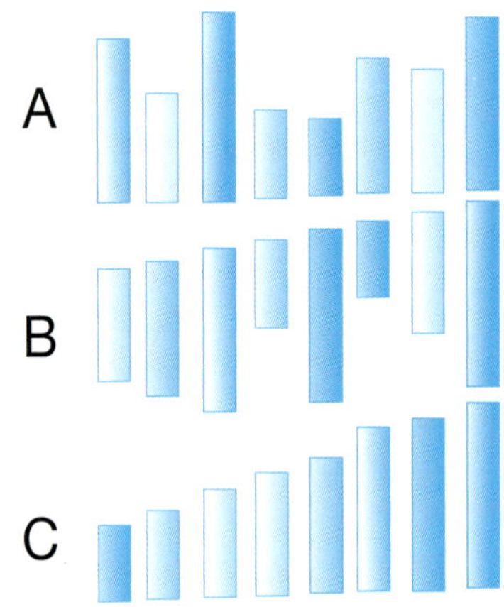

| 그림 8-15 | **연령별 서열화 비교**

출처: 정옥분(2011). 아동발달의 이해. 학지사.

5. 정보처리이론

인간의 사고과정을 컴퓨터에 비교하여 설명하려는 접근법을 정보처리이론information processing theory이라고 말한다. 이 접근법은 컴퓨터가 개발되면서 인간의 인지과정도 컴퓨터의 처리과정과 유사할 것이라는 가정하에 나타나게 되었다. 즉, 인간의 두뇌는 하드웨어로 비유하고, 뇌의 신경회로는 사고에 해당하는 소프트웨어인 프로그램으로 유추하는 데서 출발한 이론이다. 이 과정은 마치 컴퓨터와 같이 외부 자극을 선별적으로 분류하여 자판의 기호로 부호화encoding하고 이것을 입력input하며, 이 자료를 저장storage하고, 필요할 때 인출retrieval해서 사용하는 3개의 기본단위로 인간의 인지구조를 가정한다(Aleksander, 2005).

1) 인간의 정보처리 과정

감각기관으로부터 받아들이는 정보는 크게 물리적 자극과 화학적 자극이다. 물리적 자극은 빛이나 소리, 온도나 압력들이고, 화학적 자극은 냄새나 맛이다. 이외에도 감정이라는 자극이 있다. 이런 감각 기능은 태어나서 당장 환경에 적응할 수 있을 정도까지는 발달된 상태로 태어난다. 감각기능은 눈이나 귀, 코, 입 등 감각기관만 존재해서는 이루어지지 않으며, 이런 감각 수용기로부터 빛이나 소리와 같은 물리적 자극이 시신경이나 청신경에서 전기 신호로 바뀌어 신경망을 따라 두뇌의 특정 부위에 전달되어야 하고, 전달 과정의 신경세포인 뉴런안에서는 전기적 방식으로 뉴런과 뉴런 사이에서는 화학적 방법을 통해 해당 대뇌 피질에서 정보를 받아들이게 되는 것이다.

정보처리이론은 아동이 외부 세계로부터 들어오는 정보를 기억과정을 통해 저장하고, 시간의 흐름에 따라 저장된 정보를 전환하며, 또한 정보를 효율적으로 인출하는 정보처리 과정을 연구하게 된다. 즉, 정보처리이론은 인간의 인지를 세가지 단계로 개념화한다(정옥분, 2002). 첫째, 외부세계로부터의 정보는 시각, 청각, 미각, 후각 및 촉각과 같은 우리의 감각기관을 통해 인지체계에 입력되는 단계이다. 둘째, 우리의 뇌는 감각기관에 투입된 정보를 다양한 방법으로 저장하고, 전환한다. 여기에는 정보를 부호화하고, 저장하고, 인출하는 과정이 포함된다. 정보처리에 관한 대부분의 연구가 이 저장단계에 집중되어 있다. 마지막 체계는 위의 행동으로 나타나게 되는 인출단계에 관한 것이다.

(1) 입력 단계

우리가 보고 듣는 모든 것이 입력되는 것이 아니며, 입력이 되기 위해서는 무엇보다 주의집중이 필요하다. 영아가 주의 집중하는 방법은 1~2개월 때는 물체와 배경 간에 대조가 큰 것에 주의를 집중하고 점점 물체와 패턴을 면밀히 탐색하는 방향으로 바뀌며, 환경에 더 많은 주의를 돌릴 뿐만 아니고, 효율적으로 정보를 정신체계로 빨리 가져온다. 곧 습관화habituation와 탈습관화dishabituation가 빨라지게 된다. 신생아가 시각 자극에 3~4분이 걸리는 반면 4~5개월 영아는 5~10초 밖에 걸리지 않는다(Slater et al., 1996). 주의를 집중하는 것 못지않게 주의를 전환하는 것도 중요하며, 발달을 통해 빨라지게 된다. 후드 등(Hood et al., 1996)은 그 이유를 눈 움직임에 대한 두뇌의 통제능력이 성숙해 가기 때문으로 보고 있다.

걷기 시작하는 1년 이후가 되면 시각 의존에서 의도적 행동에 의한 입력이 많아진다. 이것은 입력 시 자료를 부호화 하는 대뇌피질이 발달하면서 일어나는 현상이다. 자신의 주의 집중 뿐만이 아니고 상대, 특히 주양육자가 어디에 주의를 기울이는지도 관심을 갖는다. 18개월이 되면 부모와 장난감 놀이 양쪽에 모두 주의를 집중하는 기술을 발휘한다(Ruff & Rothbart, 1996). 다시 말해 효율적으로 정보를 입력하기 위해서는 주의 집중이 필요하다. 주의를 집중하지 않은 감각 정보는 기억 되지 않는다.

(2) 저장단계

기억 저장전략과 저장능력이 동시에 발달 · 변화 해가는 시기가 영유아기이다. 기억을 일반적으로 저장기간을 중심으로 살펴보면, 단기기억short-term memory과 장기기억long-term memory으로 나누어지고, 입력, 저장, 인출작업과정에 관여하는 단기기억을 작동기억Working Memory이라 한다. 저장 시에는 기억하고 이를 필요할 때는 쉽게 인출하여 사용할 수 있도록 분류하여 이름을 붙여 놓는 등 저장전략이 중요하다. 영아가 하나의 자극에 습관화 될 때까지 노출시킨 후, 일정 시간이 지나서 같은 자극을 주면, 더 빨리 습관화가 일어난다면, 이것은 영아가 그 자극을 과거에 보았던 것으로 재인recognition 한다는 증거다. 이 방법으로 밝혀진 3개월 영아의 기억은 시각 자극 24시간 이고, 1세 영아는 사람 얼굴사진과 같은 친숙한 자극은 수주 까지도 나타난다(Fagen, 1973; Martin, 1975).

회상recall 실험에서는 여러 모빌과 발을 줄로 묶어 발차기를 하면 모빌이 움직이는 것을 우연히 알게 된 3개월 영아는 발차기와 모빌의 움직임 관계를 알고 더욱 다양한 발차기를 하면서 모빌의 움직임을 보고 즐거워하는 것을 테랜Thelen은 실험결과 발견 하였다(Thelen, 1994). 이것은 영아 운동발달의 역동성 이론이며, 이때 모빌의 종류를 한 가지 모양으로 통일하고 모빌에 A라는 글자를 모든 모빌에 써 두었다가, 어떤 지체 시간을 둔 후 모빌에 다른 표시 "2"로 바꾸면 발차기를 하지 않았다(Bhatt, Rovee–Collier, & Weiner, 1994; Hayne,

Rovee-Collier, & Perris, 1987). 이것은 A와 2를 구분한다는 것, 즉 회상과 분류, 연결 등의 능력을 영아기 때부터 나타낸다. 여기서 주목할 사항은 정보처리접근법은 인지를 양적인 개념으로 보는 점이며 영아는 성장과 동시에 정보처리능력이 점진적으로 늘어난다는 개념으로서 피아제Piaget의 단계별 질적 변화와 앞 단계의 발전이 다음 단계 발전의 선행 조건이 된다는 단계화의 경직성 등에서 차이를 보이고 있다. 일반적으로 영아에 대한 인지능력을 피아제Piaget는 과소평가 했다는 비판을 받고 있다.

기억이 저장되는 부위는 근본적으로 인식하는 두뇌 영역과 같이 한다. 예를 들어, 서술적 기억 가운데 어디서, 무엇을 보았다는 것은 장소 공간 기억과 사물의 모양이 저장되고 인식 되는 데는 다른 부위에서 저장된다. 이것을 분산 저장이라 한다. 그리고 저장의 능력은 무한대에 가깝다. 감정의 저장에 관여하는 부분은 편도, 운동 기억은 소뇌가 통제하며, 나머지 기억은 해마가 통제한다.

(3) 인출단계

도서관 서고에 아무리 많은 좋은 자료가 있어도 이것을 필요한 시기에 찾아내지 못한다면 소용이 없는 것과 마찬가지로 두뇌에 저장된 자료를 효율적으로 인출하기 위한 전략이 필요하다. 인지가 문제해결 과정이라면, 문제의 인식이 선행되어야 할 것이다. 언어를 습득한 전과 후에 지능검사 결과의 안정성에서 큰 폭의 차이를 보인다. 이것은 문제이해의 방법에 따라 문제해결의 기술을 달리 한다는 것으로도 해석할 수 있다. 입력 시의 저장 정보를 획득한 과정의 학습방법이나 저장 전략이 여기에 해당된다. 도서 분류법을 듀이의 10진법으로 하였으면 자료를 검색하고 찾을 때에도 같은 방법을 사용해야 것과도 같다. 무엇을 찾을 것인가? 어떻게 찾을 것인가? 찾은 후에는 기존의 자신의 개념과 문제해결에 필요한 개념과의 상관관계를 탐색하면서 최종 해답을 얻는다. 문제가 하나의 답만을 요구하는 수렴적 사고convergent thought를 요구하는 것이 있는가 하면 다양한 가능성을 제시하는 확산적 사고divergent thoght가 필요한 창의적인 문제인지 등도 문제이해의 중요한 부분이다.

2) 구조로서의 기억

기억의 구조는 감각기억sensory memory, 단기기억short term memory, 장기기억long term memory으로 구분 할 수 있다(그림 8-16).

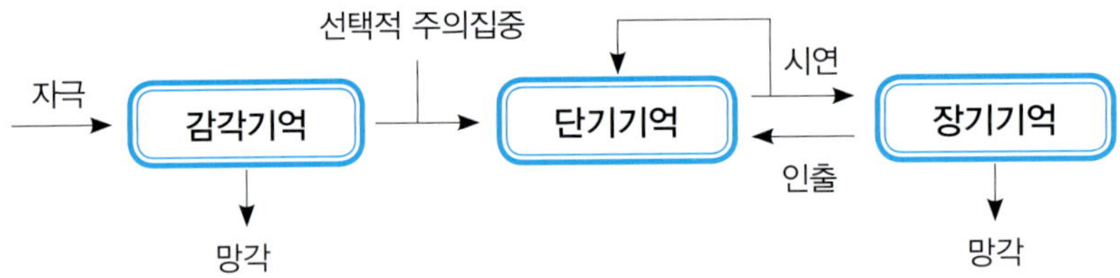

| 그림 8-16 | **구조로서의 기억 모델**

감각기억은 자극이 중단된 후에 감각적인 자료들이 순간적으로 남아 있는 것으로 시각, 청각, 후각, 미각, 촉각 중의 하나이다. 감각자극은 어떤 자극이 제시되었다가 제거된 다음에 신경적 활동이 잠시 동안 지속되는 것에 의하여 이루어진다. 단기기억은 능동적으로 가지고 있는 정보를 마음속에 저장하는 것이다. 이러한 정보는 감각적인 자료가 아니라 분석되고 의미가 있는 정보이다. 우리는 몇 년 전에 있었던, 혹은 며칠 전에 있었던 사건을 기억하고 자신과 관련된 사람의 이름, 추억을 회상할 수 있다. 이것이 장기기억이다(김이영 외, 2019).

(1) 감각기억

감각기억sensory memory은 정보가 우리의 감각수용기에 들어오는 순간 일어나는 정보처리과정으로 매우 짧은 시간 내에 사라지는 특성을 가지고 있다. 우리는 5가지 감각기관에 대한 감각기억을 가질 수 있으며, 대표적인 것이 시각에 관한 기억과 청각에 관한 기억이다. 시각에 관한 기억을 영상기억iconic memory이라고 하고, 청각에 관한 기억을 잔향기억echoic memory이라고 한다. 영상기억은 매우 빠르게 지나가는 어떤 장면을 보고 그 장면에 대해 비교적 뚜렷하고 완전한 심상을 가지는 것이며, 잔향기억은 어떤 일에 열중을 하고 있을 때 누군가가 말을 했는데, 본인은 무슨 말을 했다는 것은 알겠는데 어떤 말을 했는지를 몰라 다시 묻는 경우처럼 청각에 관한 기억을 의미한다. 감각기억의 특징은 다음과 같다. 첫째, 감각기억의 내용은 자극에 대한 감각효과의 기록이다. 즉, 감각기억에 보존되는 정보는 자극의 물리적 특징과 일대일로 대응되는 표상이라는 것이다. 예로 현재 앉아 있는 교실을 돌아보면 색채, 모양 등 시각적 정보 및 소리, 냄새 등과 같은 기타 감각적 정보를 경험할 수 있을 것이다. 이런 정보들은 감각기관을 통해 감각기억에 입력된다. 둘째, 용량은 무한대이다. 감각기억에 유입될 수 있는 정보의 양은 매우 크다. 만약 여러분이 길을 가다가 교통사고를 목격했을 경우, 나중에 그 사건에 대해 이야기할 때 보다 훨씬 많은 정보들이 순간적으로 감각기억에 들어온다. 셋째, 감각기억에서 정보를 가지고 있는 시간은 제한적이다. 즉, 감각양상에 따라 약간의 차이는 있지만 시각은 약 0.3~1초, 청각은 약 1~2초로 지속시간이 매우 짧다.

(2) 단기기억

감각기억으로 수 없이 많은 정보가 들어오지만 짧은 시간 동안 어떤 조치를 하지 않으면 그 정보는 곧 사라지게 된다. 감각기억 속에 들어온 정보는 선택적 주의집중selective attention과 부호화encoding에 의해 단기기억short term memory으로 넘어가게 된다. 단기기억의 특징은 다음과 같다. 첫째, 단기기억의 용량은 제한적이다. 어느 한 시기에 몇 개의 생각만을 단기기억에서 활성화시킬 수 있다. 따라서 단기기억에 더 많은 정보를 저장하려면 단기기억에 이미 존재하고 있는 항목들을 버리고 새로운 정보가 들어올 수 있는 공간을 만들어야 한다. 일반적으로 단기기억의 용량을 밀러(George Miller)는 7±2로 보았다. 만약 단기기억의 용량이 7±2로 제한되어 있다면 우리는 생활에 많은 어려움을 겪을 것이다. 왜냐하면 일상생활에서 처리해야할 내용들이 대부분 7개를 초과하는 것이 많기 때문이다. 이렇게 제한된 용량을 우리는 청킹chunking을 통해 극복할 수 있다. 청킹이란 주어진 정보를 알고 있는 지식을 이용하여 유의미한 단위로 묶는 것을 말한다. 우리는 이런 방법을 많이 사용하는데, 예로 숫자를 외울 때 자신의 생활사와 관련시킨다든지, 역사적인 날과 관련시켜서 외우려고 하는 경우이다. 그러므로 단기기억의 용량은 7±2개가 아니라 청킹된 7±2라고 할 수 있다. 단기기억에서 정보를 가지고 있는 시간은 제한적이다. 단기기억에 들어온 정보는 장기기억 속으로 넘어가지 않고 일정시간이 지나면 사라지게 된다. 보통 단기기억에 정보가 유지될 수 있는 시간은 20초 정도이다.

(3) 장기기억

선택적 주의집중에 의해 감각기억에 있던 정보는 단기기억으로 넘어가며, 20초 동안 단기기억에 유지되는 동안에 반복하여 시연된 정보는 장기기억long-term memory으로 넘어가게 된다. 그렇지만 이런 전략을 사용하지 않은 정보들은 사라지게 된다. 정보가 일단 장기기억에 저장되면 비교적 영구적으로 기억된다. 장기기억의 특징은 다음과 같다.

첫째, 장기기억 속에 저장할 수 있는 용량은 무한대이며, 보유하고 있을 수 있는 시간도 무한대이다.

둘째, 장기기억의 종류는 세 가지로 분류할 수 있다. 즉, 절차기억과 의미기억, 일화기억이다. 절차기억procedural memory은 자극과 반응 간의 연결, 단서와 조작적 행동 간의 연결 등 직접적인 경험을 통해 학습되며 외현적 행동으로 표현되는 복합적인 자극–반응 형태로써 행동의 청사진을 제공하는 학습된 연합을 포함하고 있다. 쉽게 말해 일이 진행되는 순서에 대한 기억이다. 둘째로 의미기억semantic memory은 세상에 대한 일반적인 기억이다. 즉, 일반적 사실과 정보로써 일반사전 또는 백과사전과 아주 흡사하다. 예로 한글은 세종대왕이 만들었으며, 8월 15일은 광복절이라는 것에 대한 기억이다. 마지막으로 일화기억episodic memory은 개인의 사생활과 관련되어 있는 기억이다. 예로 지난 해 생일날 무엇을 했는지, 사랑하는 사람과 처음으로 손을 잡은 곳이 어딘지를 기억하는 것이다. 다시 말해 개인이 경험하는 각종 사건들, 일화들에 대한 기억으로 이 기억은 계속해서 새로운 일화 경험이 쌓이기 때문에 이전 일화들은 비교적 쉽게 변화되고 망각된다.

셋째, 장기기억은 조직화organization되어 있다. 단기기억에서 들어온 정보들이 조직화 되어 있지 않다면 우리는 인출을 하는데 많은 어려움을 겪을 것이다. 장기기억의 조직화는 도서관에서 책들을 분류하기 위해 사용하는 방법에 비유될 수 있다. 만약 도서관에서 많은 책들을 분류기호 없이 보관한다면 원하는 책을 찾는 데는 많은 시간이 소비될 것이다. 장기기억도 마찬가지이다. 또한 새로운 정보를 조직화하여 저장하기 때문에 우리는 많은 정보를 비교적 영속적으로 저장할 수 있다.

3) 장기기억에서의 망각

장기기억에 있는 정보가 비교적 영구적으로 기억된다고 하더라도 어떤 정보는 기억을 할 수 없는 경우도 있다. 이처럼 장기기억에서 정보를 찾을 수 없는 현상을 망각forgetting이라고 한다. 장기기억에서의 망각을 설명하는 데는 몇 가지 이론들이 있다.

(1) 인출실패

망각을 설명하는 이론 중 하나가 인출실패retrieval failure이다. 이 이론에서는 망각을 장기기억에 저장된 정보에 접근할 수 없어 기억이 나지 않는다고 한다. 인출실패를 지지하는 증거 중 하나가 설단현상tip of tongue이다. 이것은 인출하고자 하는 정보가 혀끝에서 맴돌지만, 기억이 나지 않는 현상을 말한다. 이때 적절한 인출단서가 주어지면 기억이 나게 된다. 여기서는 기억된 정보가 사라지는 것이 아니라 어딘가 저장되어 있지만 그곳에 접근할 수 없기 때문에 망각이 나타난다고 한다.

(2) 쇠퇴이론

망각을 설명하는 또 다른 이론은 쇠퇴이론decay theory이다. 이 이론에서는 망각을 시간이 경과함에 따라 기억흔적이 사라지기 때문이라고 설명한다. 우리들은 일상생활 속에서 오래 전에 있었던 경험을 흔히 잘 기억하지 못하는 경우가 많다. 이처럼 시간이 흐름에 따라 기억이 희미해져 기억이 나지 않는 것을 쇠퇴라고 한다. 인출단서가 주어지더라도 어떤 것은 기억이 나지 않는 경우가 있는데, 이는 우리의 기억 속에서 정보가 사라지기 때문이라고 한다.

(3) 간섭이론

망각을 설명하는 세 번째 이론은 간섭이론interference theory이다. 망각이 일어나는 이유는 기억된 정보가 서로 간섭을 일으키기 때문이다. 간섭은 서로 간에 유사한 정보일수록 더 쉽게 일어난다. 예로 전화번호를 외우고 있을 때, 옆에서 이번 주에 당첨된 로또 번호를 불러주면 전화번호를 기억하기가 어렵게 된다. 또 다른 예로는 지난 달의 프로야구 게임성적을 잘 기억하지 못하는 것은 그동안 많은 프로야구 경기가 진행되었기 때문이다.

(4) 동기적 망각

때로는 위에서 설명한 이유 때문이 아니라 다른 이유로 인해 망각이 일어날 수 있다. 즉, 인지적인 이유 때문이 아니라 감정적인 이유로 망각이 나타날 수 있는데, 이를 동기적 망각motivational forgetting이라고 한다. 이것은 우리가 어떤 특정한 사건이나 과거의 경험 중 고통이나 불안을 유발하는 내용을 기억하지 못하는 것을 말한다. 예로 교통사고가 날 때의 상황이나 어린 시절 학대를 받았던 경험에 대해 그 당시의 기억을 하지 못하는 경우가 있다. 프로이드Freud는 이러한 동기적 망각이 무의식적 억압에 의해서 나타나는 것이라고 하였다.

09

Chapter

언어발달

· 학습목표 ·

1. 언어발달 이론의 세 가지 관점의 차이를 비교한다.
2. 영유아의 언어발달 과정을 이해한다.
3. 의사소통능력 발달을 설명한다.
4. 이중언어 발달을 이해한다.
5. 영유아의 언어발달에 영향을 미치는 여러 요인들을 파악한다.

인간이 다른 동물과 구별되는 것은 언어를 사용한다는 것으로 말을 배우기 시작하는 시기부터 언어를 사용하여 사고하고, 다른 사람과 의사소통하며 자기의 생각을 표현하게 된다. 본 장에서는 언어발달의 전반적인 이해와 언어발달 이론의 세 가지 관점인 행동주의, 생득주의, 상호작용주의 이론을 살펴보고, 언어발달 과정, 의사소통능력의 발달, 이중언어 발달 및 영유아의 언어발달의 영향을 주는 요인들을 알아보고 영유아의 언어발달에서 가장 민감하게 반응하는 어머니와의 상호작용 양상을 살펴보고자 한다.

1. 언어발달의 이해

1) 인간과 언어

인간이 다른 동물과 구별되는 특성 중 하나가 언어이며 언어는 인간다운 생활을 영위하는 데 필수적인 것이다. 우리는 말을 배우기 시작한 후부터 자연스럽게 언어를 사용하여 사고하고, 다른 사람과 의사소통하며 자기의 생각을 표현한다. 인간 이외의 동물도 의사소통을 하고 있지만 인간의 언어와 동물의 의사소통 수단들은 질적으로 다르다(Chomsky, 1968). 인간의 언어는 무한하지만 동물의 의사소통 수단은 그렇지 않다. 인간 언어의 경우, 각 언어마다 문법과 어휘는 한정되어 있지만 이 한정된 문법과 어휘로 만들어질 수 있는 표현의 수는 무한하다. 예를 들어, 우리가 말로 어떤 표현을 할 때, 그 표현에서 어떤 낱말을 빼거나 더하거나 바꾸어 말함으로써 계속 조금씩 다른 표현을 무한히 만들어 낼 수 있다. 그러나 동물의 경우 제한된 표현만이 가능하다. 예를 들어, 새 울음소리나 원숭이 울음소리는 자신의 위치를 알리거나 동료들을 부르는 소리, 동료들에게 다가오는 위험을 경고하는 소리, 다가오는 적을 위협하는 소리 등의 몇 가지로 구별될 뿐이다.

인간이 오늘날의 모습으로 진화·발달할 수 있었던 가장 근본적인 힘은 언어 사용이며, "언어 사용으로 인간은 인간다워지고, 문자의 사용으로 인간은 문명화된다"라고 올슨(Olson, 1977)이 표현하고 있듯이 언어는 인간 개념의 핵심이 된다고 해도 과언이 아닐 것이다.

2) 언어의 특성

언어란 생각과 정보를 전달하기 위한 상징의 조직적 체계라고 정의할 수 있는데, 언어는 음성이나 문자를 통하여 생각과 감정을 표현하는 체계적 수단이라고 할 수 있다. 또한 언어의 상징적인 측면을 강조한 마이클버스트와 존슨(Myklebust & Johnson, 1967)은 언어를 인간의 상징적인 행위로 정의하면서, 언어란 인간이 추상할 수 있는 능력과 어휘에 어떤 의미를 부여할 수 있는 능력이라고 주장하였다. 즉, 언어란 감정과 사상 및 사물을 표현할 때 여러 가지 어휘를 상징적인 매체로 사용할 수 있는 능력이라고 규정할 수 있다.

언어의 의사소통적 측면을 강조한 샤피르(Sapir, 1967)는 언어란 '자발적으로 생성된 상징 체계들을 사용하여 사고, 정서 및 욕구들을 의사소통하는 인간만이 가지는 의사소통 방법'이라고 주장한다. 또한 이러한 상징들은 우선적으로 청각을 통한 것이며 발성기관에 의해서 생성되는 것이 그 특징이다. 이들의 정의는 침팬지나 앵무새가 인간처럼 혀가 있어서 인간의 언어를 흉내 낼 수 있을지 모르나, 흉내 낸 말을 상징적으로 사용하지 못하며 의사소통하지 못한다는 점에서 언어란 인간만이 습득할 수 있다고 규정짓고 있다(이경희 외, 2003).

이상에서 살펴본 언어의 정의를 통해서 언어학자들이 강조하는 특성을 정리해 보면 다음과 같다(이영진, 1994 재인용).

첫째, 언어는 체계적이다. 우리의 언어는 항상 일정한 순서에 의해, 규칙에 맞게, 정해진 방법으로 소리나 글자를 배열하는 것이다.

둘째, 언어는 임의적 약속 기호이다. 언어는 음성적 · 시각적 기호와 표상하려는 물체와 아이디어 간의 임의적 연결이다. 모든 언어는 그 나름대로 적절하고 유용한 방법으로 문자와 소리의 패턴에 의미를 부여하고 있다. 우리말의 경우 24개의 자 · 모음으로 구성되어 있고 영어의 경우 25개의 알파벳으로 구성되어 있다. 모든 언어는 언어를 읽는 방법을 임의적으로 결정하여 사용하고 있다.

셋째, 언어는 추상적이다. 언어는 실제 표상하는 사물과 유사성이 없다. 언어의 의미는 사회적으로 규정되어 있다. 언어는 의미가 주어졌기 때문에 의미를 지니고 있고 이러한 언어의 사회적 본질이 언어를 추상적으로 만든다.

넷째, 언어는 융통성이 있다. 언어는 변화의 요구가 있을 때는 변화한다. 과학과 공학의 발전에 의해 과학 · 공학과 관련된 어휘의 수는 상당히 늘었다. 단어의 의미도 사용하는 사람이 의미를 부여함에 따라 변화한다.

다섯째, 언어는 변화할 수 있다. 언어에는 다양한 방언이 있고, 다른 집단의 사람들은 말하는 방법이 각각 다르다. 인도에는 20개 이상의 언어가 있고 80개 이상의 방언이 있다. 방언은 여러 지역의 언어를 대표하는 언어이며 때로는 지역사회 안에서의 사회적 집단을 대표하는 언어이기도 하다. 방언의 차이는 발음, 어휘, 문장구조의 차이로 나타난다.

3) 뇌발달과 언어

뇌의 대뇌피질cerebral cortex에 언어와 관련된 영역들이 있는데, 언어적 기능의 절반 정도는 좌반구에서 담당하고 있다. 좌뇌에는 두 개의 중요한 언어 영역으로 브로카Broca 영역과 베르니케Wernicke 영역으로 구분된다. 브로카 영역은 두뇌 좌측 앞 부위에 입술과 혀를 조장하는 운동 부분 가까이에 있고, 베르니케 영역은 두뇌 좌측 뒤쪽 청각 관련 부위 근처에 있다. 따라서 브로카 영역에 손상을 입으면 언어 이해는 가능하지만 말을 유창하게 못하는 표현적 실어증expressive aphasia이 나타나게 되고, 베르니케 영역에 손상을 입으면 언어 표현은 정상적이지만 무의미하고 이해할 수 없는 말을 하여 타인의 말을 알아듣지 못하는 수용적 실어증receptive aphasia이 나타나게 된다(조정숙, 김은심, 2005). 또한 브로카 영역과 베르니케 영역을 연결하는 금형속arcuate faciculous 부위가 손상되면 반복해서 말할 수 없는 유도 실어증clerivalive aphasia이 나타나게 된다.

글상자

• 언어를 담당하는 영역

1. Broca's 영역

브로카(Broca)는 1861년 "탕, 탕"이라는 두 음절 말밖에 하지 못하는 르보르뉴 두뇌를 사후에 조사한 프랑스 외과 의사 폴 브로카에 의해 발견되었다. 브로카 영역은 언어생산을 위한 운동과 관련이 있기 때문에 이 부위가 손상되면, 말이 느려지고 발음이 명확하지 못하고 어눌해지는 표현성 언어장애가 나타나게 된다.

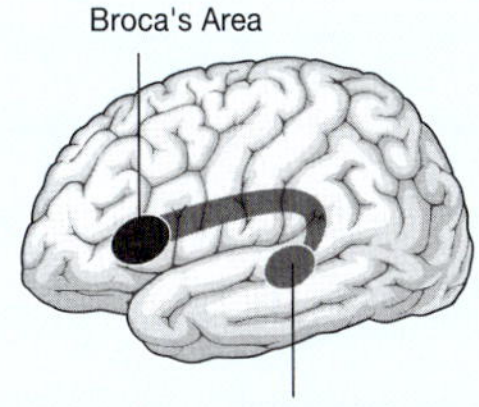

2. Wernicke's 영역

베르니케 영역은 1874년 말은 할 수 있으나 상대방의 말을 이해하지 못하는 감각실어증 환자 두 명을 관찰한 독일 신경학자 칼 베르니케가 발견한 영역이다. 이 부위가 손상되면 말을 빨리 할 수 있고 발음도 비교적 명확하지만 전혀 말이 되지 않는 이야기를 하는 수용성 · 표현성 언어장애가 나타난다.

출처: 김이영, 오성숙, 이시진, 이우언, 이은미, 채혜선(2016). 영아발달. 양성원. p.189-190.

2. 언어발달의 이론

인간은 언어를 통하여 정보, 의미, 감정, 사고 등을 교환하고 생각을 조직하며 정서를 표현한다. 그리고 인간은 직접적인 경험을 통하여 배우는 것보다 언어를 통해 간접적으로 더 많은 것을 배우게 된다. 밀러Miller는 언어를 동물과 다른 인간의 중요한 행동으로 보았으며, 샤피르Sapir는 언어를 문화 이입의 중요한 수단으로 보았다(이숙임, 2006, 재인용). 이렇게 언어에 대한 학자들의 정의가 다양하듯이 아이의 언어 습득을 설명하는 언어발달 이론도 서로 그 입장을 달리하고 있다. 아이의 언어 습득과정을 설명하는 데는 크게 경험을 통해서 학습된 결과로 보는 행동주의 이론, 유전적인 결정체에 의해 이미 결정되어 진다고 보는 생득주의(천성주의) 이론, 생물학적 요인과 환경적인 요인들이 사회환경 속에서 복잡하고 역동적인 과정을 거쳐서 일어난다고 보는 상호작용주의 이론이 대표적이다.

1) 행동주의

행동주의는 언어 습득이 개체에 작용하는 환경의 결과라고 보는 언어발달 이론으로 1960년대에 지배적이었다. 이 이론에서는 언어는 조작적 조건형성 및 모방의 결과로 습득된다고 보았다. 아이들은 무작위적인 소리들을 발화한다. 양육자들은 성인언어에 가까운 소리들에 미소, 관심 혹은 영유아에게 말로 응수해 줌으로써 강화해 준다는 것이다. 이에 아이들은 강화된 소리를 자꾸 반복해서 사용하게 된다. 또한 아이들은 성인이 내는 소리를 그대로 모방하는데 이에 대하여 양육자가 강화를 해준다. 이러한 조작적 조건 및 모방에 의해 의미 있는 말들을 발화하게 된다고 본다. 이상의 관점에서는 언어 습득에서의 환경의 중요성을 인정하는 것으로 주위 성인과의 상호작용을 통해서 모국어를 습득한다는 견해를 지지한다.

행동주의 입장에서는 다음과 같은 일반적인 가정을 하고 있다. 첫째, 아이는 일반적 학습 가능성을 타고난다. 그러나 이 학습 가능성이 언어 습득을 위한 타고난 능력과 같은 특정 학습능력을 의미하지는 않는다. 둘째, 언어학습을 포함한 학습은 전적으로 인간의 행동을 형성해 주는 환경의 작용이다. 셋째, 행동은 특정 자극의 출현으로 나타난 특정 반응의 강화를 통해 형성된다. 넷째, 언어와 같은 매우 복합적 행동의 형성과정에서는 정적으로 강화되어질 반응을 선택하거나 선택의 범위를 점점 좁혀간다.

행동주의 이론의 대표적인 학자인 스키너(Skinner, 1956)는 그의 저서 『언어적 행동』에서 아동이 언어를 획득해 가는 세 가지 방법을 제시하고 있다(이차숙, 노명환, 1994).

첫째, 요구발화mand 반응이다. 이것은 '명령command'과 '요구demand'라는 낱말을 따서 스키너Skinner가 만들어 낸 용어이다. 좀 더 구체적으로 살펴보면, 아이가 우연히 '무', '무' 하는 옹알이를 했을 때, 엄마는 아이가 '물'을 달라고 하는 소리로 해석하고 물을 주면서 아이의 요구manding에 응하면 아이는 물이 먹고 싶을 때마다 '무', '무' 소리를 낼 가능성이 높아진다는 것이다.

둘째, 접촉tact 반응이다. 아이가 우연히 목욕을 하면서 '무', '무' 하는 소리를 낼 경우, 처음에 이 옹알이는 '물'이라는 낱말과 아무 상관도 없지만, 엄마는 이 소리를 '물'이라고 해석하고 아이에게 적당한 보상을 준다. 이러한 과정이 목욕할 때마다 계속 일어나면 아이는 물을 접촉contact하면서 '무', '무' 소리를 물이라는 낱말과 연결시켜 배우게 된다.

셋째, 반향적 조작echoic 반응이다. 이 말은 어른의 소리를 그대로 반향한다는 뜻이다. 아이는 '물'이라고 하는 소리를 계속 듣고, 자기도 '무', '물'이라고 엄마의 흉내를 내서 말하게 되었는데, 이때 엄마가 뽀뽀를 한다거나 껴안아 주면서 말을 했다고 좋아해 주면, 아이는 이제 완전히 물이라는 단어를 배우게 된다는 것이다.

한편 반두라Bandura는 스키너Skinner 이론이 단순한 단어학습에 대해서는 어느 정도 설명할 수 있지만 아이가 취학 전에 수천 개의 단어나 복잡한 구문과 문법을 습득한다는 사실을 설명하는 것은 무리라고 비판하였다. 그는 자연발생적으로 또는 무작위하게 발생한 부정확한 말이 정확한 언어로 강화되는 것이 아니라 다른 사람들이 내는 소리를 모방함으로써 언어를 습득하며, 모방한 소리가 정확할 때 더 많은 강화를 받게 된다고 주장하였다(백운학, 1987). 외국에 입양된 우리나라 아이가 우리말을 습득하지 못하고 양부모가 사용하는 언어를 습득하는 것도 이러한 이유로 볼 수 있다. 이와 같이 반두라는 모방이 아이의 언어 습득에 주된 역할을 한다고 주장하면서 모방modeling이라는 말과 더불어 관찰학습observational learning이나 대리학습vicarious learning이라는 용어를 사용하였으며, 직접적인 강화가 아닌 대리강화의 경우에도 학습이 일어날 수 있다고 하였다.

2) 생득주의

생득주의 이론에서는 행동주의 이론에서 주장하는 언어 습득과정이 조작적 조건형성 및 모방에 의해서만 이루어질 수 없다고 주장한다. 즉, 문법적 규칙 및 세밀한 의미 등은 너무나 다양하고 복잡해서 강화와 모방만으로 학습될 수 없으며 강화와 모방의 과정은 아이들이 한 번도 들어보지 못한 표현들을 만들어 내는 것을 설명할 수 없다고 본다.

대표 학자인 촘스키Chomsky는 언어 습득은 생득적 능력에 의한 것으로 아이들은 걸음마를 배우듯이 자연스럽게 문법적 규칙을 배울 수 있는 능력을 갖고 태어난다는 것이다. 이렇듯 생득론자들은 모든 아이는 체계적인 교육의 도움이 없어도 비슷한 시기에 모국어를 숙달하게 되는 현상들이 이러한 견해를 지지한다고 본다. 신생아들이 비슷한 소리를 구별하는 능력 혹은 비슷한 몇 개의 소리를 유형으로 묶을 수 있는 능력은 소리어의 특정한 부분을 지각하는 능력을 갖고 태어남을 보여준다. 이에 촘스키는 인간은 태어나면서 생물학적인 기초를 가지고 선천적인 언어능력이 있어서 어떤 언어를 배우든지 간에 이 언어습득

기제(Language Acguistion Device : LAD)를 통해 이루어지며, LAD의 존재 이유를 다음과 같이 설명하고 있다.

첫째, 모든 언어는 표층구조surface structure와 심층구조deep structure 두 가지 수준으로 구성된다. 표층구조란 구문 규칙에 의한 문장의 외형적인 구조를 말하며, 심층구조란 의미와 관련된 문장의 구조를 말한다. 세상 모든 언어의 표층구조는 서로 다르나 심층구조는 보편적 특성이 있다. 어느 문화권의 언어든 간에 언어는 주어와 술어로 이루어져 있고, 의문문, 명령문, 부정문이 존재한다는 것으로 인간은 심층구조를 먼저 획득하고 이것을 다시 음성학적인 구문, 즉 표층구조를 바꾸는데, 이 과정에 변형문법을 적용할 수 있는 능력이 생득적으로 갖고 태어난 언어습득기제(LAD) 때문에 가능하다고 본다. "나는 사과를 좋아해"라는 기본적인 의미(심층구조)에 부정문을 만드는 규칙을 적용한다면, "나는 사과를 싫어해", "나는 사과를 좋아하지 않아", "나는 사과를 한 번도 좋아한 적이 없어" 등과 같이 다양한 형태(표층구조)로 말할 수 있는 변형문법을 적용한다.

둘째, 아이의 언어 획득과정을 살펴보면 세계의 어떤 언어든지 간에 발달순서에 보편적 유형이 있다. 즉, 생후 1년 사이의 자음의 발달은 목의 가까운데서부터 앞쪽의 발음으로 발달되며, 모음의 경우는 중설음에서 전후 방향으로 발달된다(최경숙, 1985). 어휘의 발달을 보아도 처음에는 옹알이, 일어문, 이어문 등의 순서로 발달해 간다.

셋째, 언어 획득은 다른 발달과 마찬가지로 결정적 시기critical period에 쉽게 빨리 이루어진다는 것이다. 언어 획득의 결정적 시기는 2세에서 사춘기 전까지인데, 2세 이전에는 인간의 성숙 요인 때문에 언어 획득이 어렵다고 보며, 사춘기 이후는 언어 기능의 측면화laterlization 현상 때문에 언어 획득이 어렵다고 본다.

레네버그Lenneberg 또한 언어의 생득설을 주장했는데 촘스키와는 달리 인간의 생물학적 · 신경생리학적 관점에 보다 더 기초를 두었다.

인간의 두뇌는 두 개의 반구半球가 있으나 대부분의 경우 좌반구가 언어를 지배한다. 그러나 어렸을 때는 이러한 지배 성향이 왼쪽 또는 오른쪽으로 확고하게 성립되어 있지 않기 때문에 만일 영아기에 좌반구가 손상되면 우반구가 대체로 이 일을 맡아서 하므로 언어발달상의 문제를 경험하지 않게 되지만, 연령이 증가함에 따라 신경계통은 점점 적응력이 감소되고 좌반구의 지배성도 더 확고하게 성립됨으로 인하여 손상을 회복하는 능력도 감소된다. 따라서 영아기에 좌반구에 손상을 입으면 언어능력이 어느 정도 결손될 가능성이 있으나, 중추신경계통이 아직은 가소성이 있으므로 우반구가 언어활동을 맡아서 대신 발달시켜 나가기 때문에 일반적으로 언어발달의 결손을 회복시켜 나갈 수 있다는 것이다. 이를 통해 레네버그는 언어 습득에는 결정적인 시기가 있다고 보았다.

우리의 두뇌가 구조상으로나 생화학적 · 신경생리학적 측면에서 성숙이 이루어지는 시기인 사춘기 이후에는 단순히 특정 언어를 말하는 문화권에 있다고 해서 언어가 자동적으로 습득되지는 않는다고 본다. 다른 나라로 이민 갔을 때 사춘기 전의 아이들은 그 나라 말을 쉽게 습득할 수 있지만 성인들은 언어 습득에 어려움을 갖는 이유이다.

이상으로 레네버그는 생물학적 성숙 간의 관계로 단정지음으로써 촘스키를 중심으로 하는 언어 획득의 생득적인 견해를 강력한 지지를 받았다. 생득주의는 관찰 가능한 것만을 연구 대상으로 삼아야 한다는 행동주의의 제한에서 벗어나 보이지 않는 인간의 마음mind을 인정함으로써 언어 습득 연구에 많은 공헌을 하였다. 그렇지만 생득주의에서도 몇 가지 문제점이 있다.

첫째, LAD는 객관적으로 검증이 힘들다. 생득주의자들이 제시한 LAD는 물리적으로 관찰할 수 없는 것인데다 너무 추상적이다. 이들은 LAD가 어디에 위치해 있으며, 구체적으로 어떻게 작동하는가에 대해 명쾌하게 설명하지 못하고 있다. 즉, LAD가 있다는 설명만으로 언어 습득을 설명할 수는 없다.

둘째, 언어 습득이 선천적이라는 주장은 무리가 있다. 언어가 선천적인 것이라면, 일상적인 인간사회에서 격리되어 양육된 지니Jenny[1]나 야생소년 비터Viter가 언어 습득에 실패

1) 지니는 부모로부터 아동학대를 경험한 소녀로 고립 아동 학대 최악의 사례로 기록되면서 그녀에 대한 많은 연구가 진행된 경우이다. 그녀는 13살이 될 때까지 방에 감금되어 있었다. 그리고 변기에 묶여 있다가 잘 때는 침대에 묶여 누워야 했고 그녀의 아버지는 지니가 무엇인가 말을 하려고 하면 호통을 치고 말을 하지 못하게 하였다. 또한 아버지는 지니의 어머니와 형제들이 그녀에게 말하는 것도 금지시켰다. 그 결과 지니는 "그만" 혹은 "이제 필요 없다"와 같은 간단한 20개의 문장 외에는 말을 못 알아들었다. 1970년에 그녀가 구조됐을 때 지니가 학대의 피해자라는 것을 알게 되기

한 것을 어떻게 설명할 수 있는가? LAD가 있다면, 아이는 언어교육을 받을 필요가 없고, 언어에 노출만 되면 언어 습득이 가능해야 할 것이다. 그러나 언어를 습득하는 데에는 적어도 5년 또는 그 이상의 시간이 걸린다. 단순히 환경에 노출만 되면 언어가 습득되는 것이 아니고 상당기간이 지나야 언어가 습득된다는 것은 언어 습득을 선천적인 것만으로 볼 수 없다.

셋째, 언어 습득에 미치는 사회적 요인을 간과하고 있다. 즉, 생득주의자들은 언어 습득을 너무 영아의 몫으로만 여기고 환경이나 사회적 요소의 역할은 무시하고 있다. 언어 습득은 언어 투입에만 의존하지 않으며, 사회문화적 배경, 교육적 배경, 지능 및 심리 요인 등 복합적인 변수가 작용한다. 이로 인해 촘스키 이론은 실제 언어교육에 대한 구체적인 제시가 빈약하였다.

넷째, 초기 언어 습득 단계를 설명하지 못한다는 점이다. 생득주의는 과거에 접하지 못했던 새로운 문장을 이해하고 산출하는 언어 사용의 창조적 측면을 강조했으나 실제 아이의 초기 언어 습득 단계를 살펴보면 이들의 언어는 전혀 창조적이지 않다. 오히려 두 단어 문장이 출현하기 이전의 초기 언어 습득 단계에서는 모방이나 강화에 의해 언어가 습득되는 부분이 많다. 이와 같이 볼 때 언어 습득의 초기 단계에서는 행동주의 이론이, 그리고 이후 단계에서는 생득주의 이론이 영향을 미친다는 것이 보다 더 설득력이 있다.

3) 상호작용주의

1970년대 중반에 이르러 언어 습득이 주로 생득적이라는 언어 습득 이론에 대한 비판이 일기 시작하면서 상호작용주의 이론이 부각되었다. 상호작용주의 이론에서는 사회적, 언어학적, 성숙적, 인지적 제 요인들이 언어발달에 영향을 주며, 이러한 요인들이 상호의존

전까지 사람들은 그녀를 자폐증 장애를 가진 아이라고 생각했다. 사람들에게 구조된 뒤 LA의 어린이 병원에 옮겨져 심리치료를 받으면서 옷을 입게 되었고 사람들의 질문에 간단한 단어로 답을 하게 되었지만 토끼같은 걸음걸이와 틈만 나면 온갖 곳을 긁어대는 증상은 고쳐지지 않았다. 4년간 치료사와 함께 지내며 수화로 의사표현을 하는 방법과 그림을 그리며 안정하는 방법을 배운 뒤 어머니와 함께 살게 되었지만 또 버림을 받았고, 주위 사람들의 주선으로 새부모를 만나게 되었지만 양부모가 지니를 학대하면서 다시 언어사용이 퇴행하게 되었다.

적으로 상호작용하고 서로 수정하면서 언어가 발달한다고 본다. 상호작용주의 이론은 언어 습득에 영향을 주는 주된 요인에 따라 크게 인지적 상호작용주의 이론과 사회적 상호작용주의 이론으로 나누어진다.

(1) 인지적 상호작용주의

인지적 상호작용주의자들은 언어발달이 주로 비언어적인 인지발달에 의존한다고 보았다. 즉, 언어는 생득적 특성이라기보다는 인지적 성숙 결과 획득되는 여러 능력 중의 하나라고 보며, 언어는 추론에 의해 구조화되거나 제한되어지는 것으로 언어발달은 인지에서의 기본적이면서 일반적인 변화에 기초한다는 것이다. 그러므로 인지발달에서의 순서가 언어발달의 순서를 결정짓는다고 본다.

피아제Piaget에 의하면 언어는 사고의 정교화에 필수적인 역할을 하지만 사고발달에 주도적인 역할을 하지는 않으며, 언어발달은 인지발달과 상징적 기능의 이해에 기초한다고 보았다. 또한 문법적 이해의 기초는 생득적 언어습득기제LAD에 의한 것이 아니라 감각운동기의 지적 능력의 행동적 도식에 의한 것이라고 하였다.

영아는 감각운동기 동안 자신의 직접적 행위에 의해 세계의 구조를 학습하며, 행위에 의해 얻은 지식은 성숙, 평형 그리고 경험의 종합적 작용의 결과인 것이다. 따라서 인지적 상호작용주의에서는 경험을 중요하게 생각한다. 경험을 통해서 생물학적으로 타고난 지적 과정이 지식을 구성할 수 있다고 보고, 특히 지식을 구성하는 사람이 영아 자신이라는 점을 강조한다. 지식은 순서적 가르침과 학습 기법(반복, 모방, 강화 등)을 통해 영아에게 수동적으로 전달되는 것이 아니라 영아가 경험을 통해 능동적으로 구성하는 것이다. 즉, 언어의 복잡한 구조는 영아의 현재 인지적 기능의 수준과 언어적 · 비언어적 환경 간의 계속적 상호작용의 결과라고 본다.

또한 인지적 상호작용주의 이론에서는 언어의 의미semantics와 언어 사용 목적(화용 목적)을 문법과 마찬가지로 중요시하며, 영아기에 이에 대해 이해하고 사용한다고 본다(Clay & Clark, 1977). 이것은 언어발달의 인지적 상호작용주의 이론을 취하는 사람들이 의미론적 발달을 강조하는 것은 영아는 자신이 필요로 하는 요구를 전달하기 위한 의미를 표상하는 언어를 먼저 사용한다고 가정하기 때문이다. 이 의미는 영아가 알고 있는 부류들 간의 관계를 반영하는 것이라고 볼 수 있다.

영아의 언어에 대한 첫 번째 이해 단계는 행동으로 나타나며 후에 언어학적으로 기호화하여 이해한 것을 표현할 수 있게 된다. 그렇다면 영아는 말하기 이전에 의미를 알고 있다고 볼 수 있다. 맥나마라(Macnamara, 1972)는 영아가 처음에는 언어와 독립적으로 화자speaker가 전달하려고 하는 의미를 학습하고 후에 의미와 언어와의 관계를 파악하게 된다고 주장한다.

(2) 사회적 상호작용주의

사회적 상호작용주의 이론은 전통적 생득주의 이론과 행동주의 이론의 여러 측면을 복합적으로 받아들이고 있다. 이 이론에서는 영아의 언어 습득 상황에 생득적 소질이 작용하는 반면에 언어발달에 필요한 언어적 경험 유형을 제공하는 환경도 중요한 작용을 한다고 본다. 하지만 행동주의 이론이나 생득주의 이론에서 제시하는 부모나 다른 사람에 의해 언어적 일방적 성격을 가지는 환경과는 다르다. 언어발달에 대한 사회적 상호작용의 견해를 가진 비고츠키(Vygotsky, 1962)는 언어발달은 사회적 경험이 내면화되는 것이며, 사회적 언어가 개인의 언어를 형성해 준다고 보았다. 즉, 아이는 처음에는 언어를 사회적 상호작용의 도구로 사용하다가 점차적으로 놀이 시 크게 말하거나 의도한 행동을 말로 하면서 환경과 개인적 상호작용을 시작한다. 그 결과 언어가 아이의 행동 구조의 근원이 되거나 사고를 지시하는 근원이 된다고 보고 아이가 언어적 형태를 내면화함에 따라 언어가 사회적 도구에서 개인적 도구로 변환되어 간다고 주장하였다.

사회적 상호작용주의 이론에서는 적절한 언어 경험을 아이에게 제공해 주는 어머니의 역할이 강조하였는데 어머니의 음성적 행동은 타고난 언어 변별능력과 함께 소리의 흐름을 적절히 분절시킬 수 있는 능력의 습득에 중요하다. 사회적 상호작용주의자들은 아이의 음성적 기제 통제능력은 어머니가 아이를 대상으로 내는 과장된 소리의 관찰을 통해서 길러지는 것이라고 본다(Field, Woodson, Greenberg, & Cohen, 1982). 또한 어머니와 아이 간의 사회적 놀이 시의 상호작용 패턴이 후의 대화적 패턴의 기초가 된다고 본다. 비고츠키는 아이가 이미 완성한 언어 형태와 사회적 지원을 받아 사용할 수 있는 능력이 형성될 언어 형태의 차이를 근접발달영역zone of proximal development이라고 부르고, 부모나 다른 사람이 아이와 언어적 상호작용을 할 때 이 근접발달영역에 접근하여 상호작용하는 것이 언어발달을 촉진시켜 줄 수 있는 방법임을 시사하였다.

상호작용주의 이론은 언어의 사용과 기능을 강조한 면에서는 학습 이론과 유사하다. 그러나 사용되는 언어 자체에 직접적인 강화를 하는 행동주의 이론과는 달리 사회 상황을 고려할 필요가 있음을 인식하고, 아이를 역동적인 상호작용 과정에서 능동적인 참여자로 본다는 점에서는 다소 차이가 있다. 이 이론은 언어의 의사소통 기능과 어른의 촉진적 행동의 역할에 대해 이해하는 데 기여하였다. 그러나 이 이론에서는 영아 때부터 부모와 자녀 간의 의사소통이 언어발달에 기초가 된다고 전제하고 있으나 실제로 영아 때부터 부모와 자녀 간의 의사소통을 경험하지 못하는 문화권도 있다는 점과 어떻게 상징과 참조를 관련짓는지 또는 어떻게 언어 구조가 획득되는지, 무엇이 다른 단계로 전환하게 하는지는 설명하지 못한다는 제한점이 있다(Owens, 1998; Pflaum, 1986).

3. 언어발달의 과정

1) 영아기 언어발달

언어학습 과정은 출생 시부터 시작하여 일생 동안 지속된다고 보며 인간은 언어를 통해 욕구를 충족시키고, 타인과의 관계를 유지하고, 주변의 생활환경을 이해하고, 적응을 하게 된다. 또한 언어를 통해 자기만의 개성이 표현되기도 한다.

영아는 말을 시작하기 전에 언어발달의 기초가 되는 울음, 쿠잉cooing 및 옹알이babbling의 단계를 거친다. 말을 하기 위해서는 우선 소리의 산출로써 울음이 산출되어야 하는데 이는 아기의 욕구를 나타내므로 의사소통의 면에서 중요한 의미를 지닌다. 아기가 출생한지 2개월이 지나면 "우우우"라는 소리(주로 모음으로 구성됨)를 내기 시작하는데 이는 주로 아기가 숨을 쉴 때 호흡에 맞추어 내는 소리로써 아기들이 주로 /U/자 소리를 낸다 하여 '쿠잉'이라고 부른다. 이것은 울음보다 더 다양한 소리를 포함하며, 곧이어 옹알이로 변한다. 옹알이는 같은 음절을 반복하므로 아동에게는 일종의 놀이가 되며, 발성 연습의 효과를 갖기 때문에 언어발달에 중요한 의미를 갖는다. 출생 후 1세가 되면 보통 첫 단어가 산출되며 곧이어 몇 개의 어휘가 획득되고 영아의 옹알이도 계속된다. 어휘의 수가 점차로 증가하면서 문장이 구성되고 문법이 발달됨에 따라 성인의 언어와 유사해진다.

(1) 언어 이전 시기

① 미분화된 울음

울음은 신생아가 이 세상과 의사소통할 수 있는 최초의 수단으로 초기의 울음은 숨을 내쉼으로써 일어나는 반사적 반응이며 의사전달의 한 형태로써 아기가 자신의 욕구를 표현할 수 있는 유일한 방법이다. 그러나 신생아의 울음을 보면 생후 1개월까지는 아기가 배가 고파서 우는지, 아파서 우는지 구별하기가 어려워 울음소리만 듣고 아기가 요구하는 것을 이해하기 매우 어렵다.

② 분화된 울음

생후 1개월이 지나면 아기의 울음소리는 분화되기 시작하여 아기가 배고픔과 졸림, 갈증, 기저귀 젖음, 아픔, 괴로움 등을 울음의 다른 패턴, 강도, 고저 등으로 분화되어 나타내게 되므로 울음이 좀 더 정확한 의사전달 수단이 된다. 즉, 고통스러워 우는 경우는 갑자기 크게 불규칙적으로 울며, 흐느끼거나 끙끙거리며 앓는 소리를 낸다. 그러나 배가 고픈 경우는 울음소리가 점점 커지며 울다가 입술을 빨기도 한다. 또한 아기는 울음의 강도와 지속시간으로 의사소통을 한다. 즉, 강도가 더 크고 더 오래 지속되는 경우 그것은 더 배가 고프거나 더 고통스러움을 알리는 것이다.

③ 쿠잉과 옹알이

초기의 쿠잉 개구음, 즉 유사모음과 같은 소리vowel-like sound로 구성되어 있다. 예를 들어, '아아아…', '우우우…'와 같은 발성이다. 쿠잉 단계에서도 엄마와 영아 간의 상호 발성coactional vocalization이 이루어지므로 이 시기에 이미 언어를 통한 상호 교환적 의사소통이 시작된다고 볼 수 있다. 4, 5개월이면 모음과 자음의 쿠잉 수가 증가하게 된다. 3개월경 엄마가 영아가 표현했던 쿠잉 중 하나를 소리 내고 기다리면 영아가 이에 응하여 같은 쿠잉으로 반응한다. 6개월에서 8개월이 되면 영아들은 /mamamamama/, /dadadada/, /babababa/와 같은 한 음절로 된 말을 반복하는 옹알이를 시작한다. 영아에 따라 4개월경에 자 · 모음이 반복되는 옹알이가 나타나기도 한다. 일어시기에 가까운 영아의 옹알이는 긴 옹알이 대신 한 음절 또는 두 음절 길이의 옹알이를 반복한다(Menyuk, 1977). 최근 연구에서는 옹알이가 발달의 연속선상에 있다고 주장하며 옹알이는 말을 습득함에 따라 점점 더 반복되고, 옹알이의 다양한 종류repertory는 후기의 언어에 반영된다고 주장한다(Stark, 1980; Simmons & Miller, 1985).

옹알이의 사용과 함께 영아들은 새로운 발음을 산출inventing pronunciation하거나 단어를 말inventing words하기도 하며, 9개월에서 10개월이면 관습적으로 통용되는 소리를 만들어내기 시작한다(Bates, O'conell, & Shore, 1987). 이 시기에는 언어에 대한 빠른 이해와 더불어 새로운 도식의 형성과 통합을 통하여 관습적인 신호들을 습득하여 언어능력이 향상된다.

영아의 옹알이는 주위 환경에서 경험한 소리의 빈도와 횟수에 따라서 영향을 받게 된다. 따라서 어머니나 다른 가족들이 아기를 돌보면서 계속 아기에게 소리 내어 말을 함으로써 자극을 주고, 아기의 표현에 대해서 성의 있는 반응을 보여주면 영아의 발성에 중요한 자극이 된다. 이러한 옹알이는 발성 연습뿐만 아니라 언어발달을 촉진시키며 부모와의 상호작용의 중요한 매개체가 되기도 한다.

(2) 언어 시기

① 단일 언어 시기

단일 언어 시기의 영아는 한번에 하나의 단어만을 말한다. 그래서 영아는 그 상황에서 가장 적절한 정보인 새로운 정보를 언어로 부호화한다. 이를 언어적 또는 비언어적인 맥락에서 주어지는 정보와 연결하여 소통의 의도를 효율적으로 표현해 내는 방법을 사용한다. 처음 단어 발음은 흔히 성인의 발성에 가깝긴 하지만 분명하지 않다. 예를 들어, /물/을 /무/라고 말하는 것이 보통이다.

단일의 의미발달 과정에서, 영아들은 하나의 단어를 성인들이 통상 적용하는 대상물 이외의 물체에까지 확대 적용하거나 축소 적용하는 양상을 나타낸다. 예를 들어, '구두'라고 할 때 '자신의 구두에 한정하여 구두'라는 단어를 사용한다거나 네 발 달린 짐승은 고양이든 말이든 모두 '개'라고 부르는 것이 그 예이다. 이러한 단어의 과잉 축소와 과잉 확대 현상은 짧은 기간 동안 나타나며, 모든 영아에게 나타나는 것은 아니다. 일반적으로 1세에서 2.5세 사이에 나타나는 현상이다. 영아의 단어 이해와 사용은 영아의 인지기술이 발달됨에 따라 변화한다. 영아가 질문이 많아지면서 어휘력이 급속도로 성장하고 과잉확대 현상이 점차 사라진다.

또한 이 시기 영아들의 언어를 이해하는 데에 있어 중요한 것은 단어의 의미 기능을 파악하는 것이다. 영아들은 한 번에 한 단어씩 말하지만, 사용하는 한 단어는 여러 가지 의미 기능을 갖게 된다. 예를 들어, '멍멍' 하고 영아가 말할 때 이는 '강아지가 여기 있다'라는 의미일 수 있고 또는 '강아지를 좋아한다'라는 뜻일 수도 있다. 따라서 영아가 말하는 정확한 의미를 파악하기 위해서는 그 말이 사용되는 상황에 근거하여 그 단어가 의미하는 기능을 파악하는 것이 중요하다.

단일 언어 출현 후, 영아의 언어는 어휘의 큰 증가를 보이지 않다가 한 단어와 한 단어를 결합하여 기본적인 문장 형식으로 말하기 시작하는 1세 후반에 이르면 증가하기 시작한다.

② 두 단어와 세 단어 이상

18~20개월경이 되면 많은 어휘를 습득하게 되면서 문장을 만들기 위해 둘 또는 그 이상의 단어를 연결시켜 자신의 의사나 감정을 표현하기 시작한다. 그러나 두 세 단어의 문장은 성인의 문장보다 훨씬 더 짧고 간단하며 기능어(전치사, 조사, 접사 등)가 누락되어 있는 전보문 형태와 주축문법의 특징이 나타난다.

전보식 언어는 "엄마 쉬", "엄마 내가", "아가 운다" 등과 같이 가장 핵심적인 단어만으로 구성된 언어이다. 즉, 이 시기 영아들은 전보문과 같이 정말로 중요하다고 생각되는 단어들만 사용하고(흔히 동사, 명사) 문법적인 기능을 하는 말(형용사, 조동사, 부사, 복수형, 과거형 등)은 생략해서 하는 언어를 말한다.

주축문법이란 영아들이 만든 두 단어의 결합을 분석하여 그들이 사용하는 규칙을 발견한 것으로 두 단어로 구성된 영아의 문장은 주축어pivot word와 개방어open word로 이루어져 있다. 주축어는 이 시기의 영아들이 자주 사용하며, 그 수가 비교적 적은 단어들로서 다른 단어가 합쳐지는 축의 역할을 한다. 개방어는 주축어에 속하지 않는 어휘군으로서 그 수가 많고 습득 속도가 빠르며 사용 빈도가 적다. 그러나 주축문법은 어느 기간 동안의 두 단어 조합을 설명해 줄 뿐 모든 단어 조합을 설명하지 못하나 우리나라의 경우 조명한(1982)의 연구에 의하면 영아들이 주축문법을 사용하는 것은 문장 구성의 과도기적 표현이라는 전제하에 주축어와 개방어를 실용어와 내용어의 관계로 설명하기도 한다.

24개월경이면 문장을 사용하며 비교적 자유로운 언어 표현을 구사하고, 문법에 대해서도 많은 것을 알고 있는 것으로 보고되었다. 이 시기에는 의문형 어미인 '~니', '~까?', '~지'를 사용한 의문문도 나타나며(Kim, 1992), 의문사 ' 무엇', ' 어디에', '왜', '어떻게' 등을 사용한 의문문도 출현한다.

30개월경에는 좀 더 복잡한 의미관계를 나타내는 문장 구조를 사용하기 시작하는데, 세 단어 이상의 단어 조합 형식의 말을 사용하기 시작하면서 완전한 문장에 가까운 표현이 나타난다.

2) 유아기 언어발달

(1) 어휘발달

어휘는 사물이나 사상을 대표할 수 있는 상징적인 기호로서, 각 사물이나 사상에 대한 특성을 추출하여 일반화 및 범주화를 통해 의사소통을 편리하게 만드는 도구이다. 어휘력을 언어발달의 유일한 지표로 삼을 수는 없지만 유아의 어휘발달은 언어발달을 확인할 수 있는 한 영역으로서 중요하게 여겨진다. 왜냐하면 어휘력은 언어를 쉽게 받아들이고 이해할 수 있도록 하는 데 도움을 주어, 다른 언어발달을 촉진하기 때문이다. 유아의 어휘발달 과정은 모방, 반복 및 연습, 창의적인 혼합 등에 의해 이루어지며, 유아의 발달 및 이해의 정도는 어휘 습득에 영향을 미친다.

① 수용어휘의 발달

수용어휘 능력은 타인의 말을 듣고 이해하는 능력으로(유연미, 2005), 언어발달의 기초가 되며(신정숙, 2000), 성숙과 언어매체와의 상호작용을 통해 발달한다(강문희, 이해상, 1997; Cullinan, 1987). 유아는 단어와 문장의 의미를 이해하게 됨에 따라 자신의 어휘력이 생기게 되는데 처음에는 단어가 내포하고 있는 뜻을 이해하지 못하고 단지 그가 들은 단어를 모방하며, 반복하는 데 불과하다. 그러나 차츰 자신에게 유용한 어휘를 발전시켜 일련의 음성군으로서 형태를 인지 · 기억 · 사용하는 것 외에 그 형태가 내포하는 개념을 파악하게 된다(김기예, 2006). 이처럼 어휘와 어휘의 의미에 대한 지식은 언어의 표현 및 이해에 필수적이다.

유아의 수용언어 발달과정을 살펴보면, 수용언어 능력 중 하나인 듣기는 출생 직후의 언어 지각으로부터 비롯된다. 유아는 생활 주변에서 말소리를 포함해서 여러 가지 소리를 듣게 되며, 이러한 소리의 의미를 이해하려고 할 때 말소리와 말이 아닌 소리를 분별할 수 있게 된다(주영희, 2001). 생후 1개월경부터 나타나는 말소리 변별력은 생후 1년경까지 폭넓게 발달되어 대부분의 소리를 지각하게 된다(Ingram, 1991). 이처럼 일찍부터 음소의 차이를 변별하여 지각할 수 있는 능력은 계속적으로 발달하지 않고 생후 1년을 전후하여 모국어의 음소적 범주로 조직화되는 음운론적 재조직화 과정을 거치면서 쇠퇴 현상을 보인다(Carroll, 1994). 16~18개월 정도에 이르면 많은 유아는 점차 여러 낱말로 이루어진 문장을 이해할 수 있게 된다. 그러나 이 시기의 유아들은 대부분 자신이 들은 문장을 구문구조보다는 문장에 포함된 일부 낱말이나 세상에 대한 지식을 통해 이해한다. 3세 정도가 되면 기본적인 문법구조를 지닌 문장들을 이해할 수 있게 된다. 아직까지 유아는 문장 내 단어의 순서나 정확한 뜻보다는 유아 자신의 경험에 따라 발생 가능성에 기초하여 이해한다. 3세 이후가 되면 어순에 기초하여 문장을 이해할 수 있게 되는데, 이 시기부터 유아들은 문장 내에 포함된 문법 형태소나 구문 구조, 그리고 단어 배열 순서 등에 의존하여 문장을 이해하게 된다. 그러나 이 시기에 유아는 일부 문법 형태소의 기능이나 복잡한 구문구조를 가진 문장을 이해할 때 오류를 보이는 경우가 많다(김영태 외, 2003). 4~5세가 지나면서 유아는 구나 절이 포함된 비교적 복잡한 문장을 이해할 수 있게 되며, 문법 형태소의 기능을 잘못 이해하는 오류도 점차 감소한다. 또한 단순한 구조의 이야기를 이해할 수 있게 되며, 대화에서도 대화 상대자의 입장을 고려하는 것이 가능해진다(김영태, 2006). 리 등(Li, Guan, Tao & Dong, 2005)은 3세에서 6세 유아를 대상으로 수용어휘와 표현어휘의 발달차를 분석한 결과, 연령차와 더불어 수용어휘가 발달할수록 표현어휘도 발달함을 제시하였다. 신은수(2005)는 3세에서 5세 유아 192명을 대상으로 수용어휘를 측정하여 언어능력의 발달차이를 살펴본 결과, 5세가 3세보다 수용언어가 더 발달해 있음을 제시하였다. 조현희와 이귀목(1998)은 보육경험에 따라 3, 4세 유아의 언어수행력을 비교한 결과, 보육경험이 1년 이상인 유아와 3개월 미만인 유아의 수용어휘가 차이를 보이지 않았다고 보고했다.

이 외에도 유아가 성장함에 따라 수용어휘력이 증가하고(Muller et al., 2005), 알고 있는 수용어휘가 많을수록 오류신념이 적고(Astington & Jenkins, 1999; Cole & Mitchell, 2000;

Cutting & Dunn, 1999; Hughes, 1998; Ruffman, Slade, Rowlandwon, Rumsey, & Garnham, 2003), 주의전환을 잘한다고 주장한다(Cole & Mitchell, 2000; Lang & Perner, 2002; Muller et al., 2005).

② 표현어휘의 발달

표현어휘의 발달은 생후 1~2개월이 지나면서 발성을 시작하여, 생후 3개월경이 되면 수많은 모음 소리를 발성한다. 의미가 분명하지 않고 음절을 반복 혼합한 발성인 옹알이의 시작 시기에 대한 견해는 학자마다 조금씩 다르지만 쿠잉보다 다양한 소리로 발성되는 옹알이는 생후 8개월이 지나면서 보다 풍부해진다(주영희, 2001). 그러나 의미있는 낱말 산출은 대체로 돌 전후인 10~14개월 정도가 되어야 가능해지며, 유아들이 초기에 산출하는 낱말은 초기 이해능력 발달에서와 마찬가지로 흔히 특정 상황이나 문맥에 의존하는 경우가 많다(김영태 외, 2003).

유아가 의미있는 단어를 말하기 시작하는 생후 1년 이후에는 산출하는 어휘 수가 늘어 약 50개에 달하며, 음운적으로는 단순한 음절구조가 나타난다(주영희, 2001). 2세를 전후하여 언어습득은 급증하고 단어를 조합하게 되는데 이 시기를 가리켜 '어휘 폭발기vocabulary burst'라고 명명하고 있다. 어휘 폭발기를 거치면서 유아의 언어능력은 급격히 향상된다.

3세가 되면 유아들은 말의 모든 요소가 통합된 더 긴 문장으로 말하고 문법적인 원리를 잘 파악하여 발전된 언어를 구사하게 된다. 조사, 시제, 수동태, 의문문, 부정문, 복합문에 대한 개념을 가지고 있어, 유아의 말에 이러한 문법적 특성이 나타난다. 사용하는 조사로는 "같이, 랑, 하고, 도"와 같은 공존격 조사와 "~에(산에)"와 같은 처소격 조사, "가(아찌가), 는(영아는)"과 같은 주격 조사, "만(요거만)"과 같은 한정 조사, "~를(뭐를)"과 같은 목적격 조사, "~로(요걸로)"와 같은 도구격 조사가 있으며 이들이 거의 비슷한 시기에 나타난다.

동사의 시제 사용에 있어서 2세~2세 반의 유아는 과거형과 미래형을 산출한다. "갔어", "줄 거야", "가면서 먹을래"와 같은 시제에 관계된 어휘가 비슷한 시기에 나타나지만 오늘, 내일과 같은 시간에 관계된 어휘의 올바른 사용은 유아기 후기에 와서야 비로소 가능하다.

따라서 유아의 언어에서 "내일 먹었어", "어제 갈 거야"와 같은 문장을 들을 수 있다.

수동태는 영어, 프랑스어 및 독어 사용의 유아보다 우리나라 유아의 언어에서 일찍 나타난다. 그 이유는 능동문에다 피동 접미사 '이'나 '히'만 첨가하면 쉽게 수동문을 만들 수 있기 때문이다. 2세 반을 전후하여 "신어 줘" 하던 유아가 "신겨 줘", "바지 입어줘" 하던 유아가 "입혀줘"라고 하는 것을 볼 수 있다.

유아가 가장 먼저 이해하고 사용하는 질문의 형태는 '무엇', '어디', '네/아니오' 대답의 형식이고 그다음이 '누구', '누구의'이며 '왜', '어떻게', '언제'가 포함된 질문은 그 후에 나타난다. 그러나 유아가 성인과 어느 정도 의사소통이 되면 성인의 말을 계속 듣기 위한 책략으로 "왜?"라는 질문을 계속하는 경향을 보이지만 이때는 인과관계의 논리성에 대한 물음이라고 볼 수 없다.

부정문에는 부재, 거부, 부정, 금지의 표현이 있다. 부재의 기능을 하는 언어로는 "없다"이며, 거부의 표현으로는 "싫어, 몰라, 안할래"이고, 부정의 표현은 "아니, 아니야"이며, 금지로서는 "하지마, 먹지마, 가지마" 등의 표현이 있다. 2세 유아들은 불완전한 신체 조절로 말미암아 부정적인 언어 표현을 많이 하는 경향이 있으며, "나, 안 밥 먹어. 안 계란 먹어"처럼 부정 요소의 위치를 잘못 두는 오류를 범하기도 한다.

유아가 어느 정도 문법에 대해 알고 자신의 의도를 문법적으로 표현할 수 있게 되면 "이거 저기 까는 거야", "가지 있다 먹어(가지고 있다가 먹을래)" 등의 말처럼 복합문을 사용할 수 있게 된다. 그러나 접속문의 출현 초기에는 접속사가 빠진 접속문을 산출한다. 예를 들어, "아빠 아파 아빠 약" 또는 "아야, 똥 누 올께"라고 표현하는 것이다. 이는 두 개의 명제를 나란히 병렬할 수 있는 언어 형식의 수단, 즉 접속사가 준비되어 있지 않더라도 개념 구조에서 명제의 관계가 연결되면 두 명제를 나란히 산출한다는 것을 보여준다.

(2) 문자언어 발달

유아의 문자언어 발달에 대한 관점은 시대의 흐름에 따라 변화되어 왔다. 1920년대에는 성숙주의의 영향으로 유아가 읽기를 시작할 수 있을 때까지 기다려야 된다는 생각으로 유아가 흥미를 보이기 이전에 글자를 가르친다는 것은 효과가 없으며 글자를 배울 준비가 되었을 때 글자를 가르쳐야만 교육의 효과를 제대로 볼 수 있다고 생각했다. 따라서 이 시기에는 읽기 준비도의 개념이 확산되어 있었다.

1950년대 이후에는 유아기의 중요성이 강조됨에 따라 글자를 배울 준비가 될 때까지 단순히 기다릴 것이 아니라 읽기 준비도 개념에 포함된 여러 가지 기초적인 기술을 훈련시켜 빨리 글자를 가르치고자 하는 흐름으로 변화되었다. 그래서 청각 식별력과 청각 기억, 시각 식별력과 시각 기억, 낱자 이름과 낱자 소리 등을 내용으로 하는 학습이 성행하게 되었다. 즉, 읽기 준비도를 위한 형식적 교육이 수행되었다.

1980년 이후에는 "읽기 준비도"라는 개념이 이론적으로나 실제적으로 부적합하다고 지적하여 유아의 능동적인 학습자로서의 위치를 강조하는 경향이 나타났다. 즉, 유아는 환경을 탐색하여, 가설을 스스로 수립하면서 문제를 해결하려는 적극적인 의지를 지닌 자로 인식되었다.

① 읽기 발달

과거에는 유아가 초등학교 입학 후에 한글의 자음과 모음을 학습하였으나, 최근에는 대부분의 유아가 취학 전에 한글의 자음과 모음을 알고, 상당수의 단어를 재인해 내며, 간단한 문장을 읽을 수 있는 것으로 보고되고 있다. 이는 부모와 교사의 읽기, 쓰기 교육에 대한 인식이 과거와는 다르게 능동적으로 변화하였기 때문으로 해석할 수 있다(조희수, 2003). 또한 표음문자인 한글은 자소와 음소의 대응관계가 분명하여 다른 나라에 비해 어린 나이에 단어를 읽는 것이 가능하다고 보고 있다.

유아의 읽기 발달에 대한 학자들의 견해는 다양하게 제시되어 왔으나, 크게 단계이론과 비단계 이론으로 나누어 볼 수 있다. 읽기 발달의 단계가 있다고 보는 대표적인 학자들로는 클레이(Clay, 1972), 슐츠비(Sulzby, 1985)가 있다. 클레이(Clay, 1972)는 유아의 읽기 발달을 5단계로 구분하여 제시하였다. 그에 의하면 읽기 발달은 문자 언어도 언어라는 것을 알게 되고, 말이 글로, 글이 말로 바뀔 수 있다는 것을 알게 되는 단계, 구어에서는 잘 사용하지 않는 문어체 이야기를 만들어 내는 단계, 그림을 보고 적절한 문장을 생각해 내는 단계, 책에 쓰인 문장을 대부분 기억하는 단계, 마지막으로 시각적 단서를 사용하여 문장을 재구성하는 단계의 순서로 발달한다고 주장한다.

숄츠비(Sulzby, 1985)는 클레이(Clay, 1972)의 읽기 발달 단계를 보다 세분화하여 11단계로 제시하였다. 그에 의하면 유아는 명명하기와 그림 설명하기, 행위 묘사하기, 대화적 이야기 말하기, 독백적 이야기 말하기, 읽기와 이야기 말하기의 혼합, 원래 이야기와 비슷하게 읽기, 원본대로 읽기, 문자 인식에 기초한 읽기 거부, 부분적으로 읽기, 일관되지 않은 전략으로 읽기, 독립적으로 읽기라는 단계를 보이며 읽기 능력이 발달된다고 보았다.

이기숙, 김영실, 현은자(1993)는 2~6세 유아의 읽기 행동을 연령별로 제시하였다. 2~3세는 주위의 글자에 관심을 갖는 시기로, 책과 글자는 읽는 것임을 아는 단계, 3~4세는 책을 볼 때 그림이 아니라 글자를 읽는 것임을 아는 단계, 4~5세는 책을 읽는 방법, 읽는 방향, 페이지 제목 등을 알고, 소리와 글자 간의 일대일 대응을 할 수 있으며 주위에서 아는 글자를 읽는 단계, 5~6세는 주변에서 자주 볼 수 있는 글자를 읽는 단계로 구분하였다. 학자들은 공통적으로 유아의 읽기 발달에 있어서 연령 구분은 절대적인 것이 아니며, 유아에 따라 개인적인 차이가 나타난다고 주장한다(이기숙 외, 1993; Clay, 1972; Sulzby, 1985).

다른 유아의 발달과 마찬가지로 유아의 읽기 능력 발달도 역시 타인과의 상호작용 속에서 발달한다. 부모나 교사, 형제관계, 또래관계가 유아의 읽기 능력 발달에 미치는 영향에 대한 연구들은 이를 뒷받침한다(이문옥, 1994; 이차숙, 1992; 정영숙, 1990; 진명희, 2000; Berk & Winsler, 1995). 즉, 성숙한 독자가 유아에게 읽기 발달의 모델이 되면서, 유아는 읽기의 중요성과 즐거움을 알게 된다. 그러므로 유아에게 강압적이고 지시적인 방법으로 읽기를 강요하는 것보다는 모델을 제시함으로써 모방할 수 있도록 하는 것이 더 효과적일 수 있다(이문옥, 1994; 조희수, 2003).

② 쓰기 발달

쓰기란 문자 형태의 상징적인 도구를 사용하여 자신의 경험을 이해하고 조직하여 다른 사람에게 전달하는 활동이다. 즉, 남들이 읽을 수 있고 알아볼 수 있는 문자 형태의 상징을 사용하여 개인의 지식, 기술, 인지전략과 인지과정을 조화시켜 나가는 복잡한 과정이다(박시주, 2002).

유아의 쓰기 발달은 환경 속에서 자연스럽게 글을 접하고 타인의 글 쓰는 행동을 관찰하고 모방하는 것에서 시작한다. 유아의 쓰기 발달 단계에 대해서 쉬켄다즈(Schickendanz, 1990)는 유아를 대상으로 생후 1년부터 6세 5개월까지 쓰기 행동을 관찰하여 발달단계를 제시하였다. 초기 단계에는 쓰기 도구에 대한 탐색으로부터 시작되고, 끼적거리기, 선의 출현, 알파벳 글자의 모방 순서로 나타난다고 하였다. 그 후 창안적 글자 쓰기가 나타나고, 마지막으로 관습적인 글자 쓰기conventional spelling의 단계에 이르게 된다고 보고하였다.

슐츠비(Sulzby, 1985)는 유아의 쓰기를 6가지 범주로 분류하였으며 쓰기는 유아가 관례적 쓰기를 할 수 있기까지 정해진 위계적 순서를 거치는 것은 아니지만 보편적으로 나타나는 형태라고 했다(이영자, 이종수, 1985; Clay, 1975; Sulzby, 1986). 구체적인 단계별 쓰기 특징을 살펴보면 다음과 같다(표 9-1).

| 표 9-1 | 단계별 쓰기

단계	내용
1단계	그림으로 그리기(writing via drawing)로 유아들은 쓰기를 나타내기 위해 그림을 그리고 그림으로 쓰기가 의사소통의 목적으로 사용되는 것으로 안다. 그림으로 쓰는 유아들은 자기가 그린 것을 읽을 때 실제 글자를 쓴 것처럼 그 그림을 읽는다.
2단계	끼적거리기로 쓰기(writing via scribbling)로 유아들은 끼적거리기를 해놓고 무엇인가 썼다고 한다. 가끔 쓰기에 나타나는 현상이 끼적거리기에서 나타나 왼쪽에서 오른쪽으로 끼적거리기를 한다. 쓰기 형태를 닮은 긁적거리기도 나타난다.
3단계	글자와 비슷한 형태로 쓰기(writing via making letter-like forms)이다. 이 단계는 얼른 보면 유아의 쓰기 형태가 글자 모양 같기도 하다. 그렇지만 자세히 관찰해 보면 글자 비슷한 형태일 뿐이다. 표준 글자 형태는 아니지만 창의성이 보인다.
4단계	낱글자를 연속해 늘어놓으며 쓰기(writing via letter strings)로 자신의 이름 등에서 익힌 낱글자를 사용한다. 유아들은 가끔 글자 순서를 바꾸기도 하며, 긴 줄 모양으로 연결된 낱 글자를 쓰기도 한다. 그러나 뜻을 파악하기는 어렵다.
5단계	창안적 글자로 쓰기(writing via invented spelling)로 표준 철자법으로 쓰지 못할 때 단어의 철자를 만들어서 쓴다. 창안적 글자는 한 단어가 전체 음절을 나타내기도 하며 단어가 겹쳐지거나 적당한 간격이 없이 쓰기도 한다.
6단계	표준 철자법으로 쓰기(writing via conventional spelling)로 성인들이 사용하는 방식대로 쓴다.

이러한 발달과정에 있어서 유아가 상위 능력을 가진 성인과 함께 상호작용하고, 그에게서 적절한 피드백을 받는 과정은 상당히 의미 있는 일이다. 이것이 발달적으로 유의미하다는 것은 많은 학자에 의해서 증명된 바 있다(김현미, 2001; Feedman, 1982). 만 5세 유아의 언어발달이 거의 완성 단계에 있는 점을 고려할 때, 더 많은 상호작용 대상은 더 효과적인 쓰기 발달을 이끌 수 있을 것이다.

유아들의 일상을 감싸고 있는 TV, 간판, 광고, 상표, 유인물, 전단지 등의 다양한 환경에서 유아들은 자연스럽게 글을 접하고 다른 사람의 행동을 관찰하고 모방하면서 글을 쓰는 행동을 하게 된다. 유아들은 자신이 속한 생활환경 속에서 서서히 글자에 관심을 가지게 되고 글자의 기능과 형태, 사용 규칙들을 알게 되면서 음성언어와 문자언어를 관계짓게 된다. 글자를 초보적인 단계부터 써 나가면서 쓰기가 의미를 구성하는 것 외에 단어들의 맞춤법이나 철자법, 띄어쓰기에 맞게 사용해야 한다는 것을 알게 된다. 또한 다른 사람이 읽을 수 있고 알아볼 수 있도록 관례적 쓰기 기술을 끊임없이 시도하면서 쓰기 능력이 발달된다(이영자, 2010; 황은순, 2010).

4. 의사소통 능력의 발달

의사소통에서 중요한 것이 화자의 '의도'인데 신생아는 울음에서부터 언어발달이 이루어진다고 볼 수 있다. 이러한 울음이 의도를 가지고 있다면 의사소통 기술 역시 발달한 것이다. 하지만 출생에서 10개월까지 영아들에게는 의사소통의 의도가 없다할지라도 원하는 물체를 잡으려고 아등바등하는 영아를 보고 엄마는 물체를 가져다주게 된다. 여기에서 이러한 영아의 행동이 엄마로 하여금 물체를 가져오도록 하기 위한 의도를 가지고 있는 것은 아니라는 것이다. 그러나 10~12개월의 영아들은 이전과 달리 의사소통의 의도를 가지고 그 의도를 표현하게 된다. 하지만 언어능력의 부족으로 인하여 사람이나 사물을 가리키거나, 물건을 주거나 보여주는 등의 행동을 나타낸다. 12개월 이후가 되면 의사소통 의도를 가지고 언어를 통하여 한 단어 문장으로 표현하기 시작하는데, 같은 단어라 할지라도 억양을 다양하게 함으로써 여러 가지 의도를 다르게 표현할 수 있다. 또한 자신이 보낸 신호가 성공하지 못할 경우 말을 반복함으로써 자신의 요구를 전달하고자 한다(김태련 외, 2004). 2세경에 이르면 유아들은 의사소통할 때는 교대로 말을 해야 한다거나, 상대방을 쳐다보면서 해야 한다는 등 효율적인 의사소통에 필요한 사회적 · 상황적 요인을 인식하기 시작한다(Rutter & Durkin, 1987). 샤츠(Shatz, 1978)는 2세 정도의 유아들은 다른 사람이 말을 하면 행동으로 반응하는 경향을 보인다고 하였으며, 이는 이 시기의 유아들이 다른 사람의 말에 반응해야 한다는 사실을 일찍부터 잘 알고 있다고 하였다.

그리고 블룸 등(Bloom et al., 1976)의 연구에서는 주제와 관련 없는 말이나 주제와 관련되지만 새로운 정보를 제공하지 못하는 말의 사용이 21개월부터 26개월로 가면서 점차 감소하였다고 하였다(김태련, 2004, 재인용). 또한 2세 반경에는 자신과 멀리 떨어져 있는 사람과의 대화를 위해서는 목소리를 크게 하거나 그 사람에게로 가까이 가야 된다는 것을 알게 될뿐 아니라(Johnson & Smith, 1981), 다른 사람에게 요구할 때는 공손하게 해야 하며 예의 바른 것과 예의 바르지 않는 것을 구별할 줄 알게 된다(Baroni & Axia, 1989; Garton & Pratt, 1990). 3세가 되면서 질문하는 것을 매우 좋아하며 낯선 사람과도 의사소통이 가능해진다. 샤츠와 겔만(Shatz & Gelman, 1973)에 의하면 3세가 지나면서 유아들은 의사소통을 효율적으로 하기 위하여 말을 할 때는 자신이 원하는 내용만 말하는 것이 아니라, 하고자 하는 내용을 듣는 사람에게 맞추어야 한다는 것을 배우게 된다(최경숙, 2001, 재인용). 3세 이후가 되면 의사를 전달하였음에도 이것이 성공하지 못할 경우, 1세 이후 사용하였던 단순히 반복하는 전략을 사용하는 것이 아니라 자신의 말을 수정하는 경향을 보인다(이현진 외, 2001). 4세가 되면 같은 말일지라도 상황이나 듣는 사람의 연령 등을 고려함으로써 메시지를 효과적으로 구성할 수 있게 된다. 샤츠와 겔만(Shatz & Gelman, 1973)도 이 시기 유아들이 성인에게 설명할 때는 길고 복잡한 문장을 사용한 반면 2세의 자신보다 어린 유아에게 설명할 때는 짧은 문장을 사용한다고 밝혔다. 5세 유아들은 주변에서 보고 경험한 여러 유형의 인물이나 사건을 언어로 표현하며 의사소통을 할 수 있게 된다. 또한 다른 또래와의 상호작용을 통해서 민주적으로 역할을 분담하며 협동적인 놀이가 가능하게 된다(류송미, 2001).

유아들이 타인의 욕구나 관점을 고려하며 사회적 언어를 사용하여 의사소통을 하게 되는데, 결국 유아들이 사용하게 되는 사회적 언어는 단순히 정보전달을 위한 것이 아닌 타인에게 자신의 의사를 이해시키기 위하여 질문과 다양한 반응의 형태를 내포한 다양한 의사소통을 하게 됨을 알 수 있다.

5. 이중언어 발달

세계가 지구촌화되고 정보 교환 속도가 빨라지면서 교류의 중요성이 커지고 있는 지금 한국사회도 다문화사회로 급속하게 변화하면서 다문화가정 내 유아들의 이중언어 환경에 대한 관심이 높아지고 있는 실정이다(오성숙, 2010). 이중언어bilingual나 다중언어multilingual는 두 개나 그 이상의 언어를 말하는 화자를 칭하는 것이며, 이중언어나 다중언어 화자는 두 개나 그 이상의 언어를 원어민이나 그에 가까운 수준으로 구사하는 것을 말한다(황상심, 2007).

다문화가정의 부모가 상이한 두 개의 언어가 혼재하는 환경에 있을 경우에 언어 발달과정에 있는 유아기에는 이 두 개의 언어체계는 서로 반응하여 다른 언어의 습득에 영향을 미치게 된다. 어린 시기에 이중언어에 노출되는 것이 유아의 언어발달에 도움이 되지 못하며 한 가지 언어의 습득은 다른 한 언어의 상실을 전제로 한다는 주장과 이중언어를 사용하는 것이 상위인지, 상위언어, 사회언어가 우수하다는 주장이 있다(Bialystok, 1988).

한 가지 언어습득은 다른 한 언어의 상실을 가져온다는 '감가적 이중언어subtractive bilingualism'를 주장하는 대부분의 연구들은 어린 시기에 이중언어를 사용하는 것이 오히려 모국어의 발달을 저해한다고 보며 이러한 현상은 자신들의 모국어가 자신이 속한 사회의 대부분이 사용하는 언어가 아닐 때 더 잘 일어난다고 보고 있다.

웡(Ẃng, 1991)은 어린 시기에 제2언어(영어)로 의사소통이 이루어지는 유치원 유아를 대상으로 그들의 모국어 발달이 느려지며 점차 일반적인 언어발달에 문제가 있는지를 밝혀보려고 하였다. 연구결과에 따르면, 미국에 이민온 소수민족 유아 중에 영어유치원에 다니는 유아들의 모국어 능력이 급격히 떨어졌으며, 이러한 결과가 집에서 부모와의 의사소통에 문제를 가져오며 가족관계에도 문제가 생기고 나아가서 발달상 높은 위험에 놓이게 된다고 하였다.

길드슬리브 등(Gildersleeve et al., 1996)의 연구에서도 영어와 스페인어의 이중언어환경에서 전형적으로 발달하는 3세 유아들의 영어 음운기술을 조사한 결과 이중언어의 유아들이 영어를 사용하는 단일언어환경이나 스페인어를 사용하는 단일언어환경의 유아들에 비하여 전반적으로 더욱 낮은 명료

도를 나타내었다고 보고하면서 이중언어환경의 유아들은 단일언어환경의 유아들에 비해 많은 자음과 모음의 오류가 많으며 조음을 더욱 왜곡하고, 불규칙한 오류 형태를 산출한다고 하였다.

유아가 이중언어를 사용함으로써 나타나는 언어적 특성을 구문, 어휘, 음운, 화용을 중심으로 살펴보면 다음과 같다. 구문에서는 각 언어에 대하여 각각의 문법체계를 발달시켜 나간다(Genesee, 2004; Meisel, 2001). 대부분 이중언어환경 유아들은 각 언어에서 같은 언어를 습득해 가는 단일언어 사용 유아들처럼 각각의 언어에서 동일한 단계와 동일한 구문 발달 패턴을 나타내게 된다.

어휘는 일반적으로 단일언어환경 유아들이 첫 낱말을 발화하는 시기와 같은 시기에 어휘를 말하며 이중언어환경 유아들의 어휘는 두 가지 언어를 합하였을 때 동일한 연령의 단일언어환경 유아들과 어휘의 크기와 범위가 다르지 않다. 이중언어 각 어휘를 분리하여 보면 같은 연령의 단일언어 사용 유아들보다 어휘의 범위면에서 제한되어 있고 더 적은 어휘를 나타낼 수 있다. 이러한 차이는 유아들이 각 언어를 습득하는 환경 때문인 것으로 보이며 유아들의 연령이 높아지면서 각 언어에 대한 경험이 증가하게 되면 일반적으로 사라지게 된다. 하지만 각각의 언어를 습득하고 사용하는 이중언어 사용자의 상황이 분명하다면 어휘의 유창성에 있어서 우위언어의 사용domain-specific differences이 성인기까지 지속되는 것이 일반적이라고 본다(Genesee et al., 1995).

음운은 구어 이전 이중언어 유아들은 각 언어의 분명한 음운패턴에 체계가 없어 보이는 단계에서 발달한다(Paradis, 2001). 목표 음운체계를 습득하는 경로를 보면 어린 이중언어환경 유아들은 단일언어환경 유아들이 보이는 패턴에서 벗어난 다른 음운적인 패턴을 나타낼 수 있다. 이러한 현상은 유아들이 노출된 복잡한 두 가지 음운적인 입력을 습득하기 위한 과도기적인 현상이라고 할 수 있을 것으로 유아들이 성숙해 감에 따라서 안정된다.

화용은 다른 사람들 또는 잘 모르거나 낯선 사람들과도 두 가지 언어를 다르게 또는 적절하게 사용할 수 있는 능력으로 초기 한두 낱말 단계의 어린 유아들에게도 분명하게 나타난다(Genesee et al., 1995; Lanza, 1997). 이중언어 유아들의 화용능력은 언어적 유창성에 제한받을 수 있다. 이중언어 발달이 불완전할 때 의미를 이해하는 것, 사회적으로 적절한 방법으로 언어를 사용하는 것, 그리고 동시에 두 가지 언어를 적절하게 효과적으로 사용하는 능력이 부족하게 된다. 이중언어 사용 유아들의 언어사용법usage은 유아들이 언어를 습득하는 사회문화적 문맥에 의하여 형성되는데 몇몇 경우에는 오류의 형태가 발생하기도 한다. 예를 들어, 이중언어 사용 유아들은 기준언어의 관점에서는 일탈된 것으로 여겨지는 음운, 어휘, 구문적인 특징이 변형된 형태의 언어로 말할 수 있다. 또한 화용적인 능력이 부족하거나 심지어는 언어장애가 있는 것처럼 보일 수 있는 침묵과 같은 대화패턴을 보일 수 있으나 일시적인 현상으로 단일언어환경 유아들의 언어발달 단계를 나타내게 될 것으로 본다.

이상에서 이중언어 사용 유아들은 초기에 이중언어를 습득할 시기에는 언어 형태, 음운체계, 어휘 수, 화용능력에서 오류를 범하거나 제한적이고 느린 발달을 보이다가 성숙되어 가면서 안정된 발달을 보이게 됨을 알 수 있다.

이중언어 사용을 하게 됨으로써 얻을 수 있는 장점으로는 언어에 대한 인식과 조절의 증가, 인지적 융통성, 유추와 분류기술의 증진, 구문과 상징에 대한 이해 등을 포함하는 것으로 보고 있으며(Bain, 1996; Bialystok, 1998, 1991; Diaz, 1985; Galambos & Hakuta, 1998; Hakuta, 1987; Hakyta & Diaz, 1985; Kellser & Quinn, 1980), 이러한 이중언어의 장점은 취학 전인 유아기부터 이미 나타난다고 하였다(Campbell & Sais, 1995; Diaz, Padilla & Weathersby, 1991). 즉, 이중언어 습득은 언어의 형식적인 면을 더욱 민감하게 만들고, 언어의 구조나 형태를 조작하며 언어의 내용과 형태를 분리할 수 있는 상위언어능력 발달에 긍정적인 영향을 미친다는 것이다.

한 가지 언어만을 습득할 때에는 언어의 형식적인 측면에 의식적으로 주의를 기울일 필요가 없지만, 두 가지 언어를 습득할 때에는 두 가지 언어 부호code를 구별하기 위해 의식적으로 주의를 집중해야 하므로 상위언어의 발달이 촉진된다는 것이다(Galambos & Goldin-Meadow, 1990). 또한 언어의 임의성을 보다 빨리 이해하고(Benzeev, 1977; Cumming, 1988; Galambos & Goldin-Meadow, 1990), 의사소통 과제에서 피드백을 주고받는 민감성 또한 뛰어나다고 보고 있다(Benzeev, 1977; Genesse, Boivin & Nicoladis, 1975).

비알리스톡(Bialystock, 1988, 1993)는 언어적 구조 분석과 언어적 통제처리의 두 가지 과제로 이중언어 유아들과 단일언어 유아들을 비교하였다. 이중언어 유아들이, 특히 혼란스러운 상황에서 선택적으로 주의를 집중하는 처리통제능력, 즉 실행기능 능력이 더 뛰어나다고 보고하였다. 언어적 과제를 사용한 연구들뿐만 아니라 카드 과제(이귀옥 외, 2003; Bialystok & Codd, 1997) 등과 같은 비언어적 문제해결에서도 높은 통제수준이 요구되는 과제에서 이중언어 유아들이 단일언어 유아들보다 더 우수하다는 결과를 보고하고 있다.

또한 이중언어 유아들은 사회 · 언어적 지식에 있어서 단일언어 유아들보다 자신과 대화하는 상대방이 자신이 말하고 있는 언어를 이해하지 못할 수도 있음을 매우 일찍부터 인식하고 적절한 언어를 사용한다는 것이다. 즉, 이중언어 유아들은 약 2세 정도의 어린 연령일 때에도 자신이 대화하는 상대가 사용하는 언어에 주의를 기울일 수 있고, 자신과 대화하는 사람에 따라 적절한 언어를 사용할 수 있다(Lanza, 1992). 이것은 이중언어 유아들이 매우 일찍부터 두 개의 언어적 체계를 구별할 수 있음을 의미하는 것으로 대화 중 상대방이 자신의 언어를 이해하는가에 관심을 기울이므로 단일언어 유아들보다 상대방에게 기울이는 주의가 더 높다는 것이다.

이러한 경험으로 인해 타인의 언어뿐만 아니라 마음 상태에 주의를 기울이는 능력도 단일언어 유아들보다 더 뛰어날 것으로 짐작할 수 있다. 즉, 타인들이 자신의 언어 중 한 가지를 이해할 수 없다는 이중언어 유아들의 이해는 타인들의 지식이나 의도에 대해 자신의 생각을 조절하며 단일언어 유아들보다 타인의 의도나 조망을 이해하는 데에 더 뛰어날 수 있다는 것을 보여준다.

국내 연구에서도 이중언어 사용이 유아의 언어능력에 미치는 영향에 대해 조선족 이중언어 유아 3~5세를 대상으로 한 연구에서 중국어 능력에 있어서는 3, 4세 때는 지체되어 있었으나 5세 때는 중국어 발달이 정상 범주에 도달하였으며 한국어 능력은 중국에 능력에 비해 우수하였다. 이는 조선족 유아들이 만 3세부터 5세까지 가정에서 한국어를 사용하고 지역사회에서는 중국어를 사용하기 때문에 연구 대상자의 연령이 이제 막 중국어를 배우기 시작한 단계이기 때문일 것이라고 보고하고 있다(이귀옥 외, 2003).

황혜신과 황혜정(2000)의 연구에서도 이중언어를 하는 유아의 영어와 한국어 능력이 4세와 5세에는 부적인 상관관계를 나타내지만 6세에 이르러서는 정적인 상관관계로 바뀌는 결과가 나타났다. 이는 처음으로 외국에서 영어로 의사소통이 이루어지는 유아교육기관에 들어간 경우 부모들이 유아에게 영어만을 강조하며 가정에서도 가능한 한 한국어의 사용은 줄이고 영어만을 강조하여 한국어 능력이 떨어지며 영어도 영어만을 하는 아동에 비해서는 떨어진다고 할 수 있다. 따라서 이 시기의 유아들은 그들의 모국어인 한국어도 제대로 하지 못하며 영어도 제대로 하지 못하게 된다는 것이다. 그러나 6세에 이르러 유아교육기관에서 영어로의 의사소통이 어느 정도 이루어지면서 유아의 영어능력이 어느 정도 안정되면, 그들의 부모는 가정에서 다시 그들의 모국어인 한국어를 강조하게 되며 주말에는 한국어 학교를 다니게 하거나 한국어 학습지를 하게 한다. 그러나 이 연령대에서는 아동의 인지적, 언어적 성숙이 충분히 이루어져 한국어를 강조하여도 상대적으로 영어 능력이 감소되지 않는 안정기에 들어간다고 볼 수 있다.

권미지 등(2007)의 연구에서도 이중언어환경 유아와 단일언어환경 유아의 연령별 조음정확도를 비교해 보았다. 이중언어환경 유아와 단일언어환경 유아들이 4세에는 점수의 차이가 많이 났으나 연령이 증가하면서 그 차이가 감소하는 것을 볼 수 있었으며 연령 간 자음정확도에는 차이가 나타나지 않았다고 하였다.

이상으로 이중언어를 사용하는 유아들의 언어능력을 설명하는 두 이론이 유아의 연령대에 따라 다르게 적용됨을 알 수 있는 것으로 처음으로 이중언어를 접하게 될 때는 두 언어간에 혼란을 가지게 되지만 이 혼란기를 거치면서 차츰 두 언어가 모두 안정되어 같이 발달해 가고 있음을 알 수 있다. 즉, 이중언어를 하는 유아는 언어의 혼란기를 거쳐 안정기로 접어드는데, 혼란기에는 '감가적 이중언어subtactive bilingualism'가 적용되며 안정기에는 '부가적 이중언어addivtive bilingualism'가 적용된다고 볼 수 있다.

이중언어의 경험이 어린 시기에 모국어도 완전히 습득되지 못한 상태에서 다른 외국어를 접한다는 것이 유아의 언어발달에 혼란을 가져와 결국 유아의 전반적인 언어발달에 장애가 된다는 일반적인 인식보다는 오히려 혼란기와 안정기를 지나 두 개의 언어능력이 발달하게 된다. 이처럼 어느 정도의 혼란기를 극복하고 보다 안정기에 이르도록 하기 위해서는 유아들이 언어를 배우는 시기인 초기의early, 가정의home, 또는 자연적 이중언어natural bilingualism의 환경이 매우 중요함을 알 수 있다.

6. 언어발달의 영향 요인

영유아의 언어발달은 다양한 요인에 의해 영향을 받으며 그 발달에서의 개인차가 크다. 영유아의 언어발달에 미치는 여러 요인에 대해 구체적으로 살펴보면 다음과 같다.

1) 주 양육자

영유아의 언어능력은 환경과의 상호작용에 의해서 발달하며, 특히 영유아와 가족 구성원과의 상호작용에서 보다 직접적인 영향을 받는다. 영유아가 가정에서 어머니와 함께 지내는 시간을 고려해 볼 때 어머니와의 상호작용은 영유아의 언어능력과 밀접한 관련이 있다. 어머니의 언어적 자극과 영유아의 언어 습득 간의 직접적인 관계를 알아본 연구에서는 어머니의 언어적 입력의 양과 질에 따른 초기 어휘발달과의 관계에서 영유아의 초기 어휘발달과 어머니의 언어적 입력과는 관련이 있는 것으로 나타났다(장유경 외, 2003; Bowerman & Choi, 2004; Choi, 2000; Choi & Gopnik, 1995; Tardif, 1996). 결국 많은 연구를 통해서 알 수 있는 것은 자녀의 주 양육을 맡고 있는 어머니의 역할은 영유아의 언어발달과정에서 대단히 중요한데, 그 이유로는 영유아와 어머니의 생물학적인 의존관계 때문만이 아니라 영유아는 최초의 주위 세계에 관한 정보를 어머니와의 관계로부터 얻을 수밖에 없기 때문으로 어머니를 통해 많은 영향을 받고 있음을 알 수 있다.

2) 가정환경

가정은 출생 후 접하게 되는 최초의 생활환경으로 영유아가 대부분 시간을 보내는 곳이다. 생후 수년간 이루어지는 가정에서의 경험이 인간의 성장, 발달에 미치는 영향이 얼마나 중요한가는 여러 연구를 통해 입증되어 왔다.

영유아기는 언어발달의 결정적 시기에 해당되며 언어는 개념적 사고나 논리적 사고와 같은 인지적 활동의 매개체로써 어린 시기부터 시작하여 영유아의 성격이 형성되기까지

사회적 가치, 태도 등을 동화하고 전달하는 중요한 역할을 한다. 이에 언어는 다양한 경험을 통해 더욱 발달하게 되는데 영아기에 주어지는 다양한 경험, 즉 환경적 자극들과 밀접한 관련이 있으며 이 시기에 주요한 환경적 자극은 대부분 가정에서 이루어진다고 볼 수 있다.

한편 가정환경 변인 중에 아이들에게 직접으로 주어지는 자극이 아니지만 어머니와의 상호작용의 종류, 언어적 환경, 영유아의 허용되는 활동범위 등과 관계된 연구들에서는 언어발달에서 어머니가 제공하는 언어적 자극과 정서적이고 온정적인 분위기가 중요함을 강조하고 있다. 마차도(Machado, 1990)는 언어발달을 촉진시키는 영유아기 결정적인 요인에 대한 연구에서 아이의 언어발달에 대한 부모의 관심, 가정 내의 풍부한 언어적 환경제공, 가정 밖의 활동에서 다양한 경험제공, 아이의 언어발달을 촉진시키는 부모의 행동 등이 포함됨을 밝히고 있으며, 갈드웰(Ca1dwell, 1984)은 아이의 언어발달에 어머니의 반응 및 참여정도 등의 변인과 관련이 있다고 보고 하였다.

3) 교육환경

유아는 가정을 떠나 유아교육기관에서 최초의 사회적 경험을 하면서 언어발달이 급격히 향상된다. 따라서 유아교육기관의 경험 유무나 교사와 또래관계와 교실구조 및 분위기, 언어 프로그램 등이 언어발달에 영향을 주게 되는데 구체적인 내용을 살펴보면 다음과 같다.

먼저 유아교육기관의 전체적인 질이 유아의 어휘 및 언어발달에 강력한 영향을 미치며(McCartney, 1984), 오콘넬(O'Connell, 1982)은 유아교육기관의 경험이 저소득층 유아의 의사소통 주도의 빈도와 의사소통 발달 수준을 강화시킨다고 보고 있다. 또한 필립스(Phillips, 1987)는 유아교육기관의 질이 유아의 언어발달 및 사회성 발달을 예언할 수 있다고 하였다. 이처럼 유아교육기관의 경험이나 유아교육의 질이 유아의 언어발달에 있어서 중요한 영향을 미침을 알 수 있다.

유아교육의 교수활동은 대부분 교사의 언어 행동에 의해서 이루어진다. 즉, 교사는 언어를 매개체로 하여 유아와 긴밀한 상호관계를 맺게 되고 학습활동을 지도한다. 유아교육에서 교사의 언어 행동, 즉 목소리, 발음, 어휘, 단어 선택, 문장구조 등은 유아의 언어학습에 밀접한 영향을 주게 된다(McCartney, 1984; Phillips, 1987; Tizard, 1972; Vandell, 1988). 따라서 교사는 유아의 현재 발달수준 및 요구, 흥미 등에 적합한 어휘들을 제시하고 개방적인 질문을 사용하며, 유아들에게 허용적인 분위기 속에서 스스로 자신의 이야기를 자유롭게 말 할 수 있는 환경을 제공해 주어야 한다.

또래관계도 유아의 언어발달에 영향을 주는 요인이 된다. 유아는 최초의 사회적 경험을 하는 유아교육기관에서 또래와의 상호작용을 통해 점차 자기중심적인 언어에서 벗어나 사회적인 언어를 습득하게 된다. 또래와 무엇인가를 같이 의논하고, 계획을 세워 보고, 자기들의 경험을 평가해 보는 등의 활동을 통해서 사회적인 언어가 발달하는 것이다.

학급당 유아의 수가 적은 경우 유아의 발달에 긍정적인 영향력을 미친다. 언어발달의 경우도 학급의 크기가 증가할수록 유아와 교사, 유아와 유아 간에 대화가 줄어들 것이고, 전체적인 언어적 상호작용에의 참여 유아 수가 줄어 언어발달을 저해하게 된다. 예를 들어, 학급 규모가 크면 교사는 교수 학습방법을 공식화 · 형식화시키고, 유아교육기관의 생활규칙을 강조하고 통제적 · 직접적인 교육 방식을 많이 사용한다. 그러나 학급의 크기가 비교적 작은 경우에는 교사가 자유로운 분위기에서 유아를 구속하는 규칙들을 많이 강조하지 않음으로써 유아들로 하여금 자유롭게 언어활동을 탐색할 수 있도록 하여 결국 언어발달에 긍정적인 영향을 미치게 된다.

언어교육 프로그램에서는 언어발달이 지체된 유아에게 단계적인 말하기 기초기능 학습과 자료를 개발하여 계획적인 놀이 학습으로 말하기 능력을 신장하였는데, 특히 프로그램 실시 후 언어적 경험, 사고의 변화, 발표 횟수 변화, 말하기 능력 평가,

언어사용 변화의 모두에서 긍정적인 효과를 보였다고 하였다(김정수, 1994). 또한 국미경과 김현정(1998)은 상징놀이 프로그램을 이용한 언어지도로 자폐아 유아의 자발발화 및 문장사용 수가 증가하였으며, 그림책이나 동시를 이용한 놀이 프로그램에서는 언어표현력과 어휘력이 크게 향상되었다고 보고하고 있다(이영자 외, 2005; 최계숙, 김영중, 2005; 한옥순, 2001).

4) 그 밖의 요인

(1) 신체 조건

언어를 습득하기 위해서는 시각, 촉각, 청각능력의 발달과 주변 환경을 탐색한 것을 이해하고 의미 있는 상징으로 나타내기 위한 발음기관의 발달과 손과 눈의 협응력의 발달이 중요하다. 실제로 뇌손상이나 신경계, 청각기관, 발음기관 등의 장애로 인하여 조음장애, 음성장애, 말더듬과 같은 언어장애를 가져올 수 있기 때문이다. 또한 말을 하면서 앉고, 서고, 움직이는 것도 협응되어야 하는데, 이러한 여러 가지 활동에 적절히 협응하기 위해서는 어느 정도 신체적 조건과 정서적 조건이 갖추어져야 한다. 그러므로 충분한 휴식과 건강이 없으면 쉽게 반응할 수 없을 것이다.

(2) 성별

성별에 따른 언어발달에 차이가 있는지에 관한 연구에서는 일반적으로 여아는 남아보다 언어발달이 빠른 경향을 보이고 있다. 즉, 여아들이 남아들보다 더 빨리 말을 시작하고 어휘 수도 많고 발음도 분명하며 말도 더 많이 한다. 이에 대해서 반대 의견도 있는데 언어발달에 있어 성별에 따른 차이가 있다는 것을 부정하기도 한다. 초기에는 여아들의 언어발달이 조금 더 빠르기는 하지만 그 차이는 미미하며, 3세경에는 남아들이 여아들의 발달 속도를 따라갈 수 있다. 따라서 3세경에는 문장의 길이, 문장의 복잡한 정도, 어휘 수에 있어서 남녀의 성차이가 없어진다고 주장한다. 그러나 일반적으로 언어발달에 있어 여아가 남아보다 빠르다는 것이 인정되고 있으며, 특히 어휘나 발음에 있어서는 여아들이 남아들보다 더 발달되어 있다.

이러한 성차의 원인을 보면 호르몬과 뇌의 구조의 차이 때문이라는 주장과 자녀의 성별에 따른 부모 및 사회 구성원들의 기대의 차이에 따른 언어 자극의 차이라는 견해도 있다. 한편 성별에 따른 차이가 나타나지 않는다는 연구결과도 있음을 볼 때(주영희, 1982; Dale, 1976), 언어능력에서의 남녀의 성차가 있다고 단정지을 수는 없으며, 이 과정에서 각 영유아의 개인차와 관련된 요인들이 중요하게 고려될 필요가 있다.

10

Chapter

정서발달

· 학습목표 ·

1. 정서의 정의와 기능을 파악한다.
2. 정서의 발달을 이해한다.
3. 정서지능을 이해하고 정서지능을 향상시킬 수 있는 방안을 모색해 본다.

인간은 정서를 지니고 태어난다. 이러한 정서는 우리의 일상생활과 밀접하게 관련되며 인간이 생존하고 삶을 영위하는데 매우 중요한 기능을 한다. 영유아를 좀 더 잘 이해하기 위해서는 그들이 나타내는 정서 상태를 이해하는 것이 무엇보다 중요하다. 따라서 본 장에서는 영유아기 정서발달의 개념 및 정서발달에 대해 알아보고, 특히 정서지능의 발달과 정서지능을 향상시킬 수 있는 구체적인 방법에 대해 알아보고자 한다.

1. 정서의 정의 및 기능

1) 정서의 정의

정서는 인간과 동물에게 존재하며 우리는 매일 다양한 정서를 경험하면서 살아가고 있다. 하지만 정서가 무엇인가에 대한 정의를 내리려고 학자들마다 여러 가지 방법으로 시도를 하고 있지만, 아직까지 일치된 견해는 찾아보기 어렵다. 왜냐하면 정서에 대한 경험은 개인차가 크고 문화에 따라 변이가 매우 다양하기 때문이다(장휘숙, 2013).

정서의 사전적 의미는 Webster사전에서 "정서란 주관적으로 경험되는 강한 감정으로 항상성으로부터의 생리적인 이탈을 의미하는데 밖으로 표출된 외현적 행위로 표현되거나 때로는 표현되지 않을 수도 있으나 이보다 앞서 신경근육, 호흡상태, 심장박동, 호르몬의 변화 또는 다른 신체적인 변화로 나타난다"로 정의하고 있다. 즉, 일반적으로 정서란 자극에 직면하여 발생하거나 수반되는 여러 가지 생리적 변화나 눈에 보이는 행동 등의 반응을 말하는데, 예를 들어 기쁨, 슬픔, 공포 등이다.

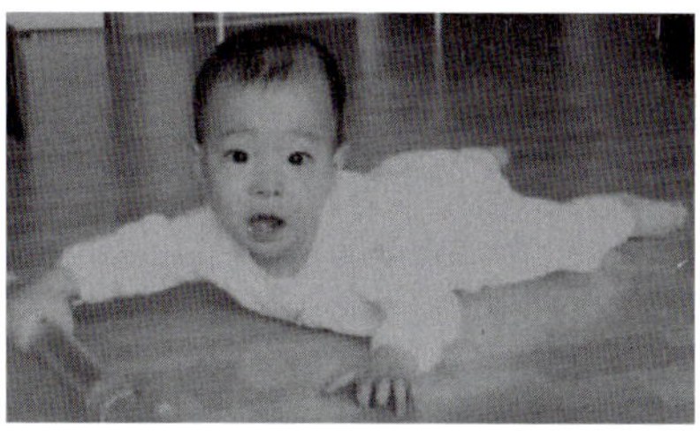

모든 정서는 공통된 속성을 지니고 있는데, 첫째 신체적 감각 변화가 발생하게 된다. 각 정서는 중추신경계와 뇌로 신호를 전달하는 내적 사건이나 외적 사건에 의해 발생되고 이러한 신호의 결과로 사람들은 생리적 변화가 일어나거나 각성하게 된다. 즉, 호흡이 빨라진다든지, 심장박동이 변화되거나 얼굴이 붉어지거나 표정이 변화는 등의 신체적 측면의 변화가 일어난다. 둘째, 외현적 표현 반응을 보이게 된다. 미소나 얼굴 찡그림, 울음 등은 개인이 경험한 사건이나 상황에 대한 눈에 보이는 외현적 행위로 가시적인 표현이다. 이러한 정서의 표현적 측면으로 이를 보고 사람들은 어떤 일이 일어났는지를 해석한다. 이들의 해석은 그 상황을 맥락적으로 이해하게 되고 과거의 경험 등에 의해 이해하게 된다. 셋째, 인지적 해석 측면이 포함된다. 우리는 이러한 신체적 감각 변화와 외현적 표현 반응 등의 모든 것을 고려하여 행복, 슬픔, 고통, 두려움, 분노 등을 어느 정도 경험하는지에 대해 해석하게 되는데 이러한 과정을 정서의 인지적 측면이라고 한다.

이와 같이 정서는 신체적 감각 변화, 외현적 표현 반응, 인지적 해석 측면이 결합하여 정서를 형성한다는 데 일반적으로 동의하고 있다(Messinger, Fogel, & Dickson, 2001; Stein & Levine, 1999).

2) 정서의 기능

정서는 우리의 일상생활과 밀접하게 관계되며 인간이 생존하고 삶을 영위하는 데 중요한 기능을 한다. 정서의 기능을 구체적으로 살펴보면 〈표 10-1〉과 같다

| 표 10-1 | 정서의 기능

구분	내용
정서는 번식 기능을 갖는다	보울비(Bowlby)는 정서의 주된 기능은 종의 생존 및 번식 가능성을 증가시키는 것이라고 하였다. 즉, 진화론적 정서이론과 애착이론은 정서가 배우자를 발견하고 관계를 유지하려는 사랑이나 구애와 같은 정서행동이 종으로 하여금 어떻게 후손을 출산하고 양육하게 되는지에 대한 문제에 대해 설명하고 있다고 주장한다.
정서는 적응적 기능을 갖는다	정서는 우리의 생존을 돕는 적응적 기능을 가진다. 다윈(Darwin)은 정서는 유기체가 환경에 적응해 나가는 것을 도와주는 기능을 가지고 있다고 주장한다. 원시시대부터 인간은 생존을 위해 환경을 탐색하고 위험에 즉각적으로 대처해 나가고 상호관계를 형성해 가면서 환경에 적응해 나가는 능력을 키워왔다. 이러한 과정에서 정서는 인간과 동물에게 도전과 위험 상황에 대처하기 위한 적응적 방식을 마련해 준다는 것이다. 이러한 정서의 기능으로 말미암아 우리는 진화과정의 역사를 통해 환경에 적응해 왔던 것처럼 일상생활에서 직면하는 과제를 특별한 노력을 하지 않고도 손쉽게 처리할 수 있게 된다. 예를 들어, 낯선 장소에서 공포스러운 상황이 발생했을 때 공포 · 불안 정서는 위험으로부터 벗어나고 대처하도록 하는 동기유발 정서를 갖도록 한다.
정서는 의사소통의 수단이다	정서는 사회적 상호작용을 하는 동안 발생하는데 이는 정서가 사회적 기능을 지니고 있다는 것을 의미한다. 우리는 상대방의 외현적인 정서 반응이나 표정을 해석함으로써 의도하는 바를 이해하게 된다. 또한 정서는 자신의 느낌이나 생각을 타인에게 전달하는 강력한 비언어적 의사소통의 도구로써 말을 못하는 영유아도 얼굴표정이나 소리, 몸짓 등으로 자신의 의사를 전달하게 되므로 의사소통의 기능을 갖는다.

구분	내용
정서는 강력한 동기 유발자로서 행동에 영향을 미친다.	개인이 경험한 정서는 평가과정을 통해 사회적 사건이나 상황에 대한 정보를 제공해 준다. 따라서 부정적인 경험과 결합된 정서, 즉 학대나 거부적인 사건과 관련된 정서는 이와 유사한 상황에서 타인에 대해 적대적이며 거부적인 태도로 표현된다. 반대로 행복이나 즐거움과 결합된 정서는 대인관계에서 신뢰감과 안정적인 관계를 유지하게 하는 긍정적 행동에 영향을 미치게 된다.
정서는 인지적 기능에 영향을 미친다	정서는 개인으로 하여금 정서를 조절하는 뇌의 신경회로가 상황에서 발생되는 세부사항에 주의를 기울이고 목표를 설정하고 계획하며 문제를 해결하고 의사결정을 하는 것과 같은 인지적 활동들과 관련이 많다. 예를 들어, 다른 사람의 정서 상태를 이해하고, 자신의 정서를 인식하거나 조절하는 능력은 정서와 인지적 기능이 조합될 때 가능하다.
정서는 문화의 규범이나 가치를 학습하도록 한다	정서는 한 개인으로 하여금 문화적으로 적절한 정서 반응을 유발하게 하며 이를 학습하도록 하는 데 도움을 준다. 즉, 그 사회에서 긍정적인 규범이나 가치로 여겨지는 행동을 학습하도록 하는데, 예를 들어 여아에게 어머니의 모성적 역할을 하도록 하며 남아에게 아버지와 남편의 역할을 학습하도록 하는 데 영향을 미친다.

2. 정서의 발달

1) 정서표현의 발달

정서발달에 있어 대부분의 학자들은 기쁨이나 슬픔과 같은 정서는 출생 때부터 존재하지만, 그것은 덜 분화된 상태에 있는 것이며, 연령이 증가함에 따라 점차 분화된다고 믿는다. 즉, 신생아의 경우 흥분상태에서 먼저 유쾌와 불쾌의 정서가 분화되고, 그다음으로 불쾌한 정서로부터 차츰 분노, 혐오, 공포, 슬픔 등의 정서가 나타나며, 유쾌한 정서로부터 행복, 기쁨, 만족 등의 정서가 나타난다는 것이다(그림 10-1). 구체적으로 생후 3개월경 쾌 · 불쾌의 정서가 나타나고, 5개월에는 불쾌에서 분노와 혐오가 분화되고, 7개월에는 공포가 분화된다. 10~12개월에는 쾌에서 애정과 기쁨이 분화되고 만 2세경에는 성인에게서 볼 수 있는 감정으로 거의 모두 분화된다(김이영 외, 2019).

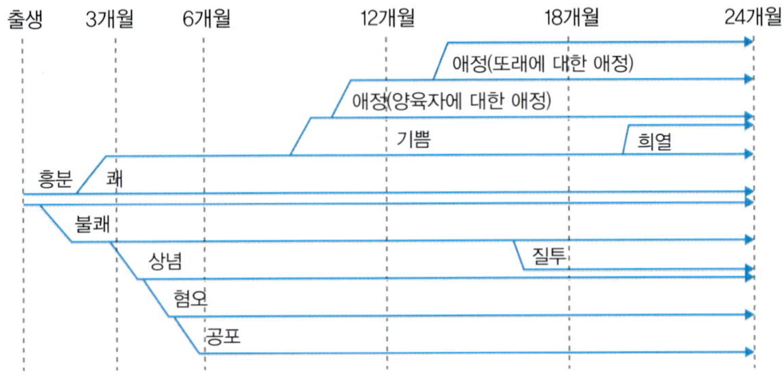

| 그림 10-1 | **정서의 분화**

영아는 출생부터 제한적이지만 정서를 표현할 수 있다. 이는 정서의 표현이 학습되는 것이 아니라 선천적임을 말해주는 것이다. 이러한 정서는 모든 문화권의 영아에게서 볼 수 있기 때문에 일차정서 또는 기본정서라고 부른다(Izard, 1994). 행복, 분노, 놀람, 공포, 혐오, 슬픔, 기쁨 등은 일차정서의 예이다. 일차정서는 영아기의 초기에 나타나지만 수치심, 부러움, 죄책감, 당황, 질투 등의 정서는 첫돌이 지난 후 나타나는데, 이를 이차정서라고 부른다(Izard & Malatesta, 1987). 영아기 동안의 정서발달에 대해 구체적으로 살펴보면 〈표 10-2〉와 같다.

| 표 10-2 | 영아기 동안(생후 2년)의 정서발달

연령	특징
출생	아기들의 정서는 2가지 전반적 자극 상태로 구성된다. 즉, 즐거운 자극에 대한 유혹과 불쾌한 자극에 대한 회피이다.
2~3개월	아기들은 사회적인 미소를 보이고, 성인들의 얼굴 표정에 본능적으로 반응한다.
3~4개월	아기들은 굉장히 적극적인 자극에 웃기 시작한다. 부모와 아기의 관계가 심각하게 방해를 받게 되면 슬픈 표정이 나타난다.
6~8개월	기본적인 정서 표현이 잘 조직화되고 환경의 사건에 따라 의미 있게 변화한다. 아기들은 자주 그리고 보다 광범위한 상황에서 화를 내게 된다. 공포, 특히 낯가림이 나타나기 시작한다. 친숙한 양육자에 대한 애착이 명확하게 나타나며, 분리불안이 나타난다. 아기들은 양육자를 탐색을 위한 안전기반으로 이용한다.

연령	특징
8~12개월	아기들은 얼굴 표정을 조직화된 유형으로 이해한다. 그러나 얼굴 표정을 점점 더 의미있게 이해하게 된다. 아기들은 작은 놀람에도 웃는다.
18~24개월	수줍음, 당황, 죄의식, 자긍심과 같은 자의식적 정서가 나타난다. 감정과 관련된 어휘가 급격히 발달하고, 정서적인 자아 규제가 향상된다. 걸음마기 아이는 타인의 정서적 반응이 자신들의 정서와는 다를 수 있다는 것을 이해하기 시작한다. 감정이입의 첫 번째 신호가 나타나게 된다.

출처: 박낭자 외(2007). 아동발달. 정민사.

특히 영아는 미소와 웃음으로 자신의 정서를 표현하는데, 이것은 영아와 부모의 관계를 촉진시키는 중요한 수단이 된다. 영아의 미소는 3단계로 발달하는데, 첫 번째 단계는 반사적 미소reflex smiling로 이것은 영아의 중추신경계가 발달하는 과정에서 자동적으로 나타난다. 두 번째 단계는 사회적 미소social smiling로 출생 후 4주가 되면 영아 자신이 직접 보거나 듣는 사람에게 반응하면서 미소 짓는다. 세 번째 단계는 선택적 미소selective smiling로 출생 후 3.5개월이면 영아는 자신이 아는 사람과 소리에 대한 반응으로 미소 짓는다. 웃음은 4개월에 시작된다. 생후 6개월경에 영아는 얼굴표정을 구분하기 시작하고 다른 사람의 정서를 이해할 수 있게 된다. 또한 성인과 마찬가지로 사회적 참조social referencing 현상에 의해 모호한 상황에서 부모의 얼굴표정을 단서로 어떻게 반응해야 할지를 판단한다. 연령이 증가하면서 사회적 참조는 부모가 아닌 다른 사람들에게로 범위가 확대되어 간다.

(1) 일차(기본)정서의 발달

① 기쁨(행복)

기쁨은 미소나 웃음으로 표현이 된다. 기쁨은 영아와 양육자가 따뜻하고 지원적 관계를 형성하도록 함으로써 영아의 능력발달에 기여한다. 출생직후부터 영아는 REM 수면상태나 부드러운 접촉 등에 반응하여 배냇 미소를 짓는데, 이는 선천적인 것이다. 생후 1개월경에는 갑자기 움직이는 물체들과 같은 흥미로운 외부 자극에 대해 미소를 짓고, 생후 6주~10주경에는 사람의 얼굴에 대한 사회적 미

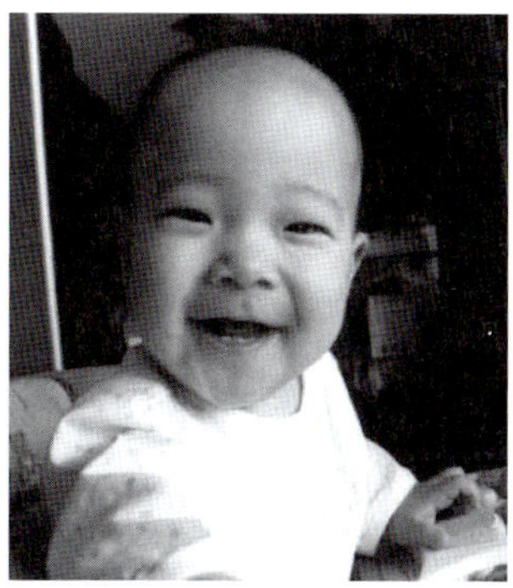

소social smile를 보이게 된다. 생후 3개월경에는 타인과의 상호작용을 할 때 가장 많은 미소를 보이며, 이러한 반응은 타인과의 친밀감을 강화시켜주는 역할을 한다. 첫 웃음은 생후 3~4개월경에 나타나는데, 주로 능동적인 자극에 반응하여 나타내게 된다. 영아는 주로 친숙한 사람과 상호작용할 때 미소 짓고 웃으며, 이는 부모-영아의 유대관계를 강화하는 역할을 한다.

② 분노와 슬픔

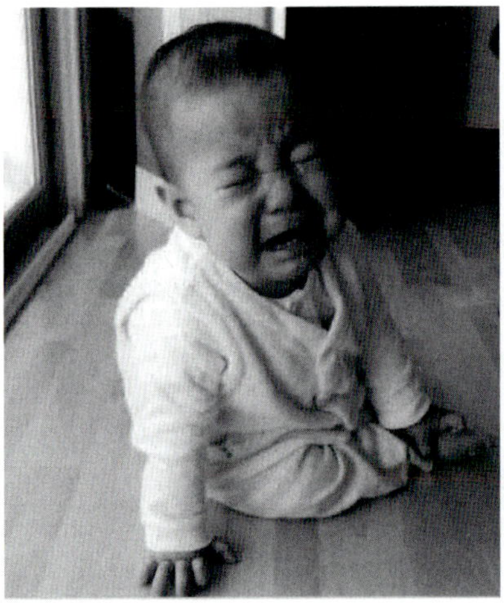

영아들은 배고픔이나 고통스러운 자극으로 인해 불쾌한 경험에 반응하여 괴로움을 나타낸다. 예를 들어, 양육자가 자신을 떠나거나 좋아하는 물건을 빼앗거나 혹은 자신이 하고자 하는 것을 못하게 하는 등의 다양한 상황에서 분노를 나타낸다. 분노는 양육자가 영아의 고통 내지 불편을 덜어주도록 하는 강력한 사회적 신호의 기능을 한다. 분노의 표현은 영아가 성장함에 따라 달라지는데, 생후 4~6개월부터 2세까지 분노의 빈도와 강도가 증가하다가 그 이후부터 점차 감소한다. 처음에는 분노를 울음으로 표현하지만, 생후 4~6개월에는 성난 목소리를 지른다. 그러나 2세 이후, 분노를 표출하는 방식을 학습하게 됨에 따라 말로 표현을 하거나 사회적으로 수용되는 방식으로 분노를 나타내게 되며, 분노표출의 빈도가 줄어들게 된다.

유아기가 되면 분노의 표현방식이 떼쓰기, 고집부리기, 폭발행동 등 여러 가지 방식으로 나타나지만, 대표적인 분노의 표출방식이 공격성이다. 공격성에는 신체적인 해를 입히는 공격성과 욕하기, 위협, 조롱 등의 언어적 공격성이 포함된다.

슬픔의 표현은 고통이나 짧은 분리 혹은 대상물의 제거에 반응하여 나타나며, 분노보다는 덜 빈번하게 나타난다. 슬픔은 양육자-영아 간의 의사소통이 심각하게 손상받을 때 가장 흔하게 일어나며 극단적인 슬픔은 양육자와 분리된 영아들 사이에서 관찰될 수 있다.

③ 공포

공포는 신체적 · 심리적 위협에 대한 반응을 나타난다. 영아는 스스로를 보호할 수 없고 양육자의 보호를 받고 있기 때문에 영아기 초기에는 공포를 유발하는 자극을 접할 경우가 거의 없다. 생후 6개월경에 최초의 공포가 나타나는데, 이는 친숙한 사람과의 분리나 낯선 사람과의 만남에서 유발된다. 공포는 불안과 밀접한 관련이 있는데, 영아기의 불안은 애착형성과 낯가림과 매우 높은 관련성을 가진다. 낯가림의 감소는 주변 사람과의 상호작용을 증가시켜주므로 아동의 발달에도 도움이 된다.

유아기에는 자신의 직접 경험한 사건과 연관되어 공포를 경험하게 된다. 또한 유아기에는 상상력이 발달하여 경험하지 않은 상황에 대해서도 상상을 통해 불안을 느낄 수 있으며, 동생을 얻게 되면 부모의 사랑을 빼앗길 수 있다고 생각하기 때문에 불안을 느끼게 되기도 한다.

(2) 이차정서의 발달

이차정서는 기본정서보다 늦게 나타나며, 좀더 복잡하다. 이차정서는 자기개념을 손상시키거나 증진시킬 수 있기 때문에 자의식적 정서self-conscious emotions라고 하며, 자아의 인식이 이차정서의 형성에 있어 필수적인 요인으로 인식되고 있다. 이차정서는 생후 2세말경에 나타나는데, 생후 18~24개월 사이에 아동은 수치심과 당황 그리고 자랑스러움을 경험하기 시작하고 3세경에는 질투심과 죄책감이 나타난다(장휘숙, 2001). 이차정서는 자기인식과 연결이 되는데, 3세 유아에게 어려운 문제와 쉬운 문제를 해결하도록 했을 때, 보다 어려운 문제를 해결했을 때는 자랑스러움을 보였으나, 쉬운 문제를 실패하였을 때는 수치스러워 하는 모습을 보였다.

영아가 자아인식을 하는가를 알아보기 위해 사용되는 방법이 영유아를 대상으로 코에 입술연지를 찍고 거울을 보게 하는 방법을 사용한다(그림 10–2). 만약 영아가 거울을 보고 자기의 코를 만지는 행동을 보인다면, 이는 거울 속에 비치는 모습이 자기라는 것을 인식한다는 것을 의미하는데, 10~12개월의 영아는 거울 자체에 더 흥미를 가졌으며, 16~18개월의 영아들은 전부 자기 코를 만지는 반응을 보였으며, 거울을 보며 자신의 이름을 불렀다. 그리고 22~24개월의 영아들은 40%가 자기 코에 연지를 찍는 것을 거부하였으며, 연지를 찍은 영아들도 모두 '코'라고 하며 자기의 코를 가리켰다.

| 그림 10–2 | **자아인식**

이차 정서는 자신에 대한 인식뿐만 아니라 자신의 행위에 대해 판단하기 시작하므로 "자기평가적 정서"라고 하는데, 예를 들어 옷을 혼자 입었다든지, 장난감을 정리정돈할 때 성공적이었을 때에는 스스로 만족스러워하는 자긍심의 신호(미소짓기, 박수치기, 소리 지르기 등)을 보이고 우유를 엎질렀거나 컵을 깨뜨리는 등의 실수 상황에서는 수치심(고개 떨구기, 의기소침하기, 기운없는 자세 등)을 보이는 반응을 나타낸다. 자기평가적 정서는 양육자의 태도에 따라 영향을 받게 되는데 영유아의 행동에 대해 긍정적으로 반응해 주는 것이 정서발달에 도움이 된다. 이러한 이차정서는 나이가 들면서 보다 더 분화되어 자아존중감으로 발달되고 단순한 죄책감이 아닌 도덕성 발달로 이어지게 된다.

2) 정서이해능력의 발달

영아는 생후 6개월경에 정서와 관련된 얼굴표정을 구분하기 시작하는데, 이때 정서적 전염emotional contagion을 보인다. 정서적 전염이란 타인이 행복하거나 슬프다고 느끼면 자신도 행복하다거나 슬프다고 느끼는 경향성을 말한다. 영아가 타인의 정서에 반응한다는 것은 정서상태를 구분하기 시작했다는 것을 의미한다. 7~8개월이 되면, 영아는 다른 사람의 정서를 자신의 행동의 길잡이로 삼는다. 즉, 이 시기가 되면, 영아는 사회적 참조social referencing를 통해 주변 상황에 대해 대처를 하기 시작한다. 사회적 참조란 대부분 모호한 상황에서 발생하는데, 불확실한 상황에 대처하기 위해 타인의 정서적 반응에 의존하는 것을 의미한다. 즉, 영아는 자신이 어떻게 대처해야할지 모르는 낯선 사람이나 낯선 상황에서 양육자의 정서표현을 참조로 하는데, 양육자가 미소를 짓거나 웃음을 보이면 접근을 하고, 찡그리거나 당황하는 표정을 지으면 회피를 하게 되는 것을 의미한다.

유아기가 되면 정서이해능력이 빠르게 발달한다. 유아들은 정서를 표현하는 단어를 사용하거나 슬픔, 기쁨과 같은 정서를 야기시키는 원인과 결과 그리고 행동적 표현을 언급할 수 있으며, 정서표현에 대한 그들의 이해는 더 정확해지고 복잡해진다. 하지만 유아는 아직까지 사람들이 실제로 경험하는 정서와 표현하는 정서를 확실하게 구분하지 못하는데, 그 이유는 아직까지 사물의 실제 모습과 겉으로 보여지는 모습의 차이를 이해하지 못하기 때문이다. 따라서 행복한 표정과 슬픈 표정은 구분할 수 있지만, 슬픔을 느끼는 사람이 행복한 표정을 짓거나, 기쁜 상황에서 기쁜 표정을 짓지 않으면 유아는 혼란을 느끼게 된다. 또한 유아는 또래가 표현하는 각기 다른 정서에 다른 반응을 보이게 된다. 즉, 행복한 표정을 짓고 있는 아이에게는 자기도 행복한 표정을 지어 보이고, 슬프거나 화난 표정을 짓고 있는 아이에게는 못본 척하거나 그 자리를 떠나는 반응을 보이게 된다. 이러한 결과는 발달된 정서이해능력은 유아를 또래들과 잘 지낼 수 있도록 하고 사회성의 발달에 기여한다는 것을 보여준다.

영유아들이 다른 사람의 정서를 이해하고 원만한 또래관계를 형성해 정서적인 유능감을 향상시킬 수 있도록 부모 혹은 교사가 지원하는 데 필요한 요소로는 공감, 온정, 존중, 수용 및 진정성의 다섯 가지 요소가 중요하다. 이에 대해 구체적으로 살펴보면 〈표 10-3〉과 같다(박경자 외, 2010).

| 표 10-3 | 영유아 정서지원을 위한 필요한 태도

구분	내용
공감	공감은 타인의 사고와 감정과 같은 내적 심리 상태에 대해 이해하는 조망수용(perspective taking)과정이 포함되는 정서로 다른 사람이 자신과 다른 생각이나 관점을 지녔다 하더라도 이를 인정해 주고 존중해 주는 행동이다. 공감에는 상대방의 감정에 대한 정서적 과정일 뿐 아니라 다른 사람의 입장이 되어 본다든지, 다른 사람의 시각으로 상황을 판단한다든지 하는 과정이 포함되므로 인지적 과정도 포함된다.
온정	영유아에게 관심을 보이는 것, 친근하게 대하는 것, 반응해 주는 것은 모두 온정의 측면으로 온정적인 마음을 지닌 부모 혹은 교사는 영유아가 편안하고 지지받고 있고 귀하게 여겨지고 있다는 느낌을 갖는 데 도움이 된다.
존중	영유아를 존중하는 부모 혹은 교사는 모든 영유아가 배우고 스스로 판단할 수 있는 능력이 있다는 믿음을 지니고 있어야 한다. 부모 혹은 교사는 영유아가 스스로 생각할 수 있도록 기회를 제공하고 결정할 수 있게 하며 해결책을 찾고 생각을 이야기할 수 있는 분위기를 제공하며 영유아의 의견을 존중해 준다.
수용	수용은 다른 사람에게 자기확신을 받고자 하는 욕구로 모든 사람이 가지고 있다. 수용되지 않으면 건강한 사회성 발달이 불가능하다. 전적으로 수용된다는 것은 판단하지 않고 무조건적으로 가치있게 받아들이고 관심을 기울여야 한다. 즉, 부모 혹은 교사는 아이의 개인적 속성, 가정의 배경이나 행동에 상관없이 아이를 수용하고 관심을 기울여야 한다. 그러나 수용하고 사랑한다고 해서 영유아들의 모든 행동, 심지어 반사회적인 행동조차 수용하는 것은 아니다.
진정성	진정성이 있는 교사와 양육자는 아동에게 솔직하다. 즉, 영유아에게 진실된 말을 하고 합리적이며 격려해 주는 말을 한다. 그 결과 아동은 균형 잡히고 도움이 되고 정보를 주는 피드백을 받게 되어 자신의 생각이나 가치 행동에 대해 더 정확하게 평가할 수 있게 된다. 진실한 교사와 양육자는 영유아로 하여금 상대방의 말을 믿을 만하다고 생각하게 하며, 이는 교사-아동 간의 신뢰로운 관계 속에서 생기게 된다.

3) 정서규제능력의 발달

정서규제emotional regulatory란 자신이 경험하는 정서를 상황에 맞게 통제하는 것을 말한다. 즉, 어떤 특정 상황에서는 자신의 정서를 그대로 표현할 수 없는 경우가 생기는데, 예를 들어 친구로부터 받은 선물이 마음에 들지 않았을 때, 실망감을 표현하기보다는 고맙다는 인사를 해야하는 것이 그것이다. 이러한 정서규제는 대부분이 부정적인 정서의 표현을 자제하는 것이 해당되며, 이는 사회적 적응에 도움을 준다.

영아들은 제한된 정서규제능력을 가지고 있는데, 불쾌한 자극으로부터 몸을 돌려 피하거나 입술을 깨무는 행동을 통해 부정적 정서의 유발을 감소시키는 것으로 나타났다. 이와 같이 정서규제능력의 발달에 있어, 정서를 통제할 수 있는 능력, 언제 부정적 정서를 감추어야 하는가에 대한 지식, 정서를 통제하고자 하는 동기 등의 세 가지 요소가 필요하다고 주장한다.

정서규제는 유아가 말을 배우게 됨으로써 한층 더 발달을 하게 되는데, 2세말경에는 언어를 사용하여 자신의 정서상태를 표현하며 조절하게 된다. 3세가 되면 다른 사람 앞에서 부정적 정서를 자제하는 능력을 보이게 되고, 남아보다는 여아가 자신의 정서를 더 잘 숨기는 것으로 보인다. 정서규제의 한 가지 중요한 측면은 좌절에 대한 참을성tolerance of frustration인데, 이는 2세경에 나타나기 시작하여 유아기에 극적으로 증가한다. 즉, 자신이 원하지 않는 좌절상황에서 나이가 많은 유아가 어린 유아보다 더 잘 견디는 것으로 나타났다.

3. 정서지능의 발달

1) 정서지능의 개념

정서지능은 정서와 지능의 개념이 결합된 용어로 일반 지능과는 구분되는 개념이다. 즉, 기억력이나 사고능력, 추리력, 계산력이 아니라 정서와 감정을 통제하고 조절할 수 있는 정서처리과정 능력이라고 할 수 있다(문용린, 2011). 샐로비와 메이어(Salovey & Mayer, 1990)는 인간의 실용적이고 내적인 지능이라는 용어를 대신해 지능과 정서를 결합시킨 '정서지능(emotional intelligence)'이라는 용어를 처음 사용하였는데, 정서지능이란 '정서라는 정보를 이성적으로 처리하고 조절하는 능력'으로 정의하였다. 정서지능이 높은 사람은 타인의 감정을 잘 이해하여 원만한 관계를 유지하며, 문제적 상황에서도 감정을 잘 조절하여 바람직한 방향으로 행동한다. 1966년 어린이들을 대상으로 실행되었던 '마시멜로 실험'은 정서지능의 가치를 알려주는 유명한 사례이다.

마시멜로 실험

정서지능 개념의 대표적인 사례는 1966년 스탠포드 대학의 월터 미셸(Walter Mischell)이 653명의 유치원생들에게 실시한 '마시멜로 실험'이다. 월터 미셸은 아이들에게 마시멜로 한 개를 준 뒤, 15분 동안 먹지 않고 있으면 마시멜로 한 개를 더 주겠다는 약속을 했다. 15분 동안 유혹을 참고 마시멜로 두 개를 획득한 아이들은 전체의 30%에 불과했다. 이후 이들의 성장과정을 추적한 결과, 유혹을 참았던 30%의 아이들은 월등한 학업 성취도를 보였으며, 45년이 지난 2011년의 후속조사에서도 사회적으로나 가정적으로나 성공한 삶을 살고 있는 것으로 나타났다. 합리적 판단으로 욕구를 인내할 수 있는 것도 정서지능의 한 영역인 것이다.

그리고 이들에 의해 고안된 정서지능 지수(EQ)는 지능 지수 즉, IQ에 대비하여 등장한 용어이다. 구체적으로 지능지수가 사고력, 논리력, 추리력, 언어구사력 등을 의미한다면, 정서지능은 감성적이라는 의미가 아니라 정서를 얼마나 잘 다루는가에 관련한 지적 능력을 뜻한다.

Salovey

샐로비와 메이어(Salovey & Mayer, 1997)는 정서지능을 사회적 지능의 한 부분으로, 자기 자신과 타인의 감정, 정서를 평가하고 그것들을 변별하며, 이러한 정보를 활용하여 자신의 사고와 행동을 이끌 수 있는 능력으로 보았다. 즉, 정서지능을 정서를 정확히 인식하고, 사고를 돕기 위해서 정서에 접근하고, 정서를 정확하게 지각, 평가하고 표현하는 능력과 정서를 조절하는 능력, 감정을 생성시키는 능력, 정서를 이해하고 지적 · 정서적 성장을 증진시키기 위해 정서를 조절하는 능력으로 정의하고 있다.

샐로비와 메이어(Salovey & Mayer, 1990)의 정서지능 이론을 대중에게 널리 알리는 역할을 한 사람이 골만(Goleman, 1995)이다. 그는 인간에게는 두 가지 뇌, 곧 두 가지 마음이 있는데 그것은 두 가지 지능을 말하며 그 두 가지는 정서적인 지능과 이성적인 지능을 의미한다. 인간은 두 마음이 서로 상호 작용하여 어떻게 살아가야 할 것인가를 결정하게 한다고 주장하였다. 또한 정서지능은 사람들이 절망적인 상황일 때 의욕을 잃지 않게 하고 동기를 부여해주며, 순간적인 만족을 지연시킬 수 있게 하고 기분 조절과 고뇌로 인해 사고능력이 방해를 받지 않게 하고, 감정이입과 희망을 키워주는 능력이라고 주장하였다(강지원, 2018).

이와 같이 정서지능은 대인관계 속에서 이루어지는 개념이다. 정서는 사회적 · 개인적 상호작용을 풍부한 경험으로 전환시키는 역할을 하고, 적응적인 방향으로 인지적 활동을 이끌어가게 한다. 또한 정서지능은 정신적 능력의 영역에 속하는 것으로 타인과 자신의 기분을 파악하고 그것을 조절하는 능력으로 사회적 기술과 다르며 이런 능력에 따라 개인을 변별할 수 있다는 것이다. 즉, 정서지능은 자신의 정서를 인식하고 적절하게 조절하는 능력과 감정이입을 통한 공감과 타인의 정서를 적절하게 인식하여 조절할 줄 아는 능력이라고 할 수 있다(이정순, 2000).

2) 정서지능의 구성요소

정서지능의 구성요소는 학자에 따라 다양하다. 샐로비와 메이어(Salovey & Mayer, 1990)는 정서지능을 자신과 타인의 정서를 이해하고 변별하여 생각하고 행동하는데 이용할 줄 아는 능력을 사회적 기능의 한 하위 요소로 규정하고, 정서의 인식과 표현, 정서의 조절, 정서의 활용의 세 가지 영역으로 구분하였으며, 각각의 영역 아래 2~4개의 하위요소로 이루어진다고 제시하였다. 그러나 샐로비와 메이어(Salovey & Mayer, 1990)가 처음 제시한 연구에서 정서에 대한 사고 과정을 소홀히 다루었음을 밝히고 정서지능은 정서를 정확하게 지각하고 표현, 평가하는 능력이며, 사고를 촉진하여 감정을 생성시켜 접근하는 능력이라고 정의하면서 4영역 4수준 16요소로 수정하여 재정의 하였는데, 그 내용은 〈표 10-4〉와 같다.

| 표 10-4 | 샐로비와 메이어(Salovey & Mayer, 1990)의 정서지능 구성요소

영역	수준과 요소
정서인식과 표현	• [1수준] 자신의 정서 파악하기 • [2수준] 자신의 외부의 정서 파악하기 • [3수준] 정서를 정확하게 표현하기 • [4수준] 표현된 정서들을 구별하기
정서의 사고 촉진	• [1수준] 정서 정보를 이용하여 사고의 우선순위 정하기 • [2수준] 정서를 이용하여 판단하고 기억하기 • [3수준] 정서를 이용하여 관점 취하기 • [4수준] 정서를 활용하여 문제해결 촉진하기
정서 지식의 활용	• [1수준] 정서 간의 관계를 이해하고 명명하기 • [2수준] 정서를 이용하여 판단하고 기억하기 • [3수준] 복잡하고 복합적인 감정을 이해하기 • [4수준] 정서들 간의 전환을 이해하기
정서의 반영적 조절	• [1수준] 정서에 대해 개방적으로 수용하기 • [2수준] 자신의 정서에서 거리를 두거나 반영적으로 받아들이기 • [3수준] 자신과 타인의 관계에서 정서를 반영적으로 점검하기 • [4수준] 자신과 타인의 정서를 조절하기

출처: Salovey & Mayer(1997).

샐로비와 메이어(Salovey & Mayer, 1990)의 정서지능을 대중화시킨 골만(Goleman, 1995)은 정서지능은 선천적으로 정해진 것이 아니라 학습을 통해 향상될 수 있는 것으로 보았으며, 정서지능의 구성요소를 자기감정인식, 자기감정조절, 자기동기화, 감정이입, 대인관계기술로 보았다. 골만(Goleman, 1995)이 주장한 정서지능의 구성요소와 정서지능의 구성요소를 향상시키기 위한 구체적인 지도방법은 〈표 10-5〉와 〈표 10-6〉과 같다.

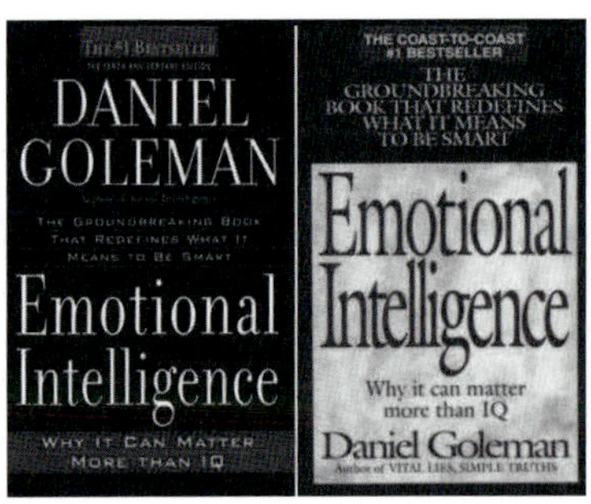

Goleman

| 표 10-5 | 골만(Goleman, 1995)의 정서지능 구성요소

구성요소	내용
자기감정인식	자신의 감정을 빨리 알아차리고 인식하는 능력으로 다른 모든 정서지능의 초석이 된다.
자기감정조절	인식된 자신의 감정을 적절하게 처리하고 변화 시킬 수 있는 능력으로 정서 체험의 자기 인식을 기초로 형성된다.
자기동기화	어려움을 참아내어 자신의 성취를 위해 노력할 수 있는 능력으로 모든 성취의 기초가 된다.
감정이입	타인의 감정을 자신의 것처럼 느끼고 타인의 감정을 읽어내는 능력으로 자기 인식의 토대가 되며 이타주의의 근원이 된다.
대인관계기술	인식한 타인의 감정에 적절하게 대처할 수 있는 정서적표현능력으로 타인과 집단의 요구 알기-긴장과 갈등해결하기-개인의 감정을 알고 대응하기-감정에 적절히 대응하기 등의 과정을 통해 단계적으로 발전한다.

출처: Goleman(1995).

| 표 10-6 | 정서지능 발달을 위한 지도방법

구성요소	지도방법
자기감정인식	• 유아가 느끼는 감정의 유형을 관찰의 과정을 통해 파악한다. • 유아가 느끼는 감정을 그들이 알아들을 수 있는 말로 규정해준다. • 유아가 느끼는 감정의 원인을 파악한다. • 유아가 느끼는 감정의 차이로 인한 행동의 차이를 변별한다.
자기감정조절	• 유아가 느끼는 분노, 좌절을 다스려 화를 다스리도록 돕는다. • 다른 사람을 경멸하는 말, 싸움, 분위기를 흐리는 일은 하지 않도록 한다. • 다른 사람과의 갈등으로 감정이 상한 유아에게 자신의 감정에 대해 생각해볼 기회를 갖게 한다. • 감정이 상할 때마다 다른 영유아를 공격하거나 자신을 학대하지 않도록 한다. • 유아 자신, 가족, 다른 사람에 대해서 긍정적으로 느끼도록 한다. • 유아의 정서적 긴장감을 다양한 방법으로 해결할 수 있게 한다. • 외로움을 느끼거나 친구를 사귀지 못해 힘들어하는 영유아를 발견하여 적절하게 도움을 준다.
자기동기화	• 유아가 충동적으로 행동하지 않고 자신의 감정을 통제하도록 한다. • 유아가 많은 일을 열심히 노력하면서 해볼 수 있는 기회를 제공한다. • 유아가 책임 있게 일을 수행해 보도록 한다.
감정이입	• 다른 사람이 이야기 할 때 듣는 태도를 갖게 한다. • 다른 사람이 어떻게 느끼는지 예민하게 판단할 수 있는 기회를 자주 제공한다. • 다른 사람의 입장에서 생각하고 판단할 수 있는 기회를 자주 제공한다.

구성요소	지도방법
대인관계기술	• 나의 다른 사람과의 관계를 분석하고 이해해 볼 수 있는 기회를 제공한다. • 유아들 간에 일어나는 갈등을 해결하기 위해 토의하고 합의하는 과정을 되도록 자주 갖는다. • 부모 및 교사 등 아이에게 느끼는 갈등을 해소할 수 있는 기회를 제공한다. • 자신의 느낌이나 생각에 충실하여 예, 아니오를 분명히 말하도록 한다. • 다른 사람과 잘 지낼 수 있는 방법에 대해 생각해 보게 한다. • 더불어 사는 것이 중요하다는 사실을 깨달을 수 있는 기회를 제공한다. • 나누기, 협동하기, 도와주기 등 사회적 덕목을 교육활동에 포함시킨다.

3) 정서지능의 중요성

영유아기는 인간의 발달에 기초가 형성되는 결정적 시기이다. 인간의 전 생애를 통해 보았을 때 영유아기는 비록 짧은 기간이지만 발달적 변화가 가장 빠르게 이루어지는 중요한 시기라고 할 수 있다. 특히 영아는 생후 첫해 동안 다양한 정서를 경험하며, 자신이 경험하는 정서를 모두 표현하지는 않지만 시간이 지나면서 영아의 정서는 다양하고 복잡해진다. 생후 1년 말경의 영아는 기쁨, 불만족, 흥미, 공포, 분노의 정서를 가지며, 생후 2년이 되면 일반적인 분노와 공포가 격분과 놀람으로 바뀌고, 2년 말경이면 자부심, 수치심, 당황, 죄책감 등이 생긴다. 인간의 발달단계로 볼 때 만 2세는 걸음마기라고 불리며, 규칙적인 하루 일과를 전개하고 스스로 할 수 있는 것들이 많아지는 시기이다. 이 시기에는 개인적인 능력이 향상되고 자신의 정서와 타인의 정서에 대해 표현하는 방법을 터득하면서 완벽한 한 인간으로 사회에 바르게 적응하며 살아가는 기초를 형성하며, 또래나 환경과의 사회적인 관계를 형성해 나간다. 또한 타인에게 보이는 자신의 표정에 대한 의미나 타인의 표정에 대한 의미를 깨닫기 시작하는 영유아기는 정서지능 발달의 초기로써 타인과 자신의 감정을 인식하는 정서인식과 표현의 발달을 보이는 시기이다(윤수정, 2016).

영유아의 정서지능은 타인과 자신의 정서를 인식 할 수 있는 정서인식과 타인에게 자기 정서를 표현하는 정서표현으로 발달하게 된다. 정서지능은 타인과 자신의 감정 및 정서를 인식하고 상황에 맞게 표현하고 조절하는 능력으로 타인과 자신의 감정을 이해하고 행동으로 이끌어 낼 수 있는 능력이라고 할 수 있다(Salovey & Mayer, 1990). 예를 들어, 정서지능이 높다는 것은 타인이나 자신의 정서에 대한 이해능력이나 인식능력이 뛰어나고 이것을 사고와 관련시켜 생각하며 자신의 정서반응을 상황에 비추어 효율적으로 조절 할 수 있는 능력을 가지고 있는 것을 의미한다(허안나, 2012). 따라서 정서지능은 개인의 행복과 불행 또는 성공과 실패를 예측하는 중요한 요소로 인식되고 있으며 한 개인의 계획의 성취를 예측하는 데 있어 정서는 지능지수나 표준화되어 측정되는 지적 능력보다 더 중요한 요인으로 작용한다. 또한 기쁨, 행복, 명랑함, 흥미 등의 긍정적인 정서의 발달을 촉진하여 풍부한 인간성을 함양한다는 측면에서 삶의 중요한 의미를 가진다(강지원, 2018).

정서지능의 기초가 형성되는 시기인 영유아기는 청소년기뿐 아니라 성인이 되기까지 지속적인 영향을 미친다. 또한 영유아기에 양육자와 행복하고 즐거운 생활을 나누지 못하면 정서지능 발달이 결정적으로 저해되어 그 영향이 사춘기 이후까지 지속된다. 그리고 샐로비와 메이어(Salovey & Mayer, 1993, 1997)는 학업성취나 업무를 성공적으로 수행하는 능력은 지적 능력보다는 정서지능이 중요한 역할을 한다고 주장하고 있으며, 성공과 출세에서 지적 지능과 정서지능이 다같이 중요한 역할을 하지만 지적 지능(IQ)은 성공의 20%를 차지하고 정서지능(EQ)은 80%를 차지한다고 주장한다(Goleman, 1997).

정서지능이 높은 사람은 다른 사람과의 관계에서 상대방의 기분과 감정을 잘 이해하고, 그 상황에 적절하게 대응할 수 있도록 본인의 정서를 잘 통제하고 관리하는 능력을 갖고 있음을 뜻한다. 지금까지의 주장을 고려하면 영유아의 발달에 있어 정서지능이 중요한 요소라는 것을 알 수 있는데, 영유아의 정서지능을 높이는 구체적인 방법은 〈표 10-7〉과 같다.

| 표 10-7 | 정서지능을 높이는 방법

구분	내용
긍정적인 정서를 많이 보여 주어야 한다	부모 혹은 교사의 정서적 대처능력은 아이에게 많은 영향을 미친다. 즉, 사랑을 많이 받고 자란 아이가 더 많은 사랑을 나눌 수 있으며, 긍정적인 정서를 많이 보고 자란 아이들이 긍정적인 정서를 더 많이 표현하게 된다.
아이의 부정적인 정서 표현을 지지해 주어야 한다	아이들이 부정적인 정서를 표현했을 때, 부모 혹은 교사의 반응이 중요하다. 그런 감정을 자연스럽게 표현할 수 있도록 격려해 주어야 아이가 스스로의 감정 상태를 탐색하고 지각할 수 있다. 부정적인 정서를 감추고 어른들이 시키는 대로만 하게 되면 겉으로 보기에는 착한 아이지만 속마음은 착한아이 콤플렉스를 가진 아이로 성장할 수 있다.
아이의 감정에 잘 반응해 주어야 한다	부모 혹은 교사가 아이를 인정해주고 공감해주면, 아이는 자신감과 성취욕이 넘치고 스스로에 대해 긍정적인 인식을 가지게 된다. 반면 부모 혹은 교사에게 인정받지 못했다는 부정적인 인식을 가지게 되면 늘 불안해하고 스스로에 대해 자신감을 갖지 못하며 위축된 모습을 보이게 된다. 또한 타인에게 지나치게 인정받고 싶어 하는 강박행동이 나타나기도 한다.
스킨십을 자주해 주어야 한다	부드러운 신체 접촉은 아이에게 큰 위로가 되고 신뢰감을 형성하게 한다. 정서지능의 발달에 있어 기본적인 신뢰는 매우 중요하다. 애정으로 돌보아 주는 양육자 밑에서 자란 아이가 정서지능에도 긍정적인 영향을 받는다.
아이가 말을 할 때 눈을 맞추고 경청해 주어야 한다	아이가 부모 혹은 교사에게 무엇인가를 말하려고 할 때는 즉시 하던 일을 멈추고 아이와 눈을 맞추며 이야기를 끝까지 들어주는 것이 좋다. 아이가 말을 할 때 눈을 맞추는 것은 '너의 이야기를 주의 깊게 듣고 있다'는 신호이다. 부모 혹은 교사가 이런 반응을 보일 때 아이는 관심과 애정을 온몸으로 느끼게 되고, 부모 혹은 교사 역시 아이의 감정을 잘 파악할 수 있다.
친구와 비교하지 말고 아이를 칭찬해 주어야 한다	남과 비교하는 것은 아이에게 부정적인 생각을 심어주고 아이의 자존감에 상처를 주는 것이다. 그리고 칭찬은 부모 혹은 교사가 아이를 인정하고 있음을 알려주는 좋은 방법이다. 따라서 구체적인 사실에 기초하여 칭찬하고, 조그마한 아이의 노력에도 칭찬하며, 일관성 있게 아이를 칭찬해 주는 것이 효과적이다.
친구를 배려하는 법을 알려주어야 한다	다른 사람의 감정을 이해하고 배려할 줄 아는 아이로 성장하게 하려면, 다른 사람의 입장에서 생각할 수 있는 기회를 많이 갖게 해 주어야 한다. 따라서 다른 사람이 어떻게 생각할지 이야기해주고, 생각해 볼 기회를 많이 주면 아이는 다른 사람의 생각과 감정을 이해하는 능력을 키울 수 있다.
아이의 의견을 존중해 주어야 한다	가정에서 존중받는 아이가 남을 존중할 줄 아는 아이로 성장하게 된다. 아이 스스로 자신에 대해 주관이 생기는 시기가 오면, 아이에게 선택권을 주고 아이의 결정을 존중하는 자세를 보여주는 것이 좋다.

11

Chapter

사회성 발달

· 학습목표 ·

1. 기질 유형에 대해 설명한다.
2. 애착에 영향을 미치는 요인들을 파악한다.
3. 영유아의 자기이해 과정을 파악한다.
4. 놀이와 사회성의 관련성을 파악하고 놀이의 유형을 이해한다.
5. 도덕성 발달을 설명한다.

아이는 출생하는 순간부터 가족이라는 최소 사회단위에서 양육자 간의 형성되는 친밀한 정서적 유대감으로 살아가며 연령이 증가함에 따라 동생을 포함한 더 어린 대상, 또래, 부모를 중심으로 한 연장자들과 함께 사는 위계(hierarchy) 속에서 집단을 이루며 이미 주어진 사회·문화적 환경에 적응하며 살아간다. 사람은 일생을 통해서 새로운 문화를 만들어 가고 이것을 다음 세대에 전해주는 역사의 연속선 상에서 사는 사회적 동물이다. 사회적 동물은 다른 사람과 협력과 경쟁 속에서 삶을 살아가기 위해서는 대인관계를 익히고, 사회적 제도에 맞추어 행동해야 할 필요가 있다. 이런 사회적 적응과정이 사회화다. 따라서 본 장에서는 영유아의 기질, 애착, 자기이해, 놀이와 사회성 및 도덕성의 발달에 대해 살펴보고자 한다.

사회성이란 영유아가 사회의 한 구성원으로 성장하는 동안에 그 사회의 생활양식을 학습하여 타인과 상호작용하며 건전한 사회생활을 할 수 있는 성향을 의미한다. 이와 같은 사회성 발달영역에는 기질, 애착, 자기이해, 놀이 및 도덕성의 발달에 기초하게 된다.

1. 기질의 발달

영아들은 출생부터 다른 기질적 특성을 보인다. 이러한 차이는 태내기에서 이미 나타나는데, 어머니의 배 속에서 활발하게 움직이며 발길질하는 태아가 있는 반면, 조용하게 움직이는 태아도 있다. 영아에게서 나타나는 차이는 기질temperament의 차이를 반영하는 것인데, 기질이란 성인성격의 기초를 형성하는 심리적 특성으로 비교적 일관성 있고 기본적인 선천적 경향성으로 인식되는 특질 중의 하나이다.

기질연구가들은 영아와 유아가 보이는 기질의 차이에 관심을 기울여 왔는데, 이는 '나중에 이것이 아동과 성인의 성격을 형성하는 모체가 된다'고 믿기 때문이다. 이러한 기질은 타고난 것으로 유전의 영향을 많이 받는다고 믿는데, 일란성 쌍생아의 경우도 유전계수가 .40정도인 것으로 보아 영아의 기질에 있어 환경의 영향도 중요한 영향을 미친다는 것을 알 수 있다(그림 11-1). 또한 기질은 유아기, 아동기, 심지어 성인기까지도 지속되는 특성을 지닌다. 즉, 낯가림이 심한 영아는 유아기에도 여전히 낯선 사람을 두려워하고, 아동기에도 여전히 까다로운 성향을 보여 준다.

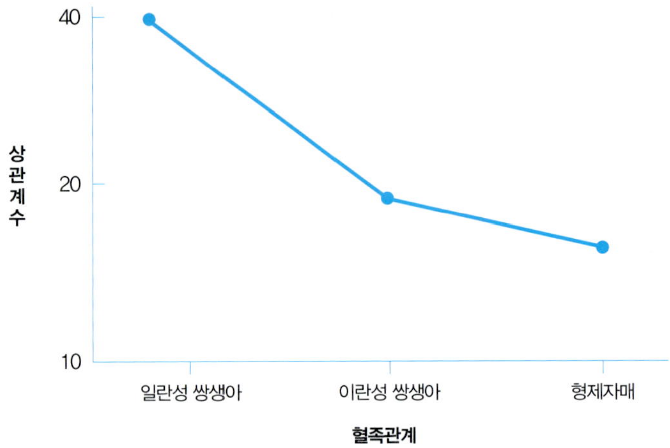

| 그림 11-1 | **기질과 유전의 영향**

1) 기질의 구성요소

기질이 어떤 요인으로 구성되어 있는가는 연구자들마다 다소 차이가 있다. 기질의 구성요소를 뉴욕종단연구 모형과 EAS 모형 및 통합모형을 중심으로 살펴보면 다음과 같다.

(1) 뉴욕종단연구 모형

토마스와 체스(Thomas & Chess, 1956)는 생후 1개월 된 141명의 영아를 아동기까지 연구를 실시하였는데, 그것이 뉴욕종단연구(New York Longitudinal Study: NYLS)이다. 그들은 영아의 부모와 교사를 통한 면접, 각종 심리검사를 통해 기질을 구성하는 9개의 요인을 발견하였고(표 11-1), 이를 바탕으로 세 가지 유형의 아동으로 분류하였다(표 11-2).

| 표 11-1 | NYLS 기질의 구성요인

구성요인	설명
활동성	젖먹기, 목욕하기, 옷입기 등의 일상생활에서 영아가 하는 신체활동의 양
규칙성	수유시간, 수면의 주기, 배변습관 등의 예측가능성
접근/회피	새로운 사건이나 자극(장난감이나 음식 등)에 영아가 어떤 반응(접근 또는 회피)을 보이는가?
적응성	변화된 상황에 영아가 얼마나 쉽게 적응하는가?

구성요인	설명
반응강도	영아가 보이는 긍정적 또는 부정적 반응의 강도
반응역치	영아의 반응을 유발하는데 필요한 자극의 양
기분	영아가 보이는 행복하고 기분 좋은 반응의 빈도와 불행하거나 부정적인 행동의 빈도
주의산만성	외부사건이나 자극에 영아가 현재하고 있는 행동이 쉽게 방해받는 정도
지구력	어떤 활동의 지속시간과 장애에 직면했을 때 그 활동을 계속하려는 의지

출처: 정옥분(2002). 아동발달의 이해. 학지사. p.319.

| 표 11-2 | 기질의 세 가지 유형

구분	특징
순한 아동 (easy child)	연구대상 중 약 40%의 영아들이 이 유형에 해당된다. 이들은 생물학적 규칙성에 따라 수유나 수면이 가능하다. 그리고 이 유형의 영아들은 명랑하고 혼자 잘 놀며, 낯선 사람에게도 잘 적응하며 좌절에 잘 순응하는 것으로 나타났다.
까다로운 아동 (difficult child)	연구대상의 약 10%의 영아들이 이 유형에 해당된다. 이들은 생물학적 기능이 불규칙적이다. 새로운 사람이나 상황에 위축되며 변화에 대한 적응이 느리고, 기분은 거의 항상 가라져 있고 지나치게 강하게 반응하거나 적대적이고 부정적으로 반응하는 경향이 있는 것으로 나타났다.
반응이 느린 아동 (slow-to-warm-up child)	연구대상 중 약 15%의 영아들이 이 유형에 해당된다. 이들은 수동적이고 활동적이지 못하며, 새로운 상황에 대해 위축되는 경향을 보인다. 기분은 저조하고 점진적으로 흥미를 느낄 수 있는 상황에서만 관심을 가지는 것으로 나타났다.

이 연구에서 영아의 기질은 이후에도 지속되는 것으로 나타났는데, 영아기에 까다로운 기질을 보였던 아동은 이후 학교생활에서도 또래와의 관계나 주의집중에 문제를 보였으며, 반응이 느린 아동은 새로운 환경에 적응하는데 문제를 보이는 것으로 나타났다(Thomas, Chess & Korn, 1987). 토마스와 체스(Thoma & Chess, 1956)의 연구에 의해, 영아는 분명한 기질적 차이를 보이며, 이러한 차이는 10년 이상 지속되는 것으로 나타났다. 그러나 어느 유형에도 분류되지 않는 영아들이 35% 정도가 있었고, '순한-까다로운' 유형의 분류방식은 인간의 기질을 지나치게 단순화시켰다는 비판을 받고 있다.

(2) EAS 모형

부스와 폴민(Buss & Polmin, 1984)은 뉴욕종단연구 모형NYLS의 대안으로 EAS 모형을 제시하였다. EAS란 영아의 기질을 정서성emotionality, 활동성activity 그리고 사교성sociability의 세 가지 구성요소로 구분하는 것으로 특징은 〈표 11-3〉과 같다.

| 표 11-3 | EAS 모형에서의 기질 특성

구분	특징
정서성	정서적 반응의 강도로서 영아가 자극에 대해 얼마나 빨리 부정적인 반응을 보이는가를 말한다. 높은 정서성을 가진 유아들은 잘 울고 쉽게 놀라거나 쉽게 잠에서 깨어나는 과민반응을 보인다.
활동성	일상생활에서의 행동의 속도와 강도로서 활동성이 높은 영아는 잠시도 가만있지 못하고 계속 움직이며, 과격하고 격렬한 행동을 보인다.
사교성	영아가 타인과 함께 있는 것을 좋아하는 정도로서 사교성이 높은 영아는 사람 만나는 것을 좋아하고 낯선 사람에게도 쉽게 접근한다.

(3) 통합모형

지금까지 살펴 본 모형, 즉 뉴욕종단연구 모형NYLS과 EAS 모형이 기질의 구성요소를 충분히 설명해주지는 못하고 있다는 비판이 있어 왔다. 따라서 많은 연구들(Belsky, Hsieh & Crnic, 1996)에 의해 기질에 대한 연구를 진행하도록 하는 동기를 제공하였고, 연구들을 통해 어느 정도 기질의 구성요소에 대해 합의를 보게 되었는데, 그 내용은 〈표 11-4〉와 같다(정옥분, 2002).

| 표 11-4 | 통합모형의 기질의 구성요소

구분	특징
활동수준	얼마나 몸을 많이 움직이고 격렬한 활동을 하는가를 말한다.
접근/긍정적 정서성	사람이나 사물에 대해 긍정적 정서반응을 보이는 것을 말한다. EAS 모형의 사교성과 유사하다.
억제	낯선 사람, 낯선 상황, 새로운 물체에 대해 두려워하거나 회피반응을 보이는 것을 말한다. 행동억제에 대해 많은 연구를 진행한 카간(Kagan, 1994)에 의하면, 억제는 우리가 일상생활에서 말하는 수줍음과 유사한 것이라고 주장한다.
부정적 정서성	쉽게 화를 내고, 짜증을 잘 내고, 좌절을 견디지 못하는 것을 말한다. EAS 모형의 정서성과 유사하며, NYLS 모형에서 까다로운 영아가 주로 갖는 특성이다.
지구력/끈기	주의를 집중하고 계속 노력하는 능력을 말한다.

2) 기질과 양육행동

영아의 기질은 양육자인 부모의 양육태도에 영향을 미치고, 역으로 부모의 양육태도도 영아의 기질에 영향을 미친다. 즉, 수줍고 소심한 기질을 가지고 태어났더라도 부모가 영아에게 점진적으로 주변 환경을 대하도록 한다면 이러한 기질은 점차 사라지는 반면, 사교적인 기질을 가지고 태어났더라도 계속적인 거부를 경험하게 되면 소심한 영아가 된다. 따라서 영아의 기질이 학습이나 사회성 발달을 방해한다면, 양육자는 그러한 성향을 바꾸기 위해 적극적인 개입을 해줄 필요가 있다.

토마스와 체스(Thomas & Chess, 1977)는 영아의 기질과 환경이 상호작용하여 바람직한 결과를 산출하기 위하여 조화의 적합성 모델goodness of fit model을 제시하였다. 조화의 적합성은 영아의 기질과 양육환경의 조화정도를 의미하는데, 부모가 영아의 기질에 따라 양육환경을 조절한다면 조화로운 관계가 되지만, 그렇지 못할 경우는 영아나 부모 모두 갈등을 경험하게 된다는 것이다. 체스와 토마스(Chess & Thomas, 1984)의 연구에 의하면, 까다로운 영아의 부모가 인내심을 가지고 영아의 요구에 민감하게 대처한 경우에는 아동기나 청년기에 더 이상 까다로운 기질을 보이지 않았지만 부모가 쉽게 화를 내거나 처벌을 한 영아는 까다로운 기질을 계속 유지하고 사춘기에는 문제행동을 많이 보이는 것으로 나타났다.

이와 같이 조화의 적합성 모델이 시사하는 바는 영아는 독특한 기질을 타고나며, 부모는 그것을 받아들일 필요가 있다는 것이다. 부모는 아동이 어떤 기질을 가지고 있던 영아가 타고난 잠재력을 최대한 발휘할 수 있도록 양육환경을 제공해 주어야 한다. 예를 들어, 수줍어하고 활동성이 낮은 영아나 유아에게는 자주 질문하고, 지시하고, 가르치는 부모행동에 의해 그들의 환경탐색능력이 촉진될 수 있다. 그러나 동일한 부모행동은 대단히 활동적인 유아에게는 오히려 호기심을 약화시킴으로써 탐색능력을 저하시키는 결과를 초래하기도 한다(장휘숙, 2001).

2. 애착의 발달

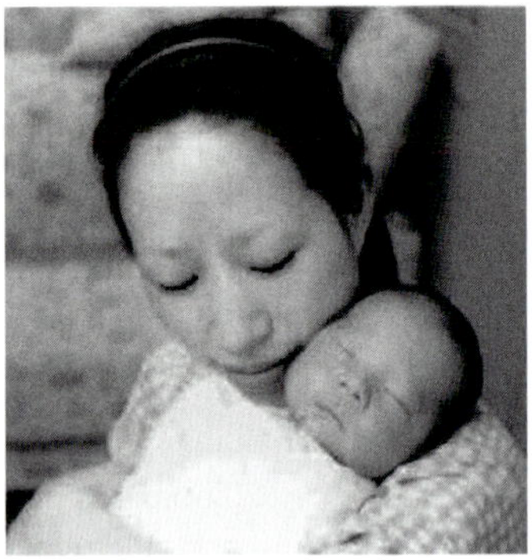

영아기에 발생하는 가장 중요한 형태의 사회적 발달이 애착attachment이다. 애착이란 영아와 양육자 사이에 형성되는 친밀한 정서적 유대관계를 말하며, 영아는 보통 주된 양육자인 어머니에게 애착을 형성한다. 인간발달에서 애착형성이 중요한 이유는 이후 인지, 정서, 사회성 발달에 지속적으로 영향을 미치기 때문이다. 일반적으로 안정된 애착관계를 형성한 영아는 이후 정서적인 안정성과 대인관계에서 긍정적인 성향을 보이고, 문제 행동을 덜 보이는 것으로 나타났다. 또한 영아기에 형성된 애착은 이후 주변세계에 대한 신뢰감으로 확대된다.

1) 애착발달 이론

애착의 형성과 발달에 대한 견해는 학자들마다 다르게 설명을 하고 있는데, 애착의 초기이론들과 동물행동학적 이론으로 구분하여 살펴보면 다음과 같다.

(1) 애착의 초기이론들

애착에 대한 초기이론에는 정신분석이론, 학습이론 그리고 인지발달이론이 있다. 정신분석학자인 프로이드Freud와 에릭슨Erikson은 수유를 통한 구강만족을 제공하는 대상에게 애착을 형성한다고 본다. 따라서 어머니는 영아에게 음식물을 제공하는 주된 역할을 하기 때문에 대부분의 영아에게 어머니는 가장 중요한 애착대상이 된다는 것이다.

학습이론에서도 수유가 애착의 발달에 중요한 요인이 된다고 주장하지만 그 이유는 정신분석이론과는 다르다. 즉, 어머니는 영아의 배고픔을 해결해줌으로써 어머니는 배고픔의 해소와 짝지어진다. 뿐만 아니라 수유동안 신체적 접촉을 통해 따뜻하고 부드러운 느낌이나 청각적 자극 등을 제공해준다. 이런 경험이 반복되면서 영아는 어머니와 좋은 감정을 연결짓게 되고, 이로 인해 어머니는 이차적 강화인secondary reinforcer의 지위를 획득하게 됨으로써 영아는 어머니에게 애착을 형성하게 된다. 이차적 강화인이란 처음에는 중립적이던 것이 다른 강화와 짝지어져 강화인의 지위를 얻게 되는 것을 말한다.

정신분석이론과 마찬가지로 학습이론에서도 일차적인 욕구충족을 통해 발달한 긍정적인 정서적 유대관계를 애착이라는 개념보다는 의존성과 관련된 개념을 설명하고 있다.

인지발달이론에서는 애착은 영아의 인지발달수준에 의존하므로, 영아의 지적발달이 선행되어야 애착을 형성할 수 있다고 주장한다. 즉, 애착을 형성하기 위해서는 기본적으로 친숙한 사람과 낯선 사람을 구분할 수 있어야 하며, 애착대상이 영속적으로 존재한다는 것을 인지할 수 있는 대상영속성 개념 또한 획득해야 한다. 영아가 최초로 애착형성을 하는 시기가 생후 6~8개월경이라는 것은 애착형성이 대상영속성의 발달에 기초한다는 것을 의미한다.

(2) 동물행동학적 이론

John Bowlby

보울비(Bowlby, 1973)의 동물행동학적 이론에 의하면, 애착의 발달은 근본적으로 생존유지 및 보호를 위한 본능적인 반응의 결과로 이미 생태적으로 계획되어 있다고 주장한다. 즉, 양육자에 대한 애착행동은 영아의 생존가능성을 증가시키므로 진화되었다는 것이다. 즉, 양육자와의 접촉은 영아의 음식물 섭취를 보장하기는 하지만 음식물이 애착형성의 기초는 되지 못한다. 그 대신 애착유대는 생물학적인 것으로 종의 생존을 증가시키는 진화의 틀 내에서 가장 잘 이해될 수 있다. 애착은 격리되어 양육되지 않는 모든 종에서 나타나며 환경적 변인에 의해 거의 영향을 받지 않는 진화된 행동으로 스스로 보살핌을 이끌어 내는 영아와 어머니 사이의 상호관계 내에서 형성된다는 것이다.

2) 애착형성의 요인

음식물이 어머니와 아기를 연결하는 중요한 맥락이기는 하지만 애착의 형성에 결정적인 요인은 아니다. 할로우와 짐머만(Harlow & Zimmerman, 1959)의 실험은 애착형성 요인이 수유나 음식물이 아니라 접촉이 결정적이라는 것을 보여준다(그림 11–2).

| 그림 11–2 | **원숭이 대리모 실험**

이들의 실험에서 어린 원숭이들은 철사로 만든 어미 원숭이와 부드러운 천으로 만든 어미 원숭이에 의해 양육되었다. 어린 원숭이들은 철사로 만든 엄마와 천으로 만든 엄마에게 각각 절반씩 수유를 받았다. 실험결과 어린 원숭이들은 어느 엄마에게서 수유를 받던 상관없이 천으로 만든 엄마를 더 좋아하였으며, 공포자극이 나타났을 때도 모두 천으로 만든 엄마에게 매달렸다. 심지어는 철사로 만든 엄마에게만 우유병이 매달려 있을 때도 몸을 천으로 만든 엄마에게 부착시킨 채 우유를 먹었다. 그리고 천으로 된 어미 원숭이와 함께 있을 때 잘 지내던 아기 원숭이는 철사 어미 원숭이와 지내게 된 경우에는 위축되고 두려워하는 모습을 보였다. 예를 들어, 새로운 장난감을 우리에 넣어 주었을 때, 천으로 된 어미 원숭이와 함께 있는 아기 원숭이는 다가가서 탐색하고, 학습의 토대가 되는 전형적인 호기심을 보였다. 그러나 철사 어미 원숭이와 함께 있는 아기 원숭이의 우리에 새로운 장남감을 넣어 주었을 때 아기 원숭이는 두려워하며 우리의 구석으로 가서 웅크리는 모습을 보였다. 이러한 결과는 애착형성에 중요한 요인이 수유나 배고픔의 해소가 아니라 접촉위안 contact comfort이라는 것을 보여준다.

3) 애착형성의 단계

볼비Bowlby의 애착이론을 경험적 연구를 통하여 확장한 아인스워드(Ainsworth, 1973)는 영아의 애착행동을 기초로 애착의 발달단계를 〈표 11-5〉와 같이 4단계로 구분하였다.

| 표 11-5 | 애착의 발달단계

단계	특징
제1단계 (출생~2, 3개월)	영아는 울음, 발성, 미소, 응시 및 시각적 추적으로 양육자와 접촉을 시도하고 양육자를 그들 곁에 머무르게 하려고 한다. 아직까지 영아의 시각체계가 완전히 기능하지 못하기 때문에 영아는 감각적 접촉에 의해 양육자의 독특한 특성을 인지한다.
제2단계 (2, 3개월~6, 7개월)	영아의 신호와 지향반응은 몇 사람의 친숙한 성인에게 한정된다. 영아는 일차적 양육자는 물론 한 두 사람의 다른 성인도 구별할 수 있다. 친숙한 사람이 나타나면 미소 짓고 좋아하며 그가 떠나면 싫어하는 표정을 짓는다.
제3단계 (6, 7개월~3, 4세)	양육자에 대한 최초의 분명한 애착을 형성한다. 영아는 길 수 있기 때문에 어머니 가까이 머물기 위하여 어머니에게 능동적으로 접근한다. 어머니가 떠나면 저항하고 되돌아오면 어머니를 반갑게 맞이한다. 최초의 애착을 형성한 수 주내에 대부분의 영아는 아버지, 형제자매, 조부모 및 규칙적으로 만나는 사람에게도 애착을 형성한다. 생후 18개월까지 단지 한 사람에게만 애착을 형성하는 영아는 거의 없으며 대부분 여러 사람에게 애착을 형성한다.
제4단계 (3, 4세 이후)	이제 유아와 양육자는 협력자 관계를 형성할 수 있다. 유아는 인지능력의 증대와 함께 타인의 소망이나 목표를 탐지하고 예상할 수 있으며 사회적 관계에 대한 기본이해를 획득한다. 따라서 이 연령의 유아는 부모의 계획과 목표를 고려할 수 있고 애착인물과 최적의 근접을 유지하기 위해 그들의 행동을 조절할 수 있다. 이러한 애착관계의 양상은 일생동안 계속된다.

4) 애착의 반응

영아가 특정 인물과 애착을 형성했다는 증거로 나타나는 현상이 낯가림과 분리불안이다. 낯가림과 분리불안에 대해 살펴보면 다음과 같다.

(1) 낯가림

낯가림stranger anxiety은 낯선 사람이 다가오거나 부모가 낯선 사람에게 자신을 맡길 때 나타내는 불안반응을 의미한다. 영아들은 최초의 애착을 형성하기 전까지는 낯가림 현상을 나타내지 않으며 애착이 형성된 후부터 낯가림을 보인다. 이러한 낯가림은 6~8개월경에 나타나기 시작해서 첫 돌 전후에 최고조에 달했다가 서서히 감소한다. 대부분의 영아가 낯가림 반응을 보이지만, 그 정도는 영아의 기질이나 환경요인에 따라 다르게 나타난다. 기질적으로 순한 영아가 까다로운 영아보다 낯가림을 덜 하는 편이다. 낯가림이 중요시되는 이유는 낯가림은 특정인에 대한 애착형성의 표시일 뿐 아니라 탐색행동exploratory behavior과 밀접한 관련이 있기 때문이다. 심한 낯가림은 영아의 탐색행동을 방해하기 때문에 지적, 사회적 발달을 방해한다.

(2) 분리불안

영아가 애착대상인물과 떨어지거나 분리될 때 나타나는 불안반응이 분리불안separation anxiety이다. 분리불안은 돌 전후에 나타나서 14~18개월경에 절정에 도달하고 20~24개월경에 사라진다. 하지만 분리불안이 완전히 사라지는 것은 아니다. 아동이나 청소년들도 오랫동안 부모와 떨어져 있으면 향수에 젖고 슬픔에 빠지게 된다.

영아의 인지능력이 발달함에 따라 어머니는 왜 떠나고 어디로 갔으며 언제 돌아올 것인가를 이해하게 되므로 짧은 기간의 분리는 견딜 수 있게 되지만, 장기간의 분리는 영아의 적응에 문제를 일으킬 수 있다. 부모의 입원이나 별거 혹은 시설기관에 수용되어 양육자와 장기간 분리되어 있으면, 처음에는 어머니를 부르고 울며 찾는 저항행동을 나타낸다. 저항기간이 지나가면 영아는 절망의 기간에 들어간다. 영아의 활동은 감소되고 위축되며 깊은 슬픔에 빠진다. 이 때에도 어머니가 돌아오지 않으면 탈애착deattachment 현상이 일어난다. 탈애착이 이후에 어머니와 재결합하게 되어도 영아는 어머니를 거부하고 더 이상 어머니와 상호작용을 하려고 들지 않는다. 생후 3개월부터 3세 사이의 분리는 영아의 애착형성을 방해하고 이후의 대인관계에 부정적인 영향을 미치게 된다.

5) 애착의 질적 특성

아인스워스Ainsworth와 그의 동료들(1978)은 낯선 상황 검사를 통해(표 11-6), 애착을 질적으로 상이한 세 가지 양식, 즉 안정된 애착secure attachment, 회피적 애착avoidant attachment 그리고 불안/양가적 애착anxious/ambivalent attachment으로 구분을 하였고, 메인과 솔로몬(Main & Solomon, 1990)이 세 가지 양식 중 어느 것에도 포함되지 않는 제 4의 애착양식을 발견하고 그것을 불안/혼란된 애착inseure/disorganized attachment으로 명명하였는데, 네 가지 애착유형을 구체적으로 살펴보면 〈표 11-7〉과 같다.

Mary Ainsworth

| 표 11-6 | 아인스워스의 낯선 상황검사 절차

장면	등장인물	시간	행동 특성
1	어머니, 아기, 관찰자	30초	관찰자가 어머니와 아기를 실험실로 안내한 후 방을 나간다. 방에는 여러 가지 장난감들이 있다.
2	어머니, 아기	3분	아기가 장난감을 갖고 노는 동안 어머니는 의자에 앉아 있다. 2분이 지나는 동안 아기가 아무것도 하지 않을 때는 장난감으로 놀이하도록 유도한다.
3	낯선 사람, 어머니	3분	낯선 사람이 들어와 1분간 침묵하고 있다가 1분간 어머니와 이야기를 한다. 그리고 나서 낯선 사람은 1분 동안 아기에게 접근한다. 이렇게 3분이 지나면 어머니가 슬그머니 방을 나간다.
4	낯선 사람, 아기	3분 이하	아기와 어머니가 헤어져 있다(첫 번째 분리 장면). 아기는 어머니를 찾는 행동을 보인다. 낯선 사람은 아기의 행동에 맞추어 행동한다.
5	어머니, 아기	3분 이상	아기와 어머니가 만난다(첫 번째 재회 장면). 낯선 이는 나가고 어머니는 아기를 달래 준다. 그런 다음 장난감을 갖고 놀도록 한다. 또다시 어머니는 '안녕' 하고 방을 나간다.
6	아기	3분 이하	아기와 어머니가 헤어져 있다(두 번째 분리 장면).

7	낯선 사람, 아기	3분 이하	낯선 사람이 돌아와 아기의 행동에 맞추어 행동한다.
8	어머니, 아기	3분	아기와 어머니가 만난다(두 번째 재회 장면). 엄마는 아기를 반기며 안아준다. 낯선 사람은 조용히 방을 나간다.

출처: Ainsworth, Blehar, Waters & Wall, 1978; 곽노의 외, 2010. 재인용.

| 표 11-7 | 애착의 질적 특성

구분	내용
안정된 애착	이 유형의 영아들은 부모를 안전기지로 사용하여 능동적으로 환경을 탐색하고 낯선 사람과도 상호작용한다. 그러나 영아들은 낯선 사람보다는 부모에 대해 더 강한 선호를 나타내며, 약 65%의 영아들이 이 유형에 속한다.
회피적 애착	이 유형의 영아들은 부모와 함께 있을 때도 부모에게 무반응적인 것처럼 보이며 부모가 나가도 슬퍼하지 않으며, 낯선 사람에게도 무반응적으로 행동한다. 짧은 분리 후 재결합하여도 부모를 회피하거나 천천히 부모를 반긴다. 약 20%의 영아들이 이 유형에 속한다.
불안/양가적 애착	분리되기 전에, 이 유형의 애착양식을 갖는 영아들은 부모 가까이 있으려 하고 탐색을 하지 못한다. 부모가 돌아오면, 그들은 화를 내고 저항적 행동을 하며 자주 발로 차고 미는 행동을 한다. 안아주어도 계속해서 울고 쉽게 달래지지 않는다. 약 10~15%의 영아들이 이 유형에 속한다.
불안/혼란된 애착	가장 큰 불안정성을 나타내는 애착유형으로 이 유형의 영아들은 재결합시에 여러 가지 혼란되고 모순된 행동을 보인다. 부모가 안아주면 다른 곳을 바라보거나 대단히 활기없고 우울한 표정으로 부모에게 접근하기도 하고 때로 부모로부터 도망쳐서 벽에 머리를 기대기도 한다. 이 아기들의 대부분은 멍한 표정을 짓고 있어 무엇을 생각하는지 알 수가 없다. 약 5~10%의 영아가 이 유형에 속한다.

6) 애착형성에 영향을 미치는 요인

애착형성에 영향을 미치는 요인으로 영아의 기질, 영아와 부모의 특성 그리고 양육의 질 등을 들 수 있다. 조산이나 출산합병증, 발달지체 혹은 신체적 · 심리적 장애가 있는 영아의 경우 안정된 애착형성을 방해한다. 또한 가난하고 스트레스가 많은 가정의 영아들도 불안정한 애착을 형성하기 쉽다. 그러나 이러한 조건에서도 부모가 여유와 인내를 가지고 적절히 양육을 한다면, 안정된 애착을 형성할 수 있다.

영아의 기질적 특성이 애착형성에 미치는 영향에 대해서는 논란이 많다. 영아의 적응성은 안정애착과 정적 상관이 있으며, 영아의 활동성은 불안정애착과 정적 상관이 있는 것으로 나타났다. 하지만 영아의 기질적 특성은 애착유형에 큰 영향을 미치지 않는 것으로 보이는데, 이는 조화의 적합성으로 설명할 수 있다. 즉, 어떤 영아라도 양육자가 영아의 기질을 잘 파악하여 적합한 양육을 제공하게 된다면 영아가 안정된 애착을 형성할 수 있게 되지만, 그렇지 못할 경우에는 까다로운 기질의 영아에게는 애착문제가 발생할 수 있기 때문이다.

어머니의 특성도 애착의 형성에 영향을 미치는 요인이다. 어머니의 성격, 연령, 경제적 지위, 어머니 자신의 양육과정 등이 애착형성에 영향을 미치는 요인이다. 특히 어머니의 성격특성 가운데 영아가 나타내는 행동이나 반응에 대한 민감성과 반응성이 중요하다. 어머니와 영아를 대상으로 한 66개 연구의 결과를 개관한 결과에 의하면(De Wolff & van IJzendoorn, 1997), 민감한 양육sensitive caregiving이 안정애착을 촉진시키는 것으로 나타났다. 민감한 양육이란 어머니가 영아의 신호에 빠르게, 일관성 있게 그리고 적절하게 반응하고 부드럽고 조심스럽게 보살피는 것을 의미한다. 즉, 어머니가 아이의 반응에 민감하고 적절하게 잘 대처하면 안정된 애착을 보이는 반면, 불안정 애착을 보이는 영아의 어머니는 화를 잘 내고 아기와의 신체적 접촉을 회피하며 자신의 감정을 표현하는데 어려움이 있는 것으로 나타났다. 즉, 양육자가 영아의 신호에 적절하게 반응함으로써 양자가 정서적(특히 긍정적 정서) 조화를 이루는 소위 상호작용적 동시성interactional synchrony의 의사소통형태가 안정된 영아와 안정되지 못한 영아를 구분하는 중요한 요인이 될 수 있다.

회피적 애착을 보이는 영아들은 과도하게 자극적이고 강제적인 보살핌을 받는 경향이 있으며, 불안/양가적 애착을 형성한 영아들은 자주 일관성 없는 양육을 경험한다. 이 영아의 어머니는 양육에 거의 참여하지 않으며, 영아가 탐색을 하려고 하면 오히려 방해하고 영아의 관심을 어머니 자신에게 향하게 하려고 노력한다.

아버지의 특성 또한 애착형성에 영향을 미치는 것으로 나타났는데, 아버지가 영아에게 보이는 애착행동은 어머니와는 다르며, 주로 영아와 놀이를 하는 것으로 나타나고 있다. 또한 부모가 영아와 함께 하는 놀이의 본질도 서로 다른데, 어머니는 장난감 놀이 혹은 언어를 사용하는 놀이를 주로 하는데 반해, 아버지는 영아와 함께 신체적인 놀이들(거꾸로 들기, 무동태우기, 공중으로 던졌다 받기)을 주로 하게 된다. 이와 같은 차이로 인해 영아는 스트레스를 받는 상황에서는 어머니를 찾고, 재미있는 자극을 원할 때는 아버지를 찾게 된다(Lamb, 1977).

3. 자기이해의 발달

출생 시 신생아는 자기에 대한 개념이나 느낌을 가지지 못한다. 영아가 처음으로 자기를 주변 세계와 분리된 독립된 개체로 인식하게 되는 자기인식self-recognition은 생후 2, 3개월경에 나타나며, 이 시기부터 자기에 대한 이해가 시작된다. 자기인식은 자아개념과 자아존중감 발달의 출발점이 된다.

1) 자아개념

자아개념self-concept은 자신의 특성, 즉 신체적 특징, 정서적 특징, 가치관, 태도, 능력 등에 대해 가지고 있는 내재화된 스스로에 대한 생각을 의미한다. 영아기의 자기개념은 아주 피상적이지만, 유아기에서의 자기개념은 아주 구체적이 된다. 영아기에는 대부분 자신을 표현해보라고 하면, '인형을 가지고 논다'와 같은 자신이 좋아하는 행동으로 표현을 하지만, 유아기는 자신의 이름, 소유물, 활동 등을 통해 자신을 묘사한다. 이와 같이 자아개념은 연령이 증가함에 따라 점차 안정적이고, 추상적인 개념을 사용하여 자신을 기술한다. 유아기에는 주로 신체적 특징이나 소유물 등으로 자신을 설명하지만, 아동기가 되면 자신의 능력이나 심리적 특성, 타인과의 관계 등으로 자신을 묘사하게 된다(Montemayor & Eisen, 1977).

자아개념에 영향을 주는 요인으로는 첫째, 발달된 인지능력이 자아개념에 영향을 미치는데, 이는 인지능력의 발달로 인해 자신의 여러 특성을 잘 통합할 수 있게 되면서, 개인의 특성을 더 잘 이해할 수 있게 되기 때문이다. 둘째, 자기의 주변 인물들로부터 주어지는 피드백의 영향을 받는다. 사회학자인 미드(Mead, 1934)는 개인의 자아개념은 중요한 타인 significant others과의 상호작용을 통해 형성된다고 주장하였다. 학령기 이전에는 부모로부터의 피드백이 많은 영향을 주지만, 아동이 학교에 들어가면서부터는 또래의 피드백에 의해 더 많은 영향을 받게 된다.

2) 자아존중감

자아존중감self-esteem이란 자기가치에 대한 판단으로 긍정적 또는 부정적 판단을 말한다. 자아개념이 자신에 대한 인지적 개념이라면, 자아존중감은 자신에 대한 감정적인 느낌이라고 할 수 있다(Simmons & Blyth, 1987). 다시 말해 자아존중감이란 자신이 사랑받을 만한 가치가 있는 소중한 존재이고, 어떤 성과를 낼만한 유능한 사람이라고 믿는 마음으로, 자아존중감은 객관적이고 중립적인 판단이라기보다는 자신에 대한 주관적인 느낌을 의미한다.

자아존중감은 인간의 기본욕구로서 정신건강에 매우 중요한 역할을 하고, 개인의 심리적 적응을 알기 위해서는 개인의 자아존중감을 알아야 한다. 메슬로우Maslow는 자아존중감을 충족시킨 사람은 스스로를 능력이 뛰어나고 가치 있는 사람이라고 생각하는 반면, 자아존중감을 충족시키지 못한 사람은 인생에 있어 열등감과 자신을 무가치한 사람이라고 생각한다고 하였다.

자아존중감은 크게 세 가지로 구분이 되는데, 학업적 자아존중감, 사회적 자아존중감, 신체적 자아존중감이며, 이는 연령이 증가할수록 각각 세분화된다(Marsh, 1990). 하터(Harter, 1998)는 이러한 분리된 자아존중감이 먼저 형성되고, 아동기 동안 전반적 자아존중감으로 통합이 된다고 주장한다(그림 11-3).

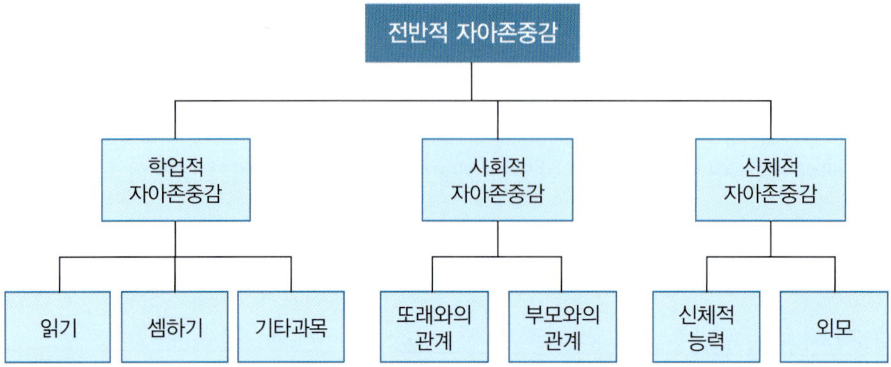

| 그림 11-3 | **아동기 자아존중감의 위계적 구조**

자아존중감은 연령의 증가에 따라 그 수준이 변화한다. 일반적으로 유아기에 자아존중감이 가장 높고, 아동기가 되면서 점차 현실적인 수준으로 맞추어진다. 이는 아동이 또래들과 어울리게 되면서 자신의 외모, 능력, 행동 등 여러 영역에 걸쳐 타인과 비교하는 사회적 비교social comparisons가 가능하기 때문이다.

아동의 자아존중감 발달에 영향을 주는 요인으로는 첫째, 부모의 양육태도이다. 일반적으로 부모가 온정적이고, 수용적인 태도를 가진 자녀들은 높은 자아존중감을 보이지만, 부정적이고, 거부적이며, 무시하는 태도를 가지는 부모들의 자녀들은 낮은 자아존중감을 보인다. 둘째, 아동의 자아존중감은 또래, 교사, 중요한 타인 등으로부터 받는 피드백이 중요한 영향을 미친다. 주변 사람들로부터 긍정적인 피드백을 받는 아동은 자아존중감이 높은 반면, 그렇지 못한 아동은 낮은 자아존중감을 가진다. 특히 또래로부터의 피드백은 연령이 증가할수록 그 영향은 더욱 커진다. 이 외에도 자아존중감에 영향을 미치는 요인으로는 아동의 출생 순위와 가정의 사회경제적 지위 등이 있다. 출생순위를 보면 일반적으로 맏이나 외동의 아이가 자아존중감이 높았으며, 사회경제적 지위에 있어서는 지위가 높은 집단에 비해 낮은 집단의 아동이 낮은 자아존중감을 보이는 것으로 나타났다.

4. 놀이의 발달

유아들은 놀이를 통하여 다른 유아들과의 사이에서 발생하는 사회적 문제에 대하여 이해하고 해결방법을 모색하는 노력을 시도한다. 특히 놀이에서 발생하는 시기, 질투, 경쟁, 분노 등과 같은 부정적 감정을 유발하는 갈등상황을 해결하는 방법을 터득해간다. 이때 배운 문제해결능력은 성인이 된 후에 사회에서 사용할 수 있는 사회적 기술의 초석의 역할을 하게 된다. 이러한 사회적 기술이 생성되기 위해 우선적으로 필요한 것이 조망수용능력이다. 조망수용능력은 자기중심성에서 벗어나 타인의 관점에서, 또는 타인의 감정에서 사물이나 사건을 이해할 수 있는 능력을 말한다. 이는 타인의 입장에서 바라보는 시각적 조망수용능력, 타인의 입장에서 생각하는 인지적 조망수용능력, 타인의 감정에서 느끼는 감정적 조망수용능력(감정이입)을 이해하는 능력이라고 할 수 있다. 역할놀이와 같은 사회극놀이는 유아의 조망수용능력을 발달시킬 수 있는 좋은 놀이이다. 이는 사회극놀이를 통하여 유아들은 다양한 역할을 수행함으로써 타인의 관점에서 세상을 이해하는 경험을 가질 수 있기 때문이며, 타인을 이해하고 행동하는 이타적인 행위는 또래 유아들 사이에서 인기아가 될 수 있는 필수요소가 되기 때문이다. 유아기의 놀이에서 인기아였던 경험은 자존감과 성공감을 가지게 하며, 성인이 되어 사회에 적응할 때 적극적으로 임할 수 있는 지지기반을 제공함으로 매우 중요하다.

1) 놀이의 특성

현대에 이르러 놀이의 중요성은 더욱 부각되고 있다. 전 세계가 빠른 성장을 위하여 목적지향적인 교육에 힘쓰고 있어 영유아기의 놀이다운 놀이는 사라지고 그 자리를 놀이를 가장한 학습이 대신하고 있다. 부모나 교사는 유아에게 놀이를 제안하거나 권할 때 가능하면 놀이를 하는 과정이나 결과에 교육적인 효과가 탁월한 것을 우선적으로 선택해야 한다. 하지만 성인들이 유아에게 놀이를 제공하고자 할 때 가장 중요하게 고려해야 할 점은 진짜 놀이를 통하여 적합하고 도전적인 놀이를 구성하고 놀이의 전략을 획득하도록 하여 유아에게 즐거움과 기쁨을 안겨주는 것이다. 놀이의 특성을 가장 잘 설명할 수 있는 요인들에 대해 스미스와 볼스테트(Smith & Vollstedt, 1985)는 연구를 진행하였는데, 놀이의 특성에 대해 살펴보면 〈표 11-8〉과 같다(김이영 외, 2019).

| 표 11-8 | 놀이의 특성을 설명하는 요인

구분	내용
내적동기유발	놀이란 유아 스스로가 주체가 되어 자발적으로 놀이를 계획하고 구성하고 주도하는 내적동기화에 의한 활동을 말한다. 놀이에 대한 동기화는 본능적인 욕구나 목적에 의한 것이 아니라 유아의 내부에서 일어나며, 자신의 자발적인 선택이기 때문에 흥미를 가지고 집중하여 높은 수준의 성취감을 느낄 수 있는 것이다.
긍정적 정서	놀이는 일반적으로 즐거움의 표시로 나타나지만 아닌 경우에도 발생할 수 있다. 이는 종종 약간의 두려움과 걱정이 앞설 수 있는데, 유아가 처음 타는 놀이기구나 자신의 역량보다 우위의 수준의 놀잇감 앞에서 준비하는 순간이 그것이다. 하지만 이러한 두려움도 즐거움의 특성을 가진다고 볼 수 있는데, 이것은 유아가 처음 몇 차례는 두렵지만 반복해서 놀잇감을 가지고 놀려는 이유로 설명할 수 있다. 놀이라는 수행 행동은 추구하는 목적은 없지만, 놀이 자체가 목적이 되고 즐거움이 있어야 한다.
융통성	유아는 놀이에서 융통성을 발휘하여 자유롭게 새로운 활동을 계획하고 구성하는 등의 시도를 통해서 일상의 생활에서도 사용할 수 있는 기술들을 개발하고 숙달시키는 것으로 본다. 이런 놀이상황에서 발휘된 융통성은 유아의 사고를 유연하게 하며, 문제해결능력, 창의력 등의 발달과 관련이 있다.
과정지향성	놀이에서 유아는 어떤 목표를 설정하고 달성하기 위해 노력하지 않는다. 수단이나 과정을 결과보다 더 중시하므로 결과에 대한 부담이 없고 그래서 실패에 대해 두려워할 필요없이 더 자유롭게 놀이를 즐길 수 있고 시도할 수 있으며, 처음의 계획과는 달리 유아의 흥미와 관심에 따라 언제든지 중지, 변경이 가능하다.
비실제성	놀이에서는 유아는 여기-지금의 제한에서 자유로울 수 있으며, 실제에 대한 가상적 태도가 무엇이든 어떤 상황이든 가능하게 해 준다. 또한 상식적인 의미는 상쇄되고 놀이에서 유아가 정한 새로운 의미가 적용된다. 예를 들어, 유아는 놀이에서 잘려진 나무 밑둥을 소파로 사용할 수 있으며, 책을 세워 성곽으로 사용할 수 있으며, 아무 것도 손에 쥐지 않고 먹는 시늉을 통해 마치 그릇에 담긴 음식을 먹는 동작을 표현할 수도 있다. 이러한 본질적 특성은 놀이를 구별할 수 있는 가장 유용한 지표일 뿐만 아니라 모든 놀이에서 사용된다.

2) 유형별 놀이활동

유아의 놀이는 신체 및 인지적 발달과 함께 유아의 놀이 형태도 단계적으로 발달되어 나타난다. 파턴(Parten, 1932)은 이러한 사회적 놀이의 단계를 유아의 인지 및 사회적 발달의 단계에 따라 여섯 가지의 유형으로 구분하고 있다. 이는 유아가 놀이를 통하여 다른 유아들과 어떻게 상호작용을 하는지에 따라 놀이를 여섯가지 발달단계로 구분하는 것이다.

(1) 비참여 놀이

비참여 놀이(unoccupied behavior, 0~1.5세)는 짧은 순간에 아무런 목적없이 잠시 어떤 것을 흥미롭게 살펴볼 뿐 제대로 몰입되지 않는 놀이를 의미한다. 흥미를 끄는 것이 없을 때에는 주위를 두리번거리거나 선생님을 따라 다니거나 장난감을 가지고 노는 것이 아니라 단순히 만지작거리는 행동을 한다. 이는 사회적 놀이발달과정에서 처음 유아가 경험하는 단계지만, 어느 놀이 형태에도 포함되지 않는 행동이라고 볼 수 있다.

(2) 방관자적 놀이

방관자적 놀이(onlooker behavior, 1.5~2세)는 유아가 주변을 관찰하면서 놀이를 한다는 점에서 비참여 놀이와 유사하지만 주변환경에서 흥미로운 사건이 아니라 특정한 유아를 관찰한다는 점에서 차이점이 있다. 방관자적 놀이를 보이는 유아들은 다른 유아들의 이야기를 듣고 놀이하는 것을 보고, 놀이하고 있는 다른 유아들에게 말을 걸거나 놀이에 대한 제안을 하기도 한다. 하지만 놀이에 직접적인 참여는 하지 않는다. 이러한 방관자적 놀이는 대부분 놀이에 참여하지 못하는 소극적인 유아들이나 한 놀이가 끝나고 다른 놀이를 찾아서 선택하려고 할 때 나타난다.

(3) 혼자 놀이

혼자 놀이(solitary play, 2~2.5세)는 다른 유아와의 상호작용의 빈도가 매우 낮은 편에 속하며 다른 유아의 놀이나 놀잇감에 호기심이나 관심을 가지지 않고 자신의 놀이에만 몰입하는 형태를 말한다. 이 놀이의 특징은 다른 유아가 어떤 놀잇감으로 어떤 놀이를 누구와 하는지 상관하지 않기 때문에 다른 놀이에 비해 비성숙한 형태로 오해하기 쉬우나 자신의 놀이를 창의적으로 계획하고 놀이에 대해 집중하기 때문에 놀잇감에 대한 이해도를 높일 수 있으므로 유아에게 혼자 놀이의 경험은 필요하다.

(4) 평행 놀이

평행 놀이(parallel play, 2.5~3세)는 같은 공간에서 유아들끼리의 상호작용이 없으며 다만 다른 유아와 같거나 유사한 놀잇감을 가지고 혼자 놀이를 하는 형태를 말한다. 평행 놀이가 다른 그룹의 유아들의 놀이에 자연스럽게 합류하거나 자신의 놀이에 다른 유아들을 참여시키는 도구로 사용될 수 있다는 관점에서 본다면 평행 놀이는 단순히 다른 유아들과 상호작용이 없는 놀이보다는 오히려 일정수준의 사회성이 요구되는 놀이라고 볼 수 있다(김수영 외, 2006). 파턴(Parten, 1932)의 연구에 의하면 아동의 놀이는 혼자 놀이, 제한적이지만 사회적 참여가 이루어지는 평행 놀이, 온전한 사회적 참여가 요구되는 협동 놀이의 단계로 발달된다고 한다.

(5) 연합 놀이

연합 놀이(associative play, 3.5~4.5세)는 다른 유아들과 함께 놀이에 대해 이야기를 나누고, 다른 유아들의 놀잇감을 빌리기고 하고 빌려주기도 하며 다른 유아들의 놀이를 흉내내기도 하지만 놀이의 목표, 놀이에서의 역할분담 등 놀이의 조직적인 체계는 아직 마련되지 않은 단계이다. 각자가 자신의 놀이를 진행한다는 점에서 평행 놀이와 유사하지만 놀잇감을 빌려주거나 다른 유아의 놀이에 참여하거나 의견을 교환한다는 점에서 평행 놀이보다 높은 수준의 사회성이 필요한 단계임을 알 수 있다.

(6) 협동 놀이(cooperative play, 4.5세 이후)

협동 놀이(cooperative play, 4.5세 이후)는 여러 명의 유아들이 공동의 목표를 가지고 놀이의 리더를 중심으로 놀이에서의 역할을 분담하여 조직적으로 진행되는 사회적 놀이이다. 놀이의 종류로는 여러 가지 물건이나 구조물 만들기, 축구, 학교 놀이, 시장 놀이, 병원 놀이 등이 있으며, 집단끼리의 경쟁에서 승리하기 위한 협동-경쟁적 놀이cooperative-competitive play로 발전되기도 한다.

파턴(Parten, 1932)은 유아의 사회성이 발달함에 따라 비사회적 놀이인 혼자 놀이와 제한된 사회적 놀이인 평행 놀이는 줄어들고, 진정한 상호작용의 형태인 연합 놀이와 협동 놀이는 비중이 늘어난다고 주장한다. 하지만 이와 반대되는 견해로 혼자 놀이가 사회성이 미숙함이 아니라 독립적인 성향으로 볼 수 있으며, 평행 놀이에서도 주변의 유아들의 놀이형태를 관찰하고 모방함으로써 추후의 연합 놀이나 협동 놀이에 도움이 된다고 주장하는 견해도 있다.

5. 도덕성 발달

어린 아이들은 항상 자기중심적인 것처럼 보이고 매사에 부모에게 인내심을 요구하는 것처럼 보인다. 또한 쉽게 말하진 못하지만 부모들의 고민은 아이가 혼자만 과자를 먹으려고 한다거나 장난감을 다른 아이와 나눠 갖는 것을 너무나 싫어해서 뭔가 문제가 있는 것이 아닐까라고 생각하기도 한다. 아이가 좀 더 자라면 남의 물건을 아무 생각 없이 가져오고 그것을 자기 것이라고 생각하는데 혹시 도벽이 있는 것은 아닌지 걱정하기도 한다. 어른의 시각에서 본다면 이러한 행동은 분명 사회적으로 용납 받지 못할 행동이지만 아이들에게는 다른 잣대가 필요하다. 그 이유가 무엇일까? 그것은 아이에게는 어른들과 달리 그 연령에 맞는 도덕적 기준이 있기 때문이다.

도덕성이란 선악을 구별하고, 옳고 그름을 바르게 판단하며 인간관계에서 지켜야 할 규범을 준수하는 능력을 말한다. 도덕성 발달은 자신이 속한 사회의 문화규범에 따라 행동하도록 배우고 이를 자신의 것으로 받아들이는 과정을 통해 이루어진다. 아이들의 도덕성 발달에 대해 피아제Piaget와 콜버그Kohlberg의 도덕성 이론을 중심으로 살펴보면 다음과 같다(권성민 외, 2019).

1) Piaget의 도덕성 발달

도덕성 발달이론을 최초로 제안하고 연구를 가장 먼저 시작한 사람은 피아제Piaget이다. 그는 아동의 도덕성 발달이 세 단계를 거쳐서 이루어진다고 주장한다. 첫 번째 단계는 규칙이나 질서에 대한 도덕적 인식이 전혀 없는 단계이다. 두 번째 단계는 타율적 도덕성 단계heteronomous morality stage로 4~7세의 아이에 해당한다. 이때 아이들은 규칙이란 것은 부모님이나 신과 같이 힘이 있는 사람들에 의해 만들어진다고 생각한다. 그래서 규칙은 절대로 변경될 수 없고 규칙을 어기면 벌을 받게 된다고 생각한다. 이들에게 있어 도덕적인 문제는 항상 '옳고, 나쁜' 방향이 있다고 믿고 규칙에 잘 따르는 것이 항상 옳다고 생각한다. 그리고 이때의 아이들은 행위의 의도에는 관심이 없고 결과만으로 옳고, 나쁜 쪽을 판단한다. 예를 들어, 이때의 아이들은 엄마의 설거지를 도우려고 하다가 접시를 10개 깬 것과 엄마 몰래 과자를 꺼내려고 하다가 접시 1개를 깨뜨린 상황에 대해 전자에 대해 더 큰 잘못을 했다고 판단한다. 의도와 상관없이 깨진 접시의 개수만으로 잘못의 크기를 판단한다. 또한 이 시기에는 잘못을 저지르면 반드시 벌을 받게 된다고 믿는다. 주변에 자신을 보고 있는 사람이 없어도 이 시기의 아이들은 하느님이 항상 보고 있으므로 먹지 말라는 과자를 몰래 꺼내 먹다가 넘어져 무릎에 피가 나면 이것이 벌을 받고 있는 것이라고 판단하게 된다.

세 번째 단계는 자율적 도덕성 단계autonomous morality stage이다. 10세경부터 이 단계로의 발달을 보이는데, 이 단계의 아이들은 규칙은 사람들이 만든 것이고 그것은 변경될 수 있으며 상황적 요인을 고려하여 도덕적 판단을 내릴 수 있는 융통성을 발휘하게 된다. 옳고 그른 것에 대한 판단도 행위의 결과가 아닌 의도에 의해 판단하게 된다. 이제 아이는 엄마를 돕기 위해 일하다가 접시를 깬 것이 과자를 몰래 먹다가 접시를 깬 것보다 잘못이 적다는 것을 알게 되며 구급차나 소방차가 응급상황에서 속도나 신호를 위반해도 그것이 잘못된 것이 아니라는 것을 안다. 점차 규칙이란 것은 변경될 수도 있고 상황에 따라 도덕적 판단이 달라질 수 있다는 것도 알게 된다. 타율적 도덕성 단계와 자율적 도덕성 단계 사이에 있는 7세에서 10세 사이의 아이들은 과도기적 단계로서 타율적 도덕성과 자율적 도덕성이 함께 나타나는 시기이다.

피아제Piaget는 도덕성 발달은 인지적 성숙과 사회적 경험이 중요한 역할을 한다고 하였다. 즉, 자기중심성의 감소와 역할수용능력의 발달과 같은 인지적 성숙과 또래 아이들과의 상호작용 같은 사회적 경험이 도덕성의 발달에 영향을 준다는 것이다.

2) Kohlberg의 도덕성 발달

콜버그Kohlberg는 도덕성 발달을 6단계로 구분하였다. 이러한 구분은 전인습적 수준, 인습적 수준, 후인습적 수준이라는 세 가지 수준이 있고 그 하위에 각각의 두 가지 하위단계가 포함되어진다고 설명하였다. 인습이란 말은 사회규범, 기대, 관습, 권위에 순응하는 것을 뜻하는 것이다.

그가 이러한 도덕성 발달 단계를 구분하기까지는 많은 연구가 뒤따랐다. 예를 들어, 〈표 11-9〉와 같이 "하인즈가 약을 훔치다"의 이야기를 10세에서 16세 사이의 아동 16명에게 들려주고 몇 가지 질문을 함으로써 남편의 행동이 옳은지 여부를 판단하게 하고 그렇게 판단한 이유를 물었다. 아이들이 대답한 판단과 추론을 분석하였다. 여기서 응답자의 판단이 다르더라도 추론이 비슷한 경우에는 같은 단계의 발달수준으로 보았다.

| 표 11-9 | "하인즈가 약을 훔치다"의 이야기와 질문

유럽의 한 부인이 특수한 종류의 암을 앓아 거의 죽어가고 있었다. 그 부인의 병을 치료하는 데는 오직 한 가지 약밖에 없는 것으로 알려져 있었다. 이 약은 같은 마을에 사는 어느 약사가 최근에 발명한 라디움 종류의 약이었다. 그 약을 만드는 데는 원가가 상당히 비싼데다가, 그 약사는 약값을 원가의 10배나 요구하였다. 라디움을 200달러에 구입해 그 조그만 약을 2,000달러에 팔려고 한 것이다. 병든 부인의 남편인 하인즈는 돈을 구하기 위해 아는 사람들 모두 찾아 다녔으나 그 약값의 절반밖에 안 되는 1,000달러 밖에 마련하지 못했다. 할 수 없이 하인츠는 그 약사에게 가서 자기 부인이 죽어가고 있다고 설명하고 그 약을 1,000달러를 받고 싸게 팔거나, 아니면 외상으로라도 자기에게 팔아주면 다음에 그 돈을 갚겠다고 간청했다. 그러나 그 약사는 "안 됩니다. 그 약은 내가 발명한 약인데, 나는 그 약으로 돈을 벌어야 합니다"라고 대답했다. 절망에 빠진 하인즈는 결국 약방의 문을 부수고 들어가서 자기 부인을 위하여 그 약을 훔쳤다.
〈질 문〉 • 남편은 약을 훔쳤기 때문에 벌을 받아야만 하는가? • 약사는 그렇게 터무니없이 비싼 약값을 요구할 권리를 가지고 있는가? • 약사가 부인을 죽인 것이나 다름없다고 비난하는 것은 정당한가? • 만약 정당하다면 그리고 부인이 중요한 인물이었다면, 약사를 더 심하게 처벌해야 하는가?

(1) 전인습적 수준

첫 번째 수준은 전인습적 수준pre-conventional level으로 이 수준의 사람은 사회규범이나 기대를 잘 이해하지 못하고 매우 자아중심적이어서 다른 사람의 입장을 이해하지 못하고 자기욕구충족에만 관심이 있다. 9세 이전의 아동과 일부 청소년, 그리고 성인 범죄자들이 여기에 해당한다.

전인습적 수준의 하위단계에는 1단계로 벌과 복종 지향의 도덕단계이다. 이 단계에서는 처벌을 피하기 위하여 규칙이나 기준을 따르는데, 엄마에게 야단을 맞지 않기 위하여 동생을 괴롭히지 않는다. 또한 이 단계의 아동은 결과만으로 행동을 판단하므로 보상을 받는 행동은 올바른 것이고 처벌을 받는 행동은 나쁜 것이라고 생각한다.

2단계는 개인적 보상 지향의 도덕단계인데, 자신의 흥미와 욕구를 만족시키기 위해 규범을 준수한다. 자신이 원하는 보상을 주는 행동을 하려는 경향을 보이므로 동생을 괴롭히지 않으면 엄마가 과자를 준다고 했기 때문에 동생을 괴롭히지 않는 원리로 행동하는 단계이다. 이 단계부터 다른 사람의 입장을 고려하기 시작하지만 완전하지는 않다.

(2) 인습적 수준

두 번째 수준은 인습적 수준conventional level이다. 10세에서 13세 아동들에서 나타난다. 이 수준은 다른 사람의 입장을 더 잘 이해하게 되고 사회적 관습에 맞는 행동을 도덕적 행동이라고 생각하므로 사회적 권위와 내면적 기준으로 도덕적 판단을 추론하게 된다. 그러므로 가정, 사회 등의 집단 기대에 따르는 것이 결과와는 상관없이 가치가 있다고 판단한다.

이 수준의 하위단계로서 3단계는 대인관계조화 지향 도덕단계로 올바른 행동이란 다른 사람을 기쁘게 하거나 다른 사람에게 인정받는 행동이라고 판단하며 타인의 기대에 부합하고자 노력한다. 동기나 의도가 중요하며 신뢰, 충성, 존경, 감사의 의미를 중요하게 생각한다.

4단계는 법과 질서 지향 도덕단계이다. 이 단계는 자신의 의무를 다하고 법과 질서를 따르는 것이 옳다고 판단한다. 이 시기에는 추상적 사고가 발달하기 때문에 자신을 사회의 일원이라고 생각하고 사회기준에 따라 행동을 평가하게 된다. 대부분의 성인도 이 단계에 해당한다.

(3) 후인습적 수준

세 번째 수준은 후인습적 수준post-conventional level이다. 이 수준에서는 도덕적 가치나 권위가 개인이나 집단의 권위와는 관계없이 그 자체로서 타당성을 가진다는 것을 깨닫게 된다. 이 수준에 도달하는 시기는 개인에 따라서 차이가 있으며 이 수준까지 도달하지 못하는 사람도 있다.

5단계는 사회계약 지향 도덕단계인데, 올바른 행동이란 사회전체가 합의한 기준에 따르는 행동이라고 판단하며 개인의 권리를 중요시하고 합리성에 따라 법과 규칙 등의 사회적 기준이 달라질 수 있다고 생각한다. 모든 사람들의 복지와 권리를 보호하기 위해 법을 준수하는데 때로는 법적 견해와 도덕적 견해가 서로 모순됨을 깨닫고 갈등상황에 놓이기도 한다.

다음 6단계는 보편적 원리 지향 도덕단계이다. 이 단계에서는 사회계약과 법은 보편적인 윤리기준에 맞는 것이기 때문에 정당하다고 믿으며 인간의 존엄성, 인간의 평등성, 정의 같은 것이 해당된다고 본다. 도덕성이란 양심에 따라 이루어지는 것이라고 보기 때문에 타인들의 생각이나 법의 제약과는 관계없이 자신이 선택한 도덕원리에 따라 행하는 행동이 올바른 행동이라고 판단한다. 예수나 석가모니와 같은 소수의 성인만이 이 단계에 도달하게 된다고 보았다.

3) 도덕성의 발달이론

(1) 정신분석적 관점

프로이드Freud는 인간의 성격구조가 원초아(id)와 자아(ego), 초자아(super ego)로 구성이 되고 도덕성 발달은 초자아가 나타나기 시작하면서 이루어진다고 보았다. 초자아는 남근기(3~6세)에 발생하는 오이디푸스 콤플렉스oedipus complex를 해결하는 과정에서 형성된다. 이 시기에 아동들은 무의식적으로 이성부모에 대한 근친상간적 욕망 때문에 동성부모에 대한 경쟁심을 경험하게 된다. 남자 아이의 경우, 아버지에 대한 두려움 때문에 오이디푸스 콤플렉스와 적대감이 형성되고, 이 공포에서 벗어나기 위해 아버지를 동일시할 수밖에 없다. 이 과정에서 아동들은 아버지의 도덕기준을 포함한 여러 속성을 내면화시킨다. 프로이드Freud는 남성의 초자아가 유아초기에 출현해서 6~7세에 성숙되며 이에 따라 오이디푸스 콤플렉스가 해소된다고 가정했다. 여자 아이들은 아버지의 애정을 두고 엄마와 경쟁하기 시작하는 남근기 동안에 비슷한 갈등을 경험하는 것으로 추측되고 있지만, 남자 아이들이 아버지에 대해서 느끼는 것만큼 어머니를 그렇게 두려워하지는 않는다. 왜냐하면 최악의 상황에서라도 어머니들은 여자아이들을 결코 거세할 수 없기 때문이다. 여자 아이들도 엘렉트라 콤플렉스electra complex를 해결하기 위해 엄마를 어쩔 수 없이 동일시하면서 두려움을 해결하게 된다. 이런 이유로 프로이드Freud는 여성들의 초자아가 남성들에 비해 더 약하다고 믿었다. 따라서 정신분석이론에서는 인생의 초기 단계에 아동이 부모의 기준이나 사회의 규범에 적응하게 되면서 도덕성 발달이 이루어진다고 보았다.

(2) 사회학습 관점

사회학습 이론가들은 어떻게 아동들이 나쁜 행동을 억제하고 유혹에 저항하면서 도덕적으로 행동하는가에 초점을 두었다. 사회학습 이론에서는 도덕성 발달은 다른 모든 행동과 마찬가지로 강화, 처벌, 모방에 의해 설명될 수 있다고 믿는다. 법이나 사회관습에 일치하는 행동이 보상을 받으면, 그 행동은 지속되고 도덕적으로 행동하는 모델을 보게 되면 아이들도 역시 그러한 행동을 취하게 된다는 것이다. 그러나 비도덕적 행동이나 바람직하지 못한 행동으로 처벌을 받게 되면 그 행동은 하지 않게 된다고 설명한다(Bandura, 1977).

04 Part

생태학적 맥락과 영유아발달

12

Chapter

가족과 대중매체 및 영유아발달

· 학습목표 ·

1. 성별, 부모, 형제자매와 영유아발달의 관련성을 이해한다.
2. 또래맥락과 영유아발달의 관련성을 이해한다.
3. 가족유형과 영유아발달의 관련성을 파악한다.
4. 대중매체맥락과 영유아발달의 관련성을 이해한다.

인간의 발달은 유전과 환경의 상호작용으로 이루어진다. 따라서 모든 발달 단계에서 유전적인 성숙 요인 그리고 환경적인 학습 요인이 모두 중요하지만 출생 후 6세 이전의 발달기간에 속하는 영유아기의 발달에서는 특히 환경적 요인이 중요하다. 따라서 본 장에서는 영유아기 발달에 중요한 생태학적 맥락에 해당하는 성별, 부모, 형제자매, 또래관계, 가족유형 및 대중매체의 맥락에 대해서 살펴보고자 한다.

영유아기는 무엇보다 개별적 특성의 발달 요인이 중요한 시기이지만 생태학적 맥락 또한 중요한 요인 중 하나이다. 맥락이란 환경과 같은 의미로 흔히 사용이 되지만 환경보다는 더 포괄적인 개념의 용어이다. 러너(Lerner, 1995)에 따르면 맥락이란 발달에 영향을 미치는 물리적 · 사회적 변인들의 상호작용 체계로 정의되며 영유아기의 발달이 이상적으로 이루어지기 위해서는 영유아와 맥락이 적합한 상황을 이루어야 한다. 영유아발달에 중요한 생태학적 맥락에는 성별, 부모, 형제자매, 또래, 가족유형 그리고 대중매체의 영향 등이 있다.

1. 성별

성별에 따른 기질을 살펴보면, 남아의 경우 적응성과 활동성이 여아에 비해 높게 나타나고, 여아는 남아에 비해 까다롭고 공포심을 더 많이 느끼는 것으로 보고되고 있다. 특히 유아의 사회성 발달은 언어의 발달과 매우 밀접한 관련성이 있다. 즉, 영역별 발달은 독립적으로 이루어지는 것이 아니라 상호 보완적으로 발달하는 경향성을 지니고 있기 때문이다. 유아의 언어적 발달은 가족 혹은 또래 등과 상호작용하는 중요한 매개체이다. 따라서 유아의 언어발달은 사회성 발달의 기본적인 수단이 된다고 할 수 있다. 언어발달 측면에서 보면 여자 유아가 남자 유아보다 언어발달이 더 빠른 경향을 보인다.

이러한 기질과 언어 발달 등에서 성차가 발생하고 있으며, 이러한 차이는 놀이 활동에서도 관찰되는 현상으로 이를 선천적인 것으로 보는 관점이 지배적이다. 구체적으로 남아와 여아의 경우 역할 놀이의 주제에서도 다소 차이가 있으며, 놀이 친구의 수에서도 남아는 더 큰 집단을 선호하면서 경쟁적인 활동에 집중하는 것으로 보고되고 있다(표 12-1).

| 표 12-1 | 성별에 따른 놀이 활동의 차이

구분	여아	남아
집단 역동성	협동적	경쟁적
신체적 공격성	낮음	높음
놀이 상대의 수	2~3명	집단
역할놀이	가족역할, 연애	영웅놀이, 전투
장난감	인형, 옷입히기, 부엌놀이	액션 인형 놀이, 장난감 자동차
성인과의 근접성	가깝다	멀다

이상과 같이 영유아의 기질, 언어발달, 놀이 활동에서의 성별차이는 결과적으로 영유아 발달에 성별이 영향을 미친다고 할 수 있다.

2. 부모

영유아가 출생하면서 가장 먼저 만나게 되는 인간관계 중의 하나가 가족이며, 처음 접하게 되는 환경이 바로 가족 환경이다. 따라서 영유아기의 사회적 관계는 부모, 형제와 같은 소수의 중요한 인물들과의 관계로 한정된다. 이와 같이 영유아는 세상에 태어나서 맨 처음 자신의 존재를 인식하게 되고 나아가 세상에 관한 최초의 지각을 형성하는 시기에 가족과의 관계를 맺음으로서 자신의 존재에 대한 긍정과 타인에 대한 믿음을 가지고 안정된 관계를 형성해가는 바탕을 이룰 수도 있지만 이 시기에 관계형성이 잘 이루지지 못하면 자신에 대한 부정적 존재감과 타인에 대한 불신감이 만들어 질 수도 있는 중요한 시기에 해당한다. 다시 말해 이후의 모든 사회적 관계의 바탕이 되는 신뢰감 혹은 불신감의 바탕이 이 시기에 형성되는 매우 중요한 시기이다.

영유아들이 어떤 식으로 성장하느냐는 아이를 누가 돌보느냐보다는 어떤 가정에서 자라느냐에 따라 영유아 발달에 차이가 있다고 주장한다. 즉, 부모가 어떤 양육태도를 가지고 아이와 어떻게 상호작용하는지가 중요하다는 것이다. 부모가 아이와 같이 있을 때 아이의 요구에 민감하게 반응할수록 결합은 더 단단해진다고 말한다. 아이를 지극 정성으로 보살피면 아이의 정서적 건강이나 사회성이 좋아지는 것은 물론이고 인지 능력도 발달할 수 있다.

1) 양육태도

바움린드(Baumrind, 1971)는 부모의 양육행동과 유아들의 사회적 능력 간의 관계를 알아보기 위해 구조화된 실험실과 자연스러운 현장인 가정에서 부모와 유아 간의 상호작용을 관찰한 결과, 부모의 양육행동과 그에 따른 아동의 행동 특성을 〈표 12-2〉와 같다고 주장하고 있다.

| 표 12-2 | 부모의 양육행동과 아동의 행동 특성

	부모 특성	아동 행동 특성
권위 있는 양육행동	애정적 태도와 통제적 태도 모두 많은 양육행동이다. 가장 바람직한 양육행동으로 유아의 양육행동에 규칙이 있으며 규칙을 명확히 전달한다. 그리고 유아의 고집에 굴복하지 않으며, 잘못된 행동은 엄격히 통제하고 유아의 관점을 이해하고 존중하며 애정적이고 반응적이다.	자신감이 높고 책임감이 높으며 자기통제력이 발달되어 있고 사회활동 수준이 높다. 그리고 명랑 쾌활하며 또래 친구와 잘 지낸다. 스트레스에 잘 대처하고 새로운 환경에 흥미와 호기심이 높으며, 성인과 협조적이며 사회성이 높다. 또한 목적이 있고 성취도도 높다.
독재적인 양육행동	통제적 태도는 많으나 애정이 없는 양육행동이다. 이러한 양육행동의 부모는 규칙을 맹목적으로 강요하고 나쁜 행동을 즉각 지적하고 처벌한다. 그리고 분노와 불쾌감을 그대로 유아에게 표현하고 논리적으로 설명하지 않으며, 심한 처벌과 훈육을 가한다. 또한 애정과 긍정적인 관심이 낮으며, 유아와 함께 하는 활동이 없는 편이고 칭찬에 인색하다.	전반적인 발달과 행동에서 부정적인 모습을 보인다. 공포와 두려움이 있으며 부정적인 자아개념을 가지고 있고 자신감이 낮다. 그리고 긴장하고 항상 불안해하며 직접 표출하지는 않으나 적의적이고 배타적이며 지나치게 복종적, 의존적이거나 반대로 반항적인 행동을 보일 수 있다. 또한 대인관계 능력이 부족하고 사회성도 낮다.
허용적인 양육행동	애정적 태도는 많으나 통제적 태도가 없는 양육행동이다. 이러한 부모는 규칙을 명시하거나 부과하지 않으며 유아에 대한 통제가 거의 없고 유아의 울음, 고집에 굴복한다. 또한 나쁜 행동을 무시하거나 수용하며 애정적이다.	어른에 대한 저항이나 불복종을 보이며 자기중심적이고 자기 통제력이 부족한 편이다. 그리고 충동적이고 공격적이며 쉽게 화내지만 회복도 빠른 편이다. 또한 목적이 없거나 목표지향적 활동이 적으며 자립심 및 성취 수준이 낮고 규칙을 무시하고 제멋대로 행동한다.

	부모 특성	아동 행동 특성
무관심한 양육행동	애정적 태도와 통제적 태도 모두 없는 양육행동이다. 이러한 부모는 유아에 대한 애정이 부족하거나 표현이 부족하며 규칙을 명시하거나 부과하지 않는다. 그리고 유아에 대한 통제가 거의 없으며 냉담하거나 무관심하고 칭찬하거나 처벌하지 않는다. 또한 유아와 함께 하는 활동이나 대화가 매우 부족하다.	자기 통제력이 부족하고 적개심이 많으며 반항적이다. 그리고 혼란스러워하고 좌절감을 많이 느끼며 세상과 타인에 대한 불신이 높으며 학업성취도가 낮다. 그리고 장기적인 목표를 갖지 못하고 반사회적 행동을 많이 한다.

출처: 하수연 외(2015). 유아사회교육. 공동체. pp.90-92.

2) 어머니의 영향

영아기에 영아와 주 양육자인 어머니와의 관계를 통해서 애착attachment관계가 형성 된다. 이때의 애착관계를 기초로 신체발달, 인지발달, 정서발달이 집중적으로 이루어진다. 출생 후 자신의 존재와 타인의 존재에 대한 구분이 되지 않은 상태에서 양육자인 어머니와의 상호작용을 통해서 자신의 존재감을 확인(즉, 자아의 인식)하게 되고 나아가 타인의 존재를 인식하게 된다. 그리고 환경에 대한 탐색을 통해서 세상에 대한 지식을 습득하고 인간의 기본적인 능력과 기술을 배움으로서 사회화의 기초를 형성하게 된다. 따라서 어머니는 영아발달의 가장 중요한 생태학적 맥락에 해당한다. 즉, 아이와 어머니의 상호작용의 질이 좋아야 한다. 아이들은 기저귀 갈아주기, 차타러 가기, 잠자리에서 책 읽어주기 같은 어른들과의 단순한 만남을 통해서도 많은 것을 배운다. 말을 배우고, 감정을 느끼며, 남에게 어떻게 대해야 하는지를 알게 된다. 또한 세부 사항을 관찰하는 법을 배우고, 사건들을 기억하며 문제를 해결하는 방법도 배우게 된다.

가장 좋은 어머니란 잘 돌보고, 많은 시간을 투자하여 아이들의 활동에 깊이 관여하고, 아이들의 요구에 잘 반응하고, 상황에 맞는 행동을 하고 독립심을 키우기를 원하고 명확한 기준을 세운 뒤 아이들이 따라오는지를 파악하면서 요구하는 부모이다. 그리고 아이들에게 이득이 되는 어머니의 태도는 아이의 발달단계에 따라 달라 질 수 있는데, 일반적인 사항은 〈표 12-3〉과 같다.

| 표 12-3 | 아이의 발달에 도움이 되는 어머니의 태도

구분	내용
애정과 관심	아이들은 어머니가 자신을 잘 돌봐주기를 원한다. 잡아주고, 안아주고, 속삭여주면 아이들은 활짝 웃음을 짓게 된다. 애정과 관심을 항상 받고 자란 아이들은 지능도 그만큼 발달한다. 생후 1년 이내에는 아기들의 시각과 청각의 발달이 제한되어 있기 때문에 육체적 접촉은 아기들에게 단순히 안락감만 제공하는 것이 아니라 배움의 기회도 제공한다는 측면에서 매우 중요한 요인이다. 애정과 관심 및 칭찬은 걸음마 단계의 아기들이나 학교에 가기 직전의 아이들에게도 매우 중요하다. 사랑을 듬뿍 받은 아이일수록 사회 적응력과 지능이 높은 것으로 나타난다.
반응성	어머니의 반응성이 중요하다. 반응성이 아이들의 육체적 요구, 즉 배고프다, 자고 싶다, 기저귀를 갈아 달라 등에 재빨리 반응하는 것만을 의미하지는 않는다. 아이가 자극받고 싶어 하고 같이 놀고 싶어 하는 요구를 들어주는 것이 포함된다. 아기들은 지루하면 울게 된다. 아기들이 괜히 옹알이를 하는 것이 아니며 아기들은 우리가 대답해주기를 기대하고 있다. 즉, 우리를 자신의 대화 속으로 끌어들여 우리가 짓는 재미있는 표정을 보고 즐기고자 하는 욕구가 내포되어 있다. 아이들에게 대답해주는 것은 아이들의 언어발달에도 중요하지만 아이들의 정서적 반응이나 자기 존재를 인식하는데도 매우 중요한 요인이다. 반응이 좋은 어머니란 결국 아이들의 말을 잘 들어주는 것을 뜻한다. 좋은 어머니가 되려면 시간을 들여서 아이들이 말하고자 하는 것을 듣고 대화를 나누려는 시도를 해야 한다.
관여	좋은 어머니의 또 다른 특성은 관여이다. 그러나 어떻게 관여하는 것이 좋은지에 대해서는 명확하지 않다. 아이들을 밖으로 데리고 나가고, 노는 시간을 정해주기만 하면 되는 것은 아니다. 책을 읽어주고 노래를 부르고 모래성을 쌓고 숲을 거닐고 등 아이와 일대일로 맞붙어 같이 지내는 것이 중요하다. 아이들이 어머니와 함께 보내는 시간과 지능과는 매우 밀접한 관계가 있다는 보고들이 많다. 따라서 걸음마 단계에서는 아이들과 같이 즐길 수 있는 놀이를 하는 것이 좋다.
심리상태와 양육행동	어머니가 우울상태에 있는 이이들은 정상적인 어머니를 둔 아이들에 비해서 우울한 기분, 원인 모를 두통, 흥미결여, 위축 등의 특성을 보여 불안정 애착이 나타난다고 보고하고 있으며, 어머니의 우울증상은 자녀의 정신병리 발병의 위험성을 높이며 또래관계의 어려움, 기타 사회적 관계 및 학업적 성취에도 부정적 영향을 미치는 것으로 나타나고 있다. 또한 자아존중감이 높은 어머니는 애정적이며 긍정적인 양육행동을 보이지만 어머니의 낮은 자존감은 영유아가 낮은 자존감을 갖는데 영향을 미치는 것으로 나타나고 있다. 그리고 어머니의 자기효능감은 어머니의 양육행동에 영향을 미치며 영유아의 자기효능감에 영향을 미치는 것으로 보고하고 있다. 즉, 자기효능감이 높은 어머니는 바람직한 양육행동을 보이지만 낮은 자기효능감을 지닌 어머니는 주로 강압적인 양육행동을 보이는 것으로 보고하고 있다.

3) 아버지의 영향

영아기의 발달에 영향을 미치는 가족구성원으로서는 어머니의 영향이 가장 크지만 아버지의 영향도 매우 중요하다. 최근에는 아버지의 역할에 많은 관심을 가지고 있으며 실제적으로 육아에 많은 참여를 하고 있는 것은 매우 바람직한 현상이다. 최근 편모슬하에서 자란 아이들이 양친이 모두 있는 아이들보다 학업 성취가 낮다고 알려지고 있다.

아버지가 아이들 교육에 적극적인 아이들은 아버지가 전통적, 권위적인 아이들보다 지능지수가 높으며 자긍심이나 자기절제도 강하고 사회성도 뛰어난 것으로 보고하고 있다. 어머니와 다른 아버지의 양육특성을 살펴보면, 어머니는 보다 애정적이고 언어적인 상호작용이 중심인 경우가 빈번하지만 아버지의 경우는 놀이 활동이 중심이며 신체적 활동이 중심이며 어머니에 비해 거칠고 격한 활동이 동반되는 경험이 많기 때문에 어머니와 아버지 모두의 상호작용이 영아에게 독립적인 영향을 미쳐서 영아의 건전한 성장발달에 중요하다. 특히 아버지의 역할로서는 성역할 발달의 안내자 및 사회적 관계의 형성에 중요한 역할을 하는 것으로 확인되고 있다.

3. 형제자매

영유아의 성장과 발달은 사회적 맥락 속에서 이루어진다. 사회적 맥락에서 가장 중요하고 1차적인 관계의 장이 가정이며 가정에서의 부모-자녀관계가 사회화의 가장 중요한 맥락을 제공한다. 그다음으로 중요한 관계가 바로 형제자매 관계이다. 형제자매 관계도 영유아들에게 상당히 많은 의미 있는 경험을 제공한다. 이 시기의 영유아들은 형제자매 간에 높은 갈등과 경쟁을 경험하게 된다. 그 이유는 제한된 자원으로서의 부모의 관심과 애정을 얻기 위해서 서로 간에 경쟁을 해야 하며 그 결과 서로 간에 성취 혹은 성과를 비교하기 시작하기 때문이다. 이때 부모의 관심이나 애정이 상대적으로 부족하다고 판단하는 아동은 다른 형제자매를 미워하고 원망할 수 있다(장휘숙, 2010). 형제자매 관계의 주요한 특성들을 살펴보면 다음과 같다.

1) 형제자매 관계

형제자매 관계와 영유아의 발달과의 관련성을 밝히고자 하는 수많은 연구가 수행되었으며 대다수의 연구에서 형제자매 관계가 영유아의 발달에 긍정적인 영향을 미치는 주요한 요인으로 작용하는 것으로 보고하고 있다. 스톰샤크 등(Stormshak et al., 1996)에 따르면, 영유아들은 형제자매 관계를 경험하면서 정서규제 및 행동통제 기술을 습득한다. 이렇게 습득한 정서규제와 행동통제 능력을 바탕으로 학교에서 긍정적인 사회적응을 하게 되며 적절한 또래관계를 형성하게 된다.

퍼먼과 범일스터(Furman & Buhrmester, 1985)의 연구에 따르면 형제관계는 동료애, 도움행동, 정서적 지지의 원천으로서 이들 간의 상호작용을 통해 사회적 발달에서 핵심적인 능력이 되는 사회적 · 인지적 기술을 획득한다고 주장하였다.

브로디(Brody et al., 1992)은 긍정적 형제관계의 질과 부정적 형제관계의 질을 구성하는 상호작용의 내용을 구분하였다. 즉, 긍정적 형제관계의 질을 결정짓는 상호작용의 내용은 웃기, 미소짓기, 장난하기, 언어적 지지(혹은 찬성) 등이 있으며 반대로 부정적 질을 결정하는 상호작용으로는 싸우기, 울기, 신체적으로 공격하기 같은 내용으로 구성된다. 형제관계는 이런 긍정적 상호작용과 부정적 상호작용이 동시에 가능하기 때문에 형제관계는 항상 긍정적 측면과 부정적 측면을 동시에 갖는 양면적 특성으로 이해되어야 한다. 비록 형제가 부정적 상호작용 행동을 경험하더라도 형제들은 이를 해결하려는 노력과 과정을 통해서 긍정적 정서를 공유할 기회를 갖기도 하고 이러한 경험은 유아의 사회 · 정서적 발달에 기여하는 측면을 가지기 때문에 형제자매 관계를 항상 양면적 관계로 볼 것이 아니라 보다 긍정적인 관계로 유지될 수 있도록 가정 내 환경을 제공해 주는 것이 무엇보다 중요하다.

2) 출생순서, 기질 및 애착과의 관련성

형제자매는 서로 간의 양면적 감정으로 때로는 아주 친밀한 동반자가 될 수도 또 때로는 경쟁하고 질투하는 적대적 관계를 나타낼 수도 있다. 이들 관계의 특성에 중요한 요인으로 작용하는 것 중의 하나가 출생순서이다. 즉, 순서의 위를 차지하는 형제자매들은 동생을 위해서 희생적인 행동을 하는 경우가 많다. 예를 들어, 동생의 학습행동을 안내하고 지도하는 부모의 역할을 대신하기도 한다. 비고츠키Vygotsky의 이론에 따르면 비슷한 또래의 지도를 통한 근접발달영역(zone of proximal development)으로의 학습이 용이하다. 이런 점에서 위의 형제자매는 아주 훌륭한 학습지도자가 될 수 있다. 이들은 동생의 학습을 위해서 설명하고 격려하고 지지하며 때로는 동생의 행동을 엄격하게 통제하기도 한다. 따라서 동생은 형을 통해서 효과적인 학습을 할 수 있으며 형은 리더십 혹은 책임감과 같은 사회적 능력을 학습할 기회를 갖는다.

형제자매 관계는 형제 수, 출생 순서 등에 따라 아동의 성격형성에 다른 영향을 미칠 수 있다. 먼저 형제 수가 많으면 형제 간의 인간관계가 사회적 관계를 경험하는 장으로서의 역할을 하기 때문에 원만한 대인관계 능력의 습득에 기여하게 된다. 형제의 순서에 관한 펄허스(Paulhus, 2008)의 연구에 따르면, 순서의 맨 위에 해당하는 첫 번째 아이는 가장 총명하며 성취지향적이고 성실하다. 동생은 반항적이고 진보적이며 동조적이라고 주장한다. 그러나 장휘숙(2009)의 연구에 따르면 첫 아이의 경우는 유순하고 높은 자기통제력을 지니며 타인을 도우려는 경향이 높게 나타나지만 성격적 특성과 출생순서의 관련성은 그렇게 크지 않다고 보고하고 있다. 일반적으로 어떤 특정한 출생순위에 태어난 아이들은 〈표 12-4〉와 같은 일반적인 특징을 가지고 있다(하수연 외, 2015).

| 표 12-4 | 출생순위에 따른 아이들의 특성

구분	내용
첫째(맏이)	첫째 아이는 잠시 동안 부모의 사랑을 독차지하지만 동생이 태어나면서 동생에게 사랑을 빼앗긴 경험으로 권리와 권력의 중요성을 알게 되고, 그 결과 스스로 고립해서 적응해 나가며 다른 사람의 애정이나 인정을 얻고자 하는 욕구에 초연해 혼자 생존해 가는 전략을 습득해 간다. 때문에 일반적으로 다른 성인들과 좋은 관계를 맺으며 타인의 기대에 쉽게 순응하고 사회적인 책임을 잘 감당하는 특징을 보인다.
둘째	둘째 아이의 특성은 경쟁이다. 맏이와 경쟁을 해야 하는 상황에서 태어나기 때문에 도전적이고 야심이 강하다. 또한 손위 형제 때문에 협동과 타협의 기술도 더 쉽게 배울 수 있다. 그리고 둘째는 자신을 보호하고 자신의 위치를 확보하기 위해 사교적이 된다. 이러한 이유로 첫째보다 훨씬 빠른 발달을 보이기도 한다. 그 결과 아주 경쟁심이 강하고 대단한 야망을 가진 성격이 되기 쉽다. 둘째 아이의 생활양식은 자신의 형보다 낫다는 것을 증명하기 위해 노력을 하게 된다.

구분	내용
막내	막내는 부모의 관심과 사랑을 동생에게 빼앗기는 비극적 상황 자체가 없는 유리한 상황에 있다. 또한 다른 형제들과 나이 차이가 많이 날 경우, 부모뿐만 아니라 손위 형제들의 보살핌도 받을 수 있다. 따라서 과잉 보호를 받아서 과도하게 의존적이 될 가능성이 크며, 다른 사람이 자기 대신 자기의 생활을 만들어 주기를 바라는 경향을 지니게 된다.
외동	외동은 경쟁할 형제가 없고 부모의 사랑을 잃어버릴 가능성이 전혀 없기 때문에 자기중심적인 응석받이로 자라기 쉽다. 나누어 가지거나 다른 아동과 협동하는 것을 배우지는 못하지만 어른들을 어떻게 다루어야 하는지는 잘 배우게 된다. 사교적, 협조적, 독립적인 성향을 가진 외동이 있는가 하면, 의존적, 경쟁적, 비사교적 성향이 나타나기도 한다. 항상 무대의 중앙에 있기를 원하며, 그 위치가 도전을 받으면 그것을 불공평하다고 느끼기 쉽다.

형제 지위 변인들의 구조적 변인들 외에 형제자매 관계에 영향을 미치는 또 다른 영향으로는 부모와 자녀의 관계가 있다. 형제자매 관계는 부모의 양육 지각에 따라 개인차가 발생할 수 있다. 즉, 부모는 아동이 태어나서 최초로 관계를 맺는 대상이며 상호작용 빈도도 형제자매보다 많고 관계도 훨씬 더 강력하다. 그러므로 부모와의 애착관계가 형제자매 관계와 높은 연관성을 갖는다(장휘숙, 2008). 즉, 영유아가 부모와 높은 애착을 형성할 경우 온정적인 형제관계를 경험하지만 낮은 애착은 갈등적 형제자매 관계를 경험하게 한다. 그러므로 부모와의 높은 애착형성(특히 어머니와의 애착관계)은 긍정적인 형제자매 관계를 촉진시켜 준다. 그리고 하우 등(Howe et al., 2001)의 연구에 따르면 행복한 부부관계는 형제자매 관계에서 갈등이나 경쟁에 대처하는 좋은 능력을 갖도록 해준다. 따라서 좋은 형제자매 관계를 갖도록 하는 데 부모와의 애착관계 및 행복한 부부관계가 중요한 요인이 된다.

4. 또래

페리와 부시(Perry & Bussy, 1984)는 사회성이 발달한 아동은 또래 관계를 형성함에 있어 자신이 원하는 사회적 목표와 목적을 달성하는데 필요한 기술을 가지고 있으며, 우정을 형성하고 유지하는데 필요한 기술이 사회성의 대부분과 관련이 있다고 주장하면서 사회적 상호작용 측면 중 특히 또래 친구와의 관련성을 강조 하였다(조성자, 2003 재인용). 피아제(Piaget, 1954)는 유아의 또래 집단 경험이 사회성 발달에 중요하다고 하였는데, 그에 의하면 유아들은 다른 유아와의 상호작용 과정에서 자신의 견해와는 다른 많은 관점이 있다는 것을 알게 되어 지적 · 정서적 · 사회적 발달에 필요한 탈중심화가 촉진된다고 주장하였다. 그리고 또래 집단의 관계가 강조되는 이유는 또래 집단 경험이 성인과의 경험에서 제공될 수 없는 발달을 촉진시켜주기 때문이다. 이렇게 유아기는 사회성 발달에 있어서 매우 중요한 시기이며 특히 부모와 교사, 또래는 이 시기의 사회성 발달에 큰 영향을 주는 요인이 된다.

1) 또래 관계

유아는 또래와 사회적 상호작용을 하면서 보내는 시간이 많아진다. 또래는 주로 나이, 학년 등과 같은 영역에서 동등한 지위에 있는 동년배 집단을 의미한다. 이들은 정신적, 신체적 발달과 행동이 유사하고 사회적 관계도 동등함으로써 유아 발달에 중요한 영향을 미친다. 특히 발달적인 측면에서 볼 때 유아기는 또래 집단이 형성되는 시기이기 때문에 또래와의 관계 형성이 매우 중요하다(강란혜, 2008).

또래 관계는 성인의 지시나 주도에 의하여 일방적으로 형성되는 수직적인 관계가 아니라 또래끼리 서로의 의견을 자유롭게 표현하는 수평적인 관계이다. 그래서 유아는 또래와 효과적으로 관계를 형성하고 유지하는 능력을 습득하는 방법을 터득해야 한다. 그리고 유아는 이러한 또래와의 상호작용을 통하여 많은 지식과 기술을 습득하고 또래로부터 여러 가지 사회적 지원을 제공받는다. 그 외에도 유아는 또래와의 관계에서 사회적 역할과 규범을 배우고 사회적 조망 능력을 발달시키며 사회적 기술을 습득하게 된다(문혁준 외, 2013). 또한 유아는 또래와의 상호작용을 통하여 자기중심성에서 벗어나 또래와의 관계를 이해하게 되고, 또래와의 관계에서 나타나는 다양한 문제들을 해결할 수 있는 능력을 발달시킬 수 있게 된다. 그리고 유아에게 새로운 형태의 행동을 가르치고 상황에 따라서 어떠한 행동이 적합한지를 알게 하므로 유아 자신의 유능성을 평가할 수 있는 기준을 형성하게 된다. 더불어 유아가 자신감도 형성하게 된다(Perry & Bussey, 1984; 강란혜, 2008 재인용).

한편 부모는 자녀의 또래관계에 다양한 방식으로 영향을 미칠 수 있다. 부모는 자녀와의 상호작용, 부모가 자녀의 생활에 관여하는 방법, 자녀에게 주는 기회 등을 통해 자녀의 또래 관계에 영향을 미친다. 그리고 긍정적인 부모와 자녀와의 관계는 유아에게 있어서 또래관계를 탐색하고 즐기도록 이끌어 준다. 다시 말해 부모가 유아에게 건네는 따뜻한 말 한마디, 부모가 유아에게 좋은 기회를 제공하기, 앞으로 유아에게 다가올 사회적 승인과 같은 것들은 유아의 또래 관계에 긍정적인 영향을 미친다. 반대로 부정적인 부모와 자녀와의 관계는 유아에게 있어서 또래 관계를 공격적으로 이끌어 갈 수 있다. 예를 들어, 부모가 유아에게 부정적이고 권위주의적이며 가족관계에서 불안정한 경우 유아는 또래에게 공격적인 행동을 한다.

2) 또래 기능

유아는 시간이 지남에 따라 동일한 나이나 동일한 정신연령을 보이는 또래들과 보내는 시간이 점점 더 많아진다. 유아의 또래 집단의 중요한 기능에 대하여 언급하면 또래들은 가족 밖의 세상에 대한 정보와 가족과 비교할 수 있는 자원을 제공한다는 것이다. 유아는 또래 집단으로부터 유아 자신의 능력에 대하여 피드백도 받는다. 유아는 자신이 또래의 유아보다 더 잘하는지 혹은 못하는지에 따라서 유아 자신을 스스로 평가한다. 왜냐하면 대체로 형제자매는 유아 자신보다 나이가 많거나 어리기 때문에 가정에서는 이러한 판단이 어렵기 때문이다(이경민 외, 2014). 그리고 원만한 또래관계를 가진 유아는 사회성 발달을 잘 형성할 수 있다. 반면에 그렇지 못한 유아는 사회성 발달에 심각성을 가져올 수 있다. 만약 또래로부터 거부되어 외로움을 느끼는 유아는 우울증의 증상을 가져올 수 있다. 또한 또래와의 관계에서 공격적인 행동을 하는 유아는 비행이나 유아교육기관의 탈락과 같은 문제가 발생할 수 있다. 결국 또래로부터 거부되거나 멸시를 당하는 유아는 스스로 소외감과 적대감을 느끼며, 그것이 원인이 되어 부적응적인 심리 상태와 문제행동을 일으킬 수 있다.

3) 또래 수용

또래 수용성은 유아가 또래 집단 구성원과의 관계에서 수용되는 정도를 말한다. 이것은 대체로 두 가지 변인으로 구분될 수 있는데, 하나는 다른 유아가 선호하는 정도를 나타내는 사회적 선호도이고 또 다른 하나는 또래에서 수용되거나 거부되는 정도에 따라서 유아가 집단 내에서 차지하는 위치를 나타내는 사회적 지위이다(문혁준 외, 2013). 이러한 수용도는 유아가 자라서 아동기와 청소년기에 이르러 사회적 적응 정도를 예측할 수 있는 변인이 될 수 있다. 또한 또래 수용도가 낮게 되면 아동기와 청소년기가 되는 과정에서 건강한 발달을 저해하는 요인이 될 수 있다. 주로 또래 관계를 이해하기 위한 방법으로 활용되는 사회적 측정법이 있다. 이것은 '가장 좋아하는 아이'와 '가장 싫어하는 아이'를 찾도록 하여 그것을 근거로 선호와 배척의 정도를 측정하는 것이다. 그 기준에 따라 4가지 유형으로 구분하면 〈표 12-5〉와 같다(김경화 외, 2013).

| 표 12-5 | 또래 수용 유형의 특성

유형	특성
인기아동	• 놀이상황에서 주도적이며, 사회적 접촉을 많이 한다. • 놀이상황에서 리더십을 발휘하며 활동을 이끈다. • 언어를 많이 사용하며, 또래의 관심을 주도하고 유지하는 데 뛰어나다. • 우호적이고, 지지적이며, 남을 괴롭히는 행동을 피한다. • 또래의 의견을 수용하고 대안을 제시하면서 다른 사람의 견해에 반대한다. • 비공격적인 방법으로 갈등을 해결한다. • 그룹활동에 흥미를 가지고 조심성 있게 개입한다. • 사회적 상황과 또래의 특성을 정확하게 읽고, 갈등해결을 위한 적절한 행동을 선택한다.
배척/거부아동	• 부정적이고, 불쾌감을 많이 표현한다. • 불평이 많고, 칭얼거리며, 비밀을 누설한다. • 이유 없이 때리고, 밀고, 물며, 언어적 폭력을 사용한다. • 사회적 상황을 잘못 이해하고, 친절한 또래의 행동을 적대적인 의도로 오해한다. • 또래를 회피하고 혼자 놀이를 좋아한다.
고립아동	• 혼자 놀고, 또래가 접근할 때 물러선다. • 사회적 상황에서 말이 없고, 염려를 많이 보인다. • 놀이상황에 개입하는 데 능력이 부족하다. • 또래의 관심을 끌고 유지하는 데 능력이 부족하다. • 또래의 놀이를 이끌고 놀이 제안을 하는 등 사회적 기술과 주도성이 부족하다.
특이아동	• 인기 아동 특성과 배척 아동 특성을 동시에 지닌다.

출처: 권민균 외(2005)에 특이아동 특성 첨가

첫째, 또래로부터 인기가 있는 인기아동popular children은 사회적 행동을 한다. 예를 들어, 또래와 놀이를 할 때 인기아동은 또래 활동에 자신을 맞추어 자신의 행동을 조절하기 때문에 놀이 활동에 거부감이나 방해 없이 함께 어울릴 수 있다. 또한 의사소통기술도 뛰어나기 때문에 또래 집단이나 또래 아동을 설득하거나 또래 아동의 행동을 이해하기 어려울 경우에는 설명을 요구할 수 있다. 이러한 특성으로 인하여 인기아동은 또래에게 동반자 그리고 지도자로 평가를 받는다.

둘째, 또래로부터 싫어하는 아동으로 인식되는 배척아동rejected children은 또래와 상호작용을 할 때 공격적인 행동이나 과잉행동을 나타낸다. 그렇기 때문에 이러한 아동은 부정적인 사회적 행동을 한다. 또한 배척아동은 스스로 또래 아동을 오해하거나 적대적으로 생각하여 공격적인 행동과 성숙하지 못한 사회적 행동을 한다. 그래서 배척아동은 공격적인 행동 패턴에 익숙하기 때문에 또래 집단 구성원의 의도를 파악하는 기술이 부족하다.

셋째, 또래로부터 소외되는 고립아동neglected children은 배척아동과 비슷한 특성을 보이기는 하지만 공격적인 행동은 하지 않는다. 고립아동은 또래와 상호작용을 하는 것보다 혼자 놀거나 자기 자신에게만 집중하는 경향이 있다. 따라서 또래와 상호작용하는 행동이 적다고 하여 외로움을 호소하지는 않는다. 그리고 고립아동의 경우 가끔 심리적인 문제로 위기상황에 처하기도 하고 의도적으로 또래를 피하거나 배척아동보다 적절하지 못한 행동을 보이기도 한다. 그러나 대체로 이러한 아동은 사회적으로 유능하고 사회생활에 잘 적응하는 편이다.

넷째, 또래로부터 좋아함과 싫어함을 함께 느끼게 하는 특이아동controvesial children은 긍정적인 평가와 부정적인 평가를 동시에 받는다. 이것은 경우에 따라 또래와의 상호작용에서 긍정적 행동과 부정적 행동을 모두 하기 때문이다. 또한 특이아동은 인기아동의 특성과 배척아동의 특성을 동시에 지닌다고 볼 수 있다. 그래서 또래로부터의 평가도 좋아하는 또래와 싫어하는 또래로 극명하게 나누어 나타난다.

5. 가족유형

1) 가족환경 요인

아이의 성장 상태는 환경의 질에 매우 민감하다. 그러므로 부모 및 가족환경이 아이의 성장발육에 중요한 영향을 미치게 된다. 주요한 요인으로 고려되는 것으서는 부모의 학력, 가족경제(가족 빈곤 여부), 양육환경 등이 고려되고 있다. 이들 요인 중 영유아발달과의 관련성을 살펴보면 다음과 같다.

• 부모의 학력 : 부모의 교육 수준에 따라 아동들 간에는 신체 및 인지기능에서 차이가 나타나는 것으로 보고하고 있다.

• 가족경제 : 가족경제와 관련해서 중요한 요인은 영양 부족과 과잉이 문제가 된다. 일반적으로 영양 부족은 신체건강, 두뇌발달, 운동발달, 정서발달, 대인관계 등 거의 모든 발달 영역에 부정적인 영향을 미치는 것으로 보고되고 있다. 그리고 영양과잉은 비만을 일으키고 정서, 사회성, 그리고 질병의 감수성 등에 장애를 초래하는 것으로 보고되고 있다.

• 양육환경 : 양육환경의 위생 상태, 수질, 거주지의 질, 과밀 정도, 질병환경 등도 영유아의 성장과 발달에 영향을 미치며 소음, 공기 등의 화학물질 등의 공해와 스트레스도 성장의 지체를 가져오는 것으로 보고되고 있다(Flinn & England, 1997; Schell & Denham, 2003).

2) 다양한 가족유형

1970년대 세계화가 시작되면서 우리 사회가 산업사회에서 정보화사회로 전환되면서 가족구조에서도 근본적인 변화를 초래하게 되었다. 가족구조의 변화내용을 살펴보면, 산업사회의 획일화된 가족구조에서 벗어나 결혼율 저하, 이혼율 증가, 동거생활과 계약결혼 증가, 혼외 혹은 혼전 자녀 증가와 같은 가족구조의 다양화가 나타났다. 즉, 오늘날 우리 사회는 한부모가족, 조손가족, 재혼가족 등과 같이 가족유형이 다양화되었으며, 가족유형의 변화는 가족유형 내의 부모-자녀관계에 변화를 가져오게 되었다. 가족유형의 변화를 이혼가족의 증가, 한부모가족의 증가 및 재혼가정의 증가를 중심으로 살펴보면 다음과 같다.

(1) 이혼가족의 증가

우리나라는 2001년부터 이혼율이 급속하게 증가되었다가 2005년부터 다소 낮아지는 경향을 보이고 있는데(그림 12-1), 그 이유 중의 하나가 이혼제도의 변화를 들 수 있다. 즉, 이혼이 사회적 문제로 대두되면서 기존에는 관할법원이 부부의 협의이혼 의사를 확인한 후 그 확인서를 내주면 부부가 이를 첨부하여 관할 호적관서에 이혼신고를 하면 이혼의 효력이 발생되었다. 그러나 2005년부터 “이혼숙려제도”를 도입하였는데, 이혼숙려제도란 이혼을 신청한 부부들이 일정 기간 숙려기간을 거치도록 하는 것으로 경솔한 이혼을 방지하고 이혼 결정에 대해 다시 한 번 재고할 기회를 제공하기 위한 것이다. 이 제도는 사회구성의 최소 단위로 볼 수 있는 가정의 해체를 막고 안정된 사회를 유지시키는 데 큰 효과가 있다. 특히 충동적으로 이혼을 생각하는 부부의 경우에는 이 숙려기간 중에 대부분이 마음을 돌려 이혼에 대해 다시 생각할 수 있게 한다는 장점을 지니고 있다(김이영 외, 2019).

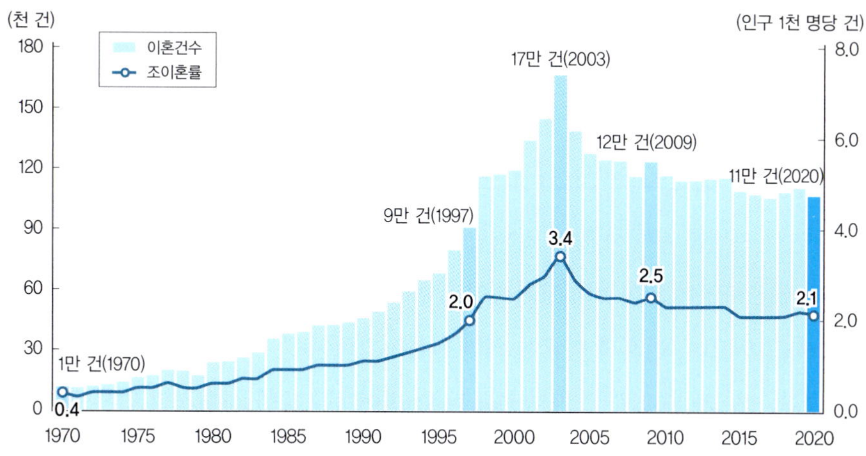

| 그림 12-1 | 이혼건수 및 조이혼율 추이, 1970-2020

출처: 통계청(2021). 2020년 혼인 · 이혼 통계.

이혼은 부부만의 문제가 아니다. 즉, 이혼한 부부에게도 영향을 미치지만 자녀에게도 영향을 미치게 된다. 먼저 이혼한 부부에게 미치는 영향들을 살펴보면, 경제적인 문제이다. 이혼으로 생활 수준이 낮아지는데 여자에게 더 큰 영향을 미친다. 여자들의 경우 저임금과 취업 기회의 제한 등으로 노동시장에서 불리한 위치에 있기 때문에 자녀들을 양육할 경우 경제적 어려움은 자녀의 영양과 건강에 부정적인 결과를 초래하게 된다. 둘째는 정서적인 문제를 경험한다. 이혼이 개인에게 실패자라는 느낌이 들게 하고, 더하여 분노, 우울, 상실감, 자존감 저하, 불안감을 겪게 한다. 마지막으로 친척 및 사회관계의 문제이다. 결혼으로 맺어진 친인척 간의 교류가 자연히 사라지게 된다. 또한 이혼으로 심리적 상처를 입은 사람은 인간관계를 두려워하며, 사회적 모임까지도 회피함으로써 사회관계망이 약화되기 쉽다(박선환 외, 2010).

또한 자녀를 둔 가족의 이혼은 자녀에게 큰 심리적 상처를 남길 수 있다. 이혼가족의 아이들은 개인내적 발달과정뿐 아니라 이혼으로 달라진 가정 변화에도 적응해야 한다는 부담감을 가지게 된다. 그리고 자녀들은 부모의 이혼이 자기때문이라고 생각하는 경우가 많아 공격적이고 반항적인 행동적 특성과 불안이나 우울의 정서적 장애 및 자존감 저하의 인지적 장애를 경험할 가능성이 매우 높다. 따라서 이혼가정의 자녀들에 대해서는 스트레스 대처 교육과 대안적 지지체계를 마련해 주는 것이 매우 중요하다고 할 수 있다(김이영 외, 2019).

(2) 한부모가족의 증가

한부모가정이란 이혼, 사별, 유기, 미혼모에 의해 발생되는 가정으로 현재 18세 미만의 자녀와 살면서 자녀를 부양하고 부모 역할을 담당하고 있는 한부모와 자녀의 가정을 의미한다. 예전에는 사별에 의한 한부모가족이 많았지만 현대로 오면서 사별에 의한 한부모가족은 감소하고 있으며, 이혼과 미혼에 의한 한부모가족이 증가하는 추세를 보이고 있다(표 12-6과 그림 12-2). 이러한 증가 추세와는 달리 이들에 대한 사회적 인식은 매우 낮다고 할 수 있다. 한부모가족은 현대사회에 나타나고 있는 다양한 형태의 가족 구성이기 때문에 한부모가정에 대한 부정적 시각을 버려야 한다.

한부모가정은 배우자와의 이혼이나 사별 등으로 심리적인 갈등 상태에 놓여 있는 것은 사실이지만 이러한 갈등 상황은 한부모가정이 발생한 후 1~2년 사이에 거의 사라지기 때문에 가족의 지지와 사회의 지원만 제공된다면 현실에 잘 적응해 나갈 수 있다.

| 표 12-6 | 한부모가구 현황

(단위 : 천가구, %)

구분	2014	2015	2016	2017	2018
전체가구	18,705	19,013	19,285	19,524	19,752
한부모가구	1,970	2,052	2,090	2,127	2,158
한부모가구 비율	10.5	10.8	10.8	10.9	10.9

출처: 통계청(2019). 장래가구추계: 2015~2045.

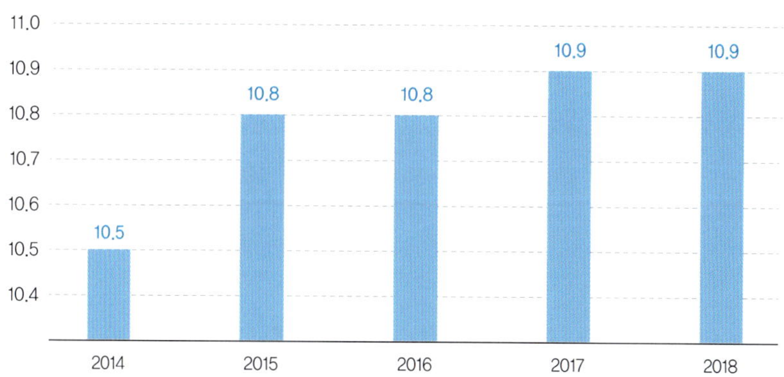

| 그림 12-2 | **한부모가구 비율**

(3) 재혼가정의 증가

최근 남녀 모두 초혼 구성비는 감소하고 있지만 재혼은 계속 증가하는 추세이다(그림 12-3). 즉, 혼인 8쌍 중 1쌍은 남녀 모두 재혼으로 보고되고 있다. 재혼가정에 대한 연구결과들을 살펴보면 재혼은 가족생활에 대한 현실적인 기대를 가지게 되며, 이전 가정에 대해 느끼는 상실감을 인정하고 수용·지지할 수 있기 때문에 재혼생활의 만족도는 비교적 높은 것으로 보고되고 있다. 즉, 재혼은 비교적 정서적으로 성숙한 상태에서의 결혼이기 때문에 다소 적응력이 높고, 초혼에서 얻은 교훈을 바탕으로 결혼생활을 하기 때문에 만족감이 더 높을 수 있다.

동반 자녀가 없이 재혼하는 경우 여러 가지 문제가 발생할 수 있는데, 재혼하는 성인에게 동반 자녀가 있을 경우에는 훨씬 복잡한 가족관계가 나타나기 때문에 재혼생활에 영향을 미치게 된다. 따라서 행복한 재혼생활을 위해서는 부부 간의 노력뿐만 아니라 자녀들의 입장에서 이해하고 그에 따른 적절한 도움이 필요하다. 재혼가정의 자녀들이 경험하게 되는 특징은 발달단계에 따라 좀 다르게 나타난다. 학령기 이전의 아이들은 현실과 상상을 구분할 수 있는 능력이 부족하기 때문에 자신의 잘못으로 인해 가족이 분리되었다고 생각하여 죄책감을 경험할 수 있다는 것이다.

| 표 12-7 | 재혼가정 현황

구분	계	모두 초혼	남초혼 여재혼	남재혼 여초혼	모두 재혼	미상
2016	281,635	221,143	16,723	11,107	32,077	585
2017	264,455	206,095	16,219	10,516	31,056	569
2018	257,622	199,997	15,933	10,202	30,730	760

출처: 통계청(2019). 혼인형태.

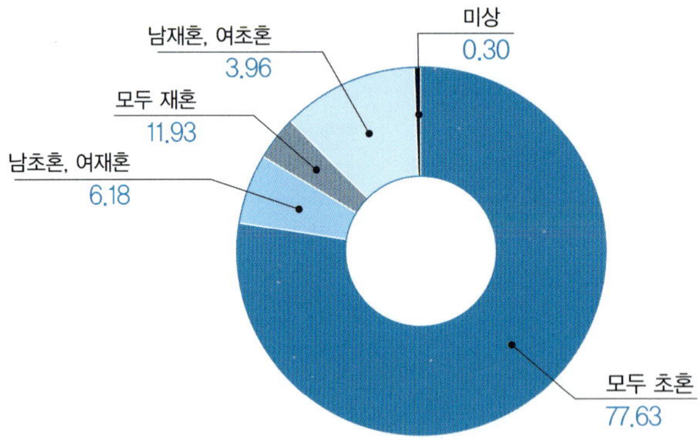

| 그림 12-3 | **혼인 형태별 혼인 구성비(2018년).**

6. 대중매체

1) 휴대폰

현대인들은 거의 모든 생활이 대중매체와의 관계 속에서 이루어진다고 하여도 과언이 아닐 것이다. 영유아들은 대중매체에 반응할 정도의 발달이 이루어지지 않았기 때문에 일반적인 매체와는 접촉할 기회가 거의 없다. 그러나 특히 최근 폭발적으로 증가한 스마트 기기의 사용은 우리 생활에 엄청난 변화를 가져오고 있으며 영유아들 또한 스마트 기기의 사용을 피해갈 수 없다(그림 12-4). 작은 기기이면서 다양한 자극물을 제공하는 장점으로 인해서 영아들도 관심을 가질 뿐만 아니라 접촉하고 빠져들 수도 있다.

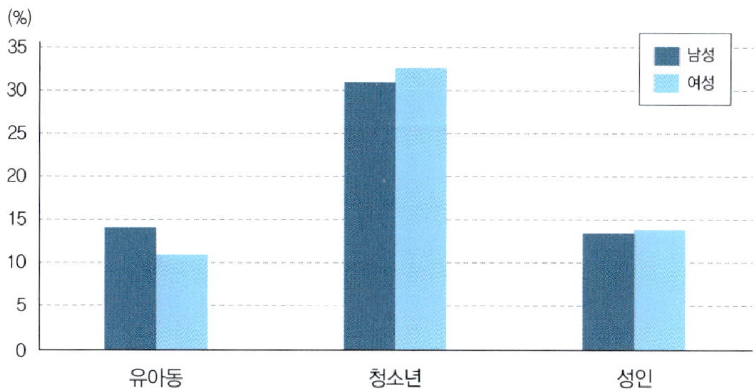

주: 1) 스마트폰 과의존위험군 비율은 조사대상 스마트폰이용자 중 스마트폰 과의존 척도(S-척도) 점수에 따라 고위험군 또는 잠재적 위험군으로 분류된 이용자의 비율임.
2) 유아동은 만 3~9세, 청소년은 만 10~19세, 성인은 만 20~59세임.

| 그림 12-4 | **유아동, 청소년 및 성인의 성별 스마트폰**

출처: 미래창조과학부 · 한국정보진흥원(2015). 「인터넷 과의존 실태조사」.

영유아기부터 스마트 기기에 노출되면 아이들의 신체활동은 줄어들고 끊임없이 변화하는 자극적인 자극물에 익숙해지면서 중독에 빠지기 쉽다. 이러한 중독 현상은 영유아들의 신체활동을 줄어들게 해서 비만이 되게 할 뿐만 아니라 주의집중력의 문제도 가져올 수 있다. 즉, 끊임없이 변화하는 자극물에 익숙해짐으로써 한 가지 사물이나 상황에 집중하는 능력이 줄어들게 될 가능성이 높아진다.

또한 문제가 될 수 있는 것으로서 자극적이고 변화무상한 자극에 익숙해진 영유아들은 언어 사용 기회가 적어지고 기기에 중독될 가능성이 높아지면서 언어발달의 문제를 가져올 수도 있다. 그리고 3세 이전의 영아는 뇌가 집중적으로 발달하는 시기에 해당하기 때문에 이때 스마트 기기에 중독되면 정상적인 뇌발달에 장애를 가져와 뇌발달장애 및 시각장애의 문제를 가져올 수도 있다(그림 12-5). 특히 휴대폰의 사용은 우측 전두엽에 영향을 주는데, 우측 전두엽의 이상은 주의력결핍 과잉행동장애에서 나타나는 현상이다. 즉, 영유아들의 경우 하루 30분 이상 휴대폰에 노출되면 매우 위험하다고 할 수 있다(김이영 외, 2019).

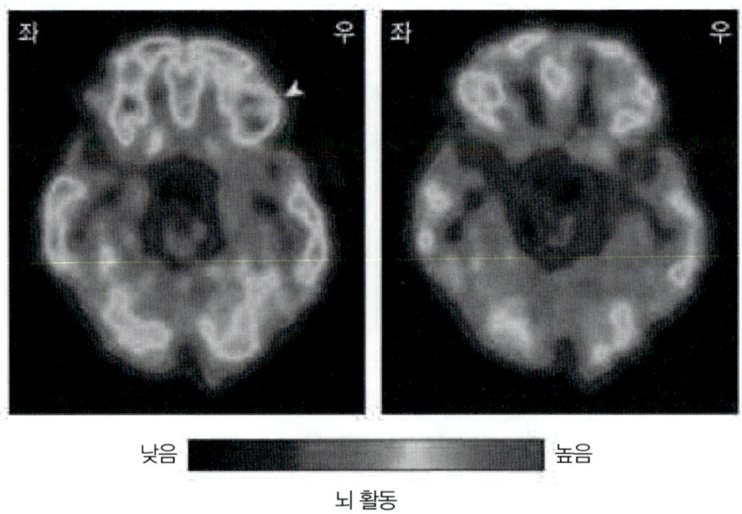

| 그림 12-5 | **휴대폰 사용이 뇌에 미치는 영향**

휴대폰을 쓰지 않았을 때(오른쪽)와 50분동안 휴대폰을 사용한 뇌(왼쪽)
화살표로 표시된 곳을 보면 뇌 활동이 굉장히 활발한 것을 나타내고, 붉은색으로 보이는 부분이 포도당이 많이 쓰이는 부분이다.

출처: 김이영 외(2019). 인간이해를 위한 심리학. 양성원. p.69.

다시말해 일상적인 활동을 기계에 의존하면서 신체발달 및 또래와의 상호작용을 멀리하게 됨으로써 신체발달의 문제와 사회성 발달에도 문제를 가져올 수가 있다. 따라서 영아기부터 스마트 기기와 접촉하도록 하는 것은 매우 위험할 수 있다.

글상자

"스마트폰 · TV 많이 본 아이, 언어 능력 떨어져. 뇌 구조 변화 탓"

스마트폰이나 태블릿 PC 또는 TV 등 디지털 기기의 화면을 오랜 시간 본 아이들은 뇌의 구조적인 형태가 바뀔 수 있다는 연구 결과가 나왔다. 미국 신시내티 아동병원 의료센터(CCHMC) 연구진이 만 3~5세 아동 47명(남아 20명 · 여아 27명)을 대상으로, 이들의 뇌를 자기공명영상장치(MRI)로 스캔한 결과를 디지털 기기의 사용 시간과 비교 분석했다. 연구진은 참가 아이들의 각 부모에게 아이가 디지털 기기의 화면을 얼마 동안 보고 있는지 보고해 달라고 요청했다. 이는 쉬운 접속과 사용 빈도, 콘텐츠 보기를 고려한 15개 항목의 설문지인 스크린큐(ScreenQ) 검사를 사용한 것이다. 스크린큐 점수가 낮으면 미국소아과학회(AAP)의 권고 사항을 잘 따랐다는 것인데 AAP는 3~5세 아동에게 하루에 1시간 이상 디지털 기기 화면을 보여주지 말라고 권고한다. 또 이들 아동은 MRI 스캔 검사를 받은 뒤 어휘와 읽기, 정보 검색 기술의 속도 등 언어 능력을 측정하는 세 가지 표준 검사를 받았다. 그 결과 1~19점의 스크린큐 점수 중 실험에 참가한 아동들의 평균 스크린큐 점수는 9점이었으며, 9점에 해당하는 아동들의 하루 평균 디지털 기기 이용 시간은 1시간 30분이었다.

스크린큐 점수가 높은 아이들, 즉 디지털 기기 화면을 보는 데 더 많은 시간을 보낸 아이들은 뇌 백질의 질이 떨어져 미엘린의 형성에 영향을 주는 것으로 나타났다(사진=CCHMC).

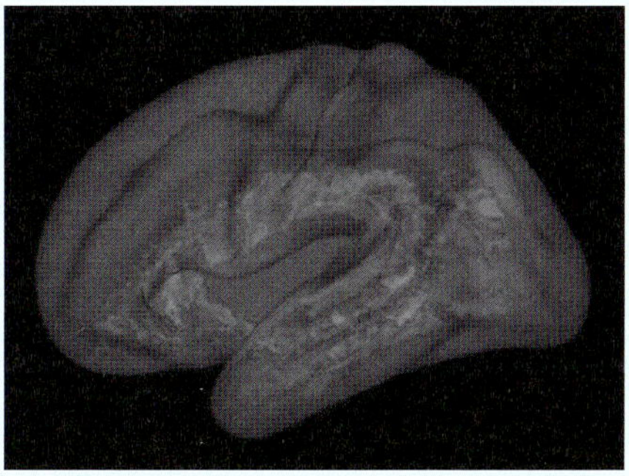

대뇌의 속 부분인 백질은 신경세포(뉴런)들을 서로 연결하는 축삭돌기라는 수십억 개의 가느다란 신경섬유로 구성되어 있으며, 이런 섬유는 축삭돌기를 보호하고 전기 신호의 흐름을 촉진하는 흰색의 지방성 피막인 미엘린으로 덮여 있다. 만일 미엘린이 어떤 이유로 얇아진다면 뇌의 신호 처리 능력이 떨어질 가능성이 높다. 또 미엘린은 자기 통제와 관련한 실행 기능과도 연관성이 있다고 연구진은 덧붙였다. 다만 하루에 디지털 기기의 화면을 몇 시간 동안 봐야 뇌에서 이런 변화가 일어나는 것과 연관성이 있는지 구체적으로 밝히지는 않았다. 연구진은 또 디지털 기기의 화면을 오래 본 아이들은 인지력 검사에서도 낮은 점수를 받은 사실을 확인했다. 이들 아동은 한 사람이 자기 생각과 감정을 표현하는 방법으로 정의되는 '표현적 언어'에서 상당히 낮은 점수를 받았고, 이른바 '처리 속도'로 알려진 사물에 빠르게 이름을 붙이는 능력 역시 떨어졌으며, 글을 읽고 쓸 줄 아는 능력인 '문해력' 검사에서도 상대적으로 점수가 낮은 것으로 나타났다.
이에 대해 연구 주저자로 참여한 존 허튼 박사는 "연구에 참여한 모든 아동 중 60%는 스마트폰이나 태블릿 PC를 갖고 있고, 나머지 40%는 자기 방에 TV나 휴대용 디지털 기기가 있다"면서 "이번 결과는 아동기 뇌 발달에 화면 기반 디지털 기기 사용 시간의 증가가 미치는 영향을 자세히 알아봐야 할 필요성을 강조한다"고 말했다. 다만 영상의학 전문가인 데릭 힐 유니버시티칼리지런던 교수는 "이 연구는 흥미롭지만, 감정적인 주제를 고려할 때 결과를 해석하는 데 많은 주의를 기울여야 한다"면서 "이 결과는 예비적인 것으로, 전체 아동을 대표하는 것이 아니라 50명 미만의 아이를 대상으로 한 소규모 연구"라고 말했다.

출처: 서울신문 나우뉴스, 2019.11.05, 윤태희 기자 th20022@seoul.co.kr

2) TV 시청

휴대폰과 더불어 영아의 발달에 영향을 미치는 대중매체 요인 중 하나가 TV이다. 어떤 부모는 조기교육을 목적으로 영어 동영상을 틀어놓고 아이가 TV에 집중하고 있을 때 흐뭇함을 느끼는 경우도 있다. 그러나 너무 이른 나이의 아이가 TV에 장시간 노출될 경우 그 부작용이 만만치 않는 것으로 보고되고 있다. 최근까지도 TV 시청의 영향이 부정적이냐, 긍정적이냐에 대한 논의가 많이 되고 있지만 어떻게 할 것인가에 대해서는 스스로 결정하도록 하는 것이 바람직하다. TV가 아이들에게 미치는 영향을 살펴보면 다음과 같다(고승우, 2001).

(1) TV가 아이에게 미치는 영향

① 공격적인 행동 학습

많은 문헌연구에서 TV가 아이의 공격적인 행동 학습에 영향을 준다는 주장을 지속적으로 하고 있다. 그중 대표적인 것으로는 반두라(Bandura, 1977)의 연구로써 아이들에게 공격적인 행동의 모델을 단기간 보여준 후에는 이를 시청한 아이들의 행동이 보다 공격적이 된다는 주장이다. 그러나 TV의 폭력적인 장면이 모든 아이에게 똑같이 부정적인 행동 학습으로 연결되는 것은 아니다. 아이의 성격이 이미 공격성을 강하게 가진 아이들만이 공격적인 행동 모델을 시청한 경우 더욱 심한 폭력적 반응을 나타낸다는 것이다. 한편 폭력적인 TV를 시청한 아동들의 장기적인 효과에 대해서 종합적으로 분석해 보면 역시 폭력적 장면의 TV 시청과 공격적인 행동 학습 사이에는 상관성이 있는 것으로 나타났다.

② 친사회적 행동 학습

TV의 프로그램 중 친사회적 행동의 내용이 아이에게 미치는 효과에 관한 연구도 꾸준히 계속되고 있다. 이에 관한 종합적인 견해로는 이들 프로그램 시청을 통해 아이들은 나누어 갖기, 협력하기, 자기통제하기 또는 타인의 감정 존중하기 등의 친사회적인 행동 습득이 가능하다는 것이다. 따라서 문제로 등장하는 분명한 사실은 프로그램 제작자와 교육 전문가의 협조로 친사회성이 강한 프로그램을 아이들에게 공급함으로써 이들 행동학습의 기회를 보다 증대시키는 것이 중요함을 시사하고 있다.

③ 학문적 기능 학습

TV 폭력물 및 친사회성물 시청이 아이에게 미치는 연구는 그동안 무척 활발히 진행되어 왔으나, TV 시청과 아이의 학문적 기능 습득에 관한 연구는 부진한 편이다. TV시청과 학문적 기술 습득에 관한 연구논문들의 결론은 일관성을 보이지 않는데, 한 가지 분명한 것은 아이들의 TV 시청으로 인해 사고와 책읽기 같은 학문적 영역에 대한 관심을 감소시킨다는 것이다. 즉, TV 시청이 책 읽는 것에 자극을 덜 주게 된다는 것이다. TV 시청과 책 읽기 사이에 상관성을 있게 하는 두 가지 큰 요인은 TV 시청 시에 시청자에게 나타나는 수동적인(다만 바라만 보는) 자세와 TV 프로그램 영상의 빠른 움직임이다. 즉, TV 시청 시에 아이들이 보여주는 수동적인 성격은 곧바로 읽기 학습과 연결된다. 책 읽기에서는 궁금한 점이 생기면 해결하려고 나름대로 노력하기 위해 일단 책 읽기를 중단할 수 있지만, TV 시청 시에는 난이한 문제에 봉착되어도 이를 해결할 수 있는 시간적 여유가 전혀 없기 때문에 수동적인 자세만 나타낼 뿐인 것이다. 책 읽기라는 것은 아이 자신의 의지에 의해 진행되어야 하는 활동이며 보다 적극적인 사고를 요하는 활동이므로 TV 화면의 흐름에 단순히 따르는 활동보다 한결 더 적극적인 성격을 가지고 있는 것이다. 여기에서 바로 문제가 발생될 소지를 갖고 있는 것이다.

④ 부모–자녀의 상호작용에 미치는 영향

TV 시청으로 인해 발생될 수 있는 또 다른 문제는 부모–자녀 간의 상호작용에 영향을 주는 것이다. 그중 TV 광고로 인하여 기호식품이나 생활물품의 소비성향이 바뀌어 가족(특히 어머니)과 아이와의 갈등이 유발될 수 있으며, 또한 TV 시청으로 인해 가족 구성원 간의 대화 및 접촉 양상이 달라질 수 있다는 것이다. TV에서 광고되는 대다수의 소비성 물품(기호식품)은 아이의 건강 및 치아에 나쁜 영향을 미치게 되는 설탕이나 방부제 등이 첨가된 식품이지만, 화려하면서도 리드미컬한 광고 효과로 인해 아이들은 그러한 식품에 대한 강한 선호도를 갖게 된다는 것이다. 따라서 이러한 물품의 구입 시 어머니–자녀 사이에는 갈등이 유발되는 것이다. 중요한 것은 이러한 광고 선전을 장시간 시청한 아이들은 부모에게 이러한 특정 상품을 살 것을 강하게 요구한다는 것이며, 이로 인해 어머니-자녀 간에 갈등이 심화될 수 있다. 또한 TV 시청이 가족 구성원의 친밀도에 부정적인 영향을 미치는 것으로 나타났다. 조사결과 TV 시청 동안 부모-자녀 사이의 상호작용은 거의 발생되지 않음으로써 가족 구성원 간의 친밀성을 유지하게 되는 대화 및 접촉이 거의 없다는 것이다. 따라서 TV 시청은 아이들을 잠잠하고 조용한 상태로 유지시켜 주므로 일종의 보모baby sitter 역할을 하는 효과가 있다. 이에 부모는 가족 구성원 간의 친밀성을 위한 대화 및 접촉의 장을 형성하기 위해서 효과적인 대안들을 모색해야 할 것이다.

(2) 올바른 TV 시청 지도법

TV가 아이들에게 미치는 영향을 종합해 보면, 폭력적인 장면은 아이들의 공격적인 행동 학습에 영향을 미치게 됨으로써 부정적인 효과를 가져오는 것으로 분석되었으나 반면 다른 아동과의 협동이나 타인의 기분을 이해하며 객관적인 입장에서 자신 및 타인을 지각하게 된다는 친사회성의 행동 습득도 가능하다는 것이다. 즉, 사고 및 인지 기능에 도움을 주게 된다는 것이다. 따라서 중요한 과제는 부모의 TV 시청 지도방법인 것이다. 올바른 TV 시청 지도를 위해 부모의 역할을 살펴보면 다음과 같다.

첫째, 부모들이 아이들의 TV 프로그램의 내용을 먼저 이해하기 위해 이들을 직접 시청해 보는 노력이 필요하다. 그 후 아이들에게 프로그램을 선택해서 보도록 유도하는 것이 바람직하다. 둘째, 아이들은 현실과 환상의 구별이 어려우므로 아이들이 이에 대한 갈등을 나타낼 때는 이에 관해서 성인의 재해석이 요청된다. 예를 들어, TV시청 뒤 "특정 인물이 왜 이러한 행동을 보였을까"라든지 "너라면 어떻게 하였을까" 등의 짧은 질문을 통해 잠시 아이들이 갈등 상황을 같이 이야기하는 기회가 주어질 때 도덕적 또는 윤리적인 상황 판단을 아이 스스로 하게 될 것이다. 셋째, 좋은 TV 시청 습관은 가능하면 조기에 형성시켜 주는 것이 바람직하다. 특히 부모 스스로 선택적으로 시청하는 역할 모델이 될 수 있어야 한다. 부모는 늦게까지 여러 종류의 프로그램을 시청하면서 아이들에게만 무조건적으로 제한적인 시청을 요구한다는 것은 매우 비교육적이므로 부모 스스로가 먼저 TV 시청을 통제하는 모델이 된 후 아이들의 TV 시청을 위한 매일의 시간 및 내용에 대한 계획을 하는 것이 바람직하다. 마지막으로 아이들의 올바른 가치관 형성을 돕기 위해서는 필요시 TV의 비교육적인 내용에 대해(살인, 폭력 장면) 부모는 자신의 의견, 즉 이러이러한 행동은 부모의 생각에는 도저히 수용하거나 승인할 수 없는 것이라는 분명한 태도를 보이는 것이 중요하다. 이러한 서로 간의 짧은 대화를 통해 아이들은 올바른 가치관을 형성하게 되며 나아가 상황에 따른 대안적인 행동까지 고려할 수 있는 보다 윤리적인 상황 판단력이나 문제해결능력을 습득하게 되는 것이다.

13

Chapter

보육과 영유아발달

· 학습목표 ·

1. 보육의 필요성에 대해 이해한다.
2. 보육이 영유아발달에 미치는 영향에 대해 알아본다.
3. 영유아발달을 돕는 교사의 역할을 숙지한다.

과거에 보육은 개별 가정의 문제로 인식하여 단순히 영유아를 보호하는 의미였으나 산업화와 맞벌이가정이 증가하고 가족구조가 변화하면서 이제 보육은 더 이상 개별 가정의 사적인 영역이 아닌 국가 사회적인 공공의 문제가 되었다. 따라서 본 장에서는 보육이 보편적 복지 및 교육서비스로 제공되는 보육 개념을 이해하고 보육의 중요성 및 보육경험이 영유아 발달에 미치는 영향에 대해 알아보고자 한다.

1. 보육의 필요성

1) 여성의 사회활동(취업) 증가

산업화시대로부터 증가했던 여성의 취업은 이제 사회 전반의 모든 분야에서 여성의 사회진출이라는 변화를 보이고 있다. 전통사회와 달리 여성도 남성과 동등한 교육을 받고 자아실현과 경제적 자립의 욕구가 강해졌으며, 변화된 산업구조는 여성인력이 필요하게 되었다(이기숙, 2000). 우리나라 여성의 경제활동이 1970년대에는 38.5%였던 것이 2000년대 들어서는 50.1%로 증가하였으며 그 숫자는 해마다 증가하고 있는 추세이다(경제활동인구조사, 2017).

최근에는 경제적인 측면을 떠나 여성 자신의 자아성취의 목적으로 중산층 이상의 여성들이 사회 경제활동에 적극적으로 참여하고 있어 전통적인 가정의 역할과 기능에 큰 변화를 가져오게 되었고 이러한 현상은 가족기능의 약화를 불러오게 되었다.

전통적으로 여성이 가정 내에서 담당해 오던 가사와 육아에도 커다란 변화가 초래되어 아이를 낳고 양육하는 육아 문제는 이제 가정의 문제가 아닌 사회의 문제로 전환되어 가고 있다. 여성의 사회참여에 따른 육아지원의 필요성과 요구 증대에 따라 보육수요가 증가하였고, 영유아들이 좀 더 장시간 돌봄과 교육을 병행 할 수 있는 다양한 보육서비스의 요구가 급증하게 되었다.

이로 인해 영유아 시기에 가정이 아닌 보육기관에서 제공되는 양질의 경험은 그들의 발달에 기초성과 적기성에 매우 중요한 일로 대두되고 있다.

2) 가족구조의 변화

전통적인 농경사회에서는 집안의 노동력을 확보하기 위해 대가족제도가 일반적이었으나 급격한 산업화 · 도시화 · 서구화 등의 사회적 환경 변화로 핵가족이 보편화되고 가족해체가 증가하였다. 이러한 가족구조의 변화인 핵가족화 경향은 부모의 역할과 책임에 변화를 가져왔으며, 가족의 고립이 촉진되고 가족의 본래 기능이었던 자녀의 양육 및 사회화의 기능이 약화 되었다. 가정의 기본적인 기능에는 자녀의 양육, 교육과 사회화가 있는데, 자녀들이 가정생활을 통해 일상적인 언어와 태도, 기본생활 습관과 예절, 대인관계기술, 도덕적 윤리의식 등을 배우게 된다. 이와 같은 가정의 교육적 기능은 종래의 확대가족 내지 대가족형태에서 가능했으나 지금의 핵가족 또는 소가족 형태에서는 제대로 이루어지지 않고 있는 실정이다.

핵가족화가 되면서 가정 내에서 대인관계 기회의 감소가 초래되고 소수의 특수한 인간관계만을 체험하게 되고 인간 상호작용의 결함을 가져올 수 있으며 유아기의 사회화과정의 기능 약화를 초래하기도 한다. 이러한 핵가족화 이외 '가족해체' 라는 가족구조의 다양화가 이루어지고 있어 보육기관에서 경험되는 인간상호 간의 관계를 도모하는 인간발달 프로그램, 긍정적인 자아상을 갖게 하는 프로그램 등의 제공이 영유아의 중요한 발달과업을 설명하는 요인이 되고 있다.

3) 영유아의 권리

취업 여성의 자녀 양육을 지원하기 위한 수단으로 시작된 보육서비스는 경제적 · 사회적 요구를 수용하게 되면서 영유아 입장에서 잘 자라야 할 권리, 적절한 서비스를 받을 권리 등이 보장받지 못하는 측면이 발생되고 있다.

맞벌이가정의 증가로 인해 불가피하게 보육서비스를 이용해야 한다면 인간발달 초기에 제공되는 보육서비스는 영유아의 건강한 발달을 도모할 수 있는 발달에 적합한 환경이어야 하며 개별적인 아동의 요구가 반영되어 각자의 잠재능력을 발휘할 수 있는 질 높은 보육서비스를 제공해야 할 것이다.

최근의 연구에 의하면 양질의 보육경험은 영유아의 애착 및 제반 영역 발달에 긍정적인 영향을 받는 것으로 보고하고 있다. 그러므로 영유아발달에 있어 가장 중요한 요인은 보육경험 유무라기보다는 어떠한 보육서비스를 제공 받았는지 그 내용의 질이 더 중요한 요인으로 인식되고 있는 실정이다.

2. 보육경험과 영유아발달

1) 영아기 보육경험

영아기는 양육자의 보호적인 보살핌이 절대적으로 필요한 시기이며 인간발달의 기초가 형성되는 시기이므로 생리적인 요구뿐만 아니라 정서적, 인지적, 신체 · 운동적 발달을 자극하고 촉진할 수 있는 기회가 제공되어야 하는 중요한 시기이다. 그러므로 인간의 전 생애동안 기초가 형성되는 영아기에 제공되는 보육경험이 이들에게 어떠한 영향을 미치는가는 영아발달을 이해하는 데 반드시 필요하다. 그런 보육경험이 영아발달에 미치는 영향과 관련된 연구는 긍정적인 영향과 부정적인 영향이 있다는 상반된 연구결과가 나타나고 있는데 이에 대해 살펴보면 다음과 같다.

중산층 영아 30명을 대상으로 가정보육과 기관보육 경험이 영아발달에 미치는 영향을 알아본 결과 3~4세가 되었을 때 자발적인 언어표현뿐 아니라 언어검사결과에서도 어린이집에 다녔던 영아가 우수한 것으로 나타났는데, 크락커-스테와트(Clarke-Stewart, 1984, 1987)는 어린이집에 다닌 영유아가 지능지수, 시각-협응력, 물리적인 세계에 대한 지식, 언어 유창성, 수개념 등 인지발달 검사에서 높은 점수를 얻었다고 보고하고 있다. 이는 조기에 인지적 자극과 또래경험이 영유아의 인지적 발달에 긍정적인 영향을 미치는 것으로 해석할 수 있다.

반면 반델과 코라사니티(Vandell & Corasaniti, 1990)의 연구에 의하면 1세 전에 보육경험이 시작되었고 학교에 들어갈 때까지 계속되었던 아동에게서 불복종과 열악한 또래관계 능력을 보이는 것으로 나타났다. 또한 영아가 어린이집에 가는 시작 시기와 머무는 시간이 영아의 발달에 미치는 영향에 대한 연구들은 대체로 부정적인 것으로 보고하고 있다. 어머니와 자녀의 애착관계를 강조한 벨스키(Belsky, 2001)는 생후 1년 전에 1주일에 20시간 이상 어린이집에 다닌 영아는 순응적이지 못하고 공격적이며 사회 · 정서적 문제를 유발한다고 주장하였다. 특히 어린이집을 영아기부터 장시간에 걸쳐 장기간 이용하는 영유아에게 더 많은 문제가 나타난다고 보고하고 있다.

3~54개월 된 영유아가 일주일에 30시간 미만 어린이집에 있을 때는 문제행동이 그다지 높게 나타나지 않았으나 45시간 이상 지내는 경우 문제행동이 높게 나타났다는 연구결과도 있다(Early Child Care Research Network, NICHD ECCRN, 2001). 국내 연구에서도 보육 시작 시기가 6개월 이전인 경우와 6개월 이후에 보육을 시작한 집단에서 애착안정성이 다르게 나타나고 있는데 6개월 이후에 시작한 영아들이 애착안정성이 좀 더 높게 나타났다.

반면에 보육경험의 유무에 따라 공격성, 갈등, 문제행동에 차이가 없으며(이영, 김명순, 1999), 특히 저소득층의 경우 보육의 양이 많을수록 행동문제가 적게 나타났고 영아는 운동발달 및 활동성이 증진되며 신장과 체중이 증가하였고 질병도 감소하였다.

아동의 학습성취를 강조하는 보육프로그램에 참여한 아동들을 대상으로 한 연구에서 2~3세경에 시작되는 보육프로그램에 참여한 아동은 지적 발달이 높았으며, 학업중퇴율도 낮았다(Phillipset al., 1987). 자조기술, 사회성, 인지발달 측면에서도 긍정적인 효과가 있었다. 또한 부모교육을 실시하고 가족이 필요로 하는 통합적인 서비스를 지속적으로 제공했을 때 아동들의 학교 입학 후 학업성취도가 증가하였으며 어머니의 취업률도 증가하였고(김기현, 신인철, 2012), 영아기 때부터 보육프로그램에 참여한 아동들이 대학에 다니는 비율이 더 높았고 기술의 전문성이 더 높은 직업을 가지는 것으로 나타났다.

2) 유아기 보육경험

보육경험이 유아발달에 미치는 영향과 관련된 연구로 질 높은 보육프로그램을 1~2년간 경험한 유아는 전반적으로 발달지수 및 신체발육 정도에서 크게 향상되었다는 긍정적인 결과를 보고하고 있다. 또한 보육경험을 많이 한 유아들이 혼자놀이를 덜하며 협동적이고 긍정적인 언어적 상호작용 및 또래와의 관계 맺기 기술이 높았다고 보고하고 있다.

반면, 질적 수준이 낮은 보육기관에 다니는 유아의 스트레스 호르몬인 코티솔 수준은 오전에서 오후로 갈수록 증가하였으며(Watamura et al., 2003), 교사가 민감하고 반응적이고 지적인 상호작용을 할 경우 오후에 코티솔 수준이 상승하는 것을 완충하는 것으로 나타났다. 질적 수준이 높은 보육기관은 교사와의 지원적인 상호작용, 또래와의 긍정적인 상호작용, 인지적으로 자극이 되는 놀이 기회가 많은 곳이며 질적 수준이 낮은 곳은 또래와의 부정적 상호작용과 목표 없이 방황하는 유아의 놀이행동이 빈번히 발생하는 곳으로 어린이집의 질적 수준 차이가 보육환경에서 나타내는 유아의 코티솔 수준에 중요하게 작용하는 것을 볼 수 있다(최정윤, 2008).

또한 질 높은 보육경험의 구성요인인 교사 대 아동의 비율이 낮을수록 아동은 부정적 스트레스를 덜 받았고 교사는 더 반응적이고 온정적이고 지원적으로(NICHD ECCRN, 2001) 반응하므로 교사–유아, 또래 간 긍정적 상호작용을 유도하게 되며 어린이집의 질적 수준이 높을수록 유아는 또래 및 교사와 긍정적인 상호작용을 하였으며, 공격적인 문제행동이 적었고, 스트레스 행동 또한 적은 것으로 나타났다.

그러므로 보육환경의 질이 유아의 사회 · 정서적 능력의 발달과 관련될 뿐 아니라 그 질이 부분적으로 부적합할 때 유아의 코티솔 수치, 스트레스 등을 유발한다는 것을 알 수 있다.

이와 같은 연구 결과를 종합해 보면, 교사 대 아동 비율, 교사의 경력, 물리적 환경 같은 어린이집의 질을 결정하는 요인이 적절하게 갖추어져 질 높은 서비스를 제공할 때 영유아가 안정적인 상호작용을 통해 스트레스 지수, 또래관계, 긍정적 자아개념 및 친사회성과 같은 사회 · 정서적 능력 등에 긍정적인 영향을 미치게 됨을 알 수 있다.

3. 영유아발달을 돕는 교사의 역할

모든 보육에 있어 보육의 질을 결정하는데 핵심에 보육교사가 있는 것이 사실이며 특히, 보육교사의 질을 결정하는데 보육교사의 역할은 절대적이라고 할 수 있다. 이는 성인에게 많은 부분을 의존하고 있는 영아의 특성(김양자, 2002)과 상황에 따라 의사결정 사항이 많은 보육프로그램의 특수성(김민정, 2004)에도 원인이 있다. 아무리 좋은 환경과 보육프로그램을 갖추고 있다고 하더라도 그것을 운영하는 보육교사가 우수한 자질을 갖고 있지 못하다면, 영유아의 발달 및 보육의 효과는 제대로 나타날 수 없을 것이다.

1) 영아에 대한 사랑

영아를 사랑하는 것은 우선적으로 안전한 보호차원에서 필수적인 것이고 교사라면 반드시 갖추어야 하는 자질이다. 영아는 자신의 가치를 인정받을 때 좌절과 실망을 벗어날 수 있는 확고한 기반을 갖게 된다. 이러한 기반은 일과 속의 활동과정에 참여 열정과 긍정적인 자아존중감의 기초가 된다.

영아를 사랑하는 것은 영아발달에 대한 지식과 개별 영아의 발달단계를 이해함으로 가능해진다. 영아들은 모두 같은 발달과정을 보이지 않는다는 것을 인정하고 영아의 다양성을 존중해야 한다. 영아를 존중하는 것은 영아들이 요구하는 것이 무엇이며 이를 어떻게 프로그램 속에 반영할 수 있는지를 파악하게 된다.

영아를 인정하는 것은 물리적, 심리적으로 그들의 수준에 맞추는 것이다. 예를 들어, 영아와 함께 바닥에 앉는다든지, 영아와 눈을 맞추기 위해 몸을 낮추는 것이 이에 해당된다. 친숙하고 의미 있는 용어와 문장으로 이야기하는 것 또한 중요하다.

교사는 영아가 보내는 비언어적 메시지에 즉각 반응해야 한다. 민감한 교사는 영아의 행동이나 몸짓을 인정하고 상호작용을 해야 한다. 이것은 교사가 영아와 상호 간의 신뢰를 바탕으로 영아로부터 어떠한 단서를 읽어 낼 수 있는 직관력을 갖게 하고 영아들의 개별 특성을 고려한 상호작용의 전략과 기술을 발전시켜 나가게 한다.

교사의 직관력은 영아의 미묘한 행동과 영아의 당혹스러운 행동을 어떻게 다룰 수 있는지 배울 수 있게 됨으로 영아의 요구에 응할 수 있고, 영아의 눈빛을 보고 활동이 재미있게 일어날 수 있는 순간을 포착하여 다양한 활동과 경험을 개방적으로 탐색할 수 있게 안내할 수 있다.

또한 교사를 통해 제공되는 바람직한 환경 구성은 영아를 존중하게 된다. 예를 들어, 뒹굴 수 있는 포근한 침대, 거울 앞의 부드러운 깔개, 그리고 안전하게 기어 다닐 수 있는 곳들은 영아의 요구를 잘 반영한 것이다. 적절한 크기의 가구와 영아 수준의 활동을 제공함으로써 독립심을 기르고 탐색할 수 있는 기회를 확대시킬 수 있다.

영아의 생리적 요구와 심리적 상태를 고려하여 하루 일과를 구성하는 것은 개별 영아의 인정하는 것이다. 영아가 보내는 신호에 반응해 주는 것으로 배고플 때 먹고, 피곤하면 자야 하고, 놀고 싶을 때 놀아야 한다. 걸음마기 영아의 경우, 일과 구성은 영아의 신체 리듬을 고려하여 적절히 안배하여 영아가 하루 일과를 예측할 수 있게 해야 한다.

교사는 영아들 스스로 활동적인 놀이와 조용한 놀이를 번갈아 가며 할 수 있게 도와야 한다. 이러한 일과에 선택권은 자율성을 갖고자 하는 요구가 일어나는 이 시기 영아들에게 매우 중요하다. 영아 스스로 일과를 선택할 수 있다는 것은 영아의 능력과 권리를 인정하는 것이 된다. 다음은 영아에 대한 사랑과 보호의 경험을 구체적으로 살펴보고자 한다.

(1) 사랑과 보호

인간은 태어나서 초기 몇 년간 자신에게 중요한 사람과 최적의 애착 관계를 형성해 간다. 이 시기에 영아는 자신을 돌보아 주는 성인과 신체적 · 정신적으로 밀접한 유대관계를 맺어야 한다.

영아는 신체적 접촉을 통하여 안정감을 얻게 되고 이러한 안정감은 긍정적인 자아개념 형성과 주변 환경에 대한 탐색에 영향을 미친다. 이를 위해 교사는 영아를 안아주어야 하며 무릎에 앉고 몸에 밀착하려 하는 행동을 허용해 주어야 한다.

영아들은 새로운 세계에 대한 안정감을 얻기 위해 교사와의 신체적 접촉을 원한다. 걸음마기 영아들은 교사로부터의 안정감을 토대로 자신이 돌아갈 수 있는 안전한 곳이 있다는 확신을 갖게 되면서 점차 자율성과 자기주장을 펼쳐 나가게 된다(Ainsworth, 1979).

영아를 돌보는 교사는 이들과 신체적 · 정서적 유대관계를 갖는 것을 즐거워하고, 신체적 · 정서적으로 진정한 사랑의 마음을 나눌 수 있어야 한다. 영아들은 자신들이 어떤 일을 할지라도 교사가 항상 곁에서 안아주고 부드럽게 이야기해 주며 눈을 맞추어 준다는 것을 알아야 한다. 어린 영아들은 매 순간 순간, 그리고 무슨 활동을 하든지 안정감과 확신을 얻기 위해 교사를 바라본다. 이때 교사는 민감하고 수용적이며 긍정적으로 반응할 수 있어야 한다.

사랑하고 반응하는 것은 영아의 신호를 적절히 읽을 수 있다는 의미이다. 즉, 울음, 얼굴 표정, 신체 움직임과 특이한 말 등과 같은 여러 가지 의사소통 방법에 빠르고 적절히 응답하는 것이다. 이러한 반응은 영아들에게 자신의 요구가 충족되고 있다는 확신을 갖게 한다.

(2) 다양한 상호작용 기술

보육교사들은 다른 교사들과 마찬가지로 영아들에게 긍정적이고 민감하게 반응하고 효과적으로 언어 전달을 해야 하며, 또래와 상호작용할 수 있게 돕고, 이들을 적절한 방법으로 훈육할 수 있어야 한다.

영아를 돌보는 교사는 연령이 높은 유아교사와는 다른 방법으로 상호작용을 해야 한다. 영아는 자신의 요구나 불편함을 잘 표현하지 못한다. 결과적으로 교사는 영아가 피곤하거나 배고파할 때, 그리고 지루해 할 때를 예상할 수 있어야 하며 그들의 비언어적 단서를 찾을 수 있어야 한다.

영아를 돌보는 교사가 해야 할 역할들은 대부분 일상적이며, 신체적인 보호에 대한 것들이 많다. 교사들은 일상적인 보호의 역할이 영아 교사에게 매우 중요하다는 것을 잘 알고 있다. 영아와의 일상적인 보호 및 생리적인 역할을 하다 보면 개별 영아와의 상호작용에 소홀해지는 경향이 있어 개별 영아와의 상호작용에 많은 시간을 보낼 수 있도록 해야 한다.

다음으로 연령이 높은 유아교사의 상호작용은 유아들 간의 관계와 더 나아가 물리적 환경, 현상들과의 서로 영향을 미치고 관계를 맺는 과정이라고 할 수 있다. 교사는 유아들과 신체적 · 정서적 유대관계를 갖는 것을 즐거워하고, 신체적 · 정서적으로 진정한 사랑의 마음을 나눌 수 있어야 한다. 이 시기에 유아가 하는 경험의 대부분은 교사와의 상호작용을 통해 이루어진다. 교사와 유아 간의 긍정적인 상호작용은 교수 · 학습의 질을 구성하는 핵심적인 요소가 된다. 유아는 다른 사람과의 관계를 통해서 학습하게 되므로, 교사의 상호작용 능력은 유아의 건전한 성장과 발달에 직접적인 영향을 미친다. 이는 유아의 전인적인 성장과 발달을 위해서 유아와 교사의 질 높은 상호작용이 필요하다는 것을 시사한다.

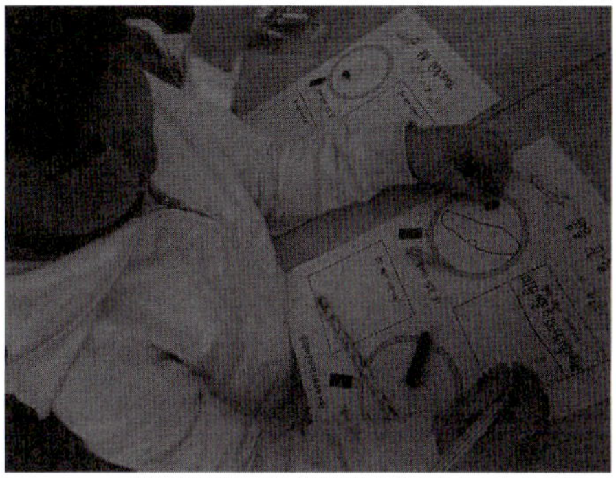

유아의 제반 영역의 발달을 촉진시켜 주고, 지속적인 학습을 유지 시켜 줄 수 있는 상호작용 유형을 살펴보면 다음과 같다(누리과정 교사용 지침서, 2013).

① 인정하기

인정하기는 유아에게 관심을 기울여주고, 활동을 지속할 수 있도록 긍정적인 격려나 칭찬을 해주는 것으로 교사는 유아의 생각이나 느낌, 행동을 인정해 주면 유아는 더욱 즐겁게 생활하고 활동에 참여할 수 있다. 막연하고 지나치게 칭찬하면 유아의 내적 동기를 약화 시킬 수 있으므로 구체적인 사실에 근거하여 인정해 주어야 한다.

② 모범보이기

학급에서 일어나기를 바라는 경향, 태도, 가치에 대해 교사가 바람직한 모습을 보여줌으로써 유아가 적절한 행동, 즉 바르게 말하기, 정리정돈하기, 공손한 태도, 골고루 먹기 등을 교사 자신이 매일의 생활에서 실천함으로써 유아가 자연스럽게 느끼거나 받아들일 수 있도록 하는 것이다. 행동 그 자체를 모방하는 것에 초점을 두는 것이 아니라 행동 이면의 가치, 성향, 태도를 닮아가는 것을 더 중요하게 본다.

③ 촉진하기

교사의 최소한 개입으로 유아의 학습을 용이하게 해 주는 상호작용 유형으로, 유아가 과제나 문제를 보다 쉽게 해결할 수 있도록 일과 계획하기, 보조교사 함께하기, 활동 시간 조절하기 등의 방법을 의미한다. 예를 들어, 다른 친구들이 놀이하는 인접한 곳 활동에 집중하지 못할 때 교사는 다른 곳으로 자리를 옮겨 주고 유아가 하는 활동을 곁에서 지켜봐 주는 등의 행동이다.

④ 지지하기

유아의 현재 능력이 어느 정도에 이르면, 다음 발달 수준으로 넘어서도록 도움을 주거나 도전해 볼 수 있는 기회를 제공하는 것으로, 교사는 유아가 어떤 단계에 있는지를 파악하고, 새로운 단계로 발전할 수 있도록 기회를 주어야 한다. 그리고 유아가 스스로 하고 싶지만 도움이 없으면 완성하기 어려운 활동 과제를 알아내어 도움을 주어야 한다.

⑤ 함께 구성하기

모형이나 블록을 함께 쌓아 올리는 것처럼 교사와 유아가 공동으로 문제나 과제를 함께 생각하고 조사하며, 배우고 해결해 나가는 것으로, 이때 교사와 유아는 모두 학습자인 동시에 교사가 된다. 문제나 과제를 해결해 가는 과정에서 교사가 즉시 답을 알려주기 보다는 유아와 함께 공동의 학습자가 되어 유아가 문제 해결 과정을 경험해 가도록 도와야 한다. 예를 들어, 집과 집을 이어주는 다리를 어떻게 만들 수 있을지 생각해 보고 이를 함께 해결해 가는 것이다.

⑥ 시범보이기

어떤 사항을 유아에게 구체적으로 지도하기 위해 교사가 활동에 적극적으로 참여하여 보여주는 상호작용으로, 유아는 교사가 직접 시범을 보이는 모습을 관찰할 수 있기 때문에 더욱 쉽게 특별한 기술을 습득할 수 있다. 위험한 도구를 사용하는 데 가장 안전한 방법을 보여주거나 새로운 기술을 가르칠 때 효과적인 방법이다.

⑦ 지도하기

유아가 착오 없이 학습이 이루어지도록 교사가 필요한 정보나 지식을 전달하는 과정으로, 지식과 정보를 더 많이 가진 사람이 그렇지 못한 사람에게 정보를 전달하고 말해 주는 전통적인 방법이다. 지도하기는 유아들이 스스로 문제를 발견하고 해결하는 것보다 직접적으로 그 방법을 말해 주는 것이 더 효과적일 때 사용하는 것이 바람직하다. 예를 들어, 안전과 관련된 교육내용이거나 도구를 사용하는 방법이나 새로운 기술을 익히는 경우이다.

2) 가족에 대한 이해와 지원

(1) 가족 이해

영아를 돌보는 교사는 가족의 한 구성원으로 볼 수 있다. 영아를 존중하는 것은 교사와 가족 간의 관계 속에서도 중요시되어야 한다. 따라서 각 영아의 개별성을 존중하는 것과 마찬가지로 교사는 각 성인의 개별성 또한 존중해야 한다. 학습에서 나타나는 다양성, 즉 종교, 가족구성원, 경제적 지위 등을 인정하고 서로 다른 가족의 상황을 고려해 주어야 한다. 교사에게 친숙하지 않은 가족이 있을지라도 학습의 모든 영아와 부모와 가정의 전통을 지원하고 존중하는 것이 교사의 주된 임무이다.

부모들은 교사들과의 의사소통에 있어 자녀가 하루를 어떻게 보냈는지 알고 싶어 하며, 무엇을 먹었고, 잘 잤는지, 그리고 대소변 문제는 어떠했는지 등 그들의 가정에 돌아가 다시 영아를 돌보기 위해 필요한 일상적인 정보를 알고자 한다.

부모들은 영아와 관련된 다양한 질문을 할 수 있고 영아의 성장, 발달에 대해 토론할 수 있는 기회를 가질 수 있다. 보육기관에서 제공하는 부모모임에는 훈육, 영양, 스트레스, 행동 또는 가족의 중요성 등에 관한 문제에 대해 정보를 서로 나눌 수 있는 기회가 된다. 또한 무엇보다 가족의 문제가 무엇이고 어려운 일이 무엇인지를 듣는 것이, 가족과 그들의 특수한 상황에 대해 공감대를 형성할 수 있는 주요한 기회를 제공하게 된다.

부모의 이해와 지원은 무엇보다 가족의 사생활의 존중과 비밀보장으로 가족에 대한 이해는 가족생활의 개인적 본질을 인정하는 것과 동시에 이들이 우리와 함께 공유할 것이라는 믿음을 기초로 한다. 신뢰감이란 가족과의 관계 속에서 중요한 요소이며, 어떠한 판단 없이 가족 그 자체를 인정한다는 것을 보이는 것이다. 따라서 가족과의 모든 상호작용 시 교사는 사적인 문제에 대한 비밀보장이 중요하다.

또한 교사는 어떤 상황에서 부모가 보이는 태도를 받아들이기 어려운 경우에도 교사는 부모를 지원해 주어야 하는데 자녀의 발달단계를 잘 이해할 수 있도록 여러 가지 책자나 자료를 제공하거나 자녀 발달이상이나 문제행동에 대한 대안을 제시하는 역할을 해야 한다.

(2) 부모와의 협력과 지원

영아들의 지속적인 발달 지원을 위해서는 부모와의 긴밀한 관계를 지속적으로 유지해 나가는 것이 필요하다. 보육경험의 효율성을 높이기 위해서는 부모와의 의사소통이 중요하다는 것을 인식한 교사는 주로 모든 상황에 적용될 수 있는 방법을 찾고자 노력하게 된다.

부모와 교사 간의 의사소통은 양방적이어야 한다. 부모에게서 일상적이며 장기적인 정보를 얻어야 하며 부모와 함께 정보를 공유해야 한다.

교사는 영아의 하루 일과를 상세하게 기록해 두었다가 부모와 의사소통을 위한 자료로 활용되는데 부모들이 자녀를 데리러왔을 때 그 아이에 관한 간단한 기초 정보를 제공할 수 있어야 한다. 예를 들어, 낮에 잘 잤는지, 점심은 먹었는지, 그리고 전반적으로 아이의 상태가 양호한지 등을 기록한다. 또한 교사는 하루를 지내면서 영아가 언제, 얼마만큼을 먹었고, 기저귀를 언제 갈았는지, 그리고 시간적 여유가 있을 때는 그날의 일화를 간단히 기록한다. 부모 또한 자녀의 가정에서의 일상생활에서 참고가 될 만한 것들을 교사에게 지속적으로 제공하여 보육에 도움이 되도록 해야 한다.

■ 영유아보육법 시행령 [별표 1] 〈일부개정 2021. 03. 30.〉

어린이집의 원장과 보육교사의 자격기준(제21조 관련)

1. 어린이집 원장의 자격기준

가. 일반기준

1) 보육교사 1급 자격을 취득한 후 3년 이상의 보육 등 아동복지업무 경력이 있는 사람

2) 「유아교육법」에 따른 유치원 정교사 1급 자격 또는 같은 법에 따른 특수학교(유치원 과정을 말한다)의 정교사 자격을 취득한 후 3년 이상의 보육 등 아동복지업무 경력이 있는 사람

3) 유치원 원장의 자격을 가진 사람

4) 「초 · 중등교육법」에 따른 초등학교 정교사 자격 또는 같은 법에 따른 특수학교(초등학교 과정을 말한다)의 정교사 자격을 취득한 후 5년 이상의 보육 등 아동복지업무 경력이 있는 사람

5) 「사회복지사업법」에 따른 사회복지사 1급 자격을 취득한 후 5년 이상의 보육 등 아동복지업무 경력이 있는 사람

6) 「의료법」에 따른 간호사 면허를 취득한 후 7년 이상의 보육 등 아동복지업무 경력이 있는 사람

7) 국가 또는 지방자치단체에서 7급 이상의 공무원으로 보육 등 아동복지업무에 5년 이상 근무한 경력이 있는 사람

나. 가정어린이집

1) 일반기준에서 정한 자격을 갖춘 사람

2) 보육교사 1급 이상의 자격을 취득한 후 1년 이상의 보육업무 경력이 있는 사람

다. 영아 전담 어린이집: 만 3세 미만의 영아만을 20명 이상 보육하는 어린이집

1) 일반기준에서 정한 자격을 갖춘 사람

2) 간호사 면허를 취득한 후 5년 이상의 아동간호업무 경력이 있는 사람

라. 장애아 전문 어린이집: 「장애아동복지지원법」 제32조에 따른 장애영유아 어린이집 중 12명 이상의 장애영유아를 보육할 수 있는 어린이집

1) 일반기준에서 정한 자격을 갖춘 사람으로서 대학(전문대학을 포함한다)에서 장애인복지

및 재활 관련 학과를 전공한 사람

2) 일반기준에서 정한 자격을 갖춘 사람으로서 장애영유아 어린이집에서 2년 이상의 보육 업무 경력이 있는 사람

마. 「고등교육법」에 따른 대학(전문대학을 포함한다) 또는 법 제21조제2항제2호에 따른 교육훈련시설이 운영(위탁 또는 부설 운영을 말한다)하는 어린이집

1) 가목에 따른 일반기준에서 정한 자격을 갖춘 사람

2) 어린이집을 운영하는 대학의 조교수 또는 교육훈련시설의 전임교수 이상으로서 보육 관련 교과목에 대하여 3년 이상의 교육 경력이 있는 사람

바. 가목부터 라목까지의 어느 하나에 해당하는 사람은 보건복지부령으로 정하는 사전직무교육을 받아야 한다.

2. 보육교사의 등급별 자격기준

등급	자격기준
보육교사 1급	가. 보육교사 2급 자격을 취득한 후 3년 이상의 보육업무 경력이 있는 사람으로서 보건복지부장관이 정하는 승급교육을 받은 사람 나. 보육교사 2급 자격을 취득한 후 보육 관련 대학원에서 석사학위 이상을 취득하고 1년 이상의 보육업무 경력이 있는 사람으로서 보건복지부장관이 정하는 승급교육을 받은 사람
보육교사 2급	가. 전문대학 또는 이와 같은 수준 이상의 학교에서 보건복지부령으로 정하는 보육 관련 교과목 및 학점을 이수하고 졸업한 사람 나. 보육교사 3급 자격을 취득한 후 2년 이상의 보육업무 경력이 있는 사람으로서 보건복지부장관이 정하는 승급교육을 받은 사람
보육교사 3급	고등학교 또는 이와 같은 수준 이상의 학교를 졸업한 사람으로서 보건복지부령으로 정하는 교육훈련시설에서 정해진 교육과정을 수료한 사람

※ 비고

1. "보육 등 아동복지업무 경력"이란 다음의 어느 하나에 해당하는 경력을 말한다.

가. 다음의 어느 하나에 해당하는 경력

1) 어린이집에서 어린이집의 원장, 보육교사, 특수교사[「초 · 중등교육법」 제21조제2항에 따라 특수학교의 정교사, 준교사 또는 실기교사(담당과목이 재활복지과목인 경우만 해당한다)의 자격증을 가진 사람과 이에 준하는 사람으로 보건복지부장관이 인정하는 사람을 말한다. 이하 같다] 또는 치료사로 근무한 경력

2) 육아종합지원센터에서 육아종합지원센터의 장, 보육전문요원, 특수교사, 대체교사 또는 일시보육 담당 보육교사로 근무한 경력

3) 법 제26조의2제2항에 따른 일시보육서비스지정기관에서 기관의 장 또는 일시보육 담당 보육교사로 근무한 경력

나. 「유아교육법」에 따른 유치원에서 원장, 원감, 수석교사 또는 교사로 근무한 경력

다. 「아동복지법」에 따른 아동복지시설에서 시설장, 총무, 보육사, 생활복지사, 상담지도원 또는 자립지원전담요원으로 근무한 경력

라. 「장애인복지법」에 따른 장애 영유아 거주시설에서 장애영유아와 관련된 업무에 종사한 경력

마. 「유아교육법」 및 「초 · 중등교육법」에 따른 특수학교(유치원 과정)에서 특수학교 교원으로 근무한 경력

바. 법률 제7120호 유아교육법 제정으로 폐지되기 전 「유아교육진흥법」에 따른 새마을유아원에서 근무한 경력

사. 가목부터 바목까지의 아동복지업무를 수행하는 시설 등에서 간호사로 근무한 경력

아. 국가 또는 지방자치단체에서 7급 이상의 공무원으로 보육 등 아동복지에 관한 행정업무에 종사한 경력

2. "보육업무 경력"이란 다음의 어느 하나에 해당하는 경력을 말한다.

가. 다음의 어느 하나에 해당하는 경력

1) 어린이집에서 어린이집의 원장, 보육교사, 특수교사 또는 치료사로 근무한 경력

2) 육아종합지원센터에서 육아종합지원센터의 장, 보육전문요원, 특수교사, 대체교사 또는 일시보육 담당 보육교사로 근무한 경력

3) 법 제26조의2제2항에 따른 일시보육서비스지정기관에서 기관의 장 또는 일시보육 담당 보육교사로 근무한 경력

나. 「유아교육법」에 따른 교육과정과 방과후 과정을 운영하는 유치원에서 원장, 원감, 수석교사 또는 교사로 근무한 경력

3. "아동간호업무 경력"이란 병원의 소아청소년과나 신생아실, 보건소 모자보건센터, 초등학교 보건실 등에서 근무한 경력을 말한다.

• 보육교사 2급 보육실습 기준

구분	기준
실습운영	이론수업과 보육현장실습으로 운영
실습기간	6주 240시간(2회에 나누어서 실시 가능)
실습기관	• 정원 15명 이상으로 평가인증을 유지하는 어린이집 • 방과후 과정을 운영하는 유치원
실습 지도교사	• 보육교사 1급 또는 유치원 정교사 1급 • 실습 지도교사 1명당 보육실습생 3명 이내지도
실습 인정시간	• 평일(월요일~금요일) 오전 9시~오후 7시 • 실습시간은 하루에 8시간을 초과할 수 없음
실습의 평가	• 보육실습일지와 실습평가서 작성 • 평가점수 80점 이상

참고문헌

강란혜(2008). 아동발달. 창지사.

강문희, 이혜성(1997). 어린이집의 문학교육 현황에 대한 조사연구. 한국보건학, 10, 75-96.

강지선(2005). 제왕절개분만에 영향을 미치는 의사 및 의료기관의 특성에 관한 연구. 고려대학교 보건대학원 석사학위논문.

강지원(2018). 아버지의 양육참여와 정서공감이 영아정서지능에 미치는 영향. 인천대학교 교육대학원 석사학위논문.

건강보험심사평가원(2017). 연도별 제왕절개분만율.

고승우(2001). TV 인터넷에서 우리 아이 지키기. 북스토리.

곽노의, 김경철, 김유미, 박대근(2007). 영유아발달. 양서원.

곽노의, 김경철, 김유미, 박대근(2008). 영유아발달. 양서원.

곽노의, 김경철, 김유미, 박대근(2009). 영유아발달. 양서원.

곽노의, 김경철, 김유미, 박대근(2010). 아동발달. 양서원.

곽노의, 김유미 역(2001). 유아의 두뇌발달. 양서원.

곽승주(2008). 가정과 어린이집에서 나타나는 영아의 부정적 정서에 관한 문화기술적 탐구. 성신여자대학교 대학원 박사학위논문.

구미향, 이양희(2000). 영아기 애착관련 변인과 모성행동 특성 분석. 한국아동학회지, 21(4), 81-104.

국민건강보험공단, 건강보험심사평가원(2020). 건강보험통계.

권민균, 권희경, 문혁준, 성미영, 신유림, 안선희, 안효진, 이경옥, 천희형, 한유미, 한유진, 황혜신(2005). 아동발달. 창지사.

권성민, 강명화, 공영미, 곽은복, 윤혜영, 최윤지(2019). 유아사회교육. 양성원.

김경중, 류왕호, 류인숙, 박은준, 신화식, 유구종, 정갑순, 조경미, 조희숙, 주리분, 최인숙, 최재숙(1998). 아동발달심리. 학지사.

김경중, 류왕호, 류인숙, 박은준, 신화식, 유구종, 정갑순, 조경미, 조희숙, 주리분, 최인숙, 최재숙(2001). 아동발달심리. 학지사.

김경중, 최인숙(1989). 유아발달심리. 형설출판사.

김경화, 이주연(2013). 유아발달론. 공동체.

김경희(2004). 정서심리학. 박영사.

김기현, 신인철(2012). 유아교육 및 보육경험의 장기효과: 또래관계 및 학업성취도. 한국사회학회, 46(5), 259-288.

김나영, 이경열, 정욱호, 홍계옥(2007). 영유아발달. 양서원.

김미영(2013). 영아발달. 정민사.

김미자(1995). 영 · 유아기 탁아경험이 사회정서적 행동에 미치는 영향. 이화여자대학교 대학원 석사학위논문.
김민정, 도현심, 신나나, 최미경(2013). 아동학회지, 34(2), 101-119.
김숙령(2010). 영아-교사 간 상호작용 질적수준과 교사의 민감성이 영아의 부모와 교사에 대한 애착과 사회적 적응행동에 미치는 영향. 영유아보육학, 61, 197-215.
김신옥, 민혜영(2012). 아동연구 및 관찰. 공동체.
김영명, 이순형(1999). 애착 대상과 보육시작 시기에 따른 유아의 애착안정성. 영유아보육학회지, 17, 419-451.
김영옥, 홍지명, 김세루, 김권일(2008). 어머니의 양육태도와 유아의 자기조절능력 및 사회적 능력과의 관계. 열린유아교육연구, 13(1), 205-228.
김영천(2013). 질적연구방법론 II-Methods 2. 아카데미프레스.
김영태, 성태제, 이윤경(2003). 취학전 아동의 수용언어 및 표현언어 발달척도(PRES). 서울장애인종합복지관.
김유미(2004). 두뇌를 알고 가르치자. 학지사.
김윤희(2013). 교사-유아 관계와 어머니의 양육행동이 유아의 사회성에 미치는 영향. 인하대학교 대학원 석사학위논문.
김의석, 이우언, 정석환(2007). 최신교육학개론. 양서원.
김이영, 곽은복, 김태인, 김현정, 윤정임, 이경희, 장기덕, 장정애(2018). 아동관찰 및 행동연구. 양성원.
김이영, 김태인, 김현정, 송명숙, 이지민, 한석실(2015). 아동관찰 및 행동연구. 정민사.
김이영, 박경희, 이영미, 임미혜, 최윤희(2019). 유아교육개론. 양성원.
김이영, 배헌석, 이우언(2016). 인간이해를 위한 심리학. 양성원.
김이영, 배헌석, 이우언(2019). 인간이해를 위한 심리학. 양성원.
김이영, 이우언, 김병찬, 박성원, 서민호, 이장희(2019). 정신건강론. 양성원.
김이영, 이우언, 배기효, 김병찬, 정선화, 정왕용(2016). 정신건강론. 양성원.
김정수(1994). 놀이학습이 언어발달 지체아의 말하기 능력에 미치는 효과. 특수교육총연합회.
김정희(2012). 아동발달. 동문사.
김태련(2004). 발달심리학. 창지사.
김현미(2005). 유아교사의 교육신념에 따른 교수유형 및 유아 언어 발달. 덕성여자대학교 대학원 박사학위논문.
노명환, 이차숙(1994). 유아언어교육론. 동문사.
류송미(2001). 유아의 친밀도 및 성과 연령에 따른 또래간의 의사소통 전략에 관한 연구. 건국대학교 교육대학원 석사학위논문.
문용린(1996). 도덕적 사고와 행동의 관계. 전라북도 교육연구원.
문용린(2011). 문용린 교수의 정서지능 강의: 부모와 아이가 함께 키워야 할 마음의 힘. 북스넛.
문혁준, 김정희, 안선희, 양성은, 임연진, 한세영(2013). 아동발달. 창지사.
미래창조과학부, 한국정보화진흥원(2015). 인터넷 과의존 실태조사.
박경자, 김송이, 권연희, 김지현 역(2010). 영유아의 사회정서발달과 교육. 교문사.
박낭자, 강숙현, 박경희, 백미열, 성정숙, 오채선, 유영의, 이시자, 이현경, 임명희, 조혜경, 홍연애, 황윤세

역(2007). 아동발달. 정민사.
박대근(2005). 유아기 대 · 소근육 운동발달의 과정적 특성. 중앙대학교 대학원 박사학위논문.
박민정(1996). 가정환경과 보육시설의 질이 유아의 사회적 능력에 미치는 영향. 경북대학교 대학원 석사학위논문.
박선환, 박숙희, 이주희, 정미경, 김혜숙(2010). 정신건강론. 양서원.
박성연(2006). 아동발달. 교문사.
박순영(1996). 한국 도시 아동의 성장 발육상의 특성과 행동 발달 간의 상관관계. 한국문화인류학, 29(2), 195-220.
박시주(2002). 균형적인 읽기 · 쓰기 프로그램이 유아의 언어 및 사고능력 발달에 미치는 효과. 대구가톨릭대학교 교육대학원 석사학위논문.
박영아(2013). 아동발달. 창지사.
박윤조(2007). 부모의 일상적 스트레스가 유아의 일상적 스트레스와 유아의 공격성에 미치는 영향. 성균관대학교 생활과학대학원 석사학위논문.
박지현, 송하나(2011). 자기조절능력 증진프로그램이 유아의 인지 및 정서조절 능력과 외현적 공격성에 미치는 효과. 유아교육연구, 31(1), 157-183.
배소연(1993). 유아교사의 실천적 지식과 교사교육의 방향. 교육학연구, 31(5), 153-171.
보건복지부(2019). 2018년 어린이집 및 이용자 통계.
보건복지부, 대한의학회(2019). 소아 고도비만의 심각성.
보건복지부, 대한의학회(2019). 소아 고도비만의 증상.
서선이(2012). 동화를 매개로한 정서표현 활동이 공격성향 유아의 공격성에 미치는 영향. 우석대학교 교육대학원 석사학위논문.
서영숙, 서혜전, 김영명, 채혜선, 김진숙(2013). 보육학개론. 양서원.
서울신문 나우뉴스(2019.05.17.)
서울신문 나우뉴스(2019.11.05.)
서주연(2009). 유아의기질, 어머니의 양육태도와 조화적합성이 유아의 지적능력에 미치는 영향. 서울대학교 대학원 박사학위논문.
서주현, 이순형(2009). 유아의 기질, 어머니의 양육태도, 조화적합성이 유동성 지능 및 결정성 지능에 미치는 영향. 유아교육연구, 29(4), 47-71.
설재욱, 손영우, 박수애(2005). 정서와 정서지능이 상황인식에 미치는 영향. 한국심리학회지: 산업 및 조직, 18(1), 79-96.
손승희, 이은해(2004). 아동의 또래유능성과 대인간 문제해결 능력 및 어머니 양육행동과의 관계. 대한가정학회지, 42(4), 167-177.
송명자(1995). 발달심리학. 학지사.
송명자(1995). 정직성의 본질과 정직성 교육에 관한 고찰. 한국청소년연구, 21, 33-46.
송인섭, 김정원, 정미경, 김혜숙, 신은영, 박소연(2001). 아동연구방법. 학지사.
신명희, 강소연, 김은경, 김정민, 노원경, 서은희, 송수지, 원영실, 임호용(2016). 유아발달. 학지사.

신혜원(1992). 보육시설의 질적수준에 따른 아동의 놀이실 행동. 연세대학교 대학원 석사학위논문.
심성경, 김경의, 이효숙, 변길희, 박유미, 박주희(2011). **아동발달**. 학지사.
안경아(1999). 유치원 교사의 관심사 및 현직교육 내용에 대한 요구조사. 이화여자대학교 대학원 석사학위논문.
안라리(1994). 유아교육기관의 질에 따른 유아의 스트레스 행동: 종일제 유아교육기관을 중심으로. 이화여자대학교 대학원 석사학위논문.
안승철 역(2004). **우리 아이 머리에선 무슨 일이 일어나고 있을까?**. 궁리.
양연숙, 조복희(1996). 탁아기관의 질, 탁아경험 및 가족특성과 아동의 사회정서발달과의 관계. **아동학회지, 17**(2), 181-193.
양옥승(2002). **유아교육연구방법**. 양서원.
양옥승, 류은미, 신성숙, 윤지영(2012). 영아 자기조절의 의미: 두뇌발달의 관점. **유아교육연구, 32**(5), 435-449.
양혜영, 정승원(1999). 양육환경과 기관의 질이 유아의 스트레스 행동에 미치는 영향. **아동학회지, 20**(4), 141-158.
어주경, 정문자(1999). 저소득층 가족의 경제적 어려움이 아동의 자존감에 미치는 영향. **아동학회지, 20**(2), 21-40.
오성숙(2010). 다문화가정 환경변인과 유아언어능력의 관계. **한국특수교육학회 학술대회**. 109-124.
오정순(2012). 영아발달에 영향을 미치는 요인연구: 어머니의 심리적 특성과 양육관련 특성을 중심으로. **생애학회지, 2**(2), 51-65.
우수경, 정원주, 박숙희, 신혜경, 이정미, 김호, 서윤희, 김기예(2013). **영아발달**. 공동체.
유연미(2005). 3, 4세 정상아동의 표현언어 발달: 이름대기능력과 발화길이를 중심으로. 연세대학교 대학원 석사학위논문.
유효순(2000). **아동발달**. 창지사.
유효순(2012). 어머니 자신을 애착표상, 양육행동 및 유아의 기질과 유아 애착간의 구조모형분석. **유아교육학논집, 16**(3), 49-70.
유효순(2012). **영아와 애착**. 에피스테메.
육아정책연구소(2013). 아동발달관점에서 본 육아기관 이용시간 고찰: 스트레스호르몬 조사를 중심으로. 보건복지부.
윤수정(2016). 만2세 영아의 또래 상호작용이 사회적 능력 및 정서지능에 미치는 영향. **영유아보육학, 1**(96), 29-48.
이경민, 이경선, 한석실, 이정화(2014). **영유아발달**. 문예미디어.
이경화(2008). 바른생활과 언어예절 교육 방안 연구. 경인교육대학교 교육대학원 석사학위논문.
이경화, 고진영(1998). 아동발달에 영향을 미치는 부모의 특성 및 양육태도에 관한 연구 동향 분석: 1990년대 이후의 연구를 중심으로. **한국가족복지학, 3**(1), 61-73.
이경화, 조순옥, 김정원, 심은희, 이연규, 이문정(2005). **유아언어교육**. 창지사.
이경희(2010). **아동발달과 부모교육**. 교문사.

이경희, 이영희(2003). 아동발달과 양육. 형설출판사.

이귀옥, 전효정, 박혜원(2003). 3-5세 아동의 이중언어 경험과 인지능력 및 언어 발달에 관한 연구, 아동학회지, 24(6), 1-14.

이근홍(2011). 인간행동과 사회환경(개정판). 공동체.

이기숙(2000). 유아교육과정(개정 2판). 교문사.

이기숙, 현은자, 김영실(1993). 유아의 문자언어교육을 위한 통합적 접근법에 관한 이해. 창지사.

이문옥(1994). 유아의 읽기 · 쓰기발달에 영향을 미치는 가정환경의 특성. 유아교육연구, 14(2), 39-57.

이미숙(2000). 내 아이에게 맞는 장난감 고르기. 마루벌.

이사라, 이주연, 박민선, 송승민, 박선영(2013). 영아발달. 파워북.

이승복(1994). 어린이를 위한 언어획득과 발달. 정민사.

이시형(2010). 세로토닌하라. 중앙books.

이연섭, 권경안, 정인실(1980). 한국아동의 어휘발달연구. 한국교육개발원, 제117집.

이영(1990). 탁아와 유아발달. 덕성여대 유아교육세미나.

이영, 김명순(1999). 유아교육기관 유형에 따른 교사-또래관계 및 아동발달에 관한 연구. 대한가정학회, 37(8), 103-115.

이영, 신은주, 나종혜(1994). 영유아 양육환경에 대한 생태학적 연구: 가정과 어린이집을 중심으로. 아동학회지, 15(2), 37-54.

이영석, 이경영(1995). 유아사회교육의 이론과 실제. 형설출판사.

이영자(1994). 유아언어교육. 양서원.

이영자(2010). 유아언어발달과 지도. 양서원.

이영자, 이종숙, 신은수(2005). 유아언어교육. 양서원.

이영자, 이종숙, 신은수(2005). 유아의 정서지능, 마음이론, 실행기능 향상을 위한 그림책 이야기를 활용한 집단게임놀이 효과. 유아교육연구, 25(3), 119-148.

이은해(1995). 아동연구방법. 교문사.

이은해, 김온기, 이미화, 이재선(1995). 어린이집 영아반 운영의 실제. 교육과학사.

이은해, 이미리, 박소연(2006). 아동 연구방법의 이해. 학지사.

이은화, 배소연, 서소영(2001). 유아교사의 발달을 돕는 장학. 양서원.

이정란(2003). 유아의 자기조절 구성요인 및 관련변인에 대한 구조분석. 덕성여자대학 대학원 박사학위논문.

이정란, 양옥승(2003). 유아의 자기조절 구성요인에 관한 연구. 유아교육연구, 23(2), 69-91.

이정순(2000). 유아의 정서지능에 관한 고찰. 칼빈논단, 325-346.

이정환, 박은혜(1995). 유아관찰 워크북. 한국어린이육영회.

이종승(2009). 교육, 심리, 사회 연구방법론. 교육과학사.

이지민(2013). 영아의 정서조절능력과 어린이집 적응과의 관계: 월령과 성별에 따른 분석. 한양대학교 교육대학원 석사학위논문.

이지연(2010). 그림책을 활용한 독서치료 프로그램이 유아의 주의집중 및 공격성에 미치는 효과. 동국대학교 대학원 석사학위논문.

이진용, 김재은, 이철, 한호원, 박문일, 유윤희(2002). **첫아기를 가졌어요**. ㈜서울문화사.

이진향(1993). 인지적 가정환경과 유아의 언어능력 간의 관계 연구. 한국교원대학교 대학원 석사학위논문.

이차숙(1992). **유아언어교육의 이론적 탐구**. 학지사.

이충우(1997). 국어 교육 문법 연구: 국어사용 능력 신장을 위한 문법. **국어교육학연구, 7**(1), 1-29.

장영희(2000). **영아교육과정**. 양서원.

장유경, 이근영, 곽금주, 성현란(2003). 어머니의 언어적 입력이 영아의 초기 어휘발달에 미치는 영향. **한국심리학회지: 발달, 16**(4), 227-241.

장휘숙(2001). **아동발달**. 박영사.

장휘숙(2010). **아동심리학**. 박영사.

장휘숙(2013). **발달심리학**. 박영사.

장휘숙, 한건환(2005). **아동연구방법**. 창지사.

전국보육교사교육원대학협의회(2004). **영유아기 발달**. 양서원.

전남련, 김기선, 이은임, 남궁기순, 한혜선, 신현임, 이미향, 김인자, 이선영, 김정화, 이재영, 이은기(2012). **영아발달**. 양서원.

전남련(1999). **유아관찰 및 평가의 실제**. 창지사.

정옥분(2002). **아동발달의 이해**. 학지사.

정옥분(2004). **아동발달의 이해**. 학지사.

정옥분(2005). **아동발달의 이해**. 학지사.

정옥분(2006). **사회정서발달**. 학지사.

정옥분(2006). **아동발달의 이해**. 학지사.

정옥분(2008). **사회정서발달**. 학지사.

정옥분(2008). **아동발달의 이해**. 학지사.

정옥분(2008). **유아발달 이해**. 학지사.

정옥분(2009). **아동발달의 이해**. 학지사.

정옥분(2010). **아동연구와 통계방법**. 학지사.

정옥분(2011). **아동발달의 이해**. 학지사.

정옥분(2012). **영아발달**. 학지사.

정윤진(2003). 정서지능과 자기효능감 및 학교적응간의 관계. 홍익대학교 교육대학원 석사학위논문.

정은주(2005). 놀이치료 내담아동이 지각한 부모와의 애착이 치료관계에 미치는 영향. 숙명여자대학교 대학원 석사학위논문.

정희영, 이성복, 김성원, 윤선화, 김정희, 김선아, 방승미(2014). **유아발달**. 파워북.

조성수(1999). **영양, 성장, 인지발달**. 한울아카데미.

조성자(2003). 아버지의 양육태도와 유아의 사회성 발달에 관한 연구. 아주대학교 교육대학원 석사학위논문.

조은하(2017). 어머니의 양육스트레스와 유아의 스마트폰 과몰입이 공격성에 미치는 영향. 가천대학교 교육대학원 석사학위논문.

조정숙, 김은심(2005). **유아를 위한 언어지도**. 정민사.

조희수(2003). 유아기 읽기, 쓰기교육에 대한 교사와 부모의 인식. 이화여자대학교 교육대학원 석사학위논문.

주영희(1982). 유아교육프로그램을 위한 언어 및 사고능력의 연구. 이화여자대학교 대학원 박사학위논문.

주영희(2001). 유아 언어발달과 교육. 교문사.

주혜린(2018). 어머니의 언어발달 인적지원환경이 유아의 사회성 및 공격성에 미치는 영향. 광주교육대학교 교육대학원 석사학위논문.

진미경(2008). 어머니 애착표상 및 양육행동과 영아 애착 유형간의 관계에 대한 연구. 한국놀이치료학회지, 11(1), 31-42.

최경숙(2001). 발달심리학. 교문사.

최계숙, 김영중(2005). 동화를 통한 극화놀이가 유아의 어휘력과 언어표현력에 미치는 영향. 제주관광대 논문집, 11, 53-73.

최명선, 차미숙, 김난희(2012). 엄마와 아이 애착다지기. 이담.

최은정(2009). 보육시설에서의 영아-교사 상호작용에 영향을 미치는 변인 연구: 영아의 발달수준, 초기 가정의 언어적 지원환경, 교사의 민감성을 중심으로. 경희대학교 교육대학원 석사학위논문.

최정윤(2008). 보육시설 아동의 코티졸 수준: 보육 경험, 사회계층, 어머니 양육행동, 아동의 사회적 유능성과의 관계. 연세대학교 대학원 박사학위논문.

통계청(2018). 2017년 인구동태 통계표(이혼).

통계청(2019). 장래가구추계: 2015~2045.

통계청(2019). 혼인형태.

통계청(2021). 2020년 혼인 · 이혼통계.

하수연, 신현경, 이해정, 정재은, 김보경, 서영민(2015). 3-5세 연령별 누리과정에 의거한 유아사회교육. 공동체.

하정훈(2007). 삐뽀삐뽀 119 소아과. 그린비.

한국유아교육학회(1999). 유아교육사전: 용어편. 한국사전연구사.

한옥순(2001). 이야기극화놀이가 언어발달지체 아동의 어휘습득에 미치는 효과. 단국대학교 대학원 석사학위논문.

허미경, 이소은(2010). 유아의 기질, 어머니의 기질과 조화적합성이 유아의 사회적 능력에 미치는 영향. 열린유아교육연구, 15(3), 353-373.

허안나(2013). 산책프로그램이 만2세 영아의 정서지능에 미치는 영향. 인천대학교 교육대학원 석사학위논문.

홍성민 역(2013). 뇌에 대해 궁금한 모든 것 뇌력사전. 베텔스만 코리아(주).

홍진영(2012). 유아의 양육형태와 유아 교육 프로그램 유형이 유아 사회성 발달에 미치는 영향. 서강대학교 교육대학원 석사학위논문.

황상심(2008). 농촌지역 다문화가정 아동들의 언어특성연구. 대구대학교 대학원 박사학위논문.

황은순(2010). 균형적 언어교육 접근에 기초한 유치원 문해 프로그램이 초등학교 1학년 읽기 · 쓰기에 미치는 효과. 덕성여자대학교 대학원 박사학위논문.

황해익(2004). 아동연구방법. 정민사.

황해익(2010). 아동연구방법. 정민사.

황해익(2012). **아동연구방법**. 정민사.

황현주(1991). 유아교육기관의 질과 유아의 사회적 행동: 종일제 유아교육기관을 중심으로. 이화여자대학교 대학원 석사학위논문.

Ainsworth, M. D. S.(1973). The development of infant–mother attachment. In B. M. Caldwell, & H. N. Ricciuti (Eds.), *Review of child development research*, Vol. 3. hicago: University of Chicago Press.

Ainsworth, M. D. S., Blehar, M., Waters, E., & Wall, S.(1978). *Patterns of attachment: A psychological study of the strange situation. Hillsdale*, NJ: Erlbaum.

Amsterdam, B. K.(1968). *Mirror behaviour in children under two years of age*. unpublished doctoral dissertation, UApgar, V.(1953). A proposal for a new method of evaluation in the newborn infant. Current Research in Anesthesia and Analgesia, 32, 260.

Arsenio, W. F., & Kramer, R.(1992). Victimizers and their victims: Children's conceptions of mixed emotional consequences of moral transgression. *Child Development, 63*, 915–927.

Astington, J, W., & Jenkins, J. M.(1999). A longitudinal study of the relation between language and theory-of-mind development. *Developmental Psychlogy, 35*, 1311–1320.

Azer, B.(1999). Maternal emotions may influence fetal behavior. In K. L. Freiberg(Ed.), *Human Development*(27th ed.), 36.

Bain, B.(1996). *Pathways to the peak of mount piaget and Vygotsky: Speaking and cognizing monolingually and bilingually*. Rome: BulzoniEditore.

Bandura, A.(1977). *Social Learning Theory*. Englewood Cliffs, NJ: Prentice–Hall.

Banks, M, S., & Salapatek, P.(1983). Infant visual percetion. In M. M. Haith & J. J. Campos(Eds.), *Handbook of child psychology: Vol. 2. Infancy and developmental psychobiology*(4th ed., pp 435–571). New York: Wiley.

Bartlett, D.(1932). Chronic malnuturition and child behaviors: Effects of calories supplement on social and emotional function at school age. *Developmental Psychology, 18*, 541–556.

Baumrind, D.(1966). Effect of authorities parent control on child behavior. *Child Development*.

Baumrind, D.(1972). Current patterns of parental authority. *Developmental Psychololy Monographm, 4*(1), 43–88.

Baumrind, D.(1984). Child care practices anteceding three patters of preschool behavior. *Genetic Psychology Monographs, 75*, 43–88.

Baumrind, D.(1989). Sex–differentiated socialization effects in childhood and adolescence(paper presented).

Bednar, R. L.(1995). *Self-esteem*(2nd ed.). Washington, DC: APA.

Belsky, J.(2001). Developmental risks associated with early child care. *Journal of Child Psychology, 42*, 845–859.

Belsky, J., Hsieh, K., & Crnic, K.(1996). Infancy positive and negative emotionality: One dimension or two? *Developmental Psychology, 32*, 289–298.

Bem, S. L.(1981). Gender schema theory: A cognitive account of sex typing. *Psychological Review, 88*, 354–364.

Berk, E. L., & Winsler, A.(1995). 어린들이의 학습에 비계설정(Scaffodling) : 비고스키와 유아교육. 홍용희 역. 창지사.

Berk, L. A.(2000). *Child development(5th ed.)*. MA: Allyn & Bacon.

Berk, L. E.(1992). Children's private speech: An overview of the theory and the status of research In R. M. Diaz & L. E. Berk(Eds.), *Private speech: From Social interaction to Self regulation*. Hillsdale, NJ: Erlbaum.

Bialystok, E.(1988). Levels of bilingualism and levels of linguistic awareness. *Developmental Psychology, 24*(4), 560–570.

Bishop, S. M., & Ingersoll, G. M.(1989). Effects of marital conflict and family structure on the self-concepts of pre-and early adolescents. *Journal of Youth and Adolescence, 18*, 25–38.

Bloom, L.(1976). *Language development: Form and Function of emergin gramars*. Cambridge, MA: The MIT Press.

Blurton Jones, N.(1993). *The lives of hunter-gatherers children: effects of parental beavior and parental reproductive strategy*. New York: Oxford University Press.

Bornstein, M. H.(2000). *Culture, parents, and children: intranational and international study paper presented at the meeting of society for Research in child development*. Allburquerque.

Bowerman, M., & Choi, S.(2004). *Linguistic and nonlin-guistic determinants of spatial semantic development* : A crosslinguistic study of english, korean, and Dutch, Paper presented at Boston University Conference on Language Development, January.

Bowlby, J.(1969). *Attachment and Loss: Vol. 1. Attachment*. New York: Basic Books.

Bowlby, J.(1973). *Attachment and loss* (Vol. 2). *Separation, anxiety and anger*. New York: Basic Books.

Branden, N.(1969). *The Psychology of self-esteem*. Los Angeles, California: Nash Publishing Corporation.

Buss, A. H., & Ploman, R.(1984). *Temperament: Early developing personality traits*. Hilscale, NJ: Erlbaum.

Campbell, R., & Sais, E.(1995). Accelerated metalinguistic (phonological) awareness in bilingual children. *British Journal of Developmental Psychology, 13*, 61–68.

Caton, D., Corry, M. P., Frigoletto, F. D., Hopkins D. P., Liberman, E., & Mayberry, L.(2002). The nature and management of labor pain: Executive summary. *American Journal of Obstertrics and Gynecology, 186*, S1–S5.

Chess, S., & Thomas, A.(1984). *Origins and evolution of behavior disorder*. New York: Brunner/Mazel.

Choi, S.(2000). Caregiver input in English and Korean: Use of nouns and verbs in book-reading and toy-play contexts. *Journal of Child Language*, 27, 36-96.

Choi, S., & Gopnink, A.(1995). Early acquisition of verbs in korean: A corss-linguistic study. *Journal of Child Language, 2*(2), 497-830.

Chomsky, N.(1957). *Syntactic structures*. The Hangue: Mouton.

Chomsky, N.(1968). *Language of mind*. Harcourt Brace Jovanovich, Inc.

Chomsky, N.(1972). *Language and Mind(2nd ed.)*. New York: HarCourt Brace Jovanovich.

Chomsky, N.(1986). *Language of language: Its nature, origin, and use*. Praeger Publishers.

Clarke-Stewart, A.(1984). Infant day care: Maligned or Malignant?. *American Psychology, 12*, 119-148.

Clarke-Stewart, K. A.(1987). Predicting child development from child care forms and features: The Chicago Study. In D. A. Phillips(Eds.), *Quality in chid care: What does research tell us?* Washington, DC: National Association for the Education of Young Children.

Clay, M. M.(1975). *Reading: The patterning of complex behavior*. Auckland, New Zealand: Heinemann Educational Books.

Cole, K., & Mitchell, P.(2000). Sibling in the development of executive control and a theory of mind. *British Journal of Developmental Psychology, 18*, 279-295.

Cole, M., & Cole, S. R.(2001). *The development of children(4th ed.)*. New York: Worthpublishers. competence. In K. connolly & J. Bruner(ed.), The Growth of Competence. London: Academic Press.

Coopersmith, S.(1967). *Antecedent of self-esteem*. SF: W. H. Freeman.

Cummings, J.(1978). Bilingualism and the development of metalinguistic awareness. *Journal of Cross-Cultural Psychology, 9*, 131-149.

Curmmings, E. M., Zahn-Waxler, C., & Radke-Yarrow, M.(1981). Young Children's response to expressions of anger and affection by others in the family. *Child Development, 52*, 1275-1282.

Cutting, A. L., & Dunn, J.(1999). Theory of mind. emotion undrestanding, language, and family background: Individual differnces and interrelations. *Child Develoment, 70*, 853-865.

Damon, W.(1988). *The moral child*. New York: Free Press.

Damon, W.(1991). *Self-concept, adolescent. Encyclopedia of adolescence*(Vol. 2). NY: Garland.

Denham, S. A.(1986). Social cognition, presocial behavior, and emotion in preschoolers: Contextual validation. *Child Development, 57*, 194-201.

Denker, K.(1945). *On problem solving. psychological monographs*, 58(whole No. 270).

Dennis, W.(1960). Causes of retardation among institutionalized children: Iran. *Journal of Genetic Psychology, 96*, 47-59.

DeWolff, M. S., & von IJzendoorn, M. H.(1997). Sensitivity and attachment: A meta-analysis on parental antecedent of infant attachment. *Child Development, 68*, 571–591.

Diaz, R. M.(1985). Bilingual cognitive development: Addressing three gaps current research. *Child development, 56*(1), 1376–1388.

Diaz, R. M., Padilla, K. A., & Weathersby, E. K.(1991). The effects of bilingualism on preschoolers private speech. *Early Childhood Research Quarterly, 6*, 377–393.

Dubios, D. L.(1997). *Self – esteem profiles and adjustment in early adolescence: Two years longitudinal study paper presented.* Washington, DC.

Eisenberg, N., Fabes, R. A., Murphy, B. C., Maszk, P., Smiht, M., & Karbon, M.(1995). The Role of Emotionality and Regulation in Children's Social Functioning: A Longitudial Study. *Child Developmnet, 66*, 1360–1384.

Fabes, R. A., & Eisenberg, N.(1992). Young Children's coping with interpersonal anger. *Child Development, 63*, 116–128.

Fantz, R. L.(1961). The origin of form perception. *Scientific American, 204*, 66–72.

Feedman, H. G.(1982). Thinking without language: *Psychological implication of deafness.* New York: The Free Press.

Flinn, M. V., & England B. G.(1997). Social Economics of Childhood Glucocorticoid Stress Response and Health. *American Journal of Physical Anthropology, 102*, 33–53.

Fonagy , P., & Steele, H. M.(1991). Matarnal representation of attachment during pregnancy perdict the organization of infant–mother attachment at one year of age. *Child Development, 62*, 891–905.

Friend, M., & Davis, T.(1993). Appearance–reality distinction: Childhood's understanding of the physical and affective domains. *Developmental Psychology, 29*, 907–913.

Frijda, N.(1986). *The emotions.* New York: Cambridge University Press.

Furth, H. G.(1966). *Thinking without language: Psychological implication of deafness.* New York: The Free Press.

Galambos, S. J., & Goldin–Meadow, S.(1990). The effects of learning two languages on level of metalinguistic awareness. *Cogniton, 34*, 1–56.

Galambos, S. J., & Hakuta, K.(1988). Subject–specific and task–specific characteristics of metalinguistic awareness in bilingual children. *Applied Psycholinguistics, 9*, 141–162.

Gallahue, D. L., & Ozmun, J. C.(2002). *Understanding Motor Development.* New York: McGraw–Hill.

Gallup, G. G.(1968). Mirror–image stimulation. *Psychological Bulltin, 70*, 782–793.

Garcia, L., Hart, D., & Johnson–Ray, R.(1998). *What do children and adolescents think about themselves?* London: University College of London Press.

Genesee, F., Boivin, I., & Nicoladis, E.(1975). Talking with stranger: A study of bilingual children's communicative competence. *Applied Psycholinguistics, 17*, 427–442.

Genesee, F., Nicoladis, E., & Paradise, J.(1995a). Language differentitation in early bilingual development. *Journal of Child Language, 22*, 611–631.

Genesee, F., Paradise, J., & Cargo, B. M.(2004). *Dual language development and disorders: A handbook on bilingualism and second language learning*. Baltimore: Paul H. Brookes.

Gesell, A.(1925). *The Mental Growth of the Preschool Child*. New York: Macmillan.

Gibson, E. J.(1969). *The principle of perceptual learning and development.* New York : Appleton–Century–Crofts.

Gibson, E. J., & Walker, R. D.(1960). The visual cliff. Scientific American, 202, 64–71.

Goldsmith, H. H., & Alansky J. A.(1987). Infant temperamental predictors of attachment: A meta–ananalytic review. *Journal of Consulting and Clinical Psychology, 55*, 805–816.

Goleman, D.(1995). *Emotional Intelligence: Why is can matter more than IQ*. New York: Bantam Book.

Goleman, D.(1997). The miracle of resiliency. In k. Freiberg(Ed.), *Human deuelopment-annual editions*. Guildford, CT: Dushkin Publishing Group.

Gonzalez–Mena, J., & Eyer, D. W. (1989). *infancy and caregiving*. Palo Alto, CA: Mayfield.

Gordon, B. N.(1981). Child temperament and adult behavior: An expioration of goodness of fit. *Child Psychiatry and Human Development, 11*, 153–178.

Greenough, W. T., McDonld, J., Panisari, R., & Camel, J. E.(1986). Environmental conditions modulate degeneration and new dentrite growths in cerebllum senescent rats. *Brain Research, 380*, 136–143.

Harlow, H. F., & Zimmerman, R. R.(1959). Affectional responses in the infant monkey. *Science, 130*, 421–432.

Harlow, H. F., & Zimmerman, R. R.(1959). The development of affective responsiveness in infant monkeys. *Preceeding of the American Philosophical Society, 102*, 501–509.

Harter, S.(1998). The development of self–representations. In N. Eisenberg (Ed.), *Handbook of child psychology*: Vol 3. Social, emotional, and personality development (5th ed., pp. 553–618). New York: Wiley.

Harter, S.(1999). *The construction of self.* NY: Guilford.

Haviland, J. J., & Malatesta, C. J.(1981). The development of sex differences in nonverbal signals : Fallacies, facts, fantasies, In C. Mayo & N. M. Henley(Eds.), *Gender and nonverbal behavior*(pp. 183–208). New York: Springer–Verlag.

Howes, C., & Hamilton, C. E.(1993), The changing experience of Child care: Changes on teachers and in teacher–child relationships and children's social competence with peers. *Early Childhood Research Quarterly, 8*, 15–32

Hubel, D. H., & Wiesel, T. N.(1998). Early exploration of the visual cortex. *Neuron, 20*(3), 401–412.

Hughes, C.(1998). Executive function in preschoolers: Links with theory of mind and verbal ability. *British Journal of Developmental Psychology, 16*, 233−253.

Humphrey, T.(1978). Function of the nervous system during prenatal life. In U. Starve(Ed), *Perinatal physiology*(pp. 651−683). New York: Plenum.

Izard, C. E.(1994). Innate and universal facial expressions: Evidence from developmental and cross−cultural reaearch. *Psychological Bulletin, 115*, 288−299.

Izard, C. E., & Malatesta, C. Z.(1987). Perspective on emotional development 1: Differential emotions theory of early emotional development. In J. D. Osofsky (Ed.), *Handbook of infant development* (pp. 494−555). New York: Wiley.

Jensen, E.(2000). Brain−based learning. A reality check. *Educational Leadership, 57*(7), 76−80.

Johnson, H. K., & Smith, J. A.(1981). A comparison of the effects of pure and modified whole language instruction on the decoding skill of kindergartners. Eric Document, No. 372−367.

Kagan, J.(1996). Three pleasing ideas. *American Psychology, 51*, 901−908.

Kagan, J.(1999). Temperament and reactions to unfamiliarity. In K. L. Freiberg(Ed.), *Annual editions: Human development*(27th ed.), 53−57. McGraw−Hall.

Kellogg, R.(1970). Understanding children's art. In P. Cramer(Ed.), *Readings in developmental psychology today*. Delmar, CA: CRM.

Kochanska, G.(1993). Toward a synthesis of parental socialization and child temperament in early development of conscience. *Child Development, 64*, 325−347.

Kohlberg, L.(1969). *Stage and sequence: The cognitive developmental approach to socialization. Handbook of socialization theory and research*. Chicago: Rand Mcnally.

Kohn, M. L.(1977). *Class and conformity: A study in value*. Chicago: Chicago University Press.

Kopp, C. B.(1982). Antecedent of Self−Regulation: A Developmental Perspective. *Developmenal Psychology, 18*(2), 199−214.

Kopp, C. B.(1989). Regulation of distress and negative emotions: A development view. *Developmental Psychology, 25*, 343−353.

Lamb, M. E.(1977). The development of mother−infant and fater−infant attachment in the second year of life. *Developmental Psychology, 13*, 637−648.

Lamb, M. E.(1986). *The father's role: Applied perspectives*. NY: Wiley.

Lamb, M. E.(2000). The history of research on father involvement: An overview. *Marriage and Family Review, 29*, 23−42.

Lanza, E.(1992). Can bilingual two−year−olds code−switch?. *Journal of Child Language, 19*, 633−658.

Lanza, E.(1997). *Language mixing in infant bilingualism: A Social-linguistic perspective*. New York: Oxford University Press.

Lapsley, D. K., & Power, E. C.(1988). *Self, ego, identity*. NY: Springer−Verlag.

Lewis, M.(2001). Issues in study of personality development. *Psychology Inquiry, 12*, 67–83.

Lewis, M., & Brook, J.(1978). Self-knowledge and emotional development. In M. Lewis & L. A. Rosenblum(Eds.), *The development of affect.*(pp. 205–226). New York: Plenium.

Lewis, M., & Brook, J.(1978). Self–knowledge and emotional development. In M. Lewis & L.A. Rosenblum(Eds.), *The development of affect.* New York: Plenum, 205–226.

Lewis, M., Stanger, C., & Sullivan, M. W.(1989). Deception in 3-year-olds. *Developmental Psychology, 25*, 439–443.

Maccoby, E. E.(1998). *Two sexes.* Cambridge. MA: Harvard University Press.

Machado, J. M.(1990). *Early childhood experiences in language arts.* Clifton Park, NY: Delmar Learning.

Main, M., & Solomon, J.(1990). Procedures for identifying infants as disorganized/disoriented during the Ainsworth Strange Situation. In M. Greenberg. D. Cicchetti, & M. Cummings (Eds.), *Attachment in the preschool years: Theory, research, and intervention* (pp.121–160). Chicago: University of Chicago Press.

Malina, R. M., & Bouchard, C.(1991). *Growth, maturation, and physical activity*. Champaign, IL: Human Kinetics.

Marcia, J. E.(1989). Identity in adolescence. *Journal of Adolescence, 12*, 401–412.

McCarthey, S. J.(1984). Home-school connections: A review of the literature. *Journal of Educational Research, 93*(3), 145–153.

McCartney, K., Scarr, S., Phillips, D., Grajek, S., & Schwarz, J. C.(1978). Environment differences among day care centers and their efffects on children's development. In E. Zigler, & E. Gordon(Ed.), *Day Care: Scientific and social policy issues.* Boston: Album House.

Mead, G. H.(1934). *Mind, self, and society*. Chicago: University of Chicago Press.

Meisel, J.(2001). The simultaneous acquisition of two first language: Early differentiation and subsequent development of grammars. *Trends in bilingual acquisition* (pp. 11–42). Amsterdam: John Benjamins.

Messinger, D. S., Fogel, A., & Dickson, K. L.(2001). All smiles are positive, but some smiles are more positive than others. *Development Psychology, 37*, 642–653.

Montemayor, R., & Eisen, M.(1977). The development of self-conceptions from childhood to adolescence. *Developmental Psychology, 13*, 314–319.

Morelli, G., Rogoff, B., Oppenheim, D., & Goldsmith, D.(1992). Cultural variation in infants' sleeping arrangements: Questions of independencs. *Developmental Psychology, 28*, 604–613.

Muller, U., Zelazo, P. D., & Imrisek, S.(2005). *Executive function and children's understanding of false belief*: How specific is the Pine.

Naglieri, J. A.(1996). Cognitive assessment: Nontraditional intelligence tests. In T. Fagan & P. Warden(Eds.), *Endyclopedia of school psychology*, 69–70. Westport, CT: Greenwood Press.

Olson, D.(1977). From utterance to text: The bias of language in speech writing. *Harvard Education Review, 47*(3), 257–258.

Oosterwegel, A., & Oppenheimer, L.(1993). *The self-system: Developmental changes beteween and within selfconcepts*. Hillsdale, NJ: Erlbaum.

Owens, R. E.(1995). *Language disorders Needham Heights*. MA: Simon & Schuster Company.

Parke, R. D.(1990). In search of fathers: A narrative of an empirical journey. In I. Sigel & G. Brody(Eds.), *Methods of family research* (Vol. 1). Hillsdale, NJ: Erlbaum.

Parten, M. B.(1932). Social participation among pre–school children. *The Journal of Abnormal and Social Psychology, 27*(3), 243–269.

Paulhus, D. L.(2008). Birth order. In M. M. Haith & J. B. Benson(Eds.), *Encyclopedia of infant and early childhood development.* Oxford, UK: Elsevier.

Perry, D., & Bussey, K.(1984). *Social Development*. Englewood Cliffs, NJ: Prentice Hall.

Phillips, D., McCartney, K., & Scarr, S.(1987). Child care–quality and children's social development. *Developmental Psychology, 25*, 537–543.

Phillips, E.(1987). "Good Job!" How we evaluate children' s work. *Childhood Education, 61*, 203–206.

Piaget, J.(1954). *The construction of reality in the child*. New York: Basic Books.

Piaget, J.(1965). *The moral judgment of the child*. New York: Free Press.(Original work published 1932).

Pinker, S.(1994). *The language instinct: How the mind create language*. New York: Morrow.

Pinker, S.(1997). *How the mind works*. New York: Brockman.

Rose, S. A., & Feldman, J . F.(1995). Prediction of IQ and specific cognitive abilities at 11yrs from infancy measures. *Developmental Psychology, 31*, 685–696.

Rubin, K. H., & Asendorpf, J. B.(Eds.).(1993). *Social withdrawal, inhibition, and shyness in Childhood*. H, Hillscale. NJ: Erlbaum.

Ruffman, T., Slade, L., Rowlandson, K., Rumey, C., & Garngam, A.(2003). How language relates to theory of mind. *Cognitive Development, 18*, 139–158.

Rutter, A., & Durkin, A.(1987). Families RUs: Building a parent/school partnership. *Teaching Exceptional Children, 28*(4), 53–57.

Salovey, P., & Mayer, J. D.(1990). Emotional Intelligence. *Imagination, Cognition, and Personality, 9*, 185–211.

Salovey, P., & Mayer, J. D.(1993). The intelligence of emotional intelligence. *Imagination, 17*(4), 433–442.

Salovey, P., & Mayer, J. D.(1997). What is emotional intelligence. In P. Salovey and D. J. Sluyter(Eds.). *Emotional development and emotional intelligence: Educational implication*. New York: Basic Books.

Santrock, J. W.(2000). *Child Development.* Seoul.

Santrock, J. W.(2001). *Child Development.* New York: McGraw-Hill.

Schell, L. M., & Denham, M.(2003). Environmental Pollution in Urban Environments and Human Biology. *Annual Review of Anthropology, 32*, 111-134.

Schickedanz, J.(1990). *More than the ABCs*: The early stages of reading and writing, Washington, DC: NAEYC

Schwarz, S. H., Feldman, K. A., Brown M. E., & Heingartner, A.(1969). Some personality correlatesof condect in two situation of moral conflict. *Journal of Personality, 37*, 41-57.

Shaffer, D. R.(1993). *Developmental psychology: Childhood and adolescence(3rd ed.).* CA: Brooks/Cole.

Shelov, S. P., & Hanneman, R. E. (Eds.)(1991). *Caring for your baby and young child* : Birth to age 5. New York: bantam.

Simmons, R. G., & Blyth, D. A.(1987). *Moving into adolescence: The impact of pubertal change and school context.* Hawthorne, New York: Aldine & de Gruyter.

Skinner, B. F.(1953). *Science and human behavior.* NY: Macmillan.

Slater, A. M., Quinn, P. C., Hayes, R., & Brown, E.(2000). The role of facial orientation in newborn infants' preference for attractive faces. *Development Science, 3*, 181-185.

Smith, P. K., & Vollstedt, R.(1985). On defining play: An empirical study of the relationship between play and various play criteria. *Child Development, 56*(4), 1042-1050.

Sroufe, L. A.(1985). Attachment classification from the perspective of infant-caregiver relationship and infant temperament. *Child Development, 56*, 1-14.

Stein, N., & Levine, L. J.(1999). The early emergence of emotional understanding and appraisal: Implications for theories of development. In T. Dleglish & M. J. Powers(Eds.), *Handbook of cognition and emotion*(pp.383-408). Chichester, U. K.: Wiley.

Stewart, R. B., & Marvin, R. S.(1986). Sibling Relations: The role of conceptual perspective-taking in the ontogeny of the sibling care-giving. *Child Development, 55*, 1322-1332.

Sulzby, E.(1985). Children's emergent reading of favorite storybooks: A developmental study. *Reading Research Quarterly, 20*(4), 458-481.

Sulzby, E.(1986). Writing and reading: Signs of oral and written language organization in the young children. In W. Teale & E. Sulzby(Eds.), *Emergent literacy.* Norwood, NJ: Ablex Publishing Cooperation.

Tardif, T.(1996). Caregiver speech and chilren's use of nouns versus verbs: A comparision of English, Italian, and Mandarin. *Journal of Child Language, 24*, 535-566.

Thomas, A., & Chess, S.(1977). *Temperament and development.* New York: Brunner /Mazel.

Thomas, A., & Chess, S.(1986). The New York Logitudinal Study. From infancy to early adult life. In R. Plomin & J. Dunn(Eds.), *The study of temperament: Changes, continuities, and challenges.*

Hillscale, NJ: Erlbaum.

Thomas, A., Chess, S., & Korn, S. J.(1987). The reality of difficult temperament. *Merill-Palmer Quarterly, 28*, 1-20.

Tizard, W. H.(1972). *The new literacy*. Roulledge, Chapman & Hall, Inc.

Trivers, R. L.(1974). Parent-offspring conflict. *American Zoologist, 14*, 24-264.

Vandel, D. L., & Corasaniti, M. A.(1990). Variations in early child care: Do they predict subsequent social emotional, and cognitive differences?. *Early Childhood Reaearch Quarterly, 5*(4), 555- 572.

Vandell, C.(1988). Reconsidering a balanced approach to reading. Eric Document, No. 418 388.

Vygotsky, L. S.(1962). *Thought and language*. Cambridge, MA: MIT Press.

Watamura, S. E., Donzella, B., Alwin, J., & Gunnar, M. R.(2003). Morning-to-atrenoon increases in cortisol concentrations for infants and toddlers at child care: Age differences and behavioral correlates. *Child Development, 74*(4), 1006-1020.

Watson, J.(1994). *Detection of the self: self-awareness in animals and humans: Developmental perspectives.* New York: Cambridge University Press.

Weiser, M. G.(1991). Infant/Toddler Care and Education(2nd). New York: Merrill, Macmillan Pub.co.

Williams, H. G.(1983). *Perceptual and motor development.* Englewood Cliffs, N J: Prentice-Hall, Inc. 07632.

Wilson, L. C.(1986). Infant & Toddler : *Curriculum and teaching*. Albany, NY : Delmar.

Yuill, N., & Pearson, A.(1998). The development of baese for trait attribution: Children's understanding of trait as causal mechani는 based on desire. *Developmental Psychology, 34*, 574-586.

Zahn-Waxler, C.(1992). Development of concern for others. *Development psychology, 28*, 126-136.

Zins, J., Bloodworth, M,. Weissberg, R., & Wallberg, H.(2004). The scientific base linking social and emotional to school, In J. Zins, R. Weinberg, M., Wang,& H. J. Wallberg(Eds.), *Building academic success on social and emotional learning: What does the research say?* New York: Teachers College Press, Columbia University.

찾아보기

〈인명〉

〈내용〉

저/자/소/개

■ **김이영**

계명대학교 대학원 심리학박사(임상 및 상담심리 전공)
현, 수성대학교 유아교육과 교수
〈저서〉 정신건강론, 인간이해를 위한 심리학 등

■ **오성숙**

대구대학교 대학원 교육학박사
현, 부산과학기술대학교 유아교육과 교수
〈저서〉 유아생활지도 및 상담, 유아언어교육 등

■ **이시진**

영남대학교 대학원 문학박사
현, 대구보건대학교 사회복지과 교수
〈저서〉 인간행동과 사회환경, 아동복지론, 가족복지론 등

■ **이우언**

계명대학교 대학원 박사과정 수료(심리학 전공)
현, 수성대학교 사회복지과 교수
〈저서〉 인간행동과 사회환경, 정신건강론 등

■ **김정은**

대구가톨릭대학교 대학원 문학박사
현, 안동과학대학교 사회복지과 교수
〈저서〉 영유아 프로그램 개발 및 평가, 몬테소리 영유아 교육과정의 이론과 실제 등

■ **한현지**

대구가톨릭대학교 대학원 심리학박사
현, 성덕대학교 아동보육복지과 교수
〈저서〉 가족복지론, 아동권리와 복지 등

■ **홍성희**

전남대학교 대학원 교육학박사
현, 전남도립대학교 유아교육과 초빙교수
〈저서〉 유아교육과정, 유아교육개론 등

[개정판]

영유아발달

1판 1쇄 발행 — 2020년 2월 3일
2판 1쇄 발행 — 2023년 1월 15일

저 자 - 김이영 오성숙 이시진 이우언 김정은 한현지 홍성희
발 행 인 - 강철원
발 행 처 - 양성원
주 소 - 경기도 파주시 검산로 173번길 29-20
전 화 - 031-946-3861(代)
팩 스 - 031-946-3864
이 메 일 - tnwpub@naver.com
홈페이지 - tnwpub.co.kr
출판등록 - 2015년 8월 31일 제 2015-000211 호

ISBN 979-11-6126-419-6

정가 22,000원